SALOMOS
TEMPEL
UND DAS ABENDLAND

Duæ Columnæ in porticu Templi positæ.

I. Buch der König. VII. 21.
Salomon richtet zwo Seulen auf für
des Halle des Tempels; die zur rechte hies
Er Jachin, und die zur lincken hiese Boas.

SALOMOS TEMPEL

UND DAS ABENDLAND

MONUMENTALE FOLGEN HISTORISCHER IRRTÜMER

PAUL VON NAREDI-RAINER

MIT EINEM BEITRAG VON
CORNELIA LIMPRICHT

DUMONT BUCHVERLAG KÖLN

Umschlagabbildung: Giotto: Darbringung Jesu im Tempel (Ausschnitt), um 1305; Fresko in der Arena-Kapelle in Padua
Frontispiz: Der Vorhof des Salomonischen Tempels; Kupferstich aus: Christoph Weigel: ›Biblia ecypta...‹, Augsburg 1695, Abb. 234

Paul v. Naredi-Rainer, geboren 1950, Studium der Kunstgeschichte, Musikwissenschaft, Archäologie und Philosophie an den Universitäten Graz und Bonn. 1975 Promotion zum Dr. phil., 1976–1988 Leiter des Rheinischen Bildarchivs (Museen der Stadt Köln), 1982 Habilitation, seit 1988 o. Professor für Kunstgeschichte an der Universität Innsbruck. Zahlreiche Veröffentlichungen zur Architekturtheorie und -geschichte sowie zur Ikonographie des Mittelalters und der Neuzeit. Im DuMont Buchverlag erschien 1982 von ihm *Architektur und Harmonie. Zahl, Maß und Proportion in der abendländischen Baukunst.*

Cornelia Limpricht, Studium der Kunstgeschichte in Erlangen und Köln. 1993 Promotion zum Dr. phil. mit einer Dissertation *Platzanlage und Landschaftsgarten als ›begehbare Utopien‹. Ein Beitrag zur Templum-Salomonis-Rezeption im 16. und 18. Jahrhundert*, Frankfurt/M. 1994. Sie betreibt in Köln ein Büro für Ausstellungsmanagement.

Die Deutsche Bibliothek – CIP-Einheitsaufnahme

Salomos Tempel und das Abendland : monumentale Folgen historischer Irrtümer / Paul von Naredi-Rainer. Mit einem Beitr. von Cornelia Limpricht. – Erstveröff. – Köln : DuMont, 1994
    ISBN 3-7701-1870-7
NE: Naredi-Rainer, Paul von; Limpricht, Cornelia

Erstveröffentlichung
© 1994 DuMont Buchverlag Köln
Alle Rechte vorbehalten
Satz: Fotosatz Harten, Köln
Druck: Rasch, Bramsche
Buchbinderische Verarbeitung: Bramscher Buchbinder Betriebe
Printed in Germany   ISBN 3-7701-1870-7

Inhalt

Vorbemerkung

Was haben gedrehte Säulen und gewisse Beispiele nationalsozialistischer Stadtplanung gemeinsam, was verbindet Giottos Darstellungen aus dem Leben Jesu mit den Ritualen der Freimaurer? Alle diese scheinbar so heterogenen Phänomene hängen auf die eine oder andere Weise mit jenem Bauwerk zusammen, das als einziges in der Bibel ausführlich beschrieben wird, dessen Zerstörung ein Trauma für das jüdische Volk ist, das in seinem Wiederaufbau den Anbruch der messianischen Endzeit sehen würde, das den Christen aber nicht nur als Prototyp des Kirchenbaus, sondern als Ideal der Architektur schlechthin gilt und das selbst von einem Philosophen unserer Tage noch als utopisches Modell einer besseren Welt bezeichnet wird: der Salomonische Tempel.

Im Nachleben dieses Bauwerks verbinden sich ständig veränderte Betrachtungsweisen zu jeweils neuen historischen Konstellationen, die man vor allem wegen des in dieser Rezeption eingebundenen, an der Stelle des jüdischen Tempels erbauten islamischen Felsendoms zwar etwas plakativ, aber durchaus nicht zu Unrecht als »Monumentale Folgen historischer Irrtümer« bezeichnen kann. Es gehört sicher zu den reizvollsten Themen der Architekturikonologie, die vielfältigen Nachwirkungen des Tempels von Jerusalem in einem Überblick darzustellen. Um ein derartiges Unterfangen allerdings in seiner ganzen möglichen Breite durchführen zu können, müßte man nicht nur, wie die beiden Autoren dieses Buches, Kunsthistoriker sein, sondern ebenso Judaist, Islamist, Byzantinist und natürlich auch Bibelarchäologe und Theologe. Die in diesem Buch vorgenommene Beschränkung auf das Nachleben des alttestamentlichen Tempels im lateinischen Abendland ist so einerseits die Konsequenz aus der Einsicht in unsere Möglichkeiten, kommt andererseits aber wohl auch dem Leser entgegen, der sonst ein Vielfaches des hier ohnehin sehr gedrängt dargestellten Stoffes bewältigen müßte. Die intensive Beschäftigung mit dieser Thematik, die ihren Ausgang von einem im Wintersemester 1985/86 am Kunsthistorischen Institut der Universität zu Köln veranstalteten Seminar genommen hat, ergab eine Materialfülle, die zu jedem der Kapitel dieses Buches eine eigene Abhandlung erlauben würde.

Wie jedes derartige Vorhaben wäre auch dieses Buch nicht ohne vielfältige Unterstützung, Anregungen und Kritik zustande gekommen, für die an dieser Stelle gedankt sei: zunächst den engagierten Teilnehmern an dem erwähnten Kölner Seminar, dem dieses Buch manches verdankt, nicht zuletzt den Beitrag von Frau Dr. Cornelia Limpricht, der gewissermaßen den Extrakt einer Dissertation darstellt, die wiederum aus einem in diesem Seminar gehaltenen Referat erwachsen ist. Ebenso sei dem DuMont Buchverlag gedankt, der sich nicht nur spontan bereit erklärt hat, diesem Thema seine bewährte verlegerische Fürsorge zuteil werden zu lassen, sondern der auch großzügig eine jahrelange Verzögerung der Manuskriptablieferung toleriert hat, die durch die Übernahme neuer beruflicher Aufgaben verursacht worden ist. Für ihre stete Hilfsbereitschaft danke ich schließlich Helmut Buchen, PD Dr. J. Konrad Eberlein, Franz Gapp, Mag. Marie-Rose Lang-Steurer, P. Dr. Gregor M. Lechner OSB, Dr. Sybille Moser, Dr. Markus Neuwirth, Prof. Dr. Götz Pochat, Dr. Werner Schäfke, Dr. Piotr O. Scholz, Evelin Sottner, Dr. Thomas Steppan, Dr. Wolf Tegethoff, Dr. Reinhard Tiesbrummel, Mag. Claudia Wedekind, Dr. Geerd Westrum und schließlich meinem Bruder, Dipl.-Ing. Hermann von Naredi-Rainer. Das meiste aber verdankt dieses Buch – wie immer – den Anregungen, der Kritik und vor allem der Geduld von Dagmar. Ihr sind meine Tempel-Studien in Erinnerung an ein gemeinsames Seminar bei Günter Bandmann in Bonn gewidmet.

November 1993   *P. v. N.-R.*

Architektonisches Urbild und kosmisches Symbol

Architektur erschöpft sich nicht nur in der Befriedigung elementarer Bedürfnisse, sondern unterliegt auch – sofern sie als Kunst verstanden werden will – einem Wechselspiel von Reflexion und Projektion. Dies beinhaltet nicht nur die Umsetzung ästhetischer Prinzipien, sondern schließt auch die Orientierung an Vorbildern bzw. deren bewußte Nachbildung ein. Architektur wird damit zugleich Teil der Geschichte.

Ein besonders komplexes Beispiel architektonischer Bedeutungsübertragung ist die christliche Rezeption des Tempels von Jerusalem[1], die von einer die jüdische Tradition vielfach umdeutenden Inanspruchnahme bis zu den verschiedenen Versuchen einer archäologisch exakten Rekonstruktion dieses Bauwerkes reicht, das im Judentum selbst kaum eine architektonische Nachfolge gefunden hat: Im Gegensatz zur Einmaligkeit des auf die Weisung Gottes geschaffenen (und mit seiner Billigung zerstörten) Tempels und seiner immerwährenden, unteilbaren Heiligkeit beruht die Heiligkeit der jüdischen Synagoge allein auf den in ihr vollzogenen Handlungen. Ihre von einer Reihe diverser Faktoren abhängige, keineswegs festgelegte Gestalt spielt deshalb nur selten auf die Gestalt des Tempels an.[2]

Als Ort der ständigen Gegenwart Jahwes unterschied sich der Tempel von Jerusalem von allen anderen Heiligtümern Israels und war zum kultischen Mittelpunkt des Staates wie des Volkes geworden. Jerusalem als einzig legitimer Kultort der Jahwe-Verehrung blieb auch für die aus der Auseinandersetzung mit dem Judentum hervorgegangenen monotheistischen Religionen Christentum und Islam von zentraler Bedeutung, die sich nicht zuletzt in der Inanspruchnahme des mit dem Tempel verbundenen Heiligen Felsens und sei-

9

ner Kulttraditionen äußerte. Eine an einen einzigen Ort gebundene Stätte der Anbetung benötigte das Christentum nicht mehr, nachdem der Messias selbst an die Stelle des Tempels als Institution getreten war und man die christliche Gemeinde als Verkörperung des irdischen Tempels Gottes ansah. Der jüdische Tempel aber wurde in der christlichen Bibelexegese als Präfiguration der christlichen Kirche und – nach der Tempelvision des Propheten Ezechiel – auch des Himmlischen Jerusalem gedeutet. Diese zunächst nur metaphorische Interpretation hatte schließlich konkrete Folgen: Der Tempel wurde zum Prototyp des christlichen Kirchengebäudes; Salomo, der mit dem Bau dieses ersten jüdischen Tempels im 10. Jahrhundert v. Chr. sowohl Gottes Willen erfüllt als auch seine eigene Weisheit erwiesen hatte, zum sakral legitimierten Vorbild des Bauherrn.

Die daraus resultierende Rezeption des Salomonischen Tempels[3] in Form bildlicher, das christliche Heilsgeschehen lokalisierender Darstellungen seiner Architektur – und nicht zuletzt die nachbildende Anspielung auf diese – stieß allerdings auf zwei grundsätzliche Schwierigkeiten: Die äußere Gestalt des vor seiner endgültigen Zerstörung im Jahre 70 n. Chr. mehrfach veränderten Tempels war allein aus der literarischen, in sich nicht widerspruchsfreien Überlieferung bekannt; außerdem wurde der im späten 7. Jahrhundert vom Kalifen Abd al-Malik auf dem einstigen Tempelplatz errichtete islamische Felsendom von den christlichen Jerusalem-Pilgern meist irrtümlich, bisweilen aber auch aus gegen den Islam gerichtetem propagandistischem Kalkül, als Salomonischer Tempel bezeichnet.

Die im christlichen Europa kursierende Vorstellung vom Aussehen des alttestamentlichen Tempels ist so zum einen von den zahlreichen, nur auf literarischen Quellen basierenden Rekonstruktionsversuchen bestimmt, die ihrerseits eine Geschichte des architektonischen Geschmacks darstellen[4], zum anderen aber vom davon völlig verschiedenen Erscheinungsbild des Felsendoms, das wiederum mit architektonischen Archetypen zusammenfällt, die durchaus nicht nur auf den christlichen Kultbau beschränkt sind.

Dieses Fehlen einer eindeutigen Vorstellung von der äußeren Gestalt des bis zu seiner endgültigen Zerstörung unter dem römischen Feldherrn Titus mehrfach wiederaufgebauten Tempels von Jerusalem, den man gemeinhin mit dem unter Salomo errichteten gleichsetzte, hat es aber auch ermöglicht, daß man das Bauwerk mit einer über die konkreten historischen Bezüge weit hinausgehenden

Metaphorik in Verbindung bringen konnte, die das existentialontologische Problem des Verhältnisses zwischen Mensch und Gott schlechthin umreißt. Der jüdisch-christliche Tempel wird damit zum kosmischen Welt-Gebäude. Schon der jüdisch-hellenistische Religionsphilosoph Philo von Alexandria hatte im 1. nachchristlichen Jahrhundert sowohl die Welt als auch die menschliche Seele als Tempel bezeichnet[5] und damit den Rahmen eines erkenntnistheoretischen Modells abgesteckt, das – ein eigenes Thema – erneut im Mythos des Graltempels anklingt[6] und bis zu den ethisch orientierten Architekturvorstellungen der Freimaurer wirksam blieb, ja sogar noch in unserem Jahrhundert seinen Nachhall findet, wenn etwa Ernst Bloch im Tempel eine bessere Welt abgebildet sieht und ihm damit utopischen Modellcharakter zuspricht.[7]

Gegenstand der folgenden Ausführungen ist aber nicht die Ideengeschichte des kosmischen Tempels[8], sondern die vielfältige künstlerische Nachwirkung des Tempels von Jerusalem, den der große Barockbaumeister Johann Bernhard Fischer von Erlach als »das vornehmste Wunder-Gebäude der Welt« bezeichnete. Es ist charakteristisch für die in der Architekturgeschichte einzigartige Wertschätzung dieses Bauwerks, aber zugleich auch für den um die historische Realität unbekümmerten Umgang mit diesem, daß Fischer von Erlach jene an antiken Architekturidealen orientierte, um 1600 entstandene Rekonstruktion der Ezechielschen Tempelvision des spanischen Jesuiten Villalpando als »Salomonischen Tempel« noch vor die älteren ägyptischen Pyramiden an den Anfang seiner 1721 veröffentlichten ›Historischen Architectur‹ stellt, der ersten über die Grenzen Europas hinausblickenden Universalgeschichte der Architektur. Damit ist zweifellos ein Extrempunkt der im Spannungsfeld von Symbolbedeutung und historischem Anspruch, nüchterner Rekonstruktion und künstlerischen Visionen verlaufenden Rezeption des Tempels von Jerusalem erreicht, die auch heute noch ein keineswegs nur akademisches Problem darstellt, sondern nach wie vor sowohl religions- und kulturhistorisch als auch politisch brisant ist.

Der Tempel von Jerusalem – seine historische Gestalt

Schon König David wollte in Jerusalem ein Gotteshaus als religiöses Zentrum errichten, doch beschied ihm Jahwe, daß dies erst seinem Sohn Salomo vorbehalten sein sollte. Bis dahin wolle er in jenem Zelt wohnen, das die Israeliten mit sich führten, seit sie aus Ägypten ausgezogen waren.[9] Dieses Zelt, seit Martin Luther als ›Stiftshütte‹ bezeichnet, stellte man sich ursprünglich nicht als Wohnstätte Jahwes vor. Es diente, von Moses außerhalb des Lagers aufgestellt, ausschließlich der Begegnung mit Gott.[10] Erst einer späteren Überlieferung[11] zufolge wurde das Zelt, das nun als kostbarstes und wichtigstes Heiligtum die Bundeslade barg[12], als Wohnstatt Jahwes angesehen. Dementsprechend erhielt das Zelt bzw. die Stiftshütte die Form eines Wohntempels: Seinen Kern bildete eine Art transportables Blockhaus aus vergoldeten Brettern und Balken, das durch ein Zeltdach aus kostbaren Stoffen und drei Überdecken verhüllt wurde. Ein Vorhang trennte das Allerheiligste, in dem sich allein die Bundeslade befand und das nur der Hohepriester am Versöhnungstag betreten durfte, vom Heiligen mit dem Rauchopferaltar, dem Schaubrottisch und dem siebenarmigen Leuchter. Ein mit Tüchern bedeckter Zaun grenzte einen heiligen Bezirk um die Stiftshütte ab.[13] Die deutlichen Analogien zwischen dieser Schilderung der Stiftshütte in der sogenannten Priesterschrift und dem Tempel lassen vermuten, daß sich diese tatsächlich erst nach dem Tempelbau entstandene Beschreibung bewußt an dessen Gestalt orientiert hat, um die Stiftshütte als architektonisches Urbild des Tempels darzustellen.

Der Tempel Salomos

Der von König Salomo – er regierte etwa zwischen 965 und 928 v. Chr.[14] – ab dem vierten Jahr seiner Regierung erbaute Tempel ist archäologisch nicht nachgewiesen. Seine von der Forschung übereinstimmend auf dem Haram asch-Scharif (= Erhabenes Heiligtum) angenommene Lage, dem im Südosten der Altstadt Jerusalems gelegenen heiligen Bezirk der Muslime, erlaubt keine archäologischen Untersuchungen. Da der genaue Standort des Salomonischen Tempels und somit auch seines sakrosankten Allerheiligsten innerhalb dieses üblicherweise als Tempelplatz bezeichneten Bezirks auf dem Berg Moriah bzw. Zion unbekannt ist[15], dürfen strenggläubige Juden den Tempelplatz nicht einmal betreten.

Vermutlich aber würde man auch dann kaum Überreste des Salomonischen Tempels finden, wenn die Möglichkeit einer systematischen Grabung bestünde. Der auf dem abschüssigen Baugelände sicherlich künstlich aufgeschüttete Baugrund wäre unter der riesigen, teilweise fast 50 Meter hohen Plattform des Herodianischen Tempels, der als zweiter Nachfolgebau des Salomonischen Tempels seit 19 v. Chr. unter Herodes dem Großen errichtet wurde, wohl nur sehr schwer zu finden. Möglicherweise aber hat man die für den Neubau hinderlichen Ruinen auf dem felsigen Tempelplatz überhaupt weitgehend beseitigt.

So sind wir für die Rekonstruktion des Salomonischen Tempels hauptsächlich auf die biblischen Berichte sowie auf das Heranziehen vergleichbarer Bauwerke angewiesen, von denen zumindest Fragmente erhalten geblieben sind.[16]

Die wichtigste literarische Quelle ist der sogenannte Baubericht im 1. Buch der Könige[17], ein zwischen 620 und 607 v. Chr. verfaßter, allerdings entstellt auf uns gekommener biblischer Text[18], der durch die viel später entstandene Tempelbeschreibung im 2. Buch der Chronik[19] ergänzt wird; diese freilich beruht ihrerseits – obwohl sie sich von ersterem in einigen Punkten unterscheidet – im wesentlichen auf dem älteren Baubericht im 1. Buch der Könige. Schließlich bildet auch die im babylonischen Exil um 573 v. Chr. verfaßte Tempelvision des Ezechiel[20] eine wichtige Quelle für unsere Vorstellung vom Salomonischen Tempel, weil sie auf dessen Bildvorstellung basiert.

Kaum ergiebig ist dagegen die Tempelbeschreibung des jüdischen Geschichtsschreibers Eupolemos[21] aus dem 2. vorchristlichen Jahrhundert, die den Bibeltext nur mehr oder weniger frei paraphrasiert. Ähnliches gilt auch für die nach der Zerstörung Jerusalems durch Titus (70 n. Chr.) abgefaßte Schilderung des Flavius Josephus[22], dessen Schriften allerdings eine Hauptquelle für unser Wissen vom Aussehen des Herodianischen Tempels darstellen.

Obwohl die biblischen Beschreibungen zahlreiche Einzelheiten über Bautechnik und Ausstattung des Salomonischen Tempels enthalten, beschränkt sich die Darstellung seiner architektonischen Gestalt im wesentlichen auf die Raumaufteilung sowie die Angabe der Hauptabmessungen:

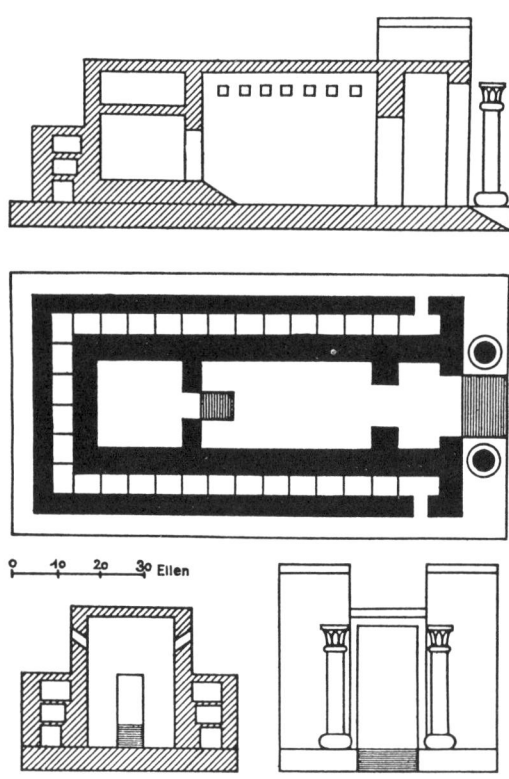

1 Salomonischer Tempel in Jerusalem, Rekonstruktion (Längsschnitt, Grundriß, Querschnitt und Aufriß der Eingangsseite) nach C. Watzinger, 1933

Das Haus, das König Salomo für den Herrn baute, war sechzig Ellen lang, zwanzig Ellen breit und dreißig Ellen hoch. Die Vorhalle vor dem Hauptraum des Hauses war zwanzig Ellen breit, entsprechend der Breite des Hauses, und zehn Ellen tief in der Längsrichtung des Hauses. Er machte für das Haus Fenster mit Rahmen und Gittern. An die Wände des Hauses, und zwar an die Wände des Hauptraums und des hinteren Raumes, legte er ringsum einen Anbau mit Kammern. Dieser war im Untergeschoß fünf Ellen, im mittleren sechs Ellen und im dritten sieben Ellen breit; die Außenwand des Hauses hatte er abgestuft, um sie nachher nicht beschädigen zu müssen. Beim Bau des Hauses wurden Steine verwendet, die man schon im Steinbruch fertig behauen hatte; Hämmer, Meißel und sonstige eiserne Werkzeuge waren beim Bau des Hauses nicht zu hören. Die Türe zu den unteren Kammern war an der Südseite des Hauses. Über Treppen stieg man zum mittleren und vom mittleren bis zum dritten Stockwerk hinauf. Als er den Bau des Hauses vollendet hatte, überdeckte er es mit Balken und Brettern aus Zedernholz. Den Anbau führte er um das ganze Haus. Seine Höhe betrug [in jedem Stockwerk] fünf Ellen, und Zedernbalken verbanden ihn mit dem Haus.

Das Wort des Herrn erging an Salomo: Dieses Haus, das du baust – wenn du meinen Geboten gehorchst und auf meine Vorschriften achtest und alle meine Befehle ausführst und befolgst, dann werde ich an dir das Wort wahr machen, das ich zu deinem Vater David gesprochen habe. Und ich werde inmitten der Israeliten wohnen und mein Volk Israel nicht verlassen.

So vollendete Salomo den Bau des Hauses. Er täfelte seine Innenwände mit Zedernholz aus; vom Fußboden bis zu den Balken der Decke ließ er eine Holzvertäfelung anbringen. Den Fußboden belegte er mit Zypressenholz. Zwanzig Ellen vor der Rückseite des Hauses errichtete er vom Fußboden bis zum Gebälk eine Wand aus Zedernholz und schuf so die Gotteswohnung, das Allerheiligste. Vierzig Ellen lang war der davorliegende Hauptraum. Im Innern hatte das Haus Zedernverkleidung mit eingeschnitzten Blumengewinden und Blütenranken. Alles war aus Zedernholz, kein Stein war zu sehen. Im Innern des Hauses richtete er die Gotteswohnung ein, um die Bundeslade aufstellen zu können. Die Wohnung war zwanzig Ellen lang, zwanzig Ellen breit und zwanzig Ellen hoch. Er überzog sie mit bestem Gold. Auch ließ er einen Altar aus Zedernholz herstellen. Das Innere des Hauses ließ Salomo mit bestem Gold auskleiden, und vor der Gotteswohnung ließ er goldene Ketten anbringen. So überzog er das ganze Haus vollständig mit Gold; auch den Altar vor der Gotteswohnung überzog er ganz mit Gold.

In der Gotteswohnung ließ er zwei Cherubim aus Olivenholz anfertigen. Ihre Höhe betrug zehn Ellen. Fünf Ellen maß der eine Flügel des Cherubs und fünf Ellen sein anderer Flügel ... Er stellte die Cherubim mitten in den innersten Raum. Ihre Flügel waren so ausgespannt, daß der Flügel des einen Cherubs die eine Wand, der Flügel des zweiten Cherubs die andere Wand, die Flügel in der Mitte des Raumes aber einander berührten. Er ließ die Cherubim mit Gold überziehen. An allen Wänden des Hauses, im inneren wie im äußeren Raum, ließ er ringsum Cherubim, Palmen und Blütenranken einschnitzen (1 Könige 6,2–29).

Demnach bestand der Tempel aus drei Räumen: der Vorhalle (Ulam)[23], dem prächtig ausgestatteten Heiligtum als Haupt- und Kultraum (Hekal)[24] sowie schließlich dem vollständig mit Gold überzogenen Allerheiligsten (Debir)[25], der eigentlichen Wohnung Jahwes, in dem die Bundeslade stand. Die Maße von 60 Ellen[26] Länge, 20 Ellen Breite und 30 Ellen Höhe sind aller Wahrscheinlichkeit nach Innenabmessungen und beziehen sich auf den Hauptraum und das von diesem abgetrennte Allerheiligste. Diesem Tempelhaus ist eine ebenfalls 20 Ellen breite Vorhalle von zehn Ellen Raumtiefe vorgelagert. Damit gehört der Salomonische Tempel zum Typ des – wahrscheinlich flach gedeckten – sogenannten Langraumtempels mit Pronaos (Vorhalle),

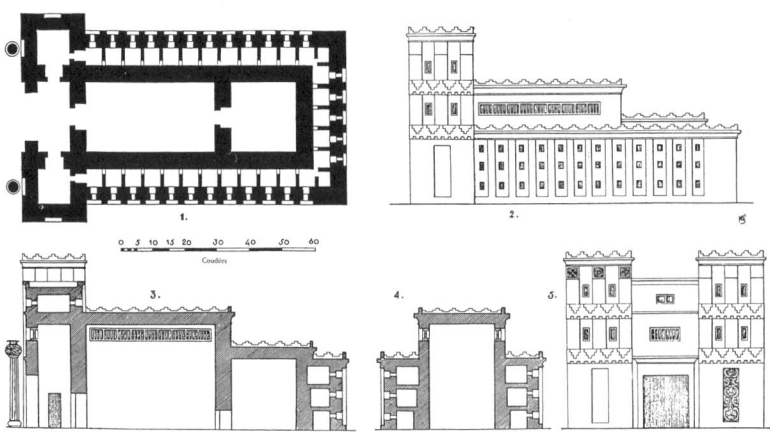

2 Salomonischer Tempel in Jerusalem, Rekonstruktion (Grundriß, Aufriß der Längsseite, Längsschnitt, Querschnitt, Aufriß der Eingangsseite) nach L. H. Vincent/A. M. Stève, 1956

16

Cella (Hauptraum) und Adyton (Allerheiligstem).[27] Der dreigeschossige Anbau, der dem biblischen Bericht zufolge den Tempel an drei Seiten umgab[28], dürfte allerdings erst später hinzugefügt worden sein – dieser Abschnitt der Baubeschreibung hat sich als nachträgliche Ergänzung herausgestellt.[29] Daher müssen fast alle Rekonstruktionsversuche[30] (Abb. 1–3) in diesem für das äußere Erscheinungsbild des ursprünglichen Salomonischen Tempels nicht unwesentlichen Punkt korrigiert werden (Abb. 4).

Charakteristisch für das Aussehen des Tempels waren auch die beiden vor dem Tempel aufgestellten Bronzesäulen:

3 a, b   Salomonischer Tempel in Jerusalem, Rekonstruktion (Grundriß und Längsschnitt) nach Th. A. Busink, 1967

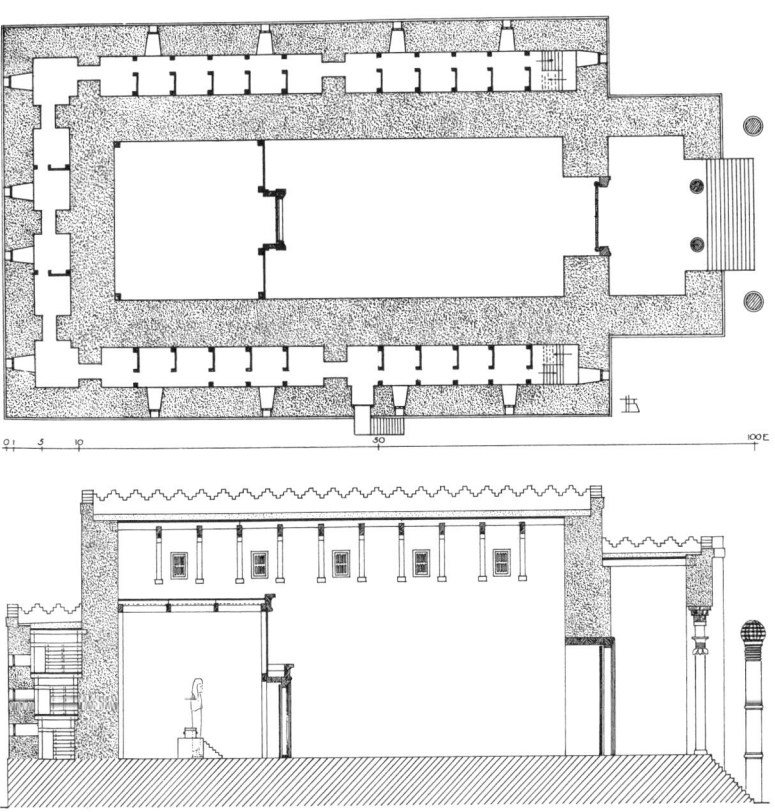

3 c Salomonischer Tempel in Jerusalem, Rekonstruktion
(Ansicht) nach Th. A. Busink, 1967

König Salomo ließ Hiram aus Tyrus kommen. Dieser war der Sohn
einer Witwe aus dem Stamm Naftali. Sein Vater war ein Bronze-
schmied aus Tyrus. Er war mit Weisheit, Verstand und Geschick
begabt, um jede Bronze-Arbeit auszuführen. Er kam zum König
Salomo und führte alle Arbeiten für ihn aus.
Er formte die zwei bronzenen Säulen. Achtzehn Ellen betrug die
Höhe der einen Säule, und ein Band von zwölf Ellen umspannte sie.
Ihre Wandstärke betrug vier Finger; innen war sie hohl. Ebenso war
die zweite Säule. Dazu machte er zwei Kapitelle, um sie oben auf die
Säulen zu setzen; sie waren aus Bronze gegossen. Fünf Ellen betrug
die Höhe des einen Kapitells und fünf Ellen die Höhe des anderen:
Auch machte er Geflechte für die Kapitelle oben auf den Säulen, und
zwar ein Geflecht für das eine Kapitell und ein Geflecht für das
andere. Ferner machte er Granatäpfel und legte sie in zwei Reihen
ringsum über die Geflechte, so daß sie die Kapitelle oben auf den
Säulen bedeckten. Ebenso verfuhr er mit dem zweiten Kapitell. Die
Kapitelle oben auf den Seiten hatten die Form einer Lilienblüte ... Er
stellte die Säulen an der Vorhalle des Tempels auf. Die eine Säule
stellte er auf die rechte Seite und nannte sie Jachin, die andere stellte
er auf die linke Seite und nannte sie Boas. Oben auf den Säulen waren
lilienförmige Gebilde. So wurde die Arbeit an den Säulen zu Ende
geführt (1 Könige 7,13–22).

Trotz dieser ausführlichen Beschreibung bleibt das genaue Aussehen
der Vorhalle unklar: Wenn sie geschlossen und mit einem Portal ver-

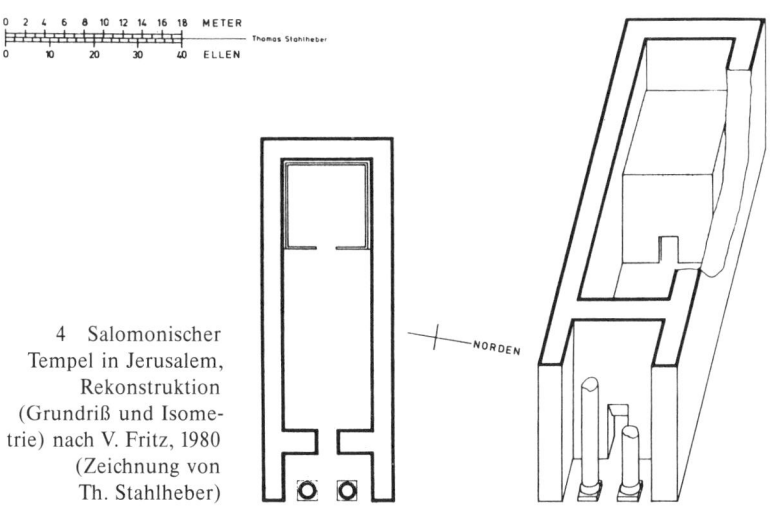

4 Salomonischer
Tempel in Jerusalem,
Rekonstruktion
(Grundriß und Isome-
trie) nach V. Fritz, 1980
(Zeichnung von
Th. Stahlheber)

sehen war, so müssen ihr die beiden »an der Vorhalle des Tempels«
aufgestellten bronzenen Säulen Jachin und Boas[31] vorgelagert gewesen sein und den Eingang flankiert haben. Die andere Möglichkeit ist
die einer durch Anten gebildeten offenen Vorhalle, die vielleicht nur
ansatzweise geschlossen war.[32] In diesem Fall wären zwei Säulen
zwischen den vorgezogenen Mauern plaziert gewesen, mit der tekto-
nischen Funktion, den Sturzbalken zu tragen. Es bleibt allerdings
fraglich, ob diese beiden konstruktiven Säulen zwischen den Anten
mit den erwähnten Säulen Jachin und Boas identisch waren oder ob
letztere sich nicht doch als selbständige Elemente vor der Front des
mit einem Säuleneingang ausgestatteten Tempels befanden[33]: Damit
hätten sie – wie das ›Eherne Meer‹ (ein bronzenes Wasserbecken, das
auf zwölf bronzenen Rindern ruhte) oder die zehn bronzenen Kessel-
wagen (sie trugen je einen Bronze-Bottich zum Abspülen des Opfer-
fleisches) – gleichsam zu den Kultgeräten des Tempelvorhofes gehört.

Vor dem Tempel stand auch – als dessen »notwendigster Bestand-
teil«[34] – der Brandopferaltar. Es ist allerdings nicht klar, ob sich dieser
Altar auf dem (wohl schon mit kanaanäischen Kulttraditionen behaf-
teten und in frühislamischer Zeit durch den Felsendom überbauten)
Heiligen Felsen (asch-Schakra)[35] befunden hat, wo schon König
David seinen Altar errichtet hatte und den man auch mit dem Opfer
Abrahams sowie der Grabstätte Adams in Verbindung brachte, oder

19

ob der Heilige Felsen in das Allerheiligste des Tempels einbezogen worden ist.[36] Probleme bei der Rekonstruktion bereitet auch das im 2. Buch der Chronik genannte Maß von 120 Ellen für die Höhe der Vorhalle[37], das verschiedentlich zur Annahme eines turmartigen Gebäudeteils oder zweier Türme zu seiten des Eingangs geführt hat (Abb. 2). Diese unwahrscheinliche, das übrige Gebäude um das Vierfache überragende Höhe hat allerdings unter der Mehrzahl der Forscher berechtigte Zweifel an der Richtigkeit dieser Angabe ausgelöst. Heute ist man überwiegend der Meinung, daß der Bibeltext hier entstellt auf uns gekommen ist.[38] Vermutlich war die Vorhalle genauso hoch wie das Tempelhaus oder sogar niedriger.[39]

Ein vergleichbares Problem ergibt sich auch beim Allerheiligsten des Tempels, dessen Höhe – ebenso wie seine Breite und Tiefe – 20 Ellen maß und das damit um ein Drittel niedriger war als der 30 Ellen hohe, mit Zedernholz verkleidete Hauptraum, das Heilige, in dem sich der Schaubrottisch, zehn siebenarmige goldene Leuchter und andere Gerätschaften befanden. Sollte das Allerheiligste, das zwischen zwei riesigen Cherubim die mit Gold überzogene, 2½ Ellen lange, 1½ Ellen breite und ebenso hohe Bundeslade[40] barg, nach außen nicht als niedrigerer Anbau (Abb. 3 b und c) erscheinen, muß man entweder eine entsprechende Erhöhung dieses Raumes im Inneren annehmen, zu dem dann eine – im Bibeltext nirgends erwähnte – Treppe oder Rampe geführt hätte (Abb. 1), oder – und dies erscheint am plausibelsten – davon ausgehen, daß das fensterlose Allerheiligste ein ebenerdig gelegenes Holzgehäuse innerhalb des Hauptraumes war, über dem ein zehn Ellen hoher Raum bis zum Tempeldach einfach frei geblieben ist (Abb. 3 b und 4).[41]

Der Versuch einer architekturgeschichtlichen Einordnung des Salomonischen Tempels[42] läßt deutliche Parallelen zum Typ des langräumigen Antentempels erkennen, der vom 3. bis zum 1. vorchristlichen Jahrtausend in Syrien verbreitet war und während des 2. Jahrtausends auch nach Süden in das palästinensische Gebiet vorgedrungen ist. Nach Jerusalem vermittelt worden sein könnte diese Bauform durch die im Baubericht ausdrücklich erwähnten phönikischen Handwerker, die ihrerseits wiederum ägyptisch beeinflußt gewesen sein dürften.[43]

Die deutlichste Verwandtschaft zum Salomonischen Tempel weist der Tempel vom Tell Taʾyinat[44] am Orontes in Nordsyrien (heute Tür-

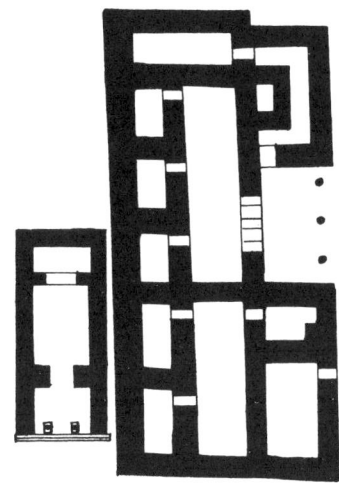

5 Tempel und Palast auf dem Tell
Ta'yinat (8. Jh. v. Chr.), Grundriß

kei) auf, ein in Adyton und Cella gegliederter Langraum mit Anten, zwischen denen zwei Säulen plaziert waren (Abb. 5). Obwohl dieser Tempel, der aus dem 8. vorchristlichen Jahrhundert stammt und folglich jünger ist als der Salomonische Tempel, nicht als Vorbild für letzteren gedient haben kann, lassen sich aus der Parallelität dennoch Rückschlüsse auf die Gestaltung des Salomonischen Tempels ziehen, z. B. im Bereich der Vorhalle. Beiden Bauwerken ist überdies gemeinsam, daß sie in unmittelbarer Nähe des Königspalastes errichtet wurden – ein Phänomen, das allerdings fast überall im Alten Orient anzutreffen ist.

Die architektonische Einheit von Tempel und Palast sowie das Größenverhältnis beider zueinander, wie sie am Tell Ta'yinat gefunden wurden, erlauben jedenfalls Rückschlüsse auf die Salomonische Anlage in Jerusalem. Der Bibeltext, der über den Bau von Salomos Palast, an dem immerhin 13 Jahre lang gearbeitet wurde, viel weniger berichtet[45] als über den sieben Jahre dauernden Bau des Tempels[46], läßt jedenfalls keinen Zweifel daran, daß der Palast u. a. eine Thronhalle und eine Säulenvorhalle besaß – Elemente, wie sie auch am Tell Ta'yinat vorkommen. Relativ ausführlich beschrieben wird das nach seinen 45 Säulen aus Zedernholz benannte ›Libanonwaldhaus‹, das allein schon größer war als der Tempel. Innerhalb des gesamten Salomonischen Palastkomplexes, über dessen Gestalt man im einzelnen nur mehr oder weniger einleuchtende Vermutungen anstellen kann[47], nahm der im Norden gelegene und nach Westen orientierte Tempel mit seinen beiden Vorhöfen nur einen relativ geringen Raum ein (Abb. 6).

21

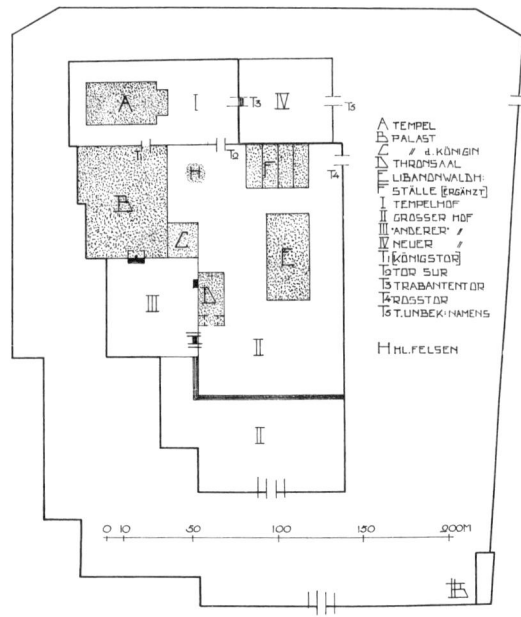

A TEMPEL
B PALAST
C „ d.KÖNIGIN
D THRONSAAL
E LIBANONWALDH.
F STÄLLE (ERGÄNZT)
I TEMPELHOF
II GROSSER HOF
III "ANDERER" „
IV NEUER „
T1 (KÖNIGSTOR)
T2 TOR SUR
T3 TRABANTENTOR
T4 ROSSTOR
T5 T.UNBEK·NAMENS

H HL.FELSEN

6 Salomonische
Palastanlage in
Jerusalem, Situa-
tionsplan nach
Th. A. Busink, 1967

Die Tempelvision Ezechiels

Im Jahre 586 v. Chr. wurde Jerusalem, das bereits elf Jahre zuvor zum
ersten Mal in die Hände König Nebukadnezars II. gefallen war, von
den Babyloniern ein zweites Mal erobert und weitgehend zerstört[48];
der königliche Palast und der für unzerstörbar gehaltene Tempel[49] gingen in Flammen auf, die Kultgeräte einschließlich der bronzenen
Säulen Jachin und Boas wurden nach Babylon mitgenommen.[50]
Waren nach der ersten Eroberung Jerusalems wohl nur Teile der
antibabylonisch eingestellten judäischen Oberschicht ins babylonische Exil geschickt worden, so verschleppte man nun die Mehrheit
der Bevölkerung. Unter den Deportierten des Jahres 597 befand sich
auch Ezechiel[51], dessen prophetisches Wirken in die Zeit zwischen 593
und 568 v. Chr. fällt und das nach der Ankündigung der unausweich-
lichen Zerstörung Jerusalems zunächst vor allem darauf gerichtet war,
die Hoffnungen und Ängste der vertriebenen Juden von der Existenz
Jerusalems und des Tempels zu lösen. Erst in einer späteren Phase sei-

ner Prophezeiungen kündigte Ezechiel neues Heil für Israel an und entwarf die Vision von einem wieder geeinten israelitischen Reich und der Rückkehr Jahwes in den neu erbauten Tempel von Jerusalem[52], dessen kraftvoll geschilderte, auf einprägsamen Maßen basierende symmetrische Stringenz die Vorstellung späterer Jahrhunderte stärker geprägt hat als die oben zitierten Beschreibungen des ursprünglichen Salomonischen Tempels im 1. Buch der Könige:

Da sah ich einen Mann, der aussah, als sei er aus Bronze. Er hatte eine leinene Schnur und eine Meßlatte in der Hand und stand am Tor. Der Mann sagte zu mir: Menschensohn, öffne deine Augen und Ohren, sieh und höre, und achte auf alles, was ich dir zeige . . . Berichte alles, was du siehst, dem Haus Israel.

Da stand eine Mauer, die den Tempel ringsum außen umgab. Der Mann hatte in der Hand eine Meßlatte von sechs Ellen, die je eine gewöhnliche Elle und eine Handbreit maßen. Und er maß die Dicke der Mauer – eine Latte – und die Höhe – eine Latte. Dann ging er zum Osttor, stieg seine Stufen hinauf und maß die Schwellen des Tores: Jede Schwelle war eine Latte breit. Dann maß er die Torkammer: Sie war eine Latte lang und eine Latte breit. Der Abstand zwischen den Torkammern betrug fünf Ellen. Und er maß die Schwelle auf der Tempelseite der Vorhalle des Tors. Dann maß er die Vorhalle des Tors – acht Ellen – sowie die Pfeiler des Tors – zwei Ellen. Die Vorhalle des Tors lag auf der Tempelseite des Tors. Drei Torkammern des Osttors lagen auf der einen Seite, drei auf der andern; alle drei hatten jeweils die gleichen Maße, und auch die Pfeiler hüben und drüben hatten die gleichen Maße. Dann maß er die Breite der Toröffnung – zehn Ellen – und die Länge des Torgebäudes – dreizehn Ellen. Vor allen Torkammern war eine Schranke, jeweils eine Elle hoch. Die Torkammern auf beiden Seiten maßen jeweils sechs Ellen. Dann maß er die Breite des Torbaus vom Dachansatz einer Torkammer bis zum Dachansatz der gegenüberliegenden Torkammer von Tür zu Tür – fünfundzwanzig Ellen. Dann maß er die Vorhalle – zwanzig Ellen. An das Tor stieß ringsum der Vorhof. Von der Vorderseite des Torumgangs bis zur Tempelseite der Vorhalle des Tors innen waren es fünfzig Ellen. Die Torkammern ringsum hatten verschließbare Fenster, ebenso innen die Pfeiler und die Vorhalle. Ringsum befanden sich innen Fenster. Die Pfeiler waren mit Palmen verziert. Dann brachte er mich in den Vorhof. Rings um den Vorhof lagen Räume, und davon war ringsum ein Steinpflaster angelegt; dreißig Räume grenzten an das Pflaster. Das Steinpflaster schloß sich seitlich an die Tore an, und es war genauso breit wie der Vorsprung der Tore [in den Vorhof]. Das war das untere Steinpflaster. Dann maß er den Abstand von der Innenseite der

Außentore zur Außenseite der Innentore im Osten und Norden – je hundert Ellen. Auch das Nordtor des Vorhofs maß er der Länge nach. Es hatte je drei Torkammern auf beiden Seiten. Seine Pfeiler und seine Torkammern hatten die gleichen Maße wie die des ersten Tors. Im ganzen war es fünfzig Ellen lang und fünfundzwanzig Ellen breit. Seine Fenster, seine Vorhalle und sein Palmenschmuck hatten die gleichen Maße wie die des Osttors. Man mußte sieben Stufen zu ihm hinaufsteigen. Auf der Innenseite lag seine Vorhalle. Wie beim Osttor lag auch dem Nordtor ein Tor gegenüber, das zum Innenhof führte, und er maß den Abstand von Tor zu Tor – hundert Ellen.

Dann führte er mich nach Süden, und auch im Süden war ein Tor. Und er maß seine Pfeiler und seine Vorhalle; sie entsprachen den Maßen der anderen. Auch die Fenster des Tors und seiner Vorhalle ringsum entsprachen den anderen Fenstern. Im ganzen war es fünfzig Ellen lang und fünfundzwanzig Ellen breit. Sieben Stufen führten zu ihm hinauf. Auf der Innenseite lag seine Vorhalle. Die beiden Pfeiler dieses Tors waren hüben und drüben mit je einer Palme verziert. Auch auf der Südseite war ein Tor zum Innenhof, und er maß den Abstand von Tor zu Tor im Süden – hundert Ellen.

Dann brachte er mich durch das Südtor in den Innenhof und maß das Südtor. Es hatte die gleichen Maße wie die anderen Tore: Seine Torkammern, seine Pfeiler und seine Vorhalle hatten die gleichen Maße wie dort. Auch dieses Tor und seine Vorhalle hatten ringsum Fenster. Im ganzen war es fünfzig Ellen lang und fünfundzwanzig Ellen breit.

Ringsherum waren Vorhallen, fünfundzwanzig Ellen lang und fünf Ellen breit. Seine Vorhalle lag auf der Seite zum Vorhof. Seine Pfeiler waren mit Palmen verziert, und acht Stufen führten zu ihm hinauf. Dann brachte er mich zur Ostseite des Innenhofs und maß das Tor ab. Es hatte die gleichen Maße wie die anderen Tore: Seine Torkammern, seine Pfeiler und seine Vorhalle hatten die gleichen Maße wie dort. Auch dieses Tor und seine Vorhalle hatten ringsum Fenster. Im ganzen war es fünfzig Ellen lang und fünfundzwanzig Ellen breit. Seine Vorhalle lag auf der Seite zum Vorhof. Seine beiden Pfeiler waren hüben und drüben mit je einer Palme verziert, und acht Stufen führten zu ihm hinauf.

Dann brachte er mich zum [inneren] Nordtor und stellte auch bei seinen Torkammern, seinen Pfeilern und seiner Vorhalle die gleichen Maße fest. Auch dieses Tor hatte ringsum Fenster. Im ganzen war es fünfzig Ellen lang und fünfundzwanzig Ellen breit. Seine Vorhalle lag auf der Seite zum Vorhof, seine beiden Pfeiler waren hüben und drüben mit je einer Palme verziert, und acht Stufen führten zu ihm hinauf.

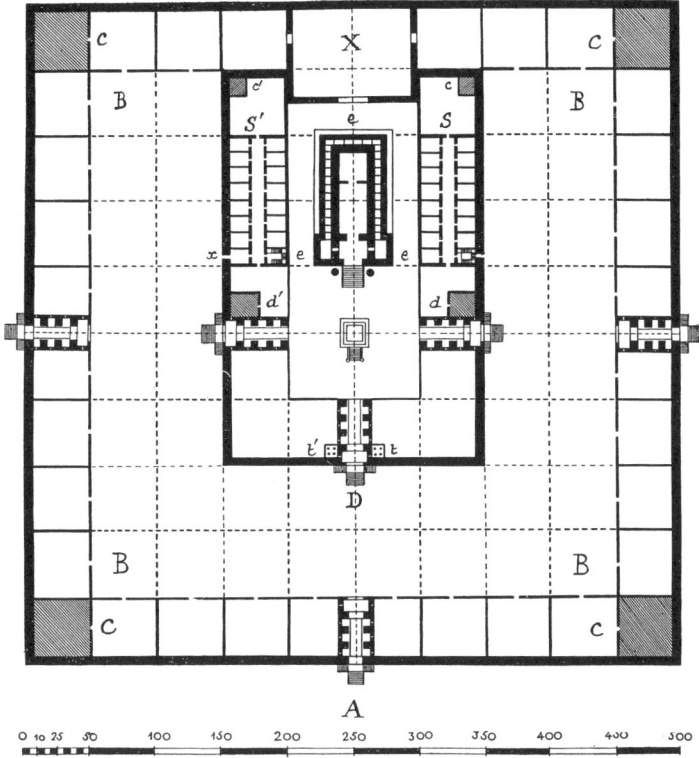

7 Ezechielischer Tempelentwurf, Grundriß nach L. H. Vincent, 1956

An den Pfeilern des Tors war der Eingang zu einem besonderen Raum, in dem man das Brandopfer abspülte. In der Vorhalle des Tors standen an beiden Seiten je zwei Tische, auf denen die Brand-, Sünd- und Schuldopfer geschlachtet wurden. An der Außenwand standen neben dem Toreingang im Norden je zwei Tische; je vier Tische standen also an den beiden Stirnwänden [der Vorhalle] des Tors, zusammen acht Tische. Auf ihnen schlachtete man die Opfertiere.

Die vier Tische für das Brandopfer waren aus behauenen Steinen. Sie waren anderthalb Ellen lang, anderhalb Ellen breit und eine Elle hoch. Innen [in der Vorhalle] hatte man ringsum handbreite Rand- leisten angebracht. Auf sie legte man die Geräte, mit denen man die Brand- und Schlachtopfer schlachtete, und auf die Tische legte man das Opferfleisch. Neben dem [nördlichen und südlichen] Innentor lagen zwei Räume; der neben dem Nordtor liegende öffnete sich nach

25

Süden zum Innenhof, der neben dem Südtor liegende öffnete sich nach Norden zum Innenhof. Er sagte zu mir: Der Raum, der sich nach Süden öffnet, gehört den Priestern, die im Tempel dienen. Der Raum aber, der sich nach Norden öffnet, gehört den Priestern, die am Altar dienen; das sind die Nachkommen Zadoks, die als einzige aus dem Stamm Levi vor den Herrn hintreten dürfen, um ihm zu dienen. Dann maß er den Innenhof – ein Quadrat von hundert Ellen Länge und hundert Ellen Breite. Vor dem Tempelgebäude stand der Altar. Darauf führte er mich zur Vorhalle des Tempels und maß die Pfeiler der Vorhalle zu beiden Seiten – je fünf Ellen. Die Breite der Toröffnung betrug vierzehn Ellen und die Breite der beiden Seitenwände [neben der Toröffnung] je drei Ellen. Die Vorhalle war zwanzig Ellen breit und zwölf Ellen lang. Zehn Stufen mußte man zu ihr hinaufsteigen. An den Pfeilern standen außen Säulen, je eine auf jeder Seite. Dann brachte er mich zur Tempelhalle und maß die Pfeiler zu beiden Seiten [des Eingangs]; jeder war sechs Ellen dick. Die Breite der Türöffnung betrug zehn Ellen und die der beiden Seitenwände neben der Türöffnung je fünf Ellen. Darauf maß er die Länge der Tempelhalle – vierzig Ellen – und ihre Breite – zwanzig Ellen. Er trat ins Innere und maß die Pfeiler der Türöffnung [zum Allerheiligsten] – zwei Ellen – und die Türöffnung – sechs Ellen – sowie die Breite der Seitenwände neben der Türöffnung – sieben Ellen. Und er maß seine Länge – zwanzig Ellen – und seine Breite an der Seite der Tempelhalle – zwanzig Ellen. Und er sagte zu mir: Das ist das Allerheiligste.
Dann maß er die Mauer des Tempelgebäudes – sechs Ellen dick – und die Breite des Anbaus rings um das Tempelgebäude – vier Ellen. [In dem Anbau waren] Nebenräume, einer am andern, im ganzen dreißig in drei Stockwerken. An der Mauer des Tempelgebäudes waren ringsum Vorsprünge für die [Deckenbalken der] Nebenräume; die Vorsprünge dienten als Auflagen; es brauchten also in der Wand des Tempelgebäudes keine Auflagen zu sein. Durch die Nebenräume ergab sich bis zu einer bestimmten Höhe hinauf eine Verbreiterung, denn das Tempelgebäude war ringsum umbaut; durch diesen Anbau ergab sich eine Verbreiterung bis zu einer bestimmten Höhe. Vom untersten Stockwerk konnte man [im Innern] über das mittlere zum oberen hinaufsteigen. Das Tempelgebäude selbst konnte man von allen Seiten [über die Anbauten] herausragen sehen. Die Fundamente der Nebenräume waren eine ganze Meßlatte dick – sechs Ellen. Die Außenmauer des Anbaus war fünf Ellen dick. Zwischen den Nebenräumen des Tempelgebäudes und den [Priester-]Räumen war ein freier Platz von zwanzig Ellen Breite, der rings um den Tempel herumlief. Aus dem Anbau führten zwei Türen ins Freie, eine im Norden und eine im Süden. Die Mauer des freien Platzes war ringsum fünf Ellen dick. Vor dem eingefriedeten Platz lag auf der Westseite ein

[großes] Gebäude, das neunzig Ellen breit und siebzig Ellen lang war. Die Mauer dieses Gebäudes war ringsum fünf Ellen dick.

Dann maß er das Tempelgebäude – hundert Ellen lang – sowie den eingefriedeten Platz, das andere Gebäude und seine Mauern – auch hundert Ellen lang. Die Breite der Vorderseite des Tempels und des eingefriedeten Platzes betrug im Osten zusammen ebenfalls hundert Ellen. Und er maß die Breite des [großen] Gebäudes, das vor dem eingefriedeten Platz lag, auf der Rückseite und [die Länge] der Terrassenbauten auf seinen beiden Seiten – wieder je hundert Ellen. Das Innere der Tempelhalle und der Vorhalle, die aus dem Innenhof in den Tempel führt, waren getäfelt. Die Rahmen der verschließbaren Fenster und die drei Gesimse, die von der Schwelle an ringsum liefen, waren aus Holz; ebenso gab es vom Fußboden bis zu den Fenstern – die Fenster waren verdeckbar – und bis über die Türöffnungen hinauf eine Holztäfelung. Auf allen Wänden ringsum, auch auf den Wänden zum Innenraum und nach draußen, war die Täfelung in Felder eingeteilt, auf denen geschnitzte Cherubim und Palmen zu sehen waren, je eine Palme zwischen zwei Cherubim. Jeder Cherub hatte zwei Gesichter: Ein Menschengesicht [blickte] zur einen Palme und ein Löwengesicht zur anderen. So war das ganze Haus ringsum ausgestaltet. Vom Fußboden bis über die Türöffnungen hinauf waren an der Tempelwand Cherubim und Palmen angebracht. Die Tür der Tempelhalle hatte einen vierfach gestuften Türrahmen. Vor dem Allerheiligsten war etwas, das aussah wie ein Altar aus Holz, drei Ellen hoch, zwei Ellen lang und zwei Ellen breit. Seine Ecken, sein Sockel und seine Wände waren aus Holz. Der Mann sagte zur mir: Das ist der Tisch, der vor dem Herrn steht. Die Tempelhalle und das Allerheiligste hatten zwei Türflügel, zwei drehbare Türflügel, zwei die eine Tür und zwei die andere Tür. An den Türen der Tempelhalle waren Cherubim angebracht wie an den Wänden. Außen, an der Vorderseite der Vorhalle, war ein Vordach aus Holz. An den beiden Seitenwänden der Vorhalle und an den Nebenräumen des Tempels waren verschließbare Fenster und Palmen.

Dann führte er mich in den nördlichen Teil des Vorhofs hinaus und brachte mich zu einem Bau mit Einzelräumen, der gegenüber dem eingefriedeten Platz und im Norden des [großen] Gebäudes lag. An seiner Längsseite gegenüber dem Nordeingang [des großen Gebäudes] maß dieser Bau hundert Ellen; seine Breite betrug fünfzig Ellen. Der Bau lag gegenüber dem freien Platz von zwanzig Ellen, der zum Innenhof gehörte, und gegenüber dem Steinpflaster, das zum Vorhof gehörte. Vor den Räumen lief ein Gang entlang, zehn Ellen breit und hundert Ellen lang. Die Eingänge der Räume lagen im Norden. Die oberen Räume des Baus waren kürzer als die mittleren und die unteren, denn die Terrassen nahmen ihnen den Platz weg. Das Ganze war dreistöckig; die Stockwerke hatten aber keine Säulen wie der Vorhof; deswegen wurden sie von unten nach oben, vom unteren über das mittlere [bis zum oberen] immer kürzer. Außen zog sich an den Räumen zum Vorhof hin eine Mauer entlang. An der Vorderseite der Räume war sie fünfzig Ellen lang; da die Räume, die zum Vorhof gehörten, ebenfalls fünfzig Ellen lang waren, war die ganze Mauer hundert Ellen lang. Der Zugang zu den unteren Räumen [des Terrassenbaus] lag im Osten dort, wo man vom Vorhof herkam, an der Breitseite der Mauer zum Vorhof.

Im Süden des eingefriedeten Platzes und des [großen] Gebäudes war ebenfalls ein Bau mit Einzelräumen, und auch an ihrer Vorderseite lief ein Weg entlang. Sie hatten dasselbe Aussehen, die gleiche Länge und Breite, die gleichen Eingänge, dieselbe Anordnung und ebenso viele Türen wie die Räume im Norden. Der Zugang zu den Türen der Räume im Süden lag am Anfang des nach Osten führenden Weges, der am Kopfende der Schutzmauer begann.

Der Mann sagte zu mir: Die Räume im Norden und die Räume im Süden, die vor dem umfriedeten Platz liegen, sind heilige Räume. Dort sollen die Priester, die vor den Herrn hintreten dürfen, die hochheiligen Gaben verzehren, und dort sollen sie die hochheiligen Gaben, die Speise-, Sünd- und Schuldopfer niederlegen; denn der Ort ist heilig. Wenn die Priester in das Heiligtum gegangen sind, sollen sie von dort nicht zum Vorhof hinausgehen, sondern ihre Gewänder, in denen sie Dienst getan haben, in diesen Räumen ablegen; denn die Gewänder sind heilig. Sie sollen andere Kleider anziehen, und erst dann auf den Platz hinaustreten, der für das Volk vorgesehen ist.

Als er den inneren Tempelbezirk vermessen hatte, führte er mich zum Osttor hinaus und vermaß den ganzen Tempelbezirk ringsum. Er maß mit seiner Meßlatte die Ostseite – fünfhundert Ellen. Dann wandte er sich [der Nordseite zu] und maß mit der Meßlatte die Nordseite – fünfhundert Ellen. Dann wandte er sich der Südseite zu und maß mit der Meßlatte wieder fünfhundert Ellen. Dann wandte er sich der Westseite zu und maß mit der Meßlatte wieder fünfhundert Ellen. Nach allen vier Windrichtungen vermaß er den Tempelbezirk: Der Tempelbezirk hatte ringsum eine Mauer, fünfhundert Ellen in der Breite; sie sollte das Heilige vom Unheiligen trennen (Ezechiel 40, 3 – 42,20).

Ezechiels treffend als »rekonstruktionistische Utopie«[53] charakterisierte, wegen ihrer außerordentlichen Bedeutung für die abendländische Rezeption hier bewußt ausführlich zitierte Schau des neuen Tempels[54], die sich durch eine außerordentliche geometrische Strenge auszeichnet, greift in vielen Punkten auf den Salomonischen Tempel zurück und übernimmt z. B. weitgehend dessen Grundriß, einschließlich der späteren Umbauten. Weitaus großzügiger als beim zerstörten Tempel Salomos ist dagegen Ezechiels Konzeption der symmetrisch aufgebauten Gesamtanlage, eines von einer Umfassungsmauer umgebenen Quadrats von 500 Ellen (»Königsellen«)[55] Seitenlänge mit drei jeweils 50 Ellen tiefen Toren. In der Mitte des Tempelareals befindet sich, umgeben vom 100 Ellen breiten und durch drei Tore erreichbaren Altarhof, der Brandopferaltar, der damit sowohl genau in der Längsachse des Tempels als auch im Schnittpunkt der Torachsen liegt. Auch die Nebengebäude, wie die Tempelsakristeien oder die Opferküchen des Tempels, ordnen sich jener strengen geometrischen Struktur unter (Abb. 7),[56] die die Phantasie späterer Zeiten immer wieder beflügelt hat.

Der Tempel Serubbabels

Im Jahre 539 v. Chr. wurde das babylonische Großreich durch die Perser vernichtet. Der persische König Kyros II. verfügte 538 v. Chr. die Rückkehr der exilierten Juden in ihre Heimat und gab ausdrücklich Weisung, den zerstörten Tempel in Jerusalem wieder aufzubauen.[57] Doch scheint man dieser Aufforderung nur zögernd nachgekommen zu sein und sich in der ruinösen und politisch bedeutungslos gewordenen Stadt zunächst um den Bau von Wohnhäusern gekümmert zu haben.[58] Erst 520 v. Chr. wurde unter der Statthalterschaft Serub-

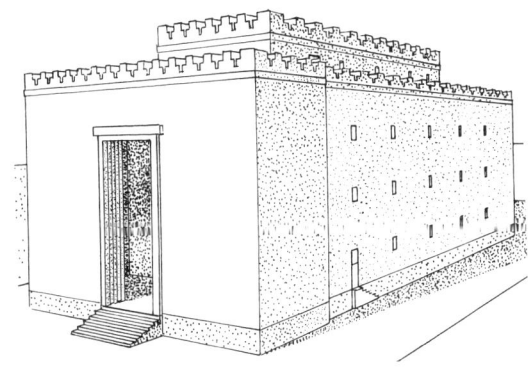

8 Serubbabelscher
Tempel in Jerusalem,
2. Bauphase,
Rekonstruktion nach
Th. A. Busink, 1980

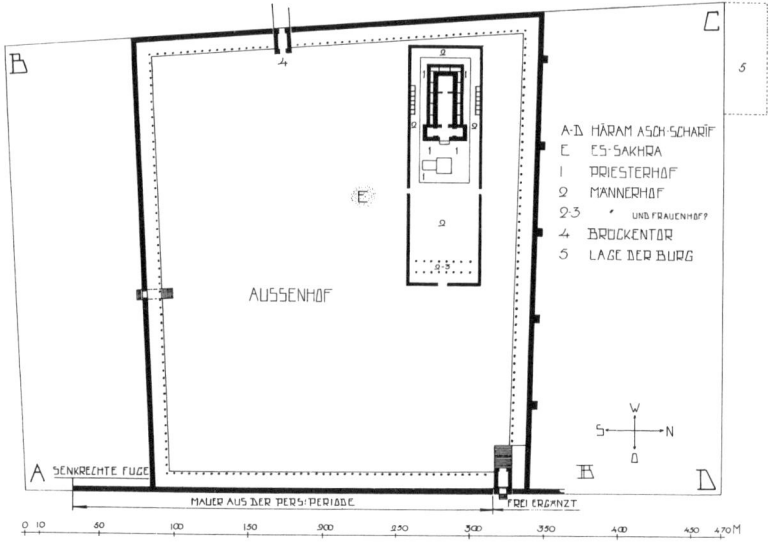

Legend in image:
A-D HÄRAM ASCH-SCHARÎF
C   ES-SAKHRA
1   PRIESTERHOF
2   MÄNNERHOF
2·3 ' UND FRAUENHOFP
4   BRUCKENTOR
5   LAGE DER BURG

AUSSENHOF

W
S———·N
O

A SENKRECHTE FUGE
MAUER AUS DER PERS! PERIODE   FREI ERGÄNZT
O 10   60   100   150   200   250   300   350   400   450 470 M

9   Serubbabelscher Tempelbezirk in Jerusalem, Rekonstruktion (Grundriß)
     nach Th. A. Busink, 1980

babels, dem Enkel des Königs Jojachin von Juda, mit finanzieller
Unterstützung durch die persische Staatskasse mit dem Neubau des
Tempels begonnen, der nach fünfjähriger Bauzeit im Frühjahr
515 v. Chr. geweiht wurde.[59] Der an der Trümmerstätte des alten Tempels errichtete Neubau,
von dem es keine ausführlichen Beschreibungen gibt[60], dürfte im
wesentlichen dem Grundriß des Salomonischen Tempels gefolgt, ja
sogar auf dessen Fundamenten entstanden sein, die der Tempelbrand
während der Einnahme Jerusalems durch Nebukadnezar 586 v. Chr.
wohl nur wenig zerstört hatte.[61] Demnach war der Serubbabelsche
Tempel ebenso wie sein Vorgänger in Ulam, Hekal und Debir geteilt,
wobei allerdings das Allerheiligste (Debir) nun leer blieb, da die bei
der Zerstörung des ersten Tempels verschwundene Bundeslade mit
den Dekalog-Tafeln nicht durch eine neue ersetzbar war. Im Kultraum
standen Schaubrottisch, Rauchopferaltar und – im Unterschied zu
den zehn siebenarmigen Leuchtern des Salomonischen Tempels – nur
mehr ein Leuchter. Während Kultraum (Hekal) und eigentliche Gotteswohnung (Debir) als die sakralen Planelemente des Jerusalemer
Tempels also – abgesehen von der Ausstattung – unverändert blieben,

gibt es Grund zu der Annahme, daß die Vorhalle des zweiten Tempels, in Anlehnung an babylonische Vorbilder, zum einen breiter gewesen ist als der übrige Bau und außerdem keinen Säulengang mehr besessen hat (Abb. 8).[62] Überdies war der Serubbabelsche Tempel von dreigeschossigen Umbauten umgeben, die aber – anders als die nachträglichen Ergänzungen am Salomonischen Tempel – die gesamte Gebäudehöhe eingenommen haben dürften und erst von einem in späterer Zeit über Hekal und Debir errichteten Obergeschoß überragt wurden. Außer den beiden von der Anlage des Salomonischen Tempels übernommenen Vorhöfen[63] erhielt der zweite Tempel von Jerusalem im 3. vorchristlichen Jahrhundert einen großen Außenhof, der zwar nicht so symmetrisch angelegt war, wie es die Tempelvision Ezechiels beschreibt, aber im Prinzip doch deren Intentionen entsprach (Abb. 9). Der Seleukidenherrscher Antiochos IV. Epiphanes plünderte 169 v. Chr. den Jerusalemer Tempel und entweihte ihn später. 164 v. Chr. nahm Judas Makkabäus, Sohn des Priesters Mattathias aus dem Geschlecht der Hasmonäer, der die seleukidischen Truppen geschlagen hatte, den Tempel ein – seine Bausubstanz hatte bei der Plünderung wohl kaum gelitten – und weihte ihn neu.[64]

Der Tempel des Herodes

Obwohl der zweite Tempel von Jerusalem, der Tempel Serubbabels, im Lauf der Jahrhunderte, wie erwähnt, einige Veränderungen erfahren hatte und zum Teil vielleicht auch instandsetzungsbedürftig war, bestand keine bautechnische Notwendigkeit, den bestehenden Tempel im 1. vorchristlichen Jahrhundert durch einen Neubau zu ersetzen. Der Grund, warum König Herodes der Große, der als Idumäer für die Juden ein Ausländer und nur von Roms Gnaden König von Judäa war, in den Jahren 20–10 v. Chr. einen prachtvollen neuen Tempel erbauen und den Tempelbezirk um mehr als das Doppelte erweitern ließ[65], lag vermutlich in seiner Absicht, dem jüdischen Volk zu zeigen, wieviel mehr er für den Gott seiner Untertanen leistete als die von ihm ausgelöschte Dynastie der Hasmonäer, deren Andenken mit dem alten Tempel untrennbar verknüpft war. Neben diesem Bemühen um Abgrenzung von den Hasmonäern und gleichzeitige Anerkennung durch die Juden dürfte auch der Gedanke an eine Wiedergeburt jenes

Großreiches eine Rolle gespielt haben, das David und Salomo einst regiert hatten.

Unsere Kenntnisse vom Herodianischen Tempel fußen ebenfalls in erster Linie auf literarischen Quellen, vor allem auf den Beschreibungen des aus priesterlichem Geschlecht stammenden jüdisch-römischen Geschichtsschreibers Flavius Josephus, der den Tempel aus eigener Anschauung gut gekannt hat.[66] Dazu mitunter in Widerspruch stehen die Angaben im Traktat Middot[67], einem Teil der im 2. nachchristlichen Jahrhundert entstandenen Mischna, die die Auslegungs- und Ausführungsbestimmungen der Gesetze im Pentateuch enthält und zusammen mit der Gemara den Talmud bildet. Der Grund für diese in manchen Punkten nicht zu überbrückende Divergenz der Tempelbeschreibungen bei Flavius Josephus und im Middot-Traktat liegt wohl darin, daß der Verfasser des letzteren sich nicht nur auf eine Schilderung des Herodianischen Tempels beschränkt, sondern – unter Rückgriff auf die biblischen Berichte – gleichzeitig ein Bild des ersehnten zukünftigen Heiligtums entwirft. Darauf deutet z. B. die offensichtlich von der Tempelvision Ezechiels[68] inspirierte, mit der tatsächlichen Situation aber keinesfalls in Einklang zu bringende Angabe, daß der Tempelbezirk 500 Ellen im Quadrat umfaßt habe.[69]

Wenn auch vom eigentlichen Tempelgebäude des Herodes nichts die Zeiten überdauert hat, so ist doch die gewaltige Plattform des Tempelbezirks erhalten geblieben, die heute noch den Südteil der Altstadt von Jerusalem beherrscht und an deren Südostecke schon im 19. Jahrhundert eine spektakuläre Grabung durchgeführt wurde.[70] Erhalten sind überdies große Teile der Westmauer, deren nicht verschüttetes Stück heute als ›Klagemauer‹ die heiligste Stätte der Juden ist. Während wir die Ausdehnung des Herodianischen Tempelbezirks nach Norden hin nicht kennen, ist unser Wissen über das Gelände im Bereich der westlichen und südlichen Umfassungsmauer durch neuere archäologische Untersuchungen erheblich erweitert und präzisiert worden[71]; ihr Mauerwerk aus herodianischer Zeit, das sich an der Südwestecke des über gewaltige Brücken und Treppenanlagen erreichbaren Tempelgeländes fast 50 Meter über den Felsen erhebt (Abb. 12), bestand demnach aus flach geboßten, mehr als ein Meter hohen und bis zu zwölf Meter langen Steinen mit teilweise doppeltem Rand. Der obere Teil der Umfassungsmauern wurde durch Pilaster gegliedert. Der von diesen riesigen Substruktionen getragene

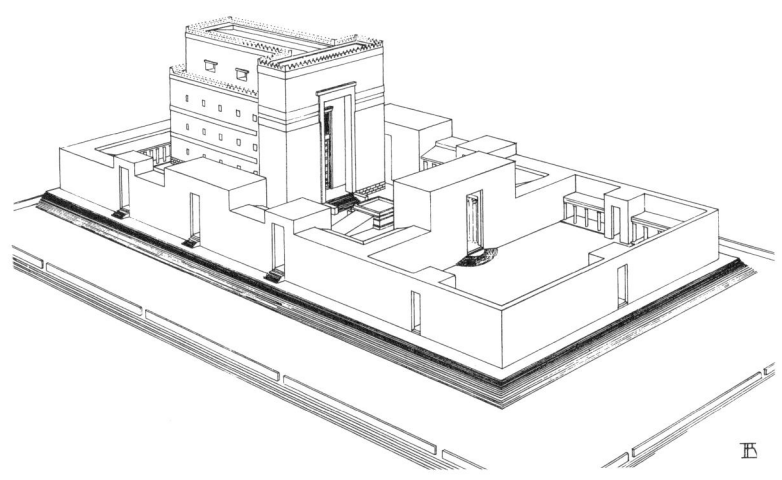

10 Innenheiligtum des Herodianischen Tempels in Jerusalem, Rekonstruktion
nach Th. A. Busink, 1980

Herodianische Tempelbezirk (Abb. 11)[72] war von zwei Mauern eingefaßt, deren innere das eigentliche, auf einem etwa vier Meter hohen
gestuften Podium liegende Heiligtum (Abb. 10) umschloß. Dessen
Betreten war Nichtjuden bei Todesstrafe verboten. Das eigentliche
Tempelgebäude, das sich traditionsgemäß in Ulam, Hekal und Debir
gliederte, übertraf die Vorgängerbauten vor allem in der Höhenaus-
dehnung: War der Kultraum des Salomonischen Tempels 30 Ellen
hoch, so betrug seine Höhe beim Herodianischen Tempel – dessen
Länge und Breite gegenüber dem Salomonischen Tempel unverändert geblieben sind – das Doppelte. Wie beim Serubbabelschen
Tempel umgab auch hier ein dreistöckiger, 60 Ellen hoher Umbau die
beiden vermutlich nur durch einen Vorhang oder allenfalls durch eine
dünne Mauer getrennten Haupträume, über denen ein Obergeschoß
lag, das man vom Dach des Umbaus aus betreten konnte. Der größte
Raum des Herodianischen Tempels war die von zwei Treppenhäusern
flankierte, 50 Ellen breite und 90 Ellen hohe Vorhalle, die dem Tempel als monumentaler Querriegel vorgelagert war und die durch ein
riesiges, über zwölf Stufen erreichbares Tor (25 Ellen breit und 70
Ellen hoch) akzentuiert wurde. Es mag dahingestellt bleiben, ob diese
von der Tradition abweichende Gestaltung der Vorhalle aus ihrer
geringeren sakralen Bedeutung oder einfach aus der Notwendigkeit

zu erklären ist, größeren Pilgerströmen Platz zu bieten.[73] Vor dem Tempel befand sich der quadratische, mit vier Hörnern versehene Brandopferaltar, zu dem eine Rampe hinaufführte.

Im Süden, Westen und Norden war der Tempel von dreigeschossigen Bauten umgeben, die als Schatzkammern, Magazine oder Tempelküchen dienten und teilweise vermutlich auch für die Priester bestimmt waren. Wiederum waren Säulenhallen vorgelagert, unterbrochen durch mächtige Torbauten, von denen jeweils drei an der Nord- und drei an der Südseite die Verbindung mit dem Außenhof herstellten. Das siebte Tor an der Ostseite führte zum tiefer gelegenen, querrechteckigen Frauenhof[74], der seinerseits von Säulenhallen umschlossen war. Stellten diese, im Gegensatz zum eigentlichen Tempelgebäude, an dessen Errichtung sich bezeichnenderweise nur Priester beteiligen durften[75], bereits eine eindeutige Abkehr von der jüdischen Bautradition dar, so dokumentierte der von doppelten Säulenhallen umgebene und an der Südseite durch eine dreischiffige Basilika ausgezeichnete kolossale Außenhof, der auch Nichtjuden zugänglich war, noch deutlicher die von Herodes gewiß mit Absicht inszenierte Adaptierung hellenistisch-römischer Bauformen (Abb. 11 und 12).

11 Herodianischer Tempelbezirk in Jerusalem, Rekonstruktion (Grundriß) nach Th. A. Businik, 1980

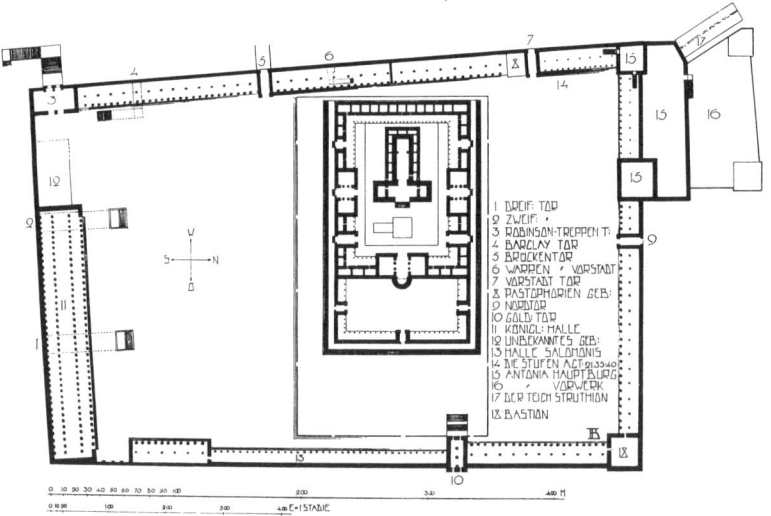

34

Der Tempel, dessen »Äußeres alles aufwies, was Herz und Augen staunen läßt« und der den »Fremden, die sich Jerusalem näherten, den Eindruck eines Schneegipfels« bot[76], wurde im ersten judäisch-römischen Krieg von römischen Truppen unter Titus, möglicherweise sogar gegen dessen Willen, im Jahre 70 n. Chr. völlig zerstört. Ein Teil der Kultgeräte, wie der siebenarmige Leuchter, wurde gerettet und später im Triumphzug der Sieger durch Rom geführt, wie das berühmte Relief auf dem Titusbogen in Rom zeigt.[77]

Während des zweiten Krieges der Juden gegen Rom (132–135), in dem sich ein kurzfristig erfolgreicher Aufstand unter der Führung von

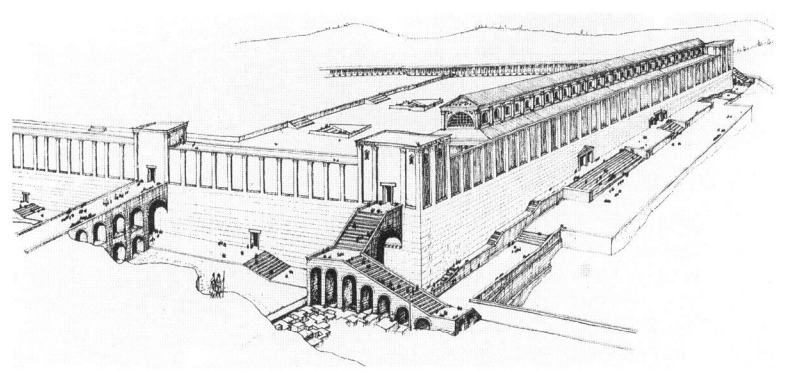

12   Südwestecke des Herodianischen Tempelbezirks in Jerusalem,
Rekonstruktion nach B. Mazar, 1972

Simon bar Kochba erhob – nicht zuletzt gegen den von Kaiser Hadrian befohlenen Bau einer Stadt »Aelia Capitolina« auf dem Boden des alten Jerusalem –, dürfte der Tempel zumindest notdürftig wiederaufgebaut worden sein.

Nach dem Scheitern dieses Aufstandes wurde Jerusalem tatsächlich in eine römische Stadt umgewandelt, deren Betreten den Juden bei Todesstrafe verboten war. Auf dem Tempelplatz erstand ein Tempel des Jupiter Capitolinus im klassischen Stil.

Seit dem 3. Jahrhundert scheint das den Juden auferlegte Verbot, Jerusalem zu betreten, nicht mehr so streng gehandhabt worden zu sein. So war es ihnen zumindest erlaubt, jeweils am Jahrestag der Zerstörung des Tempels zu gedenken und an dessen westlicher Umfassungsmauer zu klagen. Außerdem scheint sich allmählich das Ritual herausgebildet zu haben, einen durchlöcherten Stein zu salben, der wohl identisch mit jenem Heiligen Felsen asch-Schakra ist, dessen lange kultische Kontinuität, die über den Salomonischen Tempel, den Brandopferaltar Davids und die versuchte Opferung Isaaks bis zum Grab Adams zurückreicht, ihn nach jüdischer Vorstellung letztlich zum Weltmittelpunkt macht.[78] Die nächsten Bauarbeiten auf dem alten Tempelplatz fanden unter Kaiser Julian Apostata (reg. 361–363) statt, der den Juden zum Dank für die Unterstützung seiner christenfeindlichen Politik den Wiederaufbau ihres Tempels gestattete. Über Anfänge hinaus ist aber es dabei wohl nicht gekommen.[79] In byzantinischer Zeit ließ man den Tempelbezirk zum Zeichen des Gottesgerichts an den Juden brachliegen.

Der Felsendom

Kalif Omar I., der 638, sechs Jahre nach dem Tod des Propheten Mohammed, Jerusalem eroberte, soll über den desolaten Zustand des Tempelplatzes erschüttert gewesen sein. Er ließ eine hölzerne Moschee errichten, deren Standort südlich des Heiligen Felsens verhindern sollte, daß die im Gebet sich nach Süden, in Richtung Mekka, ausrichtenden Muslime gezwungen gewesen wären, den Heiligen Felsen zu verehren. Genau dies hätte der Ratschlag eines zum Islam übergetretenen Juden bewirkt, der empfahl, die Moschee nördlich des Heiligen Felsens zu bauen (Abb. 13).[80] Erst später scheint der Fels mit der nächtlichen Himmelfahrt des Propheten Mohammed in Verbindung gebracht worden zu sein, wodurch der Felsendom zu einem der wichtigsten Heiligtümer des Islam wurde.

Der omajjadische Kalif Abd al-Malik ließ über dem Heiligen Felsen einen von einer Kuppel bekrönten Rundbau errichten, der, einer Inschrift in seinem Inneren zufolge, 691–692 (dem Jahr 72 nach der Hedschra) vollendet war (Farbabb. 1).[81] Die komplexen Beweggründe zum Bau dieses ersten repräsentativen – oft fälschlich als ›Omar-Moschee‹ bezeichneten – islamischen Heiligtums Qubbat asch-Schakra (= Kuppelbau über dem Felsen) dürften einerseits in dem Bemühen zu suchen sein, den Ort des jüdischen Tempels und die damit verknüpften kultischen Traditionen für den Islam in Besitz zu nehmen, was durch die Lokalisierung eines auch für die Muslime wichtigen biblischen Ereignisses, das Opfer des als Stammvater der Araber angesehenen Abraham,[82] auf dem Heiligen Felsen problemlos möglich und durch die Inanspruchnahme dieses Felsens für die Himmelfahrt Mohammeds auch religionspolitisch bedeutungsvoll war.[83] Andererseits scheint Abd al-Malik auch bestrebt gewesen zu sein, mit dem Felsendom einen Gegenpol zur Kaaba in Mekka zu schaffen, die sich damals in den Händen des Gegenkalifen Ibn az-Zubair befand. Vor allem aber dürfte die Konkurrenzsituation zum Christentum eine wesentliche Rolle gespielt haben. Die Christen hatten im Felsen auf dem Ölberg mit den Fußabdrücken Jesu nicht nur ein

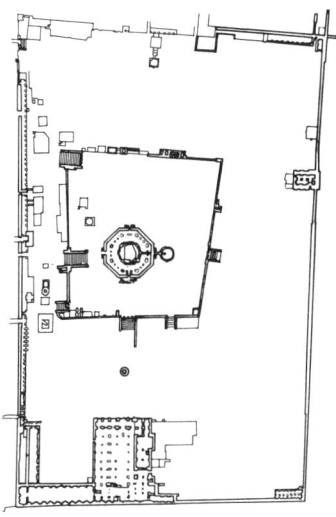

13 Situationsplan des Haram asch-Scharif in Jerusalem

Pendant zum Heiligen Felsen mit dem Fußabdruck Mohammeds, sondern besaßen in der darüber als Zentralbau errichteten Himmelfahrtskirche[84], vor allem aber in dem kuppelbekrönten Rundbau der Grabeskirche Prachtbauten, die nicht nur als Vorbild für die frühen Bauten des Islam dienten, sondern die es auch zu übertrumpfen galt. Die Adaptierung der Gestalt der Grabeskirche, deren Pracht die Muslime nach der Aussage eines arabischen Historikers zu verwirren drohte[85], ging so weit, daß der Durchmesser der Anastasis-Rotunde[86] mit dem Grab Jesu sowie deren charakteristischer Stützenwechsel (der sich freilich auch an einer Reihe anderer byzantinischer Bauten der Folgezeit findet) im inneren Stützenkranz des Felsendoms weitgehend übernommen worden sind (Abb. 14 und 15). Die Wahl des Zentralbautypus, der in byzantinischer Tradition bevorzugt kaiserliche Herrschergewalt repräsentierte, sollte schließlich – darauf weisen auch byzantinische wie persische Herrschaftssymbole in der Mosaikdekoration hin herrschaftlichen Anspruch und die Dominanz des Islam in religiöser wie in politischer Hinsicht zum Ausdruck bringen. Der Felsendom ist also – im Unterschied zu der südlich von ihm gelegenen Aqsa-Moschee, die etwa gleichzeitig oder wenig später anstelle der hölzernen Omar-Moschee als vielschiffiger Langbau errichtet wurde[87] – keine Moschee, kein Ort für öffentliche Gebete und Gottesdienste, sondern ein Ciborium über dem Heiligen Felsen, eine Art Reliquienschrein und Memorialbau[88], eine Triumphalarchitektur, ein Wallfahrtsort.

Der – möglicherweise von der jüngst entdeckten frühchristlichen Maria-Ruh-Kirche zwischen Jerusalem und Betlehem unmittelbar beeinflußte – Grundriß des Felsendoms (Abb. 15) macht deutlich, daß der Bau niemals für Gebetsgottesdienste, wohl aber für Pilgerprozessionen geeignet ist: Im Zentrum liegt, umgeben von einem Ring alternierender Stützen, die die Kuppel tragen, der Heilige Felsen, den die Gläubigen in zwei unterschiedlich breiten Umgängen umschreiten können. Die Festlegung der vom Kreis ins Oktogon übergehenden Grundrißstruktur erfolgte mittels einer relativ geometrischen Konstruktion (Abb. 14). Dem um den Heiligen Felsen gelegten Kreis wird ein Quadrat eingeschrieben, dessen Seiten nach den Himmelsrichtungen verlaufen und dessen Eckpunkte die Lage der vier Pfeiler des inneren Stützenkranzes markieren. Dreht man dieses Quadrat um 45°, so legen seine Eckpunkte die Standorte der mittleren der jeweils

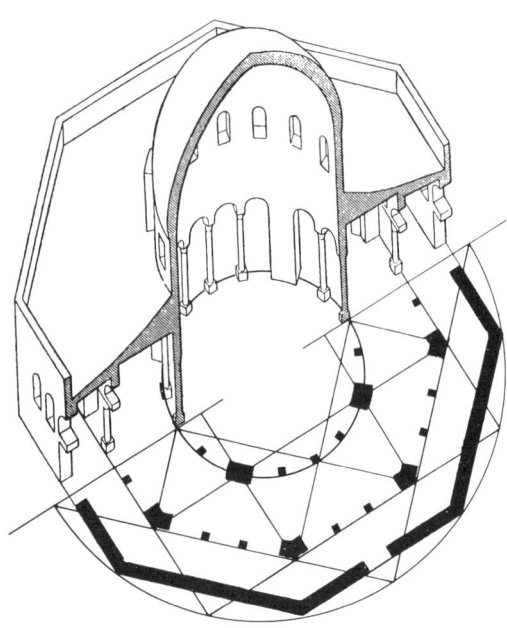

14 Felsendom
in Jerusalem,
Isometrie nach
K. A. Creswell, 1932

drei zwischen den Pfeilern plazierten Säulen fest. Eine Verlängerung der Seiten beider Quadrate ergibt in deren Schnittpunkten die Lage der ein Oktogon bildenden Pfeiler des äußeren Stützenkranzes, die mit jeweils zwei Säulen alternieren. Die Verlängerung der Seiten dieses oktogonalen äußeren Stützenkranzes legt schließlich den Umfang des Außenkreises fest, dem die ebenfalls oktogonal angelegten Außenmauern kantenparallel eingeschrieben sind. Um die Sicht auf den Heiligen Felsen von den jeweils in der Achse der Himmelsrichtungen liegenden vier Eingängen aus nicht durch die ebenfalls auf dieser Achse liegenden mittleren Säulen des inneren Stützenkranzes zu verstellen, bediente man sich des Kunstgriffs, diesen inneren Stützenkranz um 3° aus der Achse zu drehen, wodurch für den Eintretenden außerdem die jeweils nähere wie auch die entferntere dieser mittleren Säulen gleichzeitig sichtbar wird (Abb. 15).[89]

Über dem kreisförmig angelegten inneren Stützenkranz erhebt sich ein von 16 großen Rundbogenfenstern durchbrochener Tambour, dessen Höhe bis zum Kuppelansatz das Dreifache der Säulen- und Pfeilerhöhe beträgt und identisch ist mit seinem Durchmesser (Abb. 15).[90] Er trägt eine zweischalige hölzerne Kuppel, deren Außenseite seit 1963 mit vergoldeten Aluminiumplatten verkleidet ist. Zunächst bedeckten vergoldete Kupferplatten die 1016 eingestürzte, 1022 wiederaufgebaute und seither mehrfach restaurierte Holzkonstruktion, die von einem bronzenen Halbmondaufsatz bekrönt wird. Über den beiden Umgängen liegt ein Ringpultdach, dessen Ansatz außen von einer ursprünglich in 13 kleine Felder unterteilten Brüstungsmauer verdeckt wird, die die durch jeweils sieben hohe, im oberen Teil durchfensterte Nischen gegliederten Außenwände des Oktogons nach oben abschließt. Die aus dem frühen 16. Jahrhundert stammende Fayence-Verkleidung, die dem zweifellos schon in omajjadischer Zeit vollständig mit Marmorinkrustationen, Fayencewerk und Mosaiken überzogenen Bau einen überaus kostbaren Charakter verleiht, wurde zwischen 1959 und 1964 abermals ergänzt und erneuert.

Im Gegensatz dazu stammt die großartige Innendekoration noch überwiegend aus der Erbauungszeit. Neben den Marmorverkleidungen der Pfeiler und der Arkaden über den monolithen Säulen, den mit getriebenem Bronzeblech verkleideten Architravbalken des äußeren Stützenkranzes sowie dem aus dem 14. Jahrhundert stammenden Reliefdekor des Außenumgangs sind es vor allem die nahezu alle Wandflächen überziehenden Mosaiken auf Goldgrund, die dem

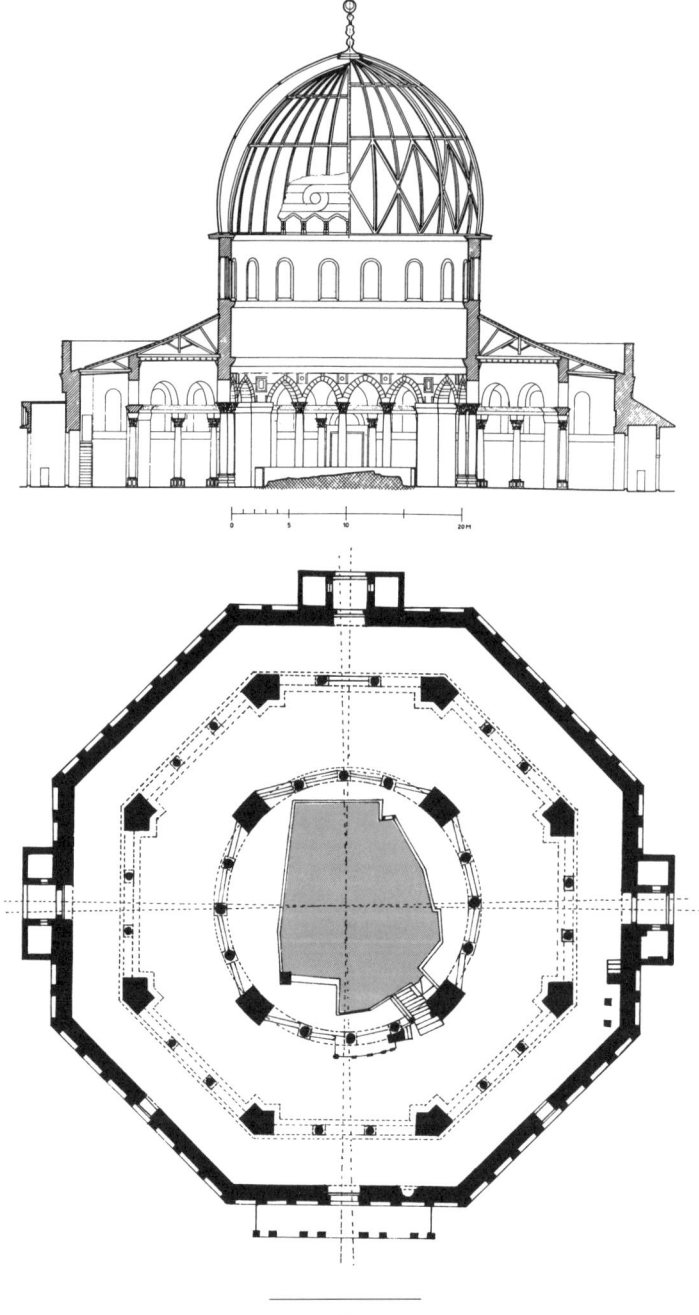

Innenraum seinen unerhörten Glanz verleihen. Der reiche Dekor aus Ranken-, Palmetten- und Akanthusmotiven, denen wohl ein auf das Paradies verweisender Symbolgehalt nicht abzusprechen ist, wird durch Hals- und Armbänder, Ohrringe, Kronen und andere Schmuckgehänge ergänzt, die als Abbilder byzantinischen und teilweise sassanidischen Kronschmucks unverkennbare Heiligkeits- und Machtsymbole sind. Der solcherart zum Ausdruck gebrachte Triumph des Islam wird durch die umlaufenden Inschriften konkretisiert, die neben dem Widmungstext[91] Suren aus dem Koran zitieren, die die konsequente Eingottvorstellung Allahs betonen und in denen die Abgrenzung gegen die Gotteslehre des Christentums unterstrichen wird.

Als die Kreuzfahrer Jerusalem im Juli 1099 eroberten, wurde der Felsendom zum ›Tempel des Herrn‹ (templum Domini) erklärt und ebenso wie die Grabeskirche Sitz eines Kollegiatsstiftes, dessen Kanoniker allerdings – im Gegensatz zu denen der Grabeskirche – über wesentlich weniger Einkünfte verfügten. Aus diesem Grund hielten sich die christlichen Baumaßnahmen im templum Domini, der erst 1141 feierlich konsekriert wurde, in so bescheidenem Rahmen, daß sie nach der Rückeroberung Jerusalems durch Sultan Saladin im Jahre 1187 ohne große Mühe wieder rückgängig gemacht werden konnten.[92]

Als es Kaiser Friedrich II. 1229 gelang, Jerusalem noch einmal für 15 Jahre unter christliche Herrschaft zu bringen, blieb der Tempelplatz mit dem Felsendom und der Aqsa-Moschee – sie hatte bereits dem Kreuzfahrer Gottfried von Bouillon und dessen Bruder Balduin I., dem ersten lateinischen König von Jerusalem, als Palast und dann dem 1118 gegründeten Templerorden als Hauptquartier gedient – im Besitz der Muslime.

An der Ostseite des Felsendoms, von den Juden als Gerichtsplatz Davids bezeichnet, steht der sogenannte Kettendom (Qubbat asch-Sislah), ein nach allen Seiten hin offener Pavillon, in dem eine angeblich von König Salomo stammende Kette verehrt wird, die nach islamischer Tradition am Tage des Jüngsten Gerichts die Guten von den Bösen scheiden wird. Der wie eine Abbreviatur des Felsendoms wirkende kleine Bau, dessen auf sechs Säulen ruhende Tambourkuppel

◁ 15 Felsendom in Jerusalem, Längsschnitt und Grundriß

41

von elf Außenarkaden umgeben ist, soll von Abd al-Malik noch vor dem Felsendom gebaut worden sein und als Schatzkammer gedient haben.

Nordwestlich des Felsendoms wurde im 10. Jahrhundert, gleichsam als Pendant zum Kettendom, der sogenannte Himmelfahrtsdom (Qubbat al-Mirai) errichtet, und zwar an jener Stelle, an der Mohammed gebetet haben soll, bevor er seine nächtliche Himmelsreise antrat. Den Kreuzfahrern diente der achteckige baldachinartige Kuppelbau als Baptisterium.

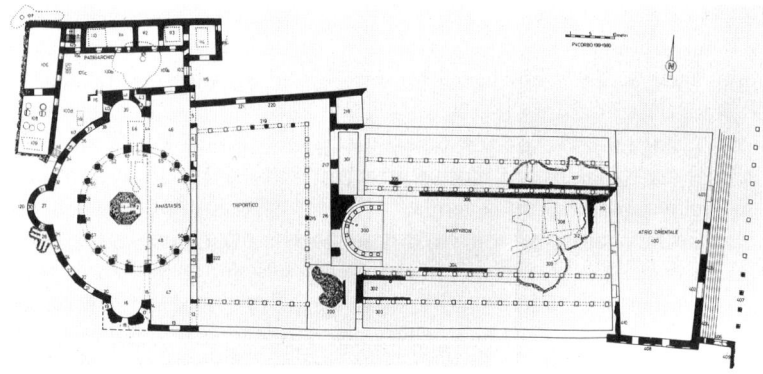

16   Konstantinische Grabeskirche in Jerusalem, Grundriß nach V. Corbo, 1982

Die Grabeskirche in Jerusalem

Nach der Niederwerfung des jüdischen Aufstandes unter Simon bar Kochba (135 n. Chr.) errichteten die Römer über dem Grab Christi einen Tempel, der Aphrodite geweiht war, der Lieblingsgöttin Kaiser Hadrians. Auf dem nahe gelegenen Golgotha-Felsen, der Stätte der Kreuzigung, wurde eine Statue der Göttin aufgestellt, um die Erinnerung an die von der wachsenden Gemeinde der Judenchristen verehrten Heiligtümer auszulöschen. Die Kenntnis von der Lage der Leidens- und Grabesstätte Christi, deren Echtheit auch von der modernen Forschung kaum bestritten wird, blieb dennoch erhalten. Zwei Jahrhunderte später sei es, so berichtet Bischof Eusebius von Caesarea, Kaiser Konstantin dem Großen als eine Pflicht erschienen, »den seligsten Ort der heilbringenden Auferstehung des Heilandes in Jerusalem allen sichtbar zu machen und der Verehrung zu übergeben«.[93] Nach der Entfernung des Aphrodite-Tempels kamen unter dessen riesigem Podium, das ebenfalls völlig beseitigt wurde, das Heilige Grab und der Golgotha-Felsen wieder zum Vorschein, mit dem bald auch die Legende der Auffindung des Heiligen Kreuzes durch Helena, die Mutter Konstantins, verbunden wurde und der schließlich zudem als Ort des Abrahamsopfers sowie als Adams Grabstätte gegolten hat.

Auf Befehl Konstantins errichteten der syrische Architekt Zenobios und der aus Konstantinopel stammende Presbyter Eustathios ab 325 an der Stelle des Aphrodite-Tempels einen wegen der Lage des Heiligen Grabes nach Westen orientierten Monumentalbau. Dieser bestand im wesentlichen aus einer fünfschiffigen Emporenbasilika mit Atrium und dem Gebäudekomplex um das Grab selbst (Abb. 16).[94] Das Grab Christi, das durch Beseitigung des Hügels darüber zu einer frei stehenden Ädikula isoliert worden war, befand sich nicht –

17 Inneres der Grabesrotunde in Jerusalem, Stich von le Bruyn, 1725

wie etwa in der römischen Peterskirche – innerhalb der Basilika, sondern, von dieser durch einen großen Innenhof getrennt, im Zentrum eines selbständigen Rundbaus. Ein Kranz von 20 kreuzförmig angeordneten Stützen – jeweils zwei Pfeiler im Wechsel mit drei Säulen – trennte das von einer Kuppel überwölbte Innere der Grabesrotunde von einem äußeren Umgang, der durch drei Apsiden erweitert war. In der südöstlichen Ecke des zwischen Basilika und Rotunde liegenden Atriums erhob sich der Felsen von Golgotha. War die Basilika dem Andenken der Passion Christi geweiht, so galt die Anastasis (ἀνάστασις = Auferstehung) genannte Rotunde mit dem Christusgrab nicht als Mal des Märtyrertodes, sondern als der sichtbare Ort der Auferstehung Christi. Eusebius, der die verschwenderische Pracht des Bauwerkes rühmt, bezeichnete die Grabeshöhle als »Allerheiligstes«[95]; in der neuen Kirche sah er die Ablösung des Tempels des Alten Bundes.[96]

Bei der Eroberung Jerusalems durch die Perser im Jahre 614 ging die Grabeskirche in Flammen auf, wurde aber 628, nach der Vertreibung der Perser durch den byzantinischen Kaiser Herakleios, von Abt Modestus, dem späteren Patriarchen von Jerusalem, in etwas bescheidenerer Form wiederaufgebaut. Nur wenige Jahre, nachdem die durch einen von muslimischen Soldaten gelegten Brand eingestürzte Kuppel notdürftig wiederhergestellt worden war, ließ Kalif al-Hakim die Grabeskirche gründlich zerstören und das Heilige Grab unwiederbringlich wegschlagen. Dennoch blieben die äußeren Mauern der Rotunde bis zu einer Höhe von elf Metern im heutigen Bau erhalten. Unter dem byzantinischen Kaiser Konstantin IX. Monomachos entstand 1048 eine neue Grabrotunde, die nach der Eroberung Jerusalems durch die Kreuzfahrer im 12. Jahrhundert in romanischen Formen erneuert wurde. Auch die Säulenstellung der romanischen Rotunde, die im wesentlichen bis ins 19. Jahrhundert erhalten geblieben ist (Abb. 17) und nach einem Brand und später einem Erdbeben jeweils wieder rekonstruiert wurde, entspricht jener des byzantinischen Vorgängerbaus. Die unter Konstantin dem Großen gebaute fünfschiffige Basilika wurde nach der Zerstörung durch den Kalifen al-Hakim nicht wieder aufgebaut. Die Kreuzfahrer errichteten statt dessen im Anschluß an die Rotunde einen monumentalen Neubau, der allerdings im Zusammenhang mit dem Salomonischen Tempel keine Rolle spielt.

Zwischen Sinndeutung
und Wirklichkeitsbeschreibung

Die Rezeption des Tempels von Jerusalem vollzog sich von Anfang an auf mehreren Ebenen, die sich teilweise ergänzten, mitunter auch im Widerspruch zueinander standen, meist aber kaum miteinander korrespondierten. Dies gilt nicht nur für das schon aus religionsgeschichtlichen Gründen unterschiedliche Nachleben des jüdischen Tempels in Judentum[97], Christentum und Islam[98], sondern vor allem auch für das breite Spektrum möglicher Bezüge innerhalb eines Kulturbereiches, dessen Spannweite im Falle der christlichen Rezeption – diese soll hier skizziert werden – von bibelexegetischer Metaphorik über eine Unzahl die allgemeine Vorstellung prägender Reiseberichte von Jerusalem-Pilgern bis hin zu den nicht weniger vielfältigen Versuchen reicht, die Gestalt des zerstörten Heiligtums zu rekonstruieren.

Es liegt auf der Hand, daß diese völlig unterschiedlichen Intentionen, deren Intensität und Methodik im Laufe der historischen Entwicklung ständigen Veränderungen unterworfen waren, sich nur selten decken. Bezeichnend nicht nur für die zeitliche Abfolge, sondern mehr noch für die historische Rangfolge dieser Rezeptionsmöglichkeiten ist etwa der Umstand, daß der im Ezechiel-Kommentar des heiligen Hieronymus an der Wende vom 4. zum 5. Jahrhundert erhobenen Forderung, Jerusalem in den Mittelpunkt der in der Regel kreisrunden Weltkarten einzuzeichnen[99], von den abendländischen Universalkartographen erst seit dem frühen 12. Jahrhundert entsprochen wurde, als Jerusalem in der Folge der Kreuzzüge tatsächlich zum Mittelpunkt der lateinischen Christenheit geworden war.[100] Es ist nicht weniger bezeichnend, daß sich diese Vorstellung wider jedes bessere geographische Wissen zum Teil bis über das 16. Jahrhundert hinaus erhalten hat (Abb. 18).

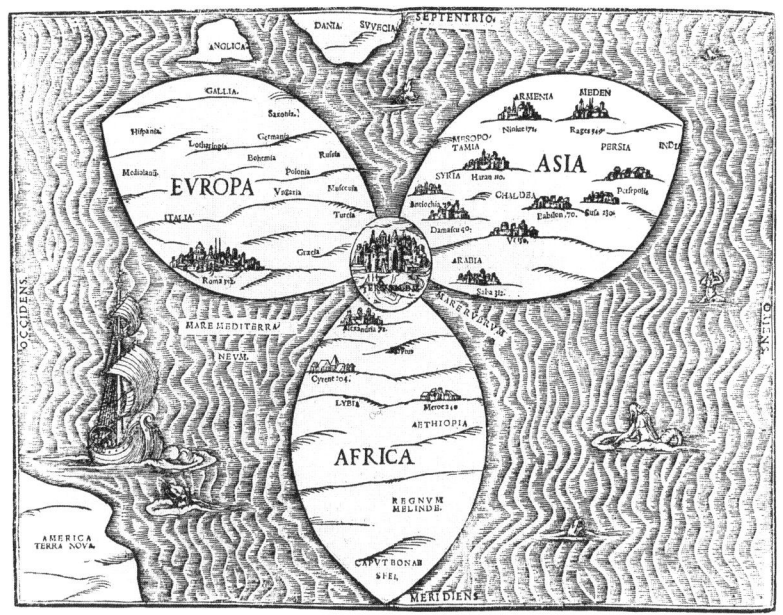

18   Landkarte, die Jerusalem als Mittelpunkt der Welt zeigt; Holzschnitt aus:
Heinrich Bünting: ›Itinerarium sacrae scripturae. Das ist: Ein Reisebuch
über die gantze Heilige Schrift‹, Magdeburg 1585 (Frontispiz)

Der Tempel in der Architekturallegorese

Nach Paulus ist die christliche Gemeinde Gottes irdischer Tempel:
»Wißt ihr denn nicht, daß ihr Gottes Tempel seid und der Geist Gottes
in euch wohnt?«[101] Daß der Tempel als geistige Architektur kein von
Menschen errichtetes Gebäude sein kann, bezieht der Erzmärtyrer
Stephanus auch auf den Tempel Salomos, indem er in seiner Verteidi-
gungsrede vor dem Hohen Rat über Gottes Wohnstatt sagt: »Salomo
aber baute ihm ein Haus. Doch der Höchste wohnt nicht in dem, was
von Menschenhand gemacht ist, wie der Prophet sagt: Der Himmel ist
mein Thron und die Erde der Schemel meiner Füße. Was für ein Haus
könnt ihr mir bauen?, spricht der Herr. Oder welcher Ort kann mir als
Ruhestätte dienen? Hat nicht meine Hand dies alles gemacht?«[102]

Die irdische Kultstätte des frühen Christentums blieb also
zunächst reiner Zweckbau. Es gab, weil dies als Götzenwerk betrach-

tet worden wäre, keinen von Menschenhand erbauten Tempel.[103] Die wahre Kirche, der Tempel Gottes, war nicht das aus lebloser Materie errichtete Haus, sondern die lebendige Gemeinde, die sich darin versammelte. Erst allmählich übertrug man den Begriff der Ecclesia, der Gemeinschaft der Gläubigen, auch auf den christlichen Kultbau, der damit zum Gotteshaus, zum Heiligtum wurde. In seiner Festrede zur Weihe der im Jahr 312 vollendeten Kirche von Tyrus in Phönikien bringt Bischof Eusebius von Caesarea den neuen Bau nicht nur in Zusammenhang mit dem geistigen Gebäude der Versammlung der Gläubigen und dem Gnadenbau der einzelnen christlichen Seele, sondern vergleicht auch den Bauherrn, Bischof Paulinus von Tyros, mit Salomo sowie Serubbabel und sieht im irdischen Kirchengebäude schließlich auch ein Abbild des Himmlischen Jerusalem.[104]

Die Vorstellung vom Himmlischen Jerusalem, das am Ende der Tage auf die Erde herabkommen wird, geht auf die Apokalypse des Johannes zurück[105], die ihrerseits auf Visionen der Propheten Jesaja[106] und Ezechiel[107] basiert. Obwohl die Vision des Himmlischen Jerusalem nicht unmittelbar einen Tempel offenbart, weil Gott selbst als der eigentliche Tempel verstanden wird, dem auf Erden die Gemeinde der Gläubigen entspricht, läßt doch die offenkundige Analogie der apokalyptischen Vision des Johannes zur Tempelvision Ezechiels die Himmelsstadt auch zum himmlischen Tempel werden, der dann im christlichen Kirchengebäude seinen Widerhall findet.[108] Auf diese Weise bildet sich schließlich die Vorstellung heraus, daß die christliche Kirche den alttestamentlichen Tempel steigern und zugleich das Himmlische Jerusalem vorbilden muß.

Die Auffassung des Salomonischen Tempels als Präfiguration der christlichen Kirche findet sich dezidiert zum ersten Mal bei dem griechischen Kirchenvater Origenes von Alexandria (um 185–254)[109], dessen systematisch betriebene Schriftauslegung als Grundlage mittelalterlicher Bibelexegese gilt. In der Erklärung der Bibel unterscheidet er drei Stufen des Schriftsinns, den somatischen (= buchstäblichen), den psychischen (= moralischen) und den pneumatischen (= allegorisch-mystischen). Er verbindet damit die in der heidnisch-antiken Mythendeutung angewandte und von dem jüdisch-hellenistischen Religionsphilosophen Philo von Alexandria im 1. nachchristlichen Jahrhundert zu einer kosmologisch verstandenen, wissenschaftlichen Methode ausgebaute Allegorese mit der aus einem heilsgeschichtlichen Verständnis der Bibel abgeleiteten Typologie[110], die die Fakten des Neuen Testaments als Steigerung und Vollendung jener des Alten Testaments erklärt und sich dabei auf Christus selbst beruft: »Denkt nicht, ich sei gekommen, um das Gesetz und die Propheten aufzuheben. Ich bin nicht gekommen, um aufzuheben, sondern um zu erfüllen.«[111] Auf Origenes aufbauend, unterscheidet die mittelalterliche Bibelexegese zwischen dem wörtlich-historischen Sinn (sensus litteralis) und einem höheren, geistigen Sinn (sensus spiritualis), der sich in drei Stufen als allegorischer, tropologischer und anagogischer Schriftsinn darüber erhebt[112]; während der allegorische Sinn den heilsgeschichtlichen Aspekt des jeweiligen Textes in seinem Verhältnis zwischen Präfiguration und Erfüllung beleuchtet, beinhaltet dessen tropologischer Sinn eine moralische Anweisung zur Lebensführung, der der Seele den Weg zu ihrem Heil zu erkennen gibt; in seiner anagogischen, d. h. in den Himmel hinaufführenden Bedeutung wird der Sinn des entsprechenden Wortes oder Textes schließlich ins Eschatologische gesteigert. Ein häufig zitiertes Musterbeispiel für diesen vierfachen Schriftsinn ist das Wort ›Jerusalem‹: im historischen Sinn bezeichnet es eine bestimmte Stadt auf Erden, im allegorischen die Kirche, im tropologischen die Seele des Gläubigen, im anagogischen die himmlische Gottesstadt.

Mit Origenes, der schon an den drei Stockwerken der Arche Noahs die dreifache Stufung des Schriftsinnes abgelesen und, wie erwähnt, dieses Interpretationsmodell auch auf den Salomonischen Tempel angewandt hatte, beginnt nicht nur die Geschichte der mittelalterlichen Bibelexegese im allgemeinen, sondern auch die der Gebäudemetaphorik im besonderen[113], die vom »Fundament der ›historia‹ über die Wände der ›allegoria‹ und die Schmuckteile der ›tropologia‹ zum Dach der ›anagogia‹«[114] führt. Einen ersten Höhepunkt erreicht diese Form der Interpretation bei dem lateinischen Kirchenvater Hieronymus (347–um 420), der im Gegensatz zu vielen späteren Autoren zwischen dem von Salomo erbauten Tempel und der Tempelvision des Ezechiel unterscheidet, in der allein er eine direkte Weissagung der christlichen Kirche und ebenso auch ein Bild von deren Aufbau und Ordnung sieht.[115] Diese grundsätzliche Deutung der Ezechielischen Tempelvision als direkte Weissagung der Kirche, die vor Hieronymus schon bei Tertullian (um 150–230) anzutreffen ist[116], blieb jahrhundertelang gültig und wurde, mehr oder weniger variiert und ausgeschmückt, von Gregor dem Großen (590–604)[117] bis Rupert von Deutz (1079–1129)[118] und Honorius Augustodunensis (um 1080 bis um

1137)[119] immer wieder aufgegriffen. Wie einflußreich solche exegetischen Texte bis über das Hohe Mittelalter hinaus gewesen sein müssen, beweist etwa der Umstand, daß der Ezechiel-Kommentar Gregors des Großen im 13. und 14. Jahrhundert als Tischlesung des Konvents von Saint-Denis diente.[120] Selbst im 16. Jahrhundert noch interpretierte der Spanier Hector Pinto[121], ein engagierter Vertreter der katholischen Gegenreformation, die Tempelvision Ezechiels nach dem vierfachen Schriftsinn und unterstrich, ebenso wie sein Landsmann Francisco Ribera[122], deren Bedeutung als Präfiguration der Kirche Christi.

Nicht von der Ezechielischen Tempelvision ausgehend, jedoch unter direkter Bezugnahme auf den Salomonischen Tempel, der nicht nur als Prototyp der neutestamentlichen christlichen Kirche, sondern darüber hinaus zugleich auch als Metapher des wiederum als Tempel verstandenen Leibes Christi interpretiert wird, verfolgen Theodoret von Cyrus (393 bis 466)[123], Augustinus (354–430)[124] und in dessen Nachfolge Beda Venerabilis (673–735)[125], Hugo von St. Victor (um 1096–1141)[126] sowie Adam von St. Victor (um 1110–1192)[127] eine ähnliche Intention.

Die einmal zum Himmel und das andere Mal gewissermaßen zur Erde gewandten Zielrichtungen dieser Bibelinterpretationen sind nicht nur als Facetten allegorischer und anagogischer Deutung zu verstehen, sondern schließen auch die für die Tempelrezeption bedeutsame Korrespondenz von himmlischem und irdischem Jerusalem ein, indem das Allerheiligste des Tempels als Hinweis auf die himmlische civitas interpretiert wird.[128]

Demgegenüber verzichtet Richard von St. Victor (gest. 1173)[129] weitgehend auf eine allegorische, tropologische oder anagogische Deutung des Bibeltextes. Er versucht erstmals, in einer sorgfältigen Auslegung nach dem Buchstabensinn, den Tempel als konkretes Bauwerk zu beschreiben. Darauf wird noch zurückzukommen sein.

Zunächst aber sei auf einige spezielle Aspekte der patristischen Gebäudemetaphorik verwiesen. Hieronymus, dessen Ezechiel-Kommentar die wohl einflußreichste Tempelmetaphorik beinhaltet, findet in seiner Auslegung, die den Bibeltext Vers für Vers ausführlich kommentiert, für jede Einzelheit der biblischen Tempelvision eine Erklärung im oben skizzierten Sinn: So deutet er – um nur einige Beispiele anzuführen – die äußere Vorhalle des Tempels als schöne Ordnung der Welt, während uns die innere Ordnung am Tag des wahren Jubelfestes, an dem uns alle Sünden verziehen werden, zum Allerheiligsten des vollen Verständnisses führt.[130] Weiterhin sieht er im verschlossenen Osttor des Tempels, das die Pharisäer weder für sich noch für andere öffnen konnten oder wollten, das Tor der Heiligen Schrift und des Paradieses, das erst durch Christus aufgeschlossen wird; gleichzeitig deutet er es auch als Symbol für Maria, die vor und nach der Geburt Jesu Jungfrau blieb[131] – ein Gedanke, der in der späteren Bibelexegese häufig aufgegriffen wurde. Der unter der Schwelle des Tempelhauses entspringende Fluß ist Hieronymus ein Bild der kirchlichen Lehre und der Gnade der Taufe. Je weiter jemand im christlichen Leben fortschreitet, um so tiefer taucht er in dieses belebende Wasser ein, das zwischen zwei Baumreihen, den Büchern des Alten und Neuen Testaments, dahinfließt und alles erneuert und befruchtet, sogar das tote Meer der in Sünden erstorbenen Seelen.[132]

Auch die Baumaterialien des Tempels dienen als Ausgangspunkt für metaphorische Betrachtungen. So wird etwa der weiße Marmor von Beda Venerabilis[133] und in dessen Nachfolge von Hrabanus Maurus (780–856)[134] als Hinweis auf die Reinheit der Auserwählten und damit als Präfiguration der Kirche gedeutet. Bei Hugo von St. Victor symbolisiert das aus dreierlei Werkstoff bestehende Baumaterial die drei Stände der Kirche: Das Gold entspricht denen, die ein kontemplatives, das Holz jenen, die ein aktives Leben führen, der Stein schließlich den Oberen. Deren Standestugenden – Schrift, Härte und Feuer – entsprechen den Eigenschaften des Steins, in den Gottes Finger geschrieben hat: Der Obere muß über Wissen, Zurechtweisung und Liebe verfügen. Die Schrift bedeutet das Wissen, die Härte die Zurechtweisung, das Feuer die Liebe.[135] Das Holz des Tempeldachs wird aber auch als Hinweis auf das Kreuz verstanden, unter dem nach Isidor von Sevilla (um 570–636) alle Heiligen Schutz finden, die in dem einen Glauben gefestigt sind.[136]

Eine wesentliche Rolle in der metaphorischen Interpretation sowohl der Bibel im allgemeinen als auch der mit zahlreichen Maßangaben versehenen Beschreibung des Salomonischen Tempels wie der Ezechielischen Tempelvision im besonderen spielt die Zahlenallegorese.[137] Hier sind es zuerst Hieronymus und Gregor der Große, die diese Maßangaben als Bedeutungsträger interpretieren, in denen sich zum einen die vollkommene Harmonie des von Gott in Auftrag gegebenen bzw. visionär gezeigten Tempels offenbart, vor allem aber die von Gott gestiftete Wahrheit.[138] In Analogie zur Zahl der Schöpfungs-

tage bringt Hieronymus schon die sechs Ellen lange Meßrute der Ezechielischen Tempelvision[139], ebenso die sechs Ellen messende Breite
der Tempelpfeiler[140], deren Maßzahl uns zur Erkenntnis Gottes hin-
führt.[141] Auch Gregor der Große sieht die sechs Ellen der Meßrute im
Zusammenhang mit dem Schöpfungswerk Gottes[142] und wertet die
Sechszahl als Symbol der Vollkommenheit überhaupt[143]; bereits
Augustinus hatte die Vollkommenheit der Sechszahl betont, diese
allerdings – im Unterschied zu Gregor dem Großen – nicht in erster
Linie aus dem biblischen Schöpfungsbericht abgeleitet, sondern, in
antiker Tradition, aus ihrer zahlenimmanenten Eigenschaft, aus der
Summe ihrer Teiler zu bestehen[144]: Die Sechszahl sei nicht deshalb
vollkommen, weil Gott die Welt in sechs Tagen geschaffen habe, sondern Gott habe die Welt in sechs Tagen erschaffen, weil diese Zahl
eine vollkommene sei.[145] In der Folgezeit werden beide Deutungs-
möglichkeiten auch mit den Tempelmaßen in Zusammenhang
gebracht. So bezeichnet nach Hrabanus Maurus die sechs Ellen dicke
Tempelmauer[146] die Schöpfung[147], in der sich nach Rupert von Deutz
die Vollkommenheit des göttlichen Wirkens offenbart.[148]

Ein Kuriosum ergab sich aus der auf Hieronymus zurückgehenden
Fehlinterpretation der Meßrute, aus deren Länge von sechs Königsellen (»Ellen, die je eine gewöhnliche Elle und eine Handbreit
maßen«)[149] irrtümlich ein Maß von »sechs Ellen und einer Handbreite«[150] wurde, das späteren Autoren die Möglichkeit bot, in den
sechs Ellen die Vollkommenheit menschlichen Werkes zu sehen, darüber hinaus aber die zusätzliche Handbreite als Beginn der Kontem-
plation zu bezeichnen.[151] Grundgelegt wurde diese Deutung von Gregor dem Großen, der in den die Zahl der Schöpfungstage symbolisierenden sechs Ellen gleichzeitig ein Sinnbild des aktiven Lebens sieht,
während er die über diese sechs (vollen) Ellen hinausgehende Handbreite, d. h. die unvollendete siebte Elle, als Hinweis auf das kontem-
plative Leben versteht.[152]

Da der Bedeutungsgehalt einer bestimmten Zahl unter anderem
auch aus dem Sinn ihrer Faktoren erschlossen werden konnte[153], war
der Vollkommenheitsaspekt der Zahl Sechs in Verbindung mit dem
um die zehn Gebote kreisenden Bedeutungsspektrum der Zahl Zehn
auch mit der 60 Ellen messenden Länge des Salomonischen Tempels
sowie der Ezechielischen Tempelvision in Zusammenhang zu bringen: So weist nach Hieronymus[154], Gregor dem Großen[155], Hrabanus
Maurus[156] und Rupert von Deutz[157] die aus der Vollkommenheit der

Sechszahl und der Zehnzahl der Gebote zusammengesetzte Maßzahl von 60 Ellen auf die Vollkommenheit guter Werke hin. In einer Weiterentwicklung dieses Gedankens erklärt Rupert von Deutz das Maß der Tempellänge dahingehend, daß Christus als Stifter der Ecclesia nicht nur zusammen mit Gottvater die Welt in sechs Tagen erschaffen, sondern mit dem Finger Gottes auch die zehn Gebote verkündet habe.[158]

In vergleichbarer Weise werden auch die 40 Ellen der Länge des Tempelhauptraumes aus den Bedeutungen ihrer Faktoren vier und zehn erschlossen, wenn Beda Venerabilis[159] und ihm folgend Hrabanus Maurus[160] sowie Rupert von Deutz[161] sie als Bild der gegenwärtigen Kirche deuten, wobei die Vierzahl als Symbol der Welt auf die irdischen Mühen, die Zehnzahl hingegen auf den ersehnten himmlischen Lohn verweist. Andererseits werden in direkter Analogie zu anderen biblischen Zahlenangaben die Länge der Tempelhalle und die nach Ezechiel ebenfalls 40 Ellen langen kleineren Vorhöfe wegen der biblischen Fastenzeiten von jeweils 40 Tagen als Symbole der Not und Drangsal gesehen.[162]

Eine wesentliche Rolle spielt schließlich die Zahl 20, nach der nicht nur die Breite der drei Räume des Tempels, sondern auch die Tiefe sowie die Höhe des Allerheiligsten bemessen sind. Ihre Bedeutung erschließt sich vor allem aus der Verdoppelung der Zehnzahl des Gesetzes, wodurch sie zum Symbol für die Erfüllung des Alten Bundes im Neuen Testament und damit zum Zeichen für die Ablösung des Gesetzes durch die Gnade wird.[163] Gleichzeitig verweist die Verdoppelung auch auf das zweifache Gebot der Liebe, in der sich die zehn Gebote erfüllen. Als Zeichen der Liebe zu Gott und zum Nächsten deuten Beda Venerabilis[164], Hrabanus Maurus[165] und Rupert von Deutz[166] sowohl die Breite des Tempels als auch die Länge seiner Vorhalle, die jeweils 20 Ellen messen. Ein ausgesprochen anagogischer Charakter kommt den 20 Ellen der Tempelbreite zu, wenn sie nach Hieronymus[167] und, diesem folgend, auch nach Hrabanus Maurus[168] für den Eintretenden die Überwindung des Irdischen bedeuten, das mit der Zweizahl aufgrund ihres Abweichens von der Einheit und dem in ihr begründeten Guten in Verbindung gebracht werden kann.[169]

20 Ellen messen auch Länge, Breite und Höhe des Allerheiligsten. Erwartungsgemäß bringt keiner der Exegeten die Zahl 20 hier in Zusammenhang mit der bereits erwähnten, auf das Irdische verweisenden Bedeutung der Zweizahl; vielmehr wird von Beda Venera-

bilis[170], ebenso wie von Hrabanus Maurus[171], auf das Geheimnis der zweifachen Liebe verwiesen – ein Gedanke, den schon Gregor der Große[172] in gewisser Weise vorweggenommen hatte, indem er die mit derselben Meßrute gemessene Höhe und Breite der Ezechielischen Tempelvision dahingehend gedeutet hatte, daß bei den Gerechten die Breite der weitherzigen Nächstenliebe der Höhe der Gottesliebe entspräche. In der Identität der Dimensionen des würfelförmigen Allerheiligsten sieht Rupert von Deutz[173] schließlich die Gleichheit von Ewigkeit, Majestät und Liebe versinnbildlicht, die sich in der Gottheit Christi vereinigen.

Indem sich die Gebäudemetaphorik in den zuletzt genannten Beispielen nicht nur auf die Zahlenallegorese beschränkt, sondern Längen-, Breiten- und Höhenmaße als Raumdimensionen überdies tropologisch oder anagogisch auslegt, eröffnet sie einen weiteren Aspekt, der aus der Raummetapher schließlich zur Dimension der Zeit überleitet, die wiederum heilsgeschichtlich verstanden wird.[174] So deutet schon Gregor der Große[175] die Länge des Ezechielischen Tempels als die lange Geduld der Erwartung in dem von Himmelsverlangen entbrannten Herzen. Nach Hrabanus Maurus[176], der hierin Beda Venerabilis[177] folgt, verweist die Länge des Salomonischen Tempels auf den Langmut der Kirche, die alles Leid in der Verbannung geduldig erträgt, ehe sie in das ersehnte Land kommt, das Hrabanus Maurus[178] an anderer Stelle als Heimat des Lebens in Gott bezeichnet. Im 12. Jahrhundert ist dieser Gedanke von dem Augustinerchorherrn Hugo von Folietum (um 1100–um 1172)[179] aufgegriffen worden.

Werden die Dimensionen des Tempels auf diese Weise als Präfiguration der den Raum und auch die Zeit der Welt umfassenden Kirche verstanden, so eröffnet der einflußreiche Scholastiker Petrus Abaelardus (1079–1142) eine weitere Sicht[180], die das Verhältnis der Hauptabmessungen des Tempels zueinander (60:20:30) in pythagoräisch-platonischem Sinn als musikalische Konsonanzen zu deuten erlaubt[181]; demnach entsprechen die Proportionen des Salomonischen Tempels jenen Zahlenverhältnissen, die nach antiker Vorstellung auch der Harmonie der Sphären[182] zugrunde liegen. Abaelardus bezieht die Sphärenharmonie auf die »himmlischen Wohnorte«, wo Engel und Heilige mit »unaussprechlich süßer, harmonischer Modulation« Gott in Ewigkeit preisen. Auf diese Weise wird der Salomonische Tempel nicht nur erneut mit dem Himmlischen Jerusalem in Verbindung gebracht, sondern erstmals auch unter dem Aspekt antiker

Kosmologie betrachtet[183], in der jene Möglichkeiten einer rationalistischen Ästhetik enthalten sind, die seit der Renaissance die Architekturtheorie beherrschen sollte.[184] Dadurch konnte der Salomonische Tempel von einem Objekt der Architekturallegorese auch zum Gegenstand der Architekturtheorie werden.

Reiseberichte aus Jerusalem

Die allegorische Gleichsetzung des Lebens mit einer Pilgerfahrt[185] war gewiß nicht die unwichtigste Motivation für Reisen aus den christlichen Ländern Europas in das Heilige Land. Obwohl Kirchenväter wie Gregor von Nyssa (um 330–395) oder Hieronymus davon abgeraten haben, nach Palästina und insbesondere nach Jerusalem zu wallfahren, da das Verlangen der Christen dem Himmlischen und nicht dem irdischen Jerusalem gelten solle[186], hat sich das Bedürfnis, die biblischen Stätten aufzusuchen, seit den frühesten Zeiten des Christentums bis heute erhalten. Für die Frömmigkeit der Pilger, die sich vor allem an den heiligen Stätten in Jerusalem entzündete, war die Historizität dieser Kultstätten allerdings kaum von Belang. Ein bezeichnendes Beispiel ist die Traditionsverschiebung vom Jerusalemer Tempelberg nach Golgotha: Von den Juden mit dem Heiligen Felsen auf dem Tempelplatz in Verbindung gebrachte biblische Ereignisse wie z. B. die Opferung Isaaks wurden nun von den Christen auf dem als Ort des Leidens und Sterbens Jesu Christi verehrten Golgothafelsen im Bereich der Grabeskirche lokalisiert. Dies aber ermöglichte es dem Christentum, an diesem Ort das Abrahamsopfer als alttestamentliche Analogie zur Opferung des Gottessohnes am Kreuz für sich in Anspruch zu nehmen.[187] Auch andere, mit dem Heiligen Felsen auf dem Tempelplatz in Zusammenhang gebrachte biblische Ereignisse – wie die Erschaffung Adams, die Begegnung zwischen Abraham und Melchisedech oder Jakobs Traum von der Himmelsleiter – übertrug man auf den Golgothafelsen, der schließlich auch als Himmelspforte, Schlußstein der Urflut und Eingang der Totenwelt angesehen wurde.[188]

Es versteht sich deshalb von selbst, daß das Grab Christi und der Golgothafelsen seit je die bevorzugten Ziele christlicher Pilgerfahrten waren, die vermutlich schon im 2. Jahrhundert einsetzten, aber erst seit Kaiser Konstantin dem Großen einen nennenswerten Umfang gehabt haben dürften. In der seit dem 4. Jahrhundert erhaltenen Pilgerliteratur, die von unmittelbar vor Ort oder auch erst nach der Heimkehr von den biblischen Stätten verfaßten Reiseberichten der Pilger bis zu reiseführerartigen, oft nur mittelbar auf eigene Erfahrungen zurückgehenden Orts- und Landesbeschreibungen reicht[189], wird der Schilderung dieser Stätten bzw. der Architektur zunächst nur wenig Aufmerksamkeit geschenkt. So berichtet etwa der sogenannte Pilger von Bordeaux, der 333/334 eine Reise in das Heilige Land unternahm, in der ältesten uns bekannten Reisebeschreibung: »Auf der linken Seite aber ist der kleine Hügel Golgotha, wo der Herr gekreuzigt wurde. Ungefähr einen Steinwurf davon entfernt befindet sich die Höhle, wo sein Leib bestattet war und am dritten Tage auferstand. Dort ist auf Befehl des Kaisers Konstantin eine Basilika, d. h. eine Kirche, von wunderbarer Schönheit errichtet worden. Sie hat Becken an der Seite, aus denen Wasser entnommen wird, und hinten ein Bad, in dem die Kinder getauft werden.«[190] Die Kürze dieser Architekturbeschreibung, die in ihrer Knappheit dem Tenor des gesamten Reiseberichtes entspricht, könnte man zunächst aus dem Umstand erklären, daß die Grabeskirche beim Besuch des Pilgers von Bordeaux noch nicht vollständig fertiggestellt war; der eigentliche Grund dürfte jedoch eher in einem kaum entwickelten Interesse für Architekturschilderung liegen. Daß dies wohl ein zeittypisches Phänomen war, scheint der sogenannte Reisebericht des Archidiakons Theodosius zu bestätigen, eine vermutlich auf mehrere Pilger des 6. Jahrhunderts zurückgehende Materialsammlung, in der zunächst der Kreuzigungshügel mit der Stätte des Abrahamsopfers gleichgesetzt wird, ehe die Grabeskirche lediglich indirekt erwähnt wird: »Vom Grabe des Herrn bis zum Calvarienort sind es 15 Doppelschritte; das liegt unter ein und demselben Dach.«[191] Auch der sogenannte Pilger von Piacenza, der in der zweiten Hälfte des 6. Jahrhunderts eine Wallfahrt ins Heilige Land unternahm, berichtet von der unter Kaiser Konstantin errichteten Grabeskirche nur, daß sie an das Grab Christi und den Golgothafelsen anschließe und ein Atrium besitze.[192] Erst der gallische Bischof Arkulf, der das Heilige Land um 680 bereist hat, zeigte nicht nur ein ausgeprägtes Interesse an der Architektur, sondern besaß überdies die Fähigkeit zu einer leidlich exakten Baubeschreibung.[193] Auf seinen Bericht geht die von dem irischen Abt Adomnanus von Hy (um 628–704) verfaßte Beschreibung der heiligen Stätten zurück, deren architekturgeschichtlicher Wert vor allem in Grundriß-

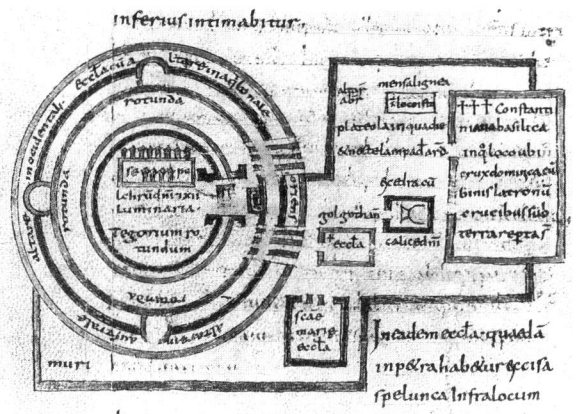

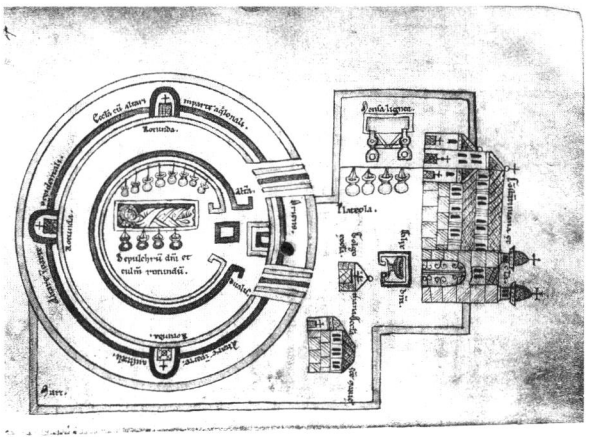

19 Grabeskirche von Jerusalem, Grundriß aus ›De locis sanctis‹ des Adomnanus von Hy; Salzburg, Mitte 9. Jh. und Zisterzienserstift Rein(?)/Steiermark, Anf. 13. Jh.; Wien, Österreichische Nationalbibliothek, Cod. 458, fol. 4v und Cod. 609, fol. 4r

zeichnungen der Grabeskirche, der Himmelfahrtskirche sowie zweier weiterer Kirchen besteht, die Arkulf auf Wachstafeln geritzt hatte und die von Adomnanus dann in sein Manuskript übertragen wurden. Mehr als 20 Handschriften dieser Reisebeschreibung, von der der angelsächsische Benediktiner Beda Venerabilis derart beeindruckt war, daß er sie bearbeitet und neu herausgegeben hat[194], zeugen von deren weiter Verbreitung. Auch wenn nur ein Teil der Manuskripte die Grundrißzeichnungen enthält[195], prägten diese die Architekturvorstellung doch so nachhaltig, daß sie noch im 13. Jahrhundert kopiert wurden (Abb. 19).

Auf dem Tempelberg, der in den frühen Reiseberichten, sofern überhaupt erwähnt, nur als Ruinenstätte geschildert wird[196], war zur Zeit der Pilgerreise Arkulfs, in der Jerusalem bereits unter muslimischer Herrschaft stand, zwar noch nicht der Felsendom, wohl aber schon die Omar-Moschee errichtet worden:»Übrigens haben an dem berühmten Ort, wo vorzeiten der Tempel prächtig errichtet war, in der Nähe der östlichen Mauer gelegen, die Sarazenen jetzt ein viereckiges Bethaus gebaut, das sie mit aufrecht stehenden Brettern und großen Balken über einigen Trümmerresten aufgeführt haben; sie besuchen es fleißig, und das Haus kann – wie berichtet wird – etwa 3000 Menschen fassen.«[197] Aus diesen Äußerungen geht deutlich hervor, daß Arkulf die Moschee, die er offensichtlich nicht betreten durfte, keineswegs für den Tempel hielt; irrig ist nur seine Annahme, daß sich der zerstörte Tempel an der Stelle der Omar-Moschee befunden habe.

Die lange Tradition der Gleichsetzung von Moschee bzw. Felsendom mit dem Salomonischen Tempel beginnt erst ein Jahrhundert später und dürfte ihren Grund zunächst wohl in der Ersetzung der einfachen Omar-Moschee durch den weitaus prächtigeren Bau der Aqsa-Moschee gehabt haben.[198] Diese sah der französische Mönch Bernhard, der um 865 eine Pilgerreise unternahm, als den in eine Moschee[199] umgewandelten Salomonischen Tempel an. Eutychius, der Patriarch von Antiochia, war sich wenige Jahrzehnte später allerdings durchaus der Tatsache bewußt, daß die Bauten auf dem Tempelberg weder christlichen noch jüdischen Ursprungs waren.[200]

Nach der Eroberung Jerusalems im Jahre 1099 nannten die Kreuzfahrer die zunächst als Königsresidenz dienende Aqsa-Moschee ›Salomonischen Palast‹ (palatium Salomonis). Daneben existierte auch die Bezeichnung ›Salomonischer Tempel‹ (templum Salomonis), von der sich die Benennung des 1118 gegründeten geistlichen Ritterordens der Tempelherren[201] herleitet, der in der Aqsa-Moschee seinen Hauptsitz hatte. Die unter der Moschee gelegenen, teilweise noch aus Herodianischer Zeit stammenden Gewölbe, die als Vorratsräume für den Tempel dienten, wurden als ›Ställe Salomons‹ (stabula Salomonis) bezeichnet, wie der um 1165 entstandenen Reisebeschreibung des Johannes von Würzburg[202] und auch einem zeitgenössischen, sicherlich auf eigener Anschauung beruhenden Jerusalem-Plan (Abb. 20) zu entnehmen ist, auf dem der Sitz des Templerordens allerdings nicht mehr Salomonischer Tempel, sondern zutreffender ›Haus der Tempelritter‹ (domus mil[itium] Templi) genannt wird.[203]

Der von den Kreuzfahrern zum christlichen Kultbau umfunktionierte und als ›Tempel des Herrn‹ (templum Domini) bezeichnete Felsendom[204], der als bevorzugtes Pilgerziel allmählich in eine gewisse Konkurrenz zur Grabeskirche (Anastasis) getreten war, nimmt auf dem erwähnten Plan nicht nur eine mindestens ebenso beherrschende Stellung ein wie jene, sondern wird auch graphisch in sehr ähnlicher Form dargestellt – sicher ein mehr als zufälliges Indiz dafür, daß die von diesen beiden Bauten ausgehenden Rezeptionsstränge in der abendländischen Architektur nicht immer voneinander zu trennen sind.

Die Vergleichbarkeit der Darstellung von Grabeskirche und Felsendom, der in den christlichen Pilgerberichten, auch nach dem Untergang des lateinischen Königreiches, als templum Domini und schließlich als templum Salomonis bezeichnet wird, beruhte keineswegs nur auf einer gewissen – vom Architekten des Felsendoms ja bewußt angestrebten – formalen Ähnlichkeit, wie sie vor allem die jeweils kuppelbekrönte Zentralbauform nahelegen mochte: Sie hatte ihre Ursachen auch in jenem typologischen Denken, das die Darstellung der Pilgerreise nach den Taten und Orten der Heilsgeschichte ordnet und die Beschreibung Jerusalems dementsprechend mit dem Tempel Salomos beginnt und mit der Grabeskirche beendet. Dieses Schema, dessen sich schon die Reisebeschreibung des Eichstätter Bischofs Willibald aus dem späten 8. Jahrhundert bedient hatte[205], findet sich ebenfalls in dem bereits erwähnten Pilgerbericht des Johannes von Würzburg aus dem 12. Jahrhundert und auch noch in späterer Zeit. Eine wichtige Rolle spielten dabei die mit dem Heiligen Felsen verbundenen Traditionen: Während so bedeutende, ursprünglich mit dem Heiligen Felsen auf dem Tempelberg verbundene alttestamentliche Ereignisse wie die Erschaffung Adams oder das Opfer Abrahams seit frühchristlicher Zeit mit dem Golgothafelsen im Bereich der Grabeskirche in Verbindung gebracht wurden und wegen der herausragenden Bedeutung der Grabeskirche nicht mehr an ihren ursprünglichen Ort zurückgeholt werden konnten, verknüpfte man seit der Christianisierung des Felsendoms bevorzugt neutestamentliche Ereignisse mit dem Heiligen Felsen auf dem Tempelberg. So lokalisiert der vermutlich von den Britischen Inseln stammende Jerusalem-Pilger Saewulf schon kurz nach der Etablierung der christlichen Herrschaft im Heili-

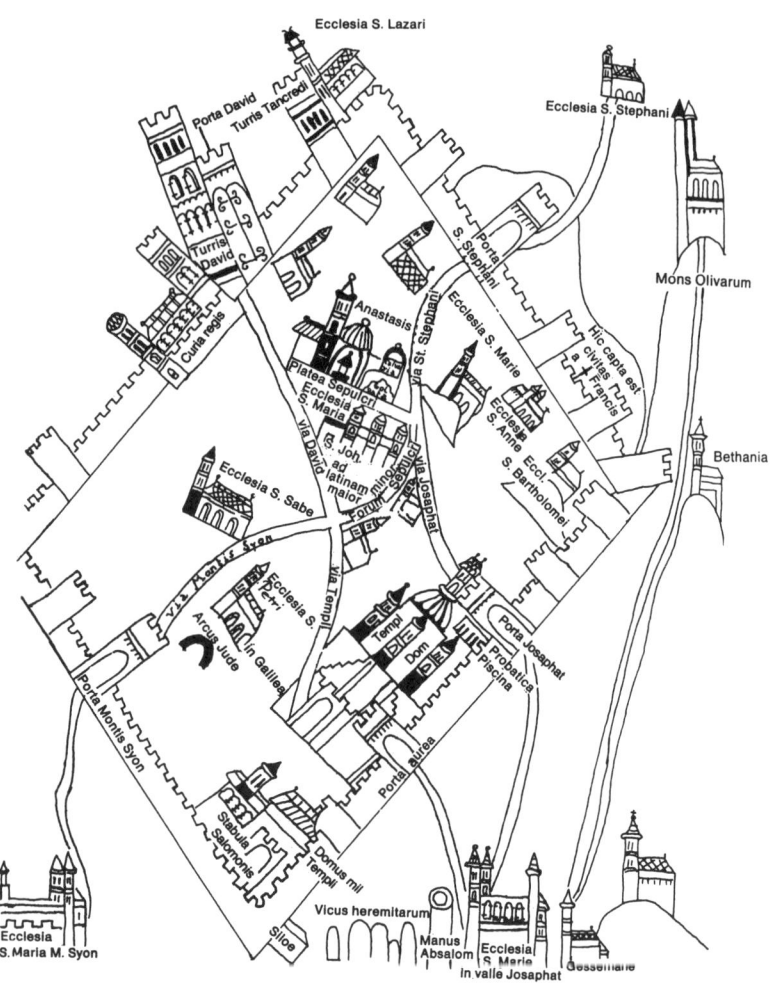

Ecclesia S. Lazari

Porta David
Turris Tancredi

Ecclesia S. Stephani

Turris
David

Mons Olivarum

Curia regis

Anastasis

Platea Sepulcri
Ecclesia
S. Maria

Porta
S. Stephani

via St. Stephani

Ecclesia S. Marie

Hic capta est
civitas
a Francis

S. Joh.
ad
latinam
maior

Via David

Forum minus

Via Josaphat

Ecclesia
S. Anne

Ecclesia S. Sabe

Ecclesia S. Sabe

S. Bartholomei

Ecclesia S.
Petri

Via Montis Syon

Arcus
Jude

in Galilea

Via Templi

Templ
Dom

Porta Josaphat

Probatica

Piscina

Porta Montis Syon

Porta aurea

Stabula
Salomonis

Domus mil
Templi

Ecclesia
S. Maria M. Syon

Siloe

Vicus heremitarum

Manus
Absalom

Ecclesia
S. Marie
in valle Josaphat

Gessemane

Bethania

20 Plan der Stadt Jerusalem aus einer Sammelhandschrift, um 1140–70; Cambrai,
Bibliothèque Municipale, MS 437, fol. 1r; Umzeichnung nach E. Otto

gen Land, 1102, die Darbringung und Beschneidung Jesu im ›Templum Domini‹; Saewulf zufolge hatte Jesus an diesem Ort als Zwölf-
jähriger gelehrt und später seinen Fußabdruck hinterlassen, als er die
Geldwechsler aus dem Tempel trieb, und hier auch der Ehebrecherin

verziehen.[206] Neben diesen und anderen Episoden aus dem Leben Jesu wurde mit dem 1141 der Muttergottes geweihten Felsendom auch eine Reihe von Episoden aus der Marienlegende verknüpft, die teilweise schon die islamische Tradition hier lokalisiert hatte.[207] Die durch die Kreuzfahrer eingeführte Bezeichnung ›templum Domini‹ wurde übrigens durch die spätere Konsekration auf Maria nicht verdrängt.

Schon die Schilderung des Johannes von Würzburg war relativ detailreich, sie wurde jedoch noch übertroffen von jener des aus Niedersachsen stammenden Ritters und abtrünnigen Dominikanermönchs Wilhelm von Boldensele.[208] Dieser zeichnete seine 1333 unternommene Pilgerfahrt nach Jerusalem auf Veranlassung des damaligen Bischofs und späteren Kardinals Elias Talleyrand de Périgord auf, eines Hauptbefürworters eines neuen Kreuzzuges, und erzielte mit seinen farbigen Schilderungen einiges Aufsehen. Sein Text bildete eine der Hauptquellen für die 1356 verfaßte abenteuerliche Reisebeschreibung des Sir John Mandeville, der selbst jedoch nie im Heiligen Land war. Dessenungeachtet wurde Mandevilles geschickt kompilierter Text immer wieder abgeschrieben und in beinahe alle westeuropäischen Sprachen übersetzt[209]; eine Übersetzung ins Deutsche verfertigte im 14. Jahrhundert der aus Südtirol stammende Michel Velser.[210] Zwischen 1470 und 1500 erschienen zahlreiche Drucke dieser lange Zeit wohl beliebtesten Reiselektüre des Abendlandes. Bemerkenswert und für die spätmittelalterliche Vorstellung auch bezeichnend ist nicht nur Mandevilles Vermischung der aus der Bibel bekannten Informationen über die Gestalt des Tempels mit Beschreibungselementen des Felsendoms, sondern mehr noch seine Annahme, der Felsendom stelle eine exakte Rekonstruktion des Salomonischen Tempels dar, die – und dies macht die Verwirrung vollkommen – der für einen Christen gehaltene Kaiser Hadrian in Auftrag gegeben habe.[211]

Ebenfalls weit verbreitet war das auf Wunsch des Paderborner Bischofs Balduin von Steinfurt verfaßte Reisehandbuch des westfälischen Pfarrers Ludolf von Sudheim[212], der sich zwischen 1336 und 1341 auf eine Orientreise begab. Seine auf tatsächlicher Anschauung beruhende, 1468 gedruckte Reisebeschreibung[213], die sich dessenungeachtet deutlich auf die Ausführungen Wilhelms von Boldensele stützt, schildert die zeitgenössischen Zustände und Baulichkeiten in Jerusalem weitgehend realistisch. Mehr Aufmerksamkeit als dem Felsendom widmete Ludolf von Sudheim der Grabeskirche, die er mit dem Dom von Münster vergleicht – eine Vorstellungshilfe, deren sich im späten 15. Jahrhundert in ähnlicher Weise der Mailänder Höfling Santo Brasca wie auch der Nürnberger Patrizier Hans Tucher[214] bedienten, indem der erstere die Grabeskirche mit San Lorenzo in Mailand und dem Pantheon in Rom verglich, während Tucher die Kirche St. Sebald in Nürnberg zum Vergleich heranzog.[215] Daraus wird ersichtlich, wie sehr das Vorstellungsvermögen sowohl dieser, in der Regel als Autoren ungeübten, Jerusalem-Reisenden als auch das ihrer Leser auf Assoziationen mit Bekanntem angewiesen war, und wie schwierig, ja fast unmöglich es gewesen sein muß, eine realistische Vorstellung der geschilderten Bauten auf dem Wege der Beschreibung zu vermitteln. An dieser Einschätzung ändern auch gelegentlich erstaunlich präzise Baubeschreibungen wie die des Mönchs Theoderich aus der zweiten Hälfte des 12. Jahrhunderts nichts, die auf bemerkenswerte Kenntnisse in der Geometrie schließen lassen: Doch gerade hier scheint der Rückgriff auf geometrische Formeln und Begriffe eine breitere Rezeption dieser für den allgemeinen Geschmack offenbar zu anspruchsvollen oder jedenfalls zu wenig anschaulichen Architekturschilderungen verhindert zu haben.[216]

Die Erfindung des Buchdrucks um die Mitte des 15. Jahrhunderts und sein Siegeszug seit den 1470er Jahren haben nicht zuletzt der Reiseliteratur eine bis dahin ungeahnte Breitenwirkung verschafft und damit neues Interesse für die äußere Gestalt der Heiligtümer an den bevorzugten Wallfahrtsstätten geweckt. Zu den bemerkenswertesten Reisebeschreibungen, die auf diese Weise große Verbreitung fanden, gehört die ›Eigentliche beschreibung der hin unnd wider fahrth zu dem heilgen Lande gen Jerusalem ...‹ des aus Zürich stammenden Patriziersohnes Felix Schmid, der seinen Namen als Dominikanermönch zu Faber latinisierte. Zweimal hat er das Heilige Land besucht. In seinem 1492–94 verfaßten Bericht, der 1556 erstmals gedruckt wurde[217], zeichnet Faber mit scharfer Beobachtungsgabe die zweite seiner Reisen nach, die er 1483 unternommen hat:»Als wir fürbaß gingen, da sahen wir durch ein Gewölbe den Platz vor Salomonis Tempel oder den Tempel des Herren. Der Tempel ist rund, unten herum sehr weit, und die Wände sind musiert köstlich von außen. Er ist oben hoch hinaus und hat ein Dach mit Blei gedeckt, doch sieht man wohl, daß das Dach hat Übergüldung gehabt. Die Spitze auf dem Dach ist ein halber Mond, der die Hörner über sich hält, den haben sie auf allen

Moscheen. Zuring um den Tempel ist eine lustige schöne Weite, mit weiß poliertem Marmelstein besetzt, in demselben Revier des Tempels ist eine andere Kirche, die nennen etliche Porticus Salomonis und ist unser Frauen Kirch gewesen, da die Christen die Stadt inne hatten. Die Heiden halten den Tempel Salomonis in großen Ehren und sehr sauber außen und innen, und gehen alle barfuß hinein, und zu etlichen Zeiten waschen sie die Wände von innen mit lauterem Rosenwasser von Damaskus und lassen weder Hund noch Kind mit sich laufen in den Tempel, und keine kranke Frau darf hinzukommen. Es darf auch kein Christ noch Jud in den Tempel gehn, denn wo man des gewahr würde, daß ein Christ oder Jud hineinginge, der müßte verleugnen seines Glaubens und ein Heide werden.«[218]

Bei aller Unmittelbarkeit seiner Schilderung stützt sich Faber durchaus auch auf ältere Reiseberichte, wie er sich überhaupt von den literarischen Strömungen des Spätmittelalters in vielfacher Weise beeinflußt zeigt.[219] Bemerkenswert ist zudem, daß Faber einen Teil seiner Reise mit dem Mainzer Domherrn Bernhard von Breydenbach verbrachte[220], seinerseits Verfasser einer Reisebeschreibung, die Faber in manchem ergänzt hatte und die bereits 1486 in deutscher und lateinischer Sprache gedruckt sowie bald darauf auch ins Niederländische, Französische und Spanische übersetzt wurde.[221]

Bedeutsam ist Breydenbachs Publikation vor allem deshalb, weil sie das erste bekannte illustrierte Reisehandbuch darstellt. Breydenbachs Reise, die er zusammen mit der Pilgergruppe des Grafen Johannes zu Solms-Lich unternommen hat, führte ihn zunächst über Speyer, Ulm, Innsbruck, Bruneck und Treviso nach Venedig; von dort reiste er mit einem der vielen Pilgerschiffe über Parenza, Korfu, Modon, Rhodos und Zypern ins Heilige Land. Begleitet wurde er von dem Utrechter Zeichner und Drucker Erhard Reuwich, der Breydenbachs Bericht mit insgesamt 28 Holzschnitten schmückte, die zu den qualitätsvollsten Beispielen der frühen Buchillustration überhaupt gehören.[222] In unserem Zusammenhang ist vor allem die aus mehreren Teilen zusammengesetzte Ansicht Jerusalems von Interesse, die die aus der Vogelschau gesehene, bis nach Ägypten reichende Landschaft Palästinas von Westen, das Stadtbild Jerusalems selbst aber von Osten zeigt, wodurch der Bezirk des Haram asch-Scharif mit dem als ›Templum Salomonis‹ bezeichneten Felsendom eine beherrschende Stellung erhielt. Um die Grabeskirche möglichst repräsentativ ins Bild zu setzen, wurde ihre südliche Querhausfassade in die Blickrich-

21 Erhard Reuwich: Ansicht Jerusalems (Ausschnitt) mit dem als »Templum Salomonis« bezeichneten Felsendom und der Grabeskirche; Holzschnitt aus Bernhard Breydenbach: ›Reise in das Heilige Land‹, Mainz 1486

tung des Betrachters nach Osten gedreht (Abb. 21).[223] Wie realistisch Reuwichs Wiedergabe der beiden genannten Bauten im Vergleich zu anderen zeitgenössischen Jerusalem-Darstellungen ist, verdeutlicht – insbesondere in bezug auf den Felsendom – eine etwa aus der gleichen Zeit stammende Zeichnung, die während einer 1479 unternommenen Pilgerreise mehrerer Nürnberger Patrizier entstanden sein dürfte (Abb. 22).[224] Auch wenn diese skizzenhafte Zeichnung unveröffentlicht blieb und deshalb naturgemäß keinen unmittelbaren Einfluß auf die abendländische Vorstellung vom Aussehen des vermeint-

lichen Salomonischen Tempels ausüben konnte, so zeugt sie doch –
deutlicher als der trotz kleiner Abweichungen[225] in seiner Exaktheit
auch später kaum übertroffene Holzschnitt Reuwichs – von der im
Mittelalter herrschenden Vorstellung, daß der Salomonische Tempel
eine runde Form habe:»... wir sahen den tempel Salomons, genant
der tempel des herrn. ist rotund mit kriechischem werck gemacht
...«[226], schreibt der schon erwähnte Hans Tucher, der zu ebenjener Pilgergruppe des Jahres 1479 gehörte, in seinem in mehreren Drucken
verbreiteten Reisebericht.[227] Ähnlich äußerte sich auch knapp zwei
Jahrzehnte später der Kölner Ritter Arnold von Harff, der ebenfalls
festhielt, daß der Tempel Salomos rund sei.[228]

Noch hartnäckiger als diese – der gebauten Wirklichkeit nur bedingt
entsprechende – Vorstellung von der runden Gestalt des Felsendoms
hielt sich dessen Gleichsetzung mit dem Salomonischen Tempel, die
in zahlreichen der nahezu 300 bis ins frühe 19. Jahrhundert veröffentlichten Ansichten und Pläne Jerusalems[229] anzutreffen ist. So wird der
Felsendom beispielsweise in einer Jerusalem-Ansicht aus dem Jahre

22   Ansicht von Jerusalem, 1479 (?); München, Bayerische Staatsbibliothek,
      Cod iconogr. 172

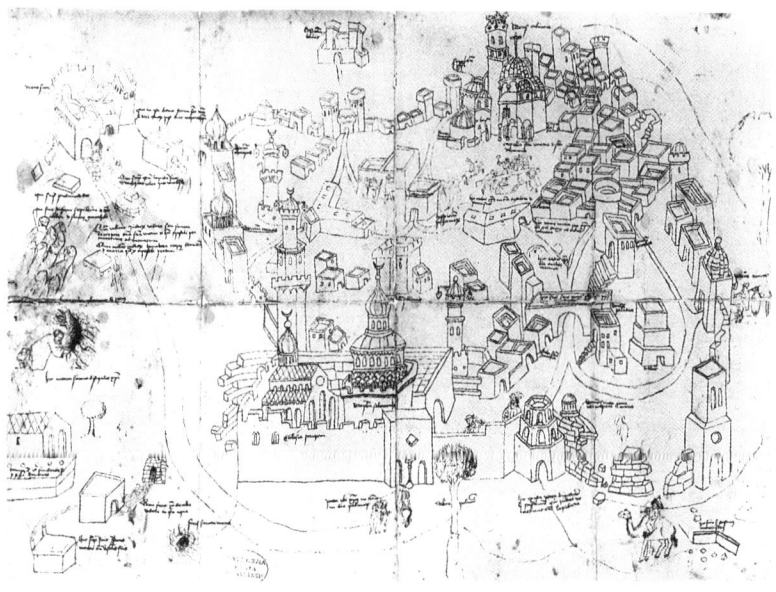

23 »Wahrer und grundlicher Abriß der welt-beruhmten und Hochheiligen Stadt
    Jerusalem«; Kupferstich, Wien 1680

1680 – im Unterschied zu den recht schematisch dargestellten, meist
kuppelbekrönten Häusern – zwar verhältnismäßig korrekt wiedergegeben, aber als »Der Salomonische Tempel, jetzt ein Türckische
Moske« bezeichnet (Abb. 23).[230] Noch 1743 spricht Richard Pococke in
seiner bald darauf in mehrere Sprachen übersetzten ›Beschreibung
des Morgenlandes ...‹ von der »Moschee des Salomotempels« in
Jerusalem.[231]

Das Bild des Tempels

Die seit dem 3. Jahrhundert übliche Auffassung des Salomonischen Tempels als Präfiguration der christlichen Kirche sowie die Analogie zwischen der Tempelvision des Ezechiel und der Idee des Himmlischen Jerusalem, auf das hinzuweisen eine der Gestaltungsintentionen des christlichen Kirchenbaus war, bildeten einen wichtigen Grund für die eminente Bedeutung des jüdischen Tempels in der Vorstellungswelt des christlichen Abendlandes. Eine entscheidende Rolle spielte auch die Lokalisierung wesentlicher Ereignisse der Heilsgeschichte in ebendiesem Tempel bzw. in dessen Umkreis. Die bildliche Darstellung dieser Geschehnisse bedurfte daher einer Vorstellung vom Aussehen des Tempels, die bis mindestens ins 16. Jahrhundert weniger oder gar nicht um historische Treue als vielmehr um eine überzeugende Vermittlung der Heiligkeit dieses Bauwerks bemüht war.

Die wechselvolle Geschichte des Tempels, seine endgültige Zerstörung unter Titus, die Errichtung des islamischen Felsendoms an seiner Stelle, die zeitweilige Eroberung Jerusalems durch die Kreuzfahrer sowie schließlich der endgültige Verlust des Tempelberges an den Islam waren kaum dazu angetan, im weitentfernten Europa ein den historischen Gegebenheiten entsprechendes Bild von der Gestalt des Tempels zu erzeugen. Dennoch war dies vermutlich nicht einmal der wichtigste Grund für die Diskrepanz zwischen dem tatsächlichen Erscheinungsbild des Heiligtums auf dem Jerusalemer Tempelberg und der davon in Europa verbreiteten Vorstellung. Dies beweist allein schon das Parallelbeispiel der erklärten Nachfolgebauten der Grabeskirche, deren dem Vorbild niemals zur Gänze entsprechende architektonische Vielfalt gewiß nicht aus den verschiedenen Restaurierungen der Grabesrotunde zu erklären ist – deren Grundgestalt blieb im wesentlichen unangetastet[232] –, sondern vielmehr aus dem Wesen vor allem der mittelalterlichen Architekturkopie: Danach genügten einige wiederholte Maße, einige kopierte Glieder oder die Andeutung der Grundgestalt, die Identität der Bedeutung zu sichern. Je ungewöhnlicher die Gestalt des Vorbildes, desto weniger war man auf totale Kopie angewiesen.[233]

Ebenfalls kaum förderlich für die Übermittlung einer den Tatsachen entsprechenden Bildvorstellung des Tempels dürften die zu keiner Zeit einfachen, vor den wechselnden politischen Hintergründen mitunter sogar extrem schwierigen Bedingungen gewesen sein, die sich den Jerusalem-Pilgern boten, die zudem meist weder geübte Berichterstatter noch erfahrene Baumeister waren.

Irrtum, Propaganda und Topos: Der Tempel als Zentralbau

Mochte die im 9. Jahrhundert einsetzende Identifizierung der islamischen Bauten auf dem Tempelberg mit dem von Salomo errichteten Palast und Tempel zunächst vielleicht auf einem Irrtum beruhen, der den mit der Geschichte des Heiligen Landes und oft auch mit den einschlägigen Textstellen des Alten Testaments kaum vertrauten Pilgern aus dem Westen ohne weiteres zuzutrauen ist, so war man sich – trotz einzelner noch lange kolportierter gegenteiliger Meinungen – seit der Kreuzfahrerzeit doch im allgemeinen darüber klar, daß der Felsendom und die Aqsa-Moschee weder heidnisch-antiken[234] noch jüdischen[235] oder christlichen[236], sondern islamischen Ursprungs sind.[237] Die Gründe für die auffällig häufige Bezeichnung des islamischen Felsendoms als ›templum Salomonis‹ oder auch, wie dies bevorzugt in der Kreuzfahrerzeit der Fall war, als ›templum Domini‹, lagen daher nicht nur in einer Verkennung der historischen Tatsachen und ebensowenig nur in der für das mittelalterliche Denken bezeichnenden Inanspruchnahme der ›Loca Sancta‹ für die christliche Heilsgeschichte.[238] Sie dürften gleichermaßen in einer propagandistischen Zielsetzung zu finden sein, die während der Kreuzfahrerzeit – gewissermaßen in Umkehrung der Intention des islamischen Bauherrn, der mit dem kuppelbekrönten Felsendom die christliche Grabeskirche zu übertreffen suchte – nunmehr die Dominanz des Christentums über den von

24 Stadtbild
Jerusalems, aus dem
Kreuzigungsrelief des
Pappenheimer Altars,
1489–97; Eichstätt,
Dom

dieser heiligen Stätte vertriebenen Islam zum Ausdruck bringen oder
doch zumindest dessen architektonische Leistung bewußt verschwei-
gen sollte.[239] Nach dem Untergang des christlichen Königreiches Jerusalem im späten 12. Jahrhundert stellte das Festhalten an dieser Termi-
nologie und der damit verbundenen Identifikation des Felsendoms
mit dem Salomonischen Tempel – ungeachtet aller Versuche, dem
Bibeltext folgend dessen tatsächliche Gestalt zu rekonstruieren – eine
Möglichkeit dar, an den verlorenen Glanz der christlichen Herrschaft
über das lateinische Königreich Jerusalem zu erinnern und den Verlust der Heiligen Stadt und ihres Tempelberges an den Islam zu verdrängen.[240]

Die seit dem späten 15. Jahrhundert durch die Holzschnittechnik in
größerem Maße möglich gewordene Verbreitung der Vedute Jerusalems, in der der – häufig dezidiert als Salomonischer Tempel bezeichnete – Felsendom auf dem Tempelberg fast immer eine beherrschende Stellung einnimmt, kam dieser Zielsetzung sehr entgegen,
zumal sie den natürlichen Schauplatz für die Darstellung der in Jerusalem angesiedelten Szenen aus dem Leben Jesu bot, deren Authentizität wie auch Aktualität auf diese Weise zweifellos gesteigert werden
konnten. Ein schönes Beispiel dafür ist das Kreuzigungsrelief im Mit-

telschrein des von dem Kanonikus Kaspar Marschalk von Pappenheim nach glücklicher Heimkehr von einer Palästina-Pilgerfahrt gestifteten Altars im Dom von Eichstätt.[241] Der landschaftliche Hintergrund der 1489–97 vermutlich von dem Nürnberger Bildhauer Veit Wirnsberger ausgeführten figurenreichen Kreuzigungsszene zeigt neben Motiven aus Nürnberg und Venedig das durch die Grabeskirche und den Felsendom gekennzeichnete Stadtbild Jerusalems (Abb. 24). Der an bedeutsamer Stelle, zwischen Jesus und dem rechten Schächer plazierte, natürlich als Tempel zu deutende Felsendom ist zweifellos nach dem Vorbild des wenige Jahre zuvor publizierten Reuwichschen Holzschnitts (Abb. 21) gestaltet und dürfte somit das erste Beispiel sein, das eine Übernahme dieser frühesten realistischen Ansicht des Felsendoms in eine Darstellung aus der Heilsgeschichte belegt.

Wenig später scheint die durch die Präzision ihrer Architekturschilderung beeindruckende Jerusalem-Darstellung Reuwichs zur Hintergrundgestaltung in einer um 1500 entstandenen Kreuzigungstafel eines Frankfurter Malers[242] verwendet worden zu sein. Die weitreichende Wirkung der Reuwichschen Jerusalem-Vedute mit der nach Osten gedrehten Südquerhausfassade der Grabeskirche dokumentiert – ohne daß hier deren unmittelbare Vorbildhaftigkeit behauptet werden soll – das von Moritz Frosch 1562 gemalte Epitaph für den 1506 auf einer Pilgerreise nach Jerusalem verstorbenen Achilles von Altmannshausen zu Jagdberg, auf dem mehrere biblische Szenen nur den Anlaß für die Darstellung der bildbeherrschenden Jerusalem-Ansicht bilden (Abb. 25).[243]

Die weite Verbreitung des Reuwichschen Holzschnitts aus Bernhard von Breydenbachs Reisebericht belegen zudem einzelne Architekturdetails in zwei Gemälden aus dem frühren 16. Jahrhundert, die der Venezianer Vittore Carpaccio schuf: Der Zentralbau am linken Bildrand einer Tafel aus dem Zyklus zum Leben des heiligen Stephanus (Abb. 26)[244] wie auch das beherrschende Gebäude der Architekturszenerie, in der der Triumph des heiligen Georg über den Drachen dargestellt wird (Farbabb. 2 a)[245], sind kaum ohne die durch Reuwich vermittelte Bildvorstellung des Felsendoms denkbar. Wenngleich Carpaccio zur Gestaltung seiner Architekturszenarien über den Holzschnitt Reuwichs hinaus auch auf andere Bildquellen zurückgegriffen haben mag[246], so belegt – neben dem beherrschenden Zentralbau – die in beiden Gemälden zu sehende Grabeskirche, deren Ensemble

25 Moritz Frosch: Ansicht Jerusalems aus dem Epitaph des Achilles
von Altmannshausen zu Jagdberg, 1562; Schlins-Frommengärsch/Vorarlberg,
St. Annenkapelle

vor allem in der *Predigt des heiligen Stephanus* unzweifelhaft der Bildprägung des Holzschnitts folgt, dessen Vorbildfunktion.

Die beiden Gemälde Carpaccios sind überdies nicht nur aufschluß-
reiche Beispiele für die mehr oder minder variierte Adaptierung zeitgenössischer Jerusalem-Ansichten in der Darstellung biblischer Ereignisse, sondern sie erlauben darüber hinaus bemerkenswerte Rückschlüsse auf den Stellenwert, zumal der Zentralbaugestalt, des ›Salomonischen Tempels‹: Dient er in der *Predigt des heiligen Stephanus* zur
Identifikation des Ortes, an dem dieses Ereignis stattgefunden hat[247],
so muß sein Zweck im *Triumph des heiligen Georg*, der nicht in Jerusa-

26 Vittore Carpaccio: Predigt des heiligen Stephanus, 1514 (?); Paris, Louvre

lem, sondern nach der ›Legenda aurea‹ in der libyschen Stadt Silena
zu lokalisieren ist[248], ein anderer sein. Das Ambiente der Georgs-
Szene suggeriert orientalische Exotik – eine gerade für einen venezianischen Maler ebenso reizvolle wie durchaus nicht ungewöhnliche
Thematik, die zweifellos durch die Architektur des Felsendoms unterstrichen werden konnte. Doch genügt wohl auch dies kaum zur schlüs-
sigen Erklärung der prominenten Stellung dieses Bauwerks, das annähernd in der vertikalen Achse des Bildes liegt.[249] Vielmehr drängt sich
der Vergleich mit drei rätselhaften Idealprospekten des späten Quattrocento[250] auf, deren Autorschaft und genaue Datierung ebenso
umstritten sind wie ihre Interpretation.[251] Vor allem ergeben sich Parallelen zur sogenannten *Idealstadt von Urbino* (Farbabb. 2 b)[252], der
Ansicht einer streng symmetrischen Platzanlage, deren regelmäßig
angeordnete, aber unterschiedlich gestaltete Gebäude einen dominie-
renden zweigeschossigen Zentralbau umgeben. Interpretiert man die-

72

ses Gemälde nicht als Muster eines klassischen Bühnenbildes[253], sondern als Idealdarstellung einer der Möglichkeiten urbaner Organisation, wie sie in Leon Battista Albertis einflußreichem Architekturtraktat[254] beschrieben werden, so erhalten Form und herausgehobene Stellung des durch das Kreuz auf seinem Kegeldach als Sakralbau ausgewiesenen Gebäudes in der Bildmitte ihre theoretische Fundierung: Der Tempel, der Alberti zufolge im Idealfall rund ist[255] und an der Spitze der architektonischen Hierarchie steht[256], soll an der Stelle angelegt werden, »wo er die höchste Verehrung und Hoheit wird erlangen können«[257]. Deshalb muß nach Alberti »die Stelle, auf der man einen Tempel errichtet, feierlich, vornehm und, wie man sagt, prächtig sein; und sie muß von jeder profanen Berührung frei sein. Deshalb wird der Tempel vor seiner Front einen geräumigen und seiner würdigen Platz haben, und von breiten Straßen oder besser würdigen Plätzen umschlossen sein, damit er von allen Seiten einen herrlichen Anblick gewähre.«[258]

Betrachtet man Carpaccios *Triumph des heiligen Georg* unter diesem Aspekt, so erhält der Zentralbau mit dem davor gelegenen weiten Platz, auf dem sich das wunderbare Geschehen abspielt, eine neue Dimension: Der auf der gewaltigen Plattform des Haram asch-Scharif errichtete Felsendom, dessen Erscheinungsbild durch Reuwichs Holzschnitt (Abb. 21) und andere Jerusalem-Ansichten bekannt und für Darstellungen biblischer Ereignisse verfügbar wurde, entsprach sowohl durch seine Zentralbaugestalt als auch durch seine exponierte Lage auf dem Tempelplatz weitgehend dem Renaissance-Ideal eines »Tempels«, wie es Alberti beschreibt. Umgekehrt erhielt die an der Antike orientierte Vorstellung der Renaissance vom kirchlichen Zentralbau[259] auf diese Weise eine gleichsam biblische Bestätigung.

Eine Verknüpfung des im Quattrocento forcierten Zentralbaugedankens mit dem Salomonischen Tempel suggeriert auch ein zwischen 1460 und 1480 entstandener Stich (Abb. 27). Dieser schildert eine Geschichte aus den beliebten, vermutlich Ende des 13. Jahrhunderts entstandenen ›Gesta Romanorum‹, einer anonymen Sammlung mittellateinischer Kurzerzählungen[260]: Der einzig legitime Sohn eines Königs lehnt es nach dessen Tod ab, sich zur Erlangung seines Erbes mit den Bastarden des Vaters im Wettkampf zu messen. Die so erwiesene Legitimität seines Anspruchs weist deutliche Parallelen zu dem in der Bibel berichteten salomonischen Urteil auf[261], wonach von zwei Frauen, die sich um ein Kind streiten, die wirkliche Mutter

27 Geschichte des toten Königs und seines Sohnes; Kupferstich, Florenz, 2. Hälfte 15. Jh.; Florenz, Uffizien, Gabinetto dei Disegni e delle Stampe

28 Hendrick III. van Cleve: Ansicht von Jerusalem; Federzeichnung, 1583; Privatbesitz ▷

darum bittet, das Kind nicht – wie es der Richterspruch entschied – zu teilen und damit die Rechtmäßigkeit ihres Anspruchs unter Beweis stellt. Um diese Entsprechung zu unterstreichen, spielt die in den ›Gesta Romanorum‹ berichtete Szene vor einem kuppelbekrönten Zentralbau, dessen polygonale zweigeschossige Gestalt nicht nur dem Renaissance-Topos vom Tempel schlechthin entspricht, sondern ebenso der üblichen zeitgenössischen Vorstellung vom Aussehen des Salomonischen Tempels, dessen bildbeherrschende Stellung in dem Kupferstich also ikonologisch begründet ist. Zwar hängt die Gestalt dieses Tempels hier sicherlich nicht mit der durch Reuwich vermittelten Bildprägung zusammen, sie entspricht dennoch unzweifelhaft der abendländischen Vorstellung vom Felsendom, wie sie durch zahlreiche andere Ansichten vermittelt wurde und noch ein Jahrhundert später in einer vermutlich nicht vor Ort, sondern im Atelier entstandenen lavierten Federzeichnung des Antwerpener Landschaftsmalers Hendrick III. van Cleve anzutreffen ist, der eine Art Idealansicht der Heiligen Stadt darstellt (Abb. 28)[262]. In unserem Kontext interessiert vor allem die – in diesem Punkt keineswegs ungewöhnliche – Darstellung des Felsendoms, dessen durch flache Nischen gegliederte Untergeschoßwände so wiedergegeben sind, daß sie als umlaufende Arka-

74

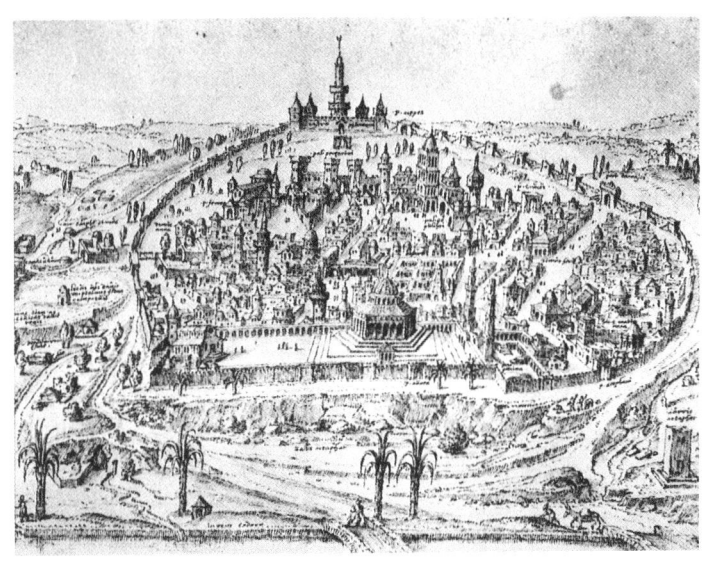

den mißverstanden werden konnten, wie sie in Italien seit Filippo Brunelleschis 1419–24 in Florenz errichtetem Findelhaus durchaus üblich waren. Die Arkaden, die die Kupferstich-Szene aus den ›Gesta Romanorum‹ zeigt (Abb. 27), bieten deshalb keinen Anlaß, an der Identifikation dieses Zentralbaus mit dem vermeintlichen Salomonischen Tempel zu zweifeln, sondern sind wiederum als Beispiel für die Verschmelzung einer toposartigen Vorstellung mit zeitgenössischen Formtendenzen zu verstehen.

Es wäre allerdings verfehlt, die Zentralbauten der Renaissance – ebenso wie die anderer Epochen – in jedem Fall mit dem Topos des Tempels von Jerusalem verknüpfen zu wollen, wenn dies nicht ikonologisch begründet ist. So gibt es keinen Hinweis und auch keinen plausiblen Grund, den sogenannten Tempietto des italienischen Hochrenaissance-Baumeisters Donato Bramante[263], der zur Erinnerung an den Kreuzigungsort des Apostels Petrus ab 1502 auf dem Gianicolo in Rom erbaut wurde, mit der Vorstellung vom Salomonischen Tempel in Zusammenhang bringen.[264] Vielmehr ist dieser körperhafte, von gebälktragenden Säulen umschlossene Bau, den ursprünglich ein kreisförmiges Peristyl umgeben sollte, vollkommen aus dem Geist der Antike geschaffen. So wurde dieses Bauwerk schon im 16. Jahr-

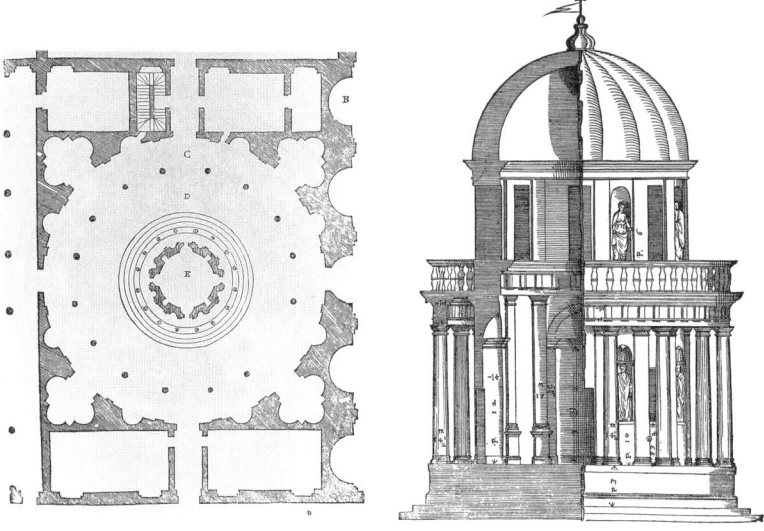

29 Bramantes Tempietto in S. Pietro in Montorio, Rom (ab 1502); Grundriß
der geplanten Anlage nach Sebastiano Serlio: ›Il Terzo libro ... Antichità di
Roma‹, Venedig 1540, Cap. IV, fol. 18r; Längsschnitt und Aufriß nach Andrea
Palladio: ›I quattro libri dell' Architettura‹, Venedig 1570, IV, Cap. 17, S. 66

hundert in den Architekturtraktaten von Sebastiano Serlio[265] und
Andrea Palladio[266] abgebildet (Abb. 29), da Bramante – so Palladio –
»als erster die gute und schöne Baukunst ins rechte Licht setzte, die
seit den Tagen der Alten verborgen war«[267]. Die Zweckbestimmung
des Tempietto war die eines Martyrions, eines Memorialbaus, dessen
Zuordnung an Petrus durch die Wahl der in der Antike den männli-
chen Heroengöttern vorbehaltenen dorischen Ordnung ihren spezi-
fisch humanistischen Akzent erhielt.

In manchem, etwa dem an Santa Maria delle Grazie in Mailand
erinnernden Tambour, vielleicht von Bramante angeregt ist der
sechzehneckige, von einem Arkadenkranz umgebene Tempietto in
Raffaels 1504 in Perugia gemalter *Vermählung Mariä* (Abb. 31)[268].
Dennoch bleibt Raffaels Tempietto trotz seiner klassischen Züge
insgesamt eher noch der architektonischen Formensprache des Quattrocento verpflichtet und unterscheidet sich merklich von Bramantes
– ungeachtet der geringen Dimensionen – weitaus monumentalerem
Tempietto, den Raffael zum Zeitpunkt der Entstehung seines Ge-

mäldes wahrscheinlich noch nicht kannte. Es ist nichtsdestoweniger legitim, den gebauten und den gemalten Tempietto in einen Zusammenhang zu bringen – verkörpern doch beide, wenn auch in unterschiedlicher stilistischer Ausprägung, das Zentralbauideal der Renaissance. Während jedoch der Tempietto Bramantes die Funktion eines Memorialbaus erfüllt, ist die Architektur auf dem Gemälde Raffaels unzweifelhaft als Tempel von Jerusalem zu verstehen: Die Vermählung Mariä mit Joseph findet vor dem Tempel statt[269], in dessen geöffnete, auf einer Achse mit dem Hohepriester liegende Tempeltür die von den beiden Vermählten ausgehenden Fluchtlinien münden. Das unsichtbare Innere des Sanktuariums wird auf diese Weise mit den formalen Mitteln perspektivischer Konstruktion zum eigentlichen Ort des im Bildvordergrund gezeigten Ritus der Vermählung – eine künstlerische Lösung, die der kurz zuvor entstandenen und von Raffael wohl zum Ausgangspunkt seiner Komposition genommenen Darstellung desselben Themas durch seinen Lehrer Perugino (Abb. 30)[270] weit überlegen ist, in welcher die Figurengruppe im Vor-

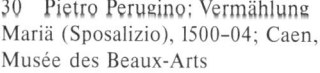

30 Pietro Perugino: Vermählung Mariä (Sposalizio), 1500–04; Caen, Musée des Beaux-Arts

31 Raffael: Vermählung Mariä (Sposalizio), 1504; Mailand, Pinacoteca di Brera

32 Pinturicchio: Der zwölfjährige Jesus unter den Schriftgelehrten, 1501;
Spello, S. Maria Maggiore, Baglioni-Kapelle

dergrund und der am oberen Bildrand angeschnittene Tempel nicht annähernd so stringent aufeinander bezogen sind. Dessenungeachtet bildet der zweigeschossige, achteckige Bau in Peruginos Gemälde, dem an vier Seiten Portiken mit offenen Pfeilerarkaden vorgelegt sind, ein weiteres interessantes Beispiel für die – im Rahmen der jeweils aktuellen Stiltendenzen – durchaus variationsreiche Adaptierung der Zentralbauform, deren Identifikation mit dem Tempel von Jerusalem aufgrund des ikonographischen Zusammenhanges hier ebenfalls unzweifelhaft ist. Das gilt gleichermaßen für Pinturicchios Fresko der *Disputà,* das der Maler 1501 für die Baglioni-Kapelle in Santa Maria Maggiore im umbrischen Spello geschaffen hat (Abb. 32)[271].Das Fresko siedelt die Diskussion zwischen dem zwölfjährigen Jesus und den Schriftgelehrten nicht, wie es die Bibel beschreibt[272], im Tempel an, sondern davor.

Gemeinsam ist den drei zuletzt genannten Darstellungen auch die herausgehobene und isolierte Stellung des Tempels – ein Merkmal, das neben dessen Zentralbauform gleichermaßen den urbanistischen Theorien der Renaissance wie der Situation auf dem Tempelberg in Jerusalem entspricht. Besonders deutlich wird dies auch in Peruginos Fresko *Schlüsselübergabe an den heiligen Petrus* in der Sixtinischen

33 Pietro Perugino: Die Schlüsselübergabe an den heiligen Petrus, 1482;
Vatikan, Sixtinische Kapelle

Kapelle (Abb. 33)[273]. Hier beherrscht der wiederum oktogonale und
mit vier weitausgreifenden Vorhallen versehene Tempel, der von zwei
Triumphbögen flankiert wird, einen weiten Platz. Die Dachform, ein
oktogonales Klostergewölbe, dürfte übrigens vom Florentiner Dom
beeinflußt sein, dessen Kuppel als eine der spektakulärsten architektonischen Leistungen des Quattrocento zweifellos bildprägend
gewirkt hat.

Bemerkenswert ist Peruginos Fresko aber nicht zuletzt aufgrund
seiner Ikonographie: Die metaphorisch zu verstehende Szene der
Schlüsselübergabe findet nach dem biblischen Bericht nicht im
Tempel und auch nicht in Jerusalem, sondern im Gebiet von Caesarea
Philippi statt, wo Christus zu Petrus sagt: »Du bist Petrus, und auf diesem Felsen werde ich meine Kirche bauen ... Ich werde dir die Schlüssel des Himmelreichs geben.«[274] Der bildbeherrschende Zentralbau
ist demnach als Metapher der Kirche Christi zu verstehen. Daß Peruginos Fresko aber auch auf den Salomonischen Tempel anspielt,
beweist die auf beide Triumphbögen verteilte Inschrift. Sie vergleicht
Papst Sixtus IV., den Bauherrn der – wie später zu zeigen sein wird –
insgesamt auf den Salomonischen Tempel Bezug nehmenden Sixtinischen Kapelle und Auftraggeber des Freskos, mit König Salomo.[275]

79

34 Die Zerstörung des Tempels von Jerusalem, 1569; letztes Blatt der 22 Blätter
    umfassenden Kupferstichfolge ›Clades . . .‹ von Philip Galle nach
    Maerten van Heemskerck

Wie sehr die Gestaltungstendenzen der italienischen Renaissance
die gewiß nicht immer und überall gleich präsente Vorstellung vom
Felsendom mitunter überlagerten, zeigt eine Darstellung des Nieder-
länders Maerten van Heemskerck, der sich in den 1530er Jahren in
Rom aufhielt (Abb. 34): Der Tempel von Jerusalem – geschildert wird
seine Zerstörung – ist so sehr eine Kombination aus den Formen des
Pantheons und der damals neu entstehenden, von Heemskerck mehrfach gezeichneten Peterskirche, daß es offenbar der beiden vor dem
Tempel aufgestellten Säulen Jachin und Boas bedurfte, um ihn als
solchen zu kennzeichnen. Damit aber fließt in die traditionelle Identifikation des Tempels von Jerusalem mit der Zentralbaugestalt des
Felsendoms ein Moment rekonstruierender Interpretation des Bibeltextes ein, das in der Folge zunehmend an Bedeutung gewinnen und
den Zentralbau-Topos schließlich weitgehend verdrängen sollte.
    Während die von der Gestalt des Felsendoms abgeleitete Vorstel-
lung vom Aussehen des jüdischen Tempels im Italien der Renaissance

80

auf ein aus zwar völlig anderen Quellen entwickeltes, in seiner Aus-
formung aber weitgehend deckungsgleiches Architekturideal traf,
behielt sie im Norden eher den Charakter des Exotischen. Deshalb
war hier die Darstellung des jüdischen Tempels, sofern sie sich nicht
auf so präzise, auf eigener Anschauung beruhende Ansichten wie den
Holzschnitt Reuwichs (Abb. 21) stützen konnte, meist viel weiter von
der Realität entfernt. Die – zumal vor den Verbreitungsmöglichkeiten
der Reproduktionsgraphik – meist auf mündliche Berichte und die
daraus entstandene landläufige Vorstellung vom Aussehen des Felsendoms angewiesenen Künstler malten mitunter utopisch anmutende turmartige Gebilde (Abb. 35)[276] oder kühne gotische Konstruktionen (Abb. 36)[277], denen lediglich die Zentralbauform gemeinsam
ist. Neben solchen phantastischen Architekturen[278], die nördlich der
Alpen, anders als in Italien, kaum jemals bildbeherrschende Bedeutung erlangten – eine thematisch nur bedingt vergleichbare Ausnahme stellt Pieter Brueghels berühmter *Turmbau zu Babel*[279] dar –,
findet sich bei Jan van Eyck (oder in seinem Umkreis) auch eine ziemlich realistische Darstellung des Felsendoms (Abb. 37)[280], allerdings in
einem der Topographie Jerusalems kaum entsprechenden urbanistischen Zusammenhang. Dieser spricht, ebenso wie die vorhin erwähn-

35   Flämischer Meister des 15. Jh.s: Kreuzigung (Ausschnitt); Venedig, Ca' d'Oro,
                        Galleria Giorgio Franchetti
    36   Kopie nach Jan van Eyck: Kreuztragung (Ausschnitt);
              Budapest, Szépművészeti Múzeum

37 Jan van Eyck (oder
    Umkreis): Die drei
    Marien am Grabe
    (Ausschnitt) um 1420/
    1450 (?); Rotterdam,
    Museum Boymans-van
    Beuningen

ten, gleichfalls auf van Eycksche Bildfindungen zurückgehenden phantastischen Architekturen, gegen die These, daß Jan (oder Hubert) van Eyck selbst in Jerusalem gewesen sei.[281] Eher dürfte der ausführende Maler für die Darstellung des Felsendoms eine uns nicht bekannte Vorlage verwendet haben, die zwar dessen Architektur, nicht aber den urbanistischen Zusammenhang korrekt wiedergegeben zu haben scheint. Diese Annahme trifft gleichermaßen auf die Illustratoren zweier burgundischer Handschriften zu: Während der eine der beiden Künstler, Jean Tavernier von Oudenaarde, Jerusalem als Hintergrund einer Schlachtenszene zeigt[282], präsentiert der andere, anonym gebliebene Illustrator die einigermaßen erkennbaren Architekturen des Felsendoms und der Grabeskirche innerhalb einer Ansicht Jerusalems, die der topographischen Realität im übrigen nur wenig entspricht und vielmehr als märchenhafte Ansammlung meist kuppelbekrönter Bauten erscheint (Farbabb. 3).[283] Zwei Jahrzehnte vor diesen kurz nach der Mitte des 15. Jahrhunderts entstandenen Darstellungen schuf ein französischer van-Eyck-Schüler 1435/36 eine Jerusalem-Ansicht für ein Stundenbuch des René d'Anjou, (Titular-)König des Heiligen Landes (Abb. 38).[284] Diese wahrscheinlich

38   Ansicht Jerusalems, aus einem Stundenbuch im Besitz des René d'Anjou,
1435/36; London, British Library, Egerton MS 1070, fol. 5r

erste exakte Wiedergabe des Exterieurs der Grabeskirche zeigt überdies – allerdings topographisch unrichtig plaziert – den nur in den
Grundzügen der Realität entsprechenden Felsendom.

Festzuhalten ist, daß die beiden zuletzt erwähnten Darstellungen
nicht den Hintergrund für eine biblische oder sonstige historische
Szene bilden, sondern als eigenständige Stadtansichten verstanden
werden wollen – eine Bildfunktion, die in den nach der Erfindung des
Buchdrucks aufkommenden Weltgeschichten und der übrigen enzy-
klopädischen Literatur zunehmend an Bedeutung gewann und ihrerseits nach Möglichkeit die Darstellungen der Reiseliteratur zu Rate
zog. Zu den am weitesten verbreiteten derartigen Publikationen gehörte die 1543 erstmals erschienene ›Cosmographia‹ des Baseler Theologen Sebastian Münster, die erste ausführliche Weltbeschreibung in
deutscher Sprache, die innerhalb eines Jahrhunderts 46 Auflagen
erlebte.[285] Unter ihren 471 Holzschnitten und 26 Karten findet sich
eine Jerusalem-Ansicht, die im Prinzip der Reuwichschen Darstellung (Abb. 21) entspricht, wenngleich sie nicht deren Qualität erreicht.
Interessanterweise tragen zwar einige turmartige Gebäude den islamischen Halbmond, nicht aber – im Unterschied etwa zur Zeichnung
van Cleves (Abb. 28) – der als »Salomonis tempel« bezeichnete Felsendom, dem auch eine eigene Abbildung gewidmet ist (Abb. 39).

39 Der »Salomonische Tempel« und
die Grabeskirche; Holzschnitt aus der
›Cosmographia universalis‹ des Sebastian Münster, Basel 1550

84

40   Der Tempel von Jerusalem; Holzschnitt aus der ›Schedelschen Weltchronik‹,
Nürnberg 1493, fol. 48r

In unserem Zusammenhang besonders aufschlußreich ist die ›Schedelsche Weltchronik‹, ein 1493 gleichzeitig in lateinischer und deutscher Sprache gedrucktes Prachtwerk von mehr als 500 Seiten. Verfaßt
wurde es von dem Nürnberger Arzt und Humanisten Hartmann Schedel, der hier einer bis ins 4. Jahrhundert zurückgehenden literarischen
Tradition folgt, indem er alles historische Wissen, von der Erschaffung
der Welt an, in einer in sieben Weltalter eingeteilten Abfolge darstellt.[286] Ihre hohe Wertschätzung verdankt die Chronik vor allem den
nahezu 2000 nach Zeichnungen des Nürnberger Malers Michael Wol-
gemut und seines Stiefsohnes Wilhelm Pleydenwurff angefertigten
Holzschnitten, die zusammen mit dem Schriftsatz eine bis dahin selten erreichte künstlerische Einheit bilden. Unter den Holzschnitten
befinden sich zahlreiche Stadtansichten, deren unterschiedliche topographische Genauigkeit zeigt, daß die geographisch nahegelegenen
Städte vor Ort skizziert worden sein dürften, während man bei den
übrigen auf fremde Vorlagen oder gar nur schriftliche oder mündliche
Berichte angewiesen war. Dreimal wird das auch im Text mehrfach
thematisierte Jerusalem abgebildet.[287] Der im 15. Jahrhundert verbrei-

41 Die Zerstörung Jerusalems; Holzschnitt aus der ›Schedelschen Weltchronik‹,
Nürnberg 1493, fol. 63v–64r

teten Vorstellung vom Felsendom entspricht dessen – vermutlich auf
Reuwichs Holzschnitt oder einer ähnlichen Vorlage basierende – Darstellung im Abschnitt über das vierte Weltalter (Abb. 40)[288], das mit
König David beginnt und bis zur Zerstörung Jerusalems unter Nebukadnezar reicht. Bezeichnend für die noch im späten 15. Jahrhundert
anzutreffende Unbekümmertheit in bezug auf die Vereinbarkeit von
Bibeltext und sichtbarer Wirklichkeit ist der Umstand, daß neben dem
– hier sechseckigen – kuppelbekrönten, ausdrücklich als »Templum
Salomonis« bezeichneten Zentralbau die biblischen Maßangaben des
längsrechteckigen Tempelgrundrisses zitiert werden:»Sein lenge was
LX elnpogen. die prayte XX.«[289] Die problematische Höhenangabe
von 120 Ellen, die die ›Weltchronik‹ aus dem 2. Buch der Chronik[290]
übernimmt, könnte man vielleicht als einen Versuch werten, die – hier
übrigens stärker als bei Reuwich betonte – Vertikaltendenz des Zentralbaus in irgendeiner Weise mit dem Bibeltext in Einklang zu
bringen.
   Am Beginn des fünften Weltalters, das in der ›Schedelschen Weltchronik‹ von der babylonischen Gefangenschaft der Juden bis zur Ent-
hauptung Johannes' des Täufers reicht, steht eine über zwei Seiten
sich erstreckende Darstellung der Zerstörung Jerusalems (Abb. 41).[291]
Vieles spricht dafür, daß diese Stadtansicht mit ihren charakteristischen, pittoresk angeordneten, schachtelartigen Häusern auf jener
Zeichnung basiert, die die schon erwähnte Nürnberger Pilgergruppe

des Jahres 1479 aus der Heiligen Stadt mitgebracht hat (Abb. 22).[292] Diese Zeichnung scheint zudem für die Jerusalem-Darstellung in einer Tafel mit der Beweinung Christi benutzt worden zu sein, die 1483 als Epitaph für Adelheid Tucher-Gundelach[293] entstand, einer Schwägerin jenes Hans Tucher, der zu der besagten Pilgergruppe gehörte. Es bedarf keiner besonderen Begründung, daß ein derartiger Erfahrungsaustausch innerhalb des Nürnberger Patriziats nicht nur denkbar, sondern vielmehr sogar wahrscheinlich war. In unserem Zusammenhang interessiert zum einen die auf dem Holzschnitt trotz der Flammen deutlich erkennbare runde Gestalt des Tempels: Sein polygonaler Tambour zeugt vermutlich von einer unentschiedenen Haltung gegenüber einander widersprechenden Bildtraditionen. Darüber hinaus ist aber vor allem auch die Wiedergabe der Grabeskirche beachtenswert, die der Form eines Ciboriums angenähert ist. Könnte

42 Ansicht Jerusalems; Holzschnitt aus der ›Schedelschen Weltchronik‹, Nürnberg 1493, fol. 17r

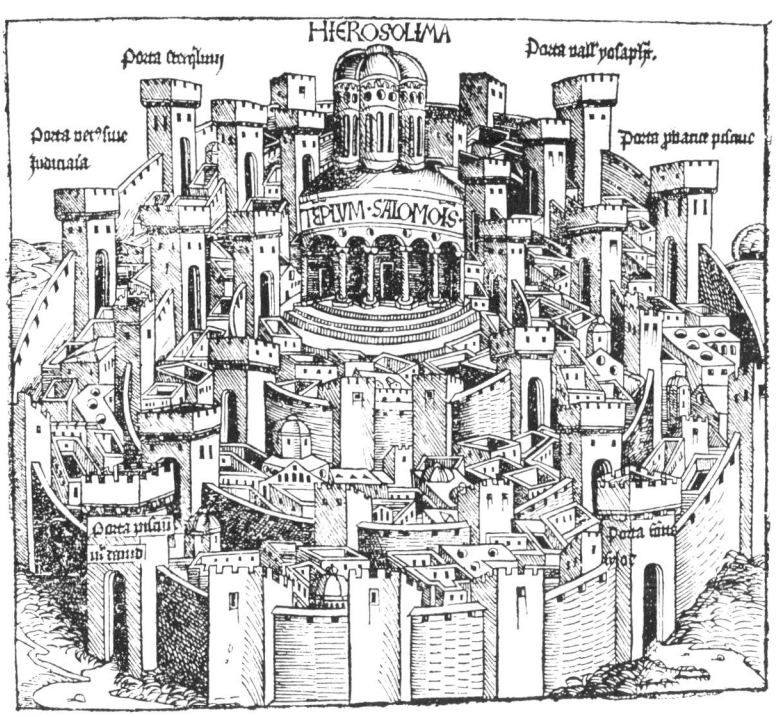

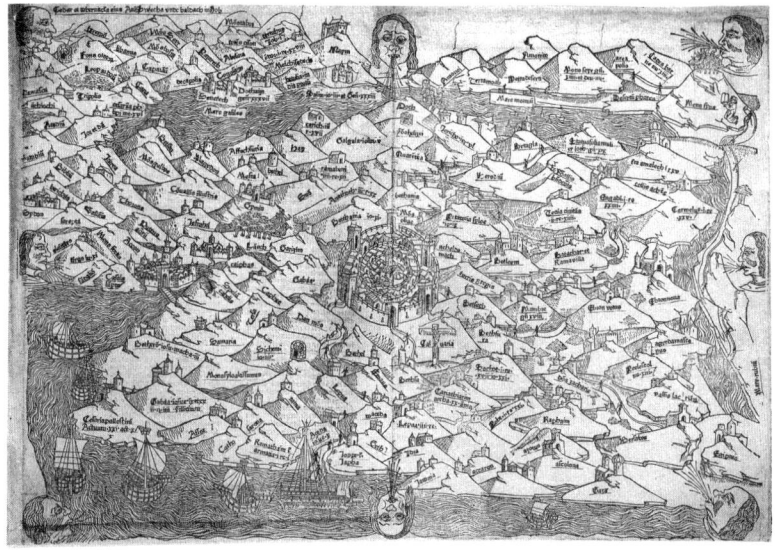

43 Ansicht Jerusalems, Ausschnitt aus der Palästina-Karte; Holzschnitt im
›Rudimentum Novitiorium‹, Lübeck 1475

man dies noch als Mißverständnis interpretieren, das aus der Vorlage
immerhin abgeleitet werden kann, so läßt die chronologisch erste,
dem zweiten Weltalter zugeordnete Jerusalem-Ansicht (Abb. 42)[294]
keinen Zweifel daran, daß die hier für den ›Templum Salomonis‹ verwendete ciboriumartige Gestalt nicht nur ein bedeutungsloses Phan-
tasiegebilde sein kann. Darauf verweist allein schon die ringförmige,
aus drei Mauerringen gebildete Anlage der Stadt. Diese Form der Darstellung, die sich vielleicht unmittelbar auf eine 1475 veröffentlichte
Jerusalem-Ansicht (Abb. 43) stützt[295], geht im Prinzip auf jene kreisförmigen Karten (Abb. 44)[296] zurück, die im 12. Jahrhundert, als Jerusalem in der Folge der Kreuzzüge in den Mittelpunkt der Weltkarten
rückt[297], eine Verschmelzung der Vorstellungen von irdischem und
Himmlischem Jerusalem belegen.[298] Ein in seiner Gestalt nicht
unmittelbar auf den Text der Apokalypse des Johannes zurückzufüh-
render mittelalterlicher Darstellungstypus des Himmlischen Jerusalem zeigt eine kreisförmige Anlage der Himmelsstadt (Abb. 45).[299] Es
ist durchaus möglich, daß dieser Typus, der zur Zeit der christlichen
Herrschaft offenbar die Heiligkeit der Stadt betonte und ebenso die

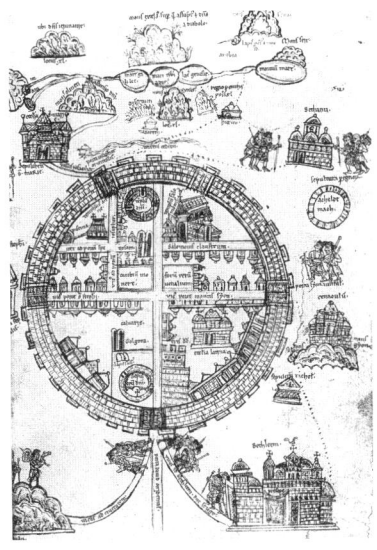

44 Plan von Jerusalem, aus einem Collectar, 2. Hälfte 12. Jh.; Brüssel,
    Bibliothèque Royale, MS 9823–9824, fol. 157
45 Das Himmlische Jerusalem, aus einer Apokalypse-Handschrift, Liège (?),
    1. Viertel 9. Jh.; Valenciennes, Bibliothèque Municipale, MS 99, fol. 38
46 Jerusalem, Ausschnitt aus der Mosaikkarte in der griechisch-orthodoxen
    Georgskirche von Madaba (Jordanien), um 560/565
47 Das Himmlische Jerusalem, aus der ›Bamberger Apokalypse‹, Reichenau, um
    1000; Bamberg, Staatsbibliothek, Cod. 140, fol. 55r

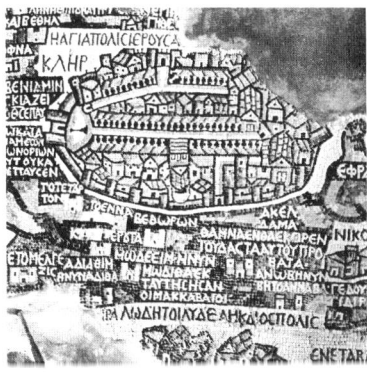

Darstellung des irdischen Jerusalem bestimmte, auf eine frühchristliche, jedenfalls vorislamische Bildprägung zurückgeht, wie sie schon
in der ersten erhaltenen kartographischen Wiedergabe des Heiligen
Landes anzutreffen ist, dem aus dem 6. Jahrhundert stammenden
Fußbodenmosaik von Madaba.[300] Hier besitzt die mauerumgürtete
›Heilige Stadt Jerusalem‹ eine ovale Form, die vielleicht als der Ver-
such einer perspektivischen Wiedergabe ihrer eigentlich kreisrund
gemeinten Gestalt verstanden werden kann (Abb. 46). Die Gestalt des
Himmlischen Jerusalem in der um 1000 entstandenen ›Bamberger
Apokalypse‹ (Abb. 47)[301] könnte diese Annahme bestätigen.

Kuppel und Ciborium

Im Zentrum der Jerusalem-Darstellung aus Madaba erscheint,
obwohl dies den topographischen Gegebenheiten keineswegs entspricht, die Grabeskirche, von der auch das etwa zur gleichen Zeit, um
die Mitte des 6. Jahrhunderts, entstandene ›Jerusalem-Brevier‹
behauptet, daß sie in der Stadtmitte liege.[302] Die in der Mosaikkarte
von Madaba schon durch ihre Lage und Größe hervorgehobene Grabeskirche ist außerdem mit einer goldenen Kuppel bekrönt, die die
wichtigste christliche Wallfahrtsstätte Jerusalems, das Grab Christi,
unmißverständlich kennzeichnet. Eine – mutatis mutandis – durchaus
vergleichbare Funktion hat die über dem Heiligen Felsen errichtete
Kuppel des Felsendoms zu erfüllen, dessen Gestalt ganz bewußt an
der Grabeskirche orientiert ist. Auch die Münzen und Siegel der
Kreuzfahrerzeit tragen der herausragenden Bedeutung dieser beiden
Bauten Rechnung, indem sie deren Kuppeln mit dem – in unserem
Zusammenhang nicht interessierenden – Davidsturm zu einer ver-
kürzten Darstellung der »Stadt des Königs aller Könige« vereinen
(Abb. 48).[303]
   Es entspricht dieser in den Siegeln der Kreuzfahrerzeit Bild gewordenen Sinngebung, wenn in der ›Schedelschen Weltchronik‹ die ringförmige Anlage Jerusalems so kommentiert wird: »Aber der tod cristi
hat dise stat gehayliget, dann da ist der tempel seiner leere. die stat seines bitteren Leides unserer erlösung, das grab seines allerheiligsten
leibs...«[304] Tempel und Grabeskirche, in den Siegelbildern weitgehend gleichförmig gestaltet, werden so auch als gleichrangig begriffen.
Die Tatsache, daß die diesen Text begleitende Holzschnitt-Illustration

48 Siegel König Balduins I.
(1110–1118);
Umzeichnung nach
G. Schlumberger

in der ›Schedelschen Weltchronik‹ (Abb. 42) die Grabeskirche allerdings überhaupt nicht zeigt, den als ›Templum Salomonis‹ bezeichneten Bau dagegen in den Mittelpunkt der Stadt rückt, wie das Madaba-
Mosaik die Grabeskirche (Abb. 46), erklärt sich zunächst aus der Plazierung dieser Jerusalem-Ansicht innerhalb der Chronik: Sie ist dem
zweiten Weltalter zugeordnet, das vom Bau der Arche Noahs bis Abraham reicht und damit eine Epoche umfaßt, die zeitlich *vor* dem Tempelbau Salomos liegt. Natürlich dürfen solche, heute selbstverständli-
chen, chronologischen Überlegungen nicht ohne weiteres auf eine
Weltchronik aus dem 15. Jahrhundert übertragen werden. Dennoch
bestätigt die dem Felsendom so wenig entsprechende Form des als
›Templum Salomonis‹ bezeichneten Gebäudes im Mittelpunkt der
kreisförmigen Stadt, daß der Holzschnitt weniger ein getreues Abbild
des – an anderer Stelle ja leidlich realistisch wiedergegebenen
(Abb. 40) – vermeintlichen Salomonischen Tempels als vielmehr eine
Art Idealdarstellung sein will, in der die Grenzen zwischen irdischem
und Himmlischem Jerusalem verschwimmen. Sollte vielleicht überhaupt der in der Apokalypse prophezeite »Tempel Gottes im Himmel«[305] gemeint sein?
Versucht man, die Jerusalem-Ansicht (Abb. 42) nun erneut mit der
oben zitierten Textstelle aus der Schedelschen Chronik in einen sinn-
vollen Zusammenhang zu bringen, der zwar nicht auf eine dezidierte
Darstellung der Himmelsstadt deutet, aber mit dem Hinweis auf das
Lehren, Leiden und Sterben Christi die Heiligkeit der Stadt Jerusalem prospektiv begründet, so findet man den Schlüssel dafür wohl in

49 Meister des Wiener Schotten-
altars: Grab Christi (Ausschnitt aus
einer Beweinung Christi), um 1470;
Wien, Österreichische Galerie

ebenjener eigenartigen Gestalt des Tempels: Er hat die Form eines
aufwendigen Ciboriums, das in gewisser Weise Architekturelemente
des Tempels wie auch der Grabeskirche vereint, kann doch das als
›Templum Salomonis‹ bezeichnete Gebilde, ohne die Phantasie über
Gebühr zu strapazieren, als monumentalisierte Form jener – von
einer Tholos bekrönten – Umbauung des Christusgrabes in der Anastasis-Rotunde der Grabeskirche verstanden werden, von deren Aussehen vor allem seit dem ausgehenden Mittelalter zahlreiche Darstellungen kursierten.[306] Das breite Spektrum dieser Bildüberlieferungen
allein im späten 15. Jahrhundert mögen zwei Beispiele belegen (Abb.
49 und 50), die jeweils einzelne Züge aufweisen, wie sie sich auch in
der Architektur im Zentrum der zeitgleich entstandenen Stadtansicht
aus der Schedelschen Weltchronik finden.

Der Versuch, die eigenartige Gestalt des ›Salomonischen Tempels‹
in der ersten Jerusalem-Darstellung der ›Schedelschen Weltchronik‹
(Abb. 42) zu erklären, hat zwar kein konkretes Vorbild zutage geför-
dert, wohl aber deutlich werden lassen, daß die europäische Vorstellung von der äußeren Gestalt des Salomonischen Tempels keinesfalls
nur auf die – wie auch immer vereinfachte oder verunklärte – Gestalt
des Felsendoms zurückzuführen ist. Vielmehr zeigt sich, daß unab-
hängig von dieser im wesentlichen durch Pilgerberichte tradierten

ffoʳma et diʃpoſitio dominici ʃepulchri

50 Erhard Reuwich: Heiliges
Grab in Jerusalem; Holzschnitt
aus Bernhard Breydenbach:
›Reise ins Heilige Land‹,
Mainz 1486, fol. 21

Bildvorstellung eine andere, ältere Bildprägung existiert, deren nach-
haltige Wirksamkeit nicht zuletzt in jener das Christusgrab auszeich-
nenden Bekrönung begründet liegt, deren Wurzeln aber weiter
zurückreichen: das Ciborium. Man versteht darunter einen »ortsfe-
sten, allseitig offenen, auf vier oder mehr Säulen oder Pfeilern stehenden Aufbau aus Holz, Stein oder Metall«, der »einen Thron, einen
Altar, ein Grab usw. umgibt und überdacht. . .«[307] Seine Funktion »ist
uralt und entstammt der vorgeschichtlichen Notwendigkeit, den Herd
oder Thron durch ein Dach zu schützen . . . In der . . . Wendung zum
Geschichtlichen werden nun diese Elemente aus ihrer Zweckgebun-
denheit gelöst und zu Abzeichen des Rangs, welche Dingen vorbehalten bleiben, die einer sakralen Sphäre angehören«.[308] Die wesentliche
Bestimmung des Ciboriums, dessen Entwicklung vom orientalischen
Herrscherthron bis zum christlichen Herrscher- und Bischofsthron
einerseits und dem Altar-Ciborium andererseits reicht, ist die »Aus-
zeichnung des darunter Thronenden oder thronend Gedachten; denn
das Ciborium, insbesondere das kuppeltragende, ist . . . im tiefsten
Grunde Symbol des Himmels, bedeutet daher einen Hinweis auf die
kosmische Bedeutung des darunter Befindlichen, also eine Apotheose, im abgeschwächten Sinne aber zumindest eine Glorifizie-
rung.«[309]
Die Verwendung des Ciboriums als Abbreviatur für den Tempel ist
also nicht nur über den Umweg des Heiligen Grabes und dessen
komplexer Beziehung zur Zentralbaugestalt des ›templum Domini‹
zu erklären, sondern ebenso aus seiner Bedeutung als Würdeformel

51 Tempelgang Mariä, um 1100; Mosaik aus dem Narthex
der Klosterkirche Daphni bei Athen

überhaupt, wobei der Funktion der Altar-Bekrönung ein besonderer
Stellenwert zukommt. Seit dem 6. Jahrhundert kennen wir Darstellungen von Ciborien über einem Altar, der bisweilen den christlichen,
meist aber den Altar des jüdischen Tempels meint.[310] Dieser vornehm-
lich in der byzantinischen Kunst entwickelte Darstellungstypus
wurde bald als Abbreviatur des Tempels selbst verstanden, so daß
schließlich auf eine Wiedergabe des Altars verzichtet werden konnte,
ohne jedoch das Verständnis des Ciboriums als Tempel in Frage zu
stellen. Aus der Vielzahl von Beispielen hierfür[311] seien zwei Szenen
genannt, die jeweils im jüdischen Tempel lokalisierte Ereignisse schildern: ein um 1100 entstandenes Mosaik im Narthex der Klosterkirche
von Daphni bei Athen, das den *Tempelgang Mariä* zeigt (Abb. 51),
sowie die *Vertreibung der Geldwechsler aus dem Tempel* in einem
Mosaik des ausgehenden 12. Jahrhunderts im Dom von Monreale.

Mit der Übernahme des Ciboriums aus der byzantinischen in die
italienische und schließlich in die Kunst nördlich der Alpen fand – wie
es das späte Beispiel aus der ›Schedelschen Weltchronik‹ bezeugt

94

†SISTITVR ID TEMPLO PVER·€T SYMEODIS IN·VLDAS
ACCIPITVR·CVI DADDA QVIES·DAM LVMIDA S€RVI
CODSP€X€R€ D€VM· CLARVM IVBAR OMDIBVS ORTVM

52   Pietro Cavallini: Darbringung Jesu im Tempel, um 1291; Mosaik in der Apsis
von S. Maria in Trastevere, Rom

(Abb. 42) – auch dessen mehr oder weniger variierte Form als Abbreviatur des Tempels Eingang in die abendländische Ikonographie. Ein relativ früher Beleg dafür ist die zu Anfang des 13. Jahrhunderts entstandene Tempeldarstellung im Passionsfenster der Kathedrale von Bourges (Farbabb. 5 b). Noch deutlicher zeigt sich der byzantinische Einfluß in Pietro Cavallinis *Darbringung Jesu im Tempel,* einem um 1291 geschaffenen Mosaik in der Apsis von Santa Maria in Trastevere in Rom (Abb. 52), das den Tempel auf ein viersäuliges pyramidenförmig überdachtes Altar-Ciborium reduziert, dessen mit einem Aufsatz versehenes Pyramidendach sich allerdings deutlich von den in der byzantinischen Kunst bevorzugten Kuppelformen unterscheidet. Cavallinis Mosaik weist bereits auf Giotto voraus. Dessen etwa ein Jahrzehnt später gemaltes Fresko *Darbringung Jesu im Tempel* in der Arena-Kapelle von Padua (Abb. 53) zeigt den Tempel ebenfalls als viersäuliges, pyramidenförmig überdachtes Altar-Ciborium. Ohne spiralförmig gedrehte Säulen, aber mit reicher gestalteter, deutlich gotisierender Überdachung erscheint das wiederum den jüdischen

95

Tempel repräsentierende Ciborium in der Szene *Verkündigung an Zacharias,* die Giotto nach 1320 in der Peruzzi-Kapelle von Santa Croce in Florenz gemalt hat.

Es mag gleichermaßen für den stets nach neuen Gestaltungsmöglichkeiten suchenden Erfindungsreichtum Giottos wie für die im beginnenden Quattrocento noch nicht besonders ausgeprägte Verwendung des Ciboriums als Bildformel für den Tempel sprechen, daß Giotto sich in seinem Freskenzyklus der Arena-Kapelle keineswegs nur auf die einfache Form des Ciboriums beschränkt, um den Tempel abzubilden. Während das den Altar überdachende Ciborium in der *Vertreibung Joachims aus dem Tempel* (Abb. 54) durch Chorschranken und Kanzel zu einem den Tempel repräsentierenden Ensemble erweitert wird – das im *Tempelgang Mariä* (Abb. 51) aus einer anderen, kühn den Charakter einer Außenarchitektur suggerierenden Perspektive gezeigt wird –, stellt Giotto den Tempel in der *Vermählung Mariä* sowie in den beiden vorangehenden Szenen, der *Übergabe der Stäbe* sowie dem *Gebet um das Blühen der Stäbe,* völlig anders dar: als gewissermaßen im Querschnitt gesehene dreischiffige basilikale Anlage, deren Mittelschiff in eine große, den Altar hinterfangende Apsis mündet (Abb. 55). In der *Vertreibung der Händler und Geldwechsler* erscheint der Tempel schließlich als ein von romanischen und gotischen Formelementen geprägter Baukörper über rechteckigem Grundriß, der von außen gezeigt wird, gleichzeitig aber auch großzügigen Einblick in sein Inneres gewährt (Abb. 56). Es verwundert nicht, daß eine solch aufwendige, zwischen Imagination und der Realität zeitgenössischer Architektur angesiedelte Darstellung kaum dazu taugte, zur griffigen Bildformel für den Tempel zu werden.

Das Ciborium hingegen, wie es sich in den Fresken Giottos findet, stellte die geeignete Bildformel dar, die bis ins Spätmittelalter als Abbreviatur der Tempelarchitektur Verwendung fand. Erst gegen Ende des 15. Jahrhunderts wurde sie durch das in Holzschnitten verbreitete Bild des Felsendoms allmählich verdrängt oder vermischte sich mit diesem zum Renaissance-Topos der Zentralbaugestalt des Tempels. Vor allem die Malerei des italienischen Quattrocento stellte den Tempel in Form eines Ciboriums dar. Es wies in der Regel aber nicht mehr jene einfache Form der auf vier Säulen ruhenden Altarüberdachung auf, sondern hatte sich zu einem runden oder polygonalen architektonischen Gebilde entwickelt, das mehreren Personen Platz bot. Neben den eher an der zeitgenössischen Architektur orien-

53 Giotto: Darbringung Jesu im Tempel, um 1305; Fresko in der Arena-Kapelle in Padua

54 Giotto: Vertreibung Joachims aus dem Tempel, um 1305; Fresko in der Arena-Kapelle in Padua

55 Giotto: Vermählung Mariä, um 1305; Fresko in der Arena-Kapelle in Padua

56 Giotto: Vertreibung der Händler und Geldwechsler aus dem Tempel, um 1305; Fresko in der Arena-Kapelle in Padua

tierten Renaissanceformen, wie man sie bei Fra Angelico[312] oder dem meist mit Paolo Uccello identifizierten ›Prato-Meister‹ findet, in dessen Tempeldarstellung – wie bei Giotto – die für die toskanische Frührenaissance unüblichen gedrehten Säulen ein flaches Kegeldach tra-

57   Sog. Prato-Meister (Paolo Uccello?): Tempelgang Mariä, 1435-40;
     Fresko in der Himmelfahrtskapelle des Doms von Prato

gen (Abb. 57), sind häufig gotisierende Konstruktionen zu sehen, mitunter so aufwendig gestaltet, daß – wie in der *Darbringung Jesu im Tempel* von Gentile da Fabriano – ein Zentralbau mit innerem Stützenkranz entsteht (Abb. 58). Obwohl man hier eigentlich nicht mehr von einem Ciborium sprechen kann, weisen doch die bis zum Kranzgesims geöffneten Arkaden auf diesen Ursprung zurück.

Die Tatsache, daß diese Bildvorstellungen auch außerhalb Italiens Gültigkeit besaßen, beweisen – um zwei sehr unterschiedliche Beispiele zu nennen – eine Miniatur der *Darbringung Jesu im Tempel* im Stundenbuch Papst Alexanders VII., das um 1440 in Paris entstanden ist (Abb. 59)[313], sowie die Darstellung des im Tempel lehrenden zwölfjährigen Jesus auf der Mitteltafel eines gegen Ende des 15. Jahrhunderts geschaffenen Triptychons des Meisters von Danzig. Die Tempelarchitektur dieser Tafel weist keineswegs nur Elemente des Ciboriums auf, sondern zeigt mindestens ebenso deutliche Anklänge an das Zentralbauideal der italienischen Renaissance sowie auch Spuren der Felsendom-Rezeption (Abb. 61). Als Mischung aus toposartigen Vorstellungen und unmittelbaren Einflüssen zeitgenössischer Architektur kann auch die um 1525 in Brügge entstandene Miniatur Simon Benings im Gebetbuch des Kardinals Albrecht von Brandenburg gel-

98

58   Gentile da Fabriano: Darbringung Jesu im Tempel, 1432; Predellentafel zur
Anbetung der Heiligen Drei Könige (Florenz, Uffizien); Paris, Louvre

59   Meister der Münchner Legenda
aurea: Darbringung Jesu im Tempel,
aus dem Stundenbuch Papst Alexanders VII., Paris, um 1440; Biblioteca
Apostolica Vaticana, Chic. C IV 109,
fol. 64v

60   Simon Bening: Der zwölfjährige
Jesus lehrt im Tempel, aus dem Gebet-
buch des Kardinals Albrecht von
Brandenburg, fol. 53v, um 1525;
Malibu, J. Paul Getty Museum

62 Melchior Broederlam. Darbringung Jesu im Tempel, Detail der Außenseite
des rechten Flügels von einem Altar aus der ehemaligen Kartause von Champmol
bei Dijon, vollendet 1399; Dijon, Musée des Beaux-Arts

◁ 61 Meister von Danzig: Der zwölfjährige Jesus lehrt im Tempel; Mitteltafel
des sog. Jerusalem-Triptychons, 1490–97; Warschau, Muzeum Narodowe

63 Ambrogio Lorenzetti:
Darbringung Jesu im Tempel, 1342;
Florenz, Uffizien

ten (Abb. 60), die die Szene mit dem zwölfjährigen Jesus im Tempel in einen achteckigen gotischen Zentralraum versetzt, der mit seinem Mittelpfeiler unmittelbar an den Typus englischer Chapter-houses erinnert.[314] Ob diese mit dem Formprinzip des Ciboriums nicht mehr zu vereinbarende, hier scheinbar aus der Gestalt Jesu herauswachsende Mittelstütze mit den von ihr ausstrahlenden Gewölberippen der Darstellung einen zusätzlichen Symbolgehalt verleihen soll, bleibe dahingestellt.[315] Festzuhalten ist jedenfalls, daß der Einfluß aktueller Formtendenzen vielfach mindestens ebenso bildprägend gewirkt hat wie die Symbolkraft traditioneller Topoi.

Schon Melchior Broederlam, der »größte aller vor-Eyckischen Tafelmaler«[316], siedelt die *Darbringung Jesu im Tempel* in einem 1399 vollendeten Altar für die Kartause von Champmol in einem polygonalen Zentralbau an, dessen nach außen hin ciboriumartige Form sich allerdings in einer irrealen Innenraumperspektive zu einem gotischen Chorschluß weitet und der überdies durch einen runden Turm ergänzt wird, der seinerseits auch als Abbreviatur der Tempelarchitektur gedeutet werden könnte (Abb. 62). Man wird nicht fehlgehen, darin eine Verknüpfung unterschiedlicher Bildprägungen zu sehen, wie sie – wenngleich nicht in derart komprimierter Form – schon in Giottos Fresken der *Darbringung Jesu im Tempel* (Abb. 53) und der *Vertreibung der Händler und Geldwechsler aus dem Tempel* (Abb. 56) festzustellen sind. Daß Broederlam allerdings nicht unmittelbar von Giotto, sondern weit eher von der dekorativen Eleganz Ambrogio Lorenzettis beeinflußt wurde, legt ein Vergleich mit dessen 1342 datierter *Darbringung Jesu im Tempel* nahe, deren Architekturszenerie zentralisierende Elemente des Ciboriums mit denen eines dreischiffigen Langraumes verbindet (Abb. 63).

Tempel, Kirche und Haus der Weisheit

Die komplexe Architekturszenerie, die Broederlams *Darbringung Jesu im Tempel* (Abb. 62) zeigt, läßt Zweifel an der Eindeutigkeit der Architekturmetaphern für den Tempel entstehen und wirft die Frage auf, ob deren Gültigkeit hier verunklärt oder – gerade umgekehrt – der Vielschichtigkeit der Tempel-Metaphorik in besonderem Maße gerecht wird – betrachtet man etwa das Beispiel des Turms auf Broederlams Altarflügel: Aufgrund der herausragenden Bedeutung, die Maria nicht nur in der Darbringungsszene, sondern auch in einer Reihe anderer, im Tempel lokalisierter Ereignisse zukommt, könnte der Turm auch als Anspielung auf Maria zu verstehen sein. Die Lauretanische Litanei[317] preist Maria als Turm[318] – ein Vergleich, der wesentlich auf dem Hohelied Salomos beruht; es bezeichnet den Hals der Braut als Turm aus Elfenbein, das wegen seiner Makellosigkeit und Schönheit als Sinnbild der Keuschheit gilt.[319] Der Umstand, daß die mittelalterliche Architekturallegorese im allgemeinen zwischen Turm und Zentralbau nicht differenziert, ermöglichte es, daß nicht nur der Turm, der bisweilen als Symbol der Kirche verstanden wird[320], sondern die Zentralbauform schlechthin ebenfalls als Mariensymbol gedeutet wurde. Eine architektonische Bestätigung scheint diese Ausweitung der Mariensymbolik nicht nur im christlichen Weihetitel ›Sancta Maria ad Martyres‹ des in vielfacher Weise als vorbildhaft empfundenen, meist als ›Sancta Maria Rotunda‹ bezeichneten Pantheons in Rom gefunden zu haben[321], sondern darüber hinaus auch in der Weihe des christianisierten Felsendoms an Maria.[322]

Weitergehende, in unserem Zusammenhang relevante Bedeutung erlangen die Bezüge zwischen Maria und der Zentralbauform vor allem aber durch die Gleichsetzung von Maria und Ecclesia[323], die ihren Niederschlag sowohl in der bildenden Kunst findet[324] als auch in der Architektur bzw. der Architekturdarstellung: Die mit dem Tempel in Zusammenhang gebrachte Zentralbaugestalt ist also allein schon aufgrund ihrer mariologischen Metaphorik als der Kirche Christi angemessenes Sinnbild zu deuten; umgekehrt legitimiert dies – ganz abgesehen von dem die Kirche präfigurierenden Charakter des Tempels – die Verwendung jeweils zeitgenössischer Formen des Kirchengebäudes zur Darstellung des Tempels, wie es bereits Giottos *Tempelreinigung* (Abb. 56) und ansatzweise die Innenraumszene in Broederlams Altartafel (Abb. 62) gezeigt haben.

64 Christus als Sapientia vor dem Tempel der Weisheit;
Miniatur aus der Bibel aus St. Vaast, Arras, 2. Viertel 11. Jh.;
Arras, Bibliothèque Municipale, MS 559, Bd. 3, fol. 1r

Ehe die künstlerischen Konsequenzen aus den vorhin angedeuteten Bezügen zwischen Tempel und Kirche weiter untersucht werden
sollen, sei noch auf einen anderen Aspekt der Tempel-Metaphorik verwiesen, der wiederum über die Gestalt Marias erschlossen werden
kann: Die abendländische Mariologie bezeichnet Maria auch als
›Haus der Weisheit‹ (domus sapientiae), in dem Christus als die in-
karnierte göttliche Weisheit Wohnung nahm.[325] Demnach gelten die
Ecclesia und damit das Kirchengebäude gleichfalls als Haus der Weisheit. Als außerordentliche Gnadengabe nimmt die Weisheit einen
besonderen Rang unter den sieben Gaben des Geistes[326] ein. In der
christlichen Ikonographie wird das Haus der Weisheit oft als sieben-
säulige Architektur dargestellt. Dies zeigt das Beispiel einer im zweiten Viertel des 11. Jahrhunderts entstandenen Bibelillustration, in der
Christus – als Inkarnation der Göttlichen Weisheit – vor dem durch sieben Säulen charakterisierten Tempel der Weisheit über den besiegten
Feinden thront (Abb. 64). Obwohl die göttliche Weisheit meist nicht
in der Gestalt Christi, sondern als reich gekleidete, oft gekrönte und
mit einem Nimbus versehene Frau erscheint, die bisweilen mit Maria
zu identifizieren ist, bleibt doch die Charakterisierung des Weisheitstempels durch sieben Säulen jahrhundertelang erhalten. Und so findet sie sich beispielsweise auf dem Titelblatt des dritten Bandes von
Juan Bautista Villalpandos einflußreichem Ezechiel-Kommentar,

über den später noch zu sprechen sein wird (Abb. 65), und auch in den barocken Deckenmalereien der Bibliothek des ehemaligen Prämonstratenserstiftes Schussenried, die der Verherrlichung der Weisheit gewidmet sind. Eines der 1756/57 von den Kemptener Freskomalern Franz Georg und Franz Joseph Hermann geschaffenen Bilder zeigt die göttliche Weisheit inmitten eines siebensäuligen, nach oben hin offenen Rundtempels (Abb. 66)[327], der unmittelbar an die abbreviaturhaften Darstellungen des Salomonischen Tempels (z. B. Abb. 57) erinnert.[328]

Die Verbindung zwischen dem Weisheitstempel und dem Tem-

65 Das Haus der Weisheit; Titelblatt des 3. Bandes von Juan Bautista Villalpando: ›In Ezechielem Explanationes‹, Rom 1604

66 Franz Georg und Franz Joseph Hermann: Der Tempel des Heiligen Geistes; Deckenfresko in der Bibliothek des ehemaligen Prämonstratenserstiftes Schussenried, 1756/57

pel Salomos beschränkt sich jedoch keineswegs nur auf gewisse formale Analogien, sondern ist überdies in mehrfacher Weise inhaltlich begründet[329]: Im jüdischen Tempel manifestierte sich die göttliche Weisheit durch das Zerreißen des Vorhangs vor dem Allerheiligsten beim Tode Jesu, das in der christlichen Exegese als Eröffnung der Wahrheit des Christentums gegenüber dem Judentum interpretiert wird.[330] Die sieben Säulen des Weisheitstempels hängen nicht

67 Die Weisheit thront als höchste Tugend siegreich in ihrem Haus; Miniatur aus einer Sammelhandschrift aus der Abtei St. Laurent in Lüttich, um 1100; Brüssel, Bibliothèque Royale, MS 10066–77, fol. 137v

nur mit den sieben Gaben des Heiligen Geistes zusammen, sondern können sich auch auf das alttestamentliche Buch der Sprichwörter berufen, dessen Autorschaft Salomo zugeschrieben wird:»Die Weisheit hat ihr Haus gebaut, ihre sieben Säulen behauen«.[331] Salomos Weisheit, die schon sein Vater David erkannte, wird in der Bibel ausdrücklich gerühmt.[332] Aus der Gleichsetzung von Salomo und Weisheit werden übrigens auch Rekonstruktionen seines Palastes mit sieben Säulen über kreisrundem oder quadratischem Grundriß begründet.[333] Salomos Tempelbau ist nicht zuletzt eine Frucht dieser ihm von Gott gegebenen Weisheit, die ihn auch zum alttestamentlichen Vorbild für Christus und damit gleichfalls zu einer Inkarnation der Weisheit macht. Es verwundert deshalb nicht, daß die Sapientia in einer um 1100 entstandenen Miniatur in Gestalt eines gekrönten Herrschers, wie ihn Salomo verkörpert, personifiziert wird: über einem Zentralbau-Tempel inmitten einer Stadtarchitektur thronend (Abb. 67).[334] Es mag dahingestellt bleiben, ob diese Darstellung irgendwelche Analogien zu dem von ringförmigen Mauern umgebenen Tempel in der ›Schedelschen Weltchronik‹ erlaubt, obwohl dieser nur sechs Säulen hat (Abb. 42). Wohl aber drängt sich ein Vergleich zum wenig später entstandenen Weihrauchfaß des Gozbertus (Abb. 68) auf, dessen zentralbauförmige Gestalt u. a. schon in der byzantinischen Psalterillustration des 9. Jahrhunderts als Jerusalem oder Gottesstadt

68 Weihrauch-
    faß des
    Gozbertus,
    Trier, Anfang
    12. Jh.; Trier,
    Domschatz

bezeichnete Bautypen nachahmt; durch den über dieser Architektur
in der Gestalt eines christlichen Herrschers thronenden König Salomo, dem auf dem Kettenhalter Christus als Antitypus entgegen-
gesetzt ist, versinnbildlicht dieses Weihrauchfaß überdies den als
Präfiguration der christlichen Kirche verstandenen Tempel[335] – womit
sich erneut das breite Bedeutungsspektrum der mit dem Salomonischen Tempel identifizierten Zentralbauform erweist, das vom Weisheitstempel bis zur Himmelsstadt reicht.

Eine Verbindung zwischen dem Tempel der Weisheit und Salomo
ergibt sich letztlich wiederum – und damit schließt sich der Kreis dieses Seitengedankens – über Maria, die nicht nur als ›Haus der Weisheit‹, sondern auch als ›Thron der Weisheit‹ (sedes sapientiae) gilt. Als
Thron der Weisheit wird im Alten Testament auch der Thron Salomos
geschildert[336], neben dessen Lehnen zwei Löwen standen. Es
erscheint deshalb nur konsequent, wenn – wie beispielsweise in
den romanischen Fresken der Westempore im Dom von Gurk[337] –
Maria auf einem von Löwen flankierten Thron sitzend dargestellt
wird.[338]

Kehren wir zum Tempel als Kirchengebäude zurück, so fällt auf,
daß er durchaus nicht nur als Zentralbau, sondern – keineswegs selten – auch als longitudinales Kirchengebäude dargestellt wird.[339] Daraus erhellt, daß der Einfluß zeitgenössischer Architekturformen hier

69 Michael Pacher: Beschneidung Jesu, 1471–81; Flügelaltar
in St. Wolfgang, Innenseite des
linken Innenflügels

ebenso stark ist wie in den Zentralbaudarstellungen. Besonders
eindrucksvoll dokumentiert dies etwa die Gegenüberstellung der
Beschneidungsszenen in Michael Pachers 1481 vollendetem Flügelaltar von St. Wolfgang (Abb. 69) und einem zwei Jahrzehnte später entstandenen Tafelbild Marco Marziales (Abb. 70): Zeigt Pachers Tempel
eine jener für den süddeutschen Raum typischen Hallenkirchen der
Spätgotik, deren Netzgewölbe aus schlanken, polygonalen Pfeilern
ohne Kapitell gleichsam herauswächst, so wird Marziales tonnenüber-
wölbtes Langhaus, das den Blick in eine Vierungskuppel freigibt,
durch klassische Formelemente wie Pilaster und ein verkröpftes
Gesims geprägt. Lassen diese beiden Beispiele die Darstellung des
Tempelinneren in Formen des zeitgenössischen Kirchenbaus wie
Kanonisierungen antagonistischer Prototypen erscheinen, so spiegeln drei an einem Ort entstandene Tempeldarstellungen die stilisti-
sche Entwicklung der architektonischen Formensprache sehr differenziert und keineswegs formelhaft wider: Während die Architektur in
dem um 1386 von Matteo di Pacino und seiner Werkstatt in der Rinuccini-Kapelle von Santa Croce in Florenz gemalten *Tempelgang Mariä*
(Abb. 71), die die Einflüsse von Taddeo Gaddis 60 Jahre älterer *Vertrei-*

70 Marco Marziale: Beschneidung Jesu, 1500; London,
National Gallery

bung Joachims aus dem Tempel in der benachbarten Baroncelli-
Kapelle zeigt, die Merkmale der florentinischen Bettelordensarchitek-
tur des 14. Jahrhunderts einigermaßen genau wiedergibt, repräsentiert
der Tempel in einem der Reliefs der von Lorenzo Ghiberti zwischen
1425 und 1452 geschaffenen ›Paradiesestür‹ am Baptisterium von Florenz sowie in einem etwas später entstandenen anonymen Kupferstich – beide zeigen die Begegnung zwischen Salomo und der Königin
von Saba (Abb. 72)[340] – die architektonischen Prinzipien der Florentiner Frührenaissance, deren Weiterentwicklung schließlich in Domenico Ghirlandaios 1485–90 entstandener *Vermählung Mariä* in der
Hauptchorkapelle von Santa Maria Novella in Florenz zum Ausdruck
kommt (Abb. 73).

Neben Tempeldarstellungen in der Form jeweils dem Zeitstil entsprechender Kirchengebäude, deren Identifizierung mit dem Tempel
von Jerusalem nur aufgrund der dargestellten Szenen möglich ist, finden sich aber auch solche, die zeitgenössische Einzelformen zu einem

109

architektonischen Gebilde verbinden, dessen Gestalt keineswegs mehr der Realität bestehender Kirchenbauten entspricht. Ein aufschlußreiches Beispiel dafür ist die berühmte Miniatur Jean Fouquets in einer nach 1470 entstandenen Prunkhandschrift der ›Jüdischen Altertümer‹ des Flavius Josephus, die den Tempel während der Einnahme Jerusalems durch Nebukadnezar mit den Formelementen einer hochgotischen Kathedrale darstellt – es handelt sich offensichtlich um die damals noch nicht fertiggestellte in Fouquets Heimatstadt Tours (Abb. 74)[341]; der Tempel erscheint hier in kubischer Gestalt, gebildet aus dem Untergeschoß des Westbaus der Kathedrale, dem statt der Türme ein orientalisch anmutendes Gewölbe aufgesetzt ist. Fouquet spielt mittels der gotischen Formen nicht nur auf den die Kirche präfigurierenden Charakter des Tempels an, sondern verknüpft auch die biblischen Berichte über dessen Aussehen und den – dieser Überlieferung widersprechenden – Zentralbau-Topos zu einer verblüffenden Einheit: Die würfelförmige Gestalt des Tempels kann durchaus als Zentralbau begriffen werden, dem das ungewöhnliche Gewölbe jenen Hauch von Exotik verleiht, der eine Assoziation mit dem Felsendom erlaubt. Andererseits aber ist der rechtwinklige Grundriß nicht mit dem Felsendom, sondern nur mit dem zerstörten jüdischen Tempel in Verbindung zu bringen; vielleicht darf man die annähernd quadratische Form des Grundrisses sogar als Anspielung auf das Allerheiligste dieses Tempels verstehen.

71 Matteo di Pacino: Tempelgang Mariä, um 1366; Fresko in der Rinuccini-Kapelle in S. Croce, Florenz

Wäre die Fouquetsche Miniatur aus dem Kontext nicht eindeutig als Darstellung des Salomonischen Tempels zu verstehen, so könnte man die gotischen Detailformen sowie den eigenwilligen, durchaus mit einem Turm assoziierbaren Zentralbaucharakter dieser Architektur ohne weiteres auch als Verweis auf die durch den Tempel präfigurierte Kirche Christi begreifen. Obwohl die zeitgenössischen Stilelemente ebenso wie die durch die Turm-Assoziation gegebene Verbin-

72 Die Begegnung zwischen Salomo und der Königin von Saba; anonymer Kupferstich, Florenz, 3. Viertel 15. Jh.

dung zu Maria – wie vorhin gezeigt – eine Interpretation als Tempel nicht ausschließen, sind sie doch üblicherweise als Hinweis auf die Ecclesia Christi aufzufassen; deren Identifikation mit Maria basiert wesentlich auf der Vorstellung der Brautschaft Mariä mit Christus[342] und hat in der bildenden Kunst seit dem 13. Jahrhundert ihren Niederschlag auch in der Darstellung der als typologische Entsprechung verstandenen Gestalten von Salomo und der Königin von Saba gefunden.[343] Die Erweiterung der typologischen Gegenüberstellung Salomo/Königin von Saba – Christus/Maria auf die Architektur von Tempel und Kirche bzw. deren Darstellung mußte ebenso zu einer

73 Domenico Ghirlandaio: Vermählung Mariä, 1485-90; Fresko in der Hauptchorkapelle von S. Maria Novella in Florenz

Verbildlichung der Gegensätze von Verheißung und Erfüllung führen. Da letztere in der Gegenwart des Neuen Testaments liegt, boten sich für die Darstellung der Ecclesia Christi die Formen zeitgenössischer Sakralarchitektur an, denen die im Alten Testament angesiedelte Architektur des Tempels in der Formensprache vergangener Stilepochen gegenübergestellt wird. Ein aufschlußreiches Beispiel ist eine Tafel des Meisters von Flémalle aus dem zweiten Viertel des 15. Jahrhunderts, auf der zwei Phasen der *Vermählung Mariä* zu sehen sind (Farbabb. 4)[344]: Im linken Bildteil ereignet sich das Stabwunder, das Joseph zum Verlobten Mariä bestimmte, während rechts, im Vordergrund des Bildes, die eigentliche Vermählung stattfindet. Die vollkommen unterschiedliche Architektur, in bzw. vor der sich die beiden Ereignisse abspielen, unterstreicht deren Stellenwert nicht nur als zeitlich aufeinanderfolgende Stationen, sondern darüber hinaus als typologische Gegenüberstellung von Altem und Neuem Testament: Das Stabwunder findet noch in der Ära des Gesetzes Mosis statt, das durch den Tempel repräsentiert wird, die Vermählung dagegen leitet das bis in die Gegenwart fortdauernde, durch die Kirche symbolisierte Zeitalter der Gnade ein. Der Gegensatz zwischen Tempel und Kirche kommt auf jede erdenkliche Weise zum Ausdruck: in der architektonischen Gestalt, in den Stilformen und sogar in der Farbgebung, die auf die Unterschiedlichkeit der Materialien hinweist. Während der Tempel als ciboriumartiges Gebilde gestaltet ist, dessen romanische Formen auch unübersehbar exotische Züge tragen, erscheint die Kirche als Fragment einer im Bau befindlichen gotischen Architektur, deren teilweise noch kaum über das Fundament gewachsene Mauern einmal den gesamten Tempel umfassen werden. Vor dem reichgestalteten Portalbau der Kirche vollzieht sich die Vermählung, deren Vorgeschichte sich im Tempel ereignet hat – die Tempel und Kirche verbindende Bedeutung Mariä wird auf diese Weise eindrucksvoll betont. Selbst im plastischen Schmuck sowie in den Fenstern wird die typologische Verbindung zwischen dem Tempel, dessen kühle Materialien ebenso wie seine geschlossene Form das beendete Vergangene symbolisieren, und der Kirche thematisiert, deren goldene Farbigkeit wohl Hoffnung bedeutet, die in die Gegenwart und auch in die Zukunft reicht, worauf die noch unvollendete Architektur hinweist.

Die typologische Gegenüberstellung von Altem und Neuem Bund durch die Architekturen des in vergangenen Stilformen gehaltenen Tempels und der in zeitgenössischem Baustil gestalteten Kirche ist

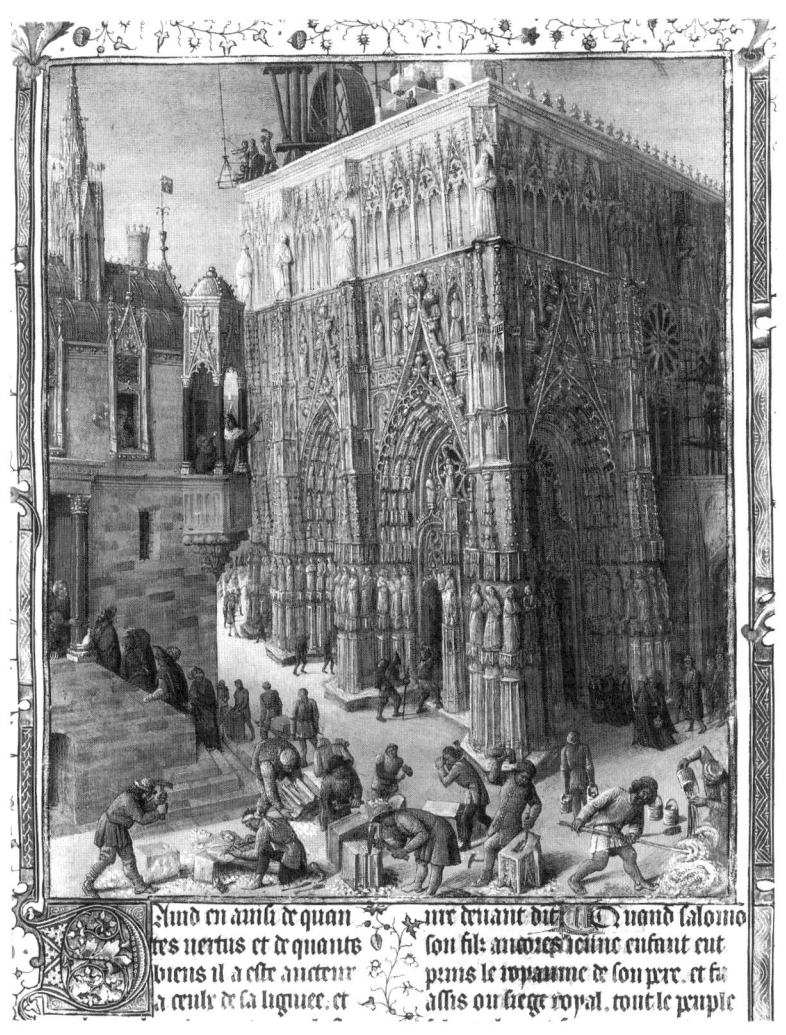

Innd en amli de quan tre deuant dir Quand salomo
tes uertus et de quantis son fils augires icelue enfant eut
biens il a este auctour pins le rovaume de son pere. et fu
a ceulx de sa liguee. et assis ou siege roval. tout le peuple

74 Jean Fouquet: Die Einnahme Jerusalems durch Nebukadnezar; Miniatur aus
einer Handschrift der ›Jüdischen Altertümer‹ des Flavius Josephus, nach 1470;
Paris, Bibliothèque Nationale, MS fr. 247

nicht etwa erst eine Erfindung der niederländischen Tafelmalerei des 15. Jahrhunderts, sondern findet sich bereits in den Miniaturen einer französischen Handschrift der ›Bible moralisée‹ aus den zwanziger Jahren des 13. Jahrhunderts (Farbabb. 5 a). In einem Bildpaar werden der Tempel als romanisches Ciborium und die Kirche als gotischer basilikaler Bau mit Strebepfeilern dargestellt, begleitet von Salomo, der Gott lobt und für die Fertigstellung des Tempels dankt, und Christus, der analog dazu seinem himmlischen Vater für die Vollendung der »sainte église« danksagt. Auch wenn dieser typologische Vergleich templum – ecclesia innerhalb der Handschriften der ›Bible moralisée‹ in dieser Deutlichkeit vereinzelt geblieben ist, bezeugt er doch ausreichend die symbolische Bedeutung nicht nur von Tempel und Kirche, sondern auch der ihnen zugeordneten Stile als »vetus opus« und als »novum opus«[345]. Die Darstellung des Tempels als Ciborium ist ein Beleg für die Dominanz dieser Bildtradition, die erst im 15. Jahrhundert in einem breiteren Spektrum an Zentralbauvarianten aufgeht. Eine solche Variante stellt die Darbringungsszene auf dem rechten Flügel von Rogier van der Weydens kurz nach der Mitte des 15. Jahrhunderts entstandenem *Dreikönigsaltar* dar. Die Handlung vollzieht sich hier in einer von einer riesigen Rotunde dominierten Architektur (Abb. 75), deren spätromanische Formen sich deutlich von den gotischen Stilformen des Bauwerks am rechten Bildrand der Mitteltafel unterscheiden, die die Anbetung der – in zeitgenössische Tracht gekleideten – Könige zeigt. Diese Gegenüberstellung von vergangener und zeitgenössischer architektonischer Formensprache entspricht der typologischen Beziehung von Altem und Neuem Bund, wie sie in der nach dem mosaischen Gesetz vorgeschriebenen Darbringung im Tempel und der Erscheinung Christi in der durch die Heiligen Drei Könige repräsentierten Welt zum Ausdruck kommt.

Obwohl die die Vergangenheit symbolisierenden Stilformen sowie das Zentralbauprinzip dieser Architektur durchaus den Darstellungstraditionen des Tempels entsprechen, geht doch der Realismus der Architekturschilderung in van der Weydens Altarflügel weit über die übliche abbreviaturhafte Formulierung hinaus. Auch wenn es unwahrscheinlich ist, daß Rogier van der Weyden ein konkretes Bauwerk als Vorbild für seine Darbringungsszene diente[346], ist hier jene Grenze überschritten oder doch zumindest erreicht, die die bildlichen Darstellungen des Tempels von den Versuchen architektonischer Anspielung oder Nachbildung trennt.

Die Architektur des Tempels

Das bemerkenswerte Phänomen, daß sich Kaiser Justinian I. (482/527-565)[347], Karl der Große (747/771-814)[348], Philipp II. von Spanien (1527/1556-1598)[349], Friedrich I. von Preußen (1657/1711-1713)[350] oder Kaiser Karl VI. (1685/1711-1740)[351] nicht anders als Bischof Bernward von Hildesheim (960/993-1022)[352], Abt Suger von Saint-Denis (1081/1122-1151)[353] oder Papst Nikolaus V. (1397/1447-1455) sowie andere Renaissance-Päpste[354] als Bauherren mit Salomo vergleichen ließen oder selbst verglichen haben, ist nicht nur als Topos zu begreifen, dessen man sich immer wieder bediente, um sich in den Glanz des biblischen Königs und der ihm zugeschriebenen Weisheit zu stellen, sondern auch als konkreter Anspruch: Entsprechend der Vorstellung von der Kirche als Neuem Tempel stellten diese und andere Bauherren[355] die von ihnen errichteten Kirchenbauten bewußt in die Tradition des Salomonischen Tempels und unterstrichen diese Intention häufig durch mehr oder weniger anschauliche Anspielungen auf dessen Architektur. Die Tatsache, daß diese – sehr unterschiedlich ausgefallenen – Anspielungen niemals zur völligen Nachbildung gerieten, erklärt sich sowohl aus dem Wesen der mittel- und nachmittelalterlichen Architekturkopie als auch aus den konkreten liturgischen Anforderungen des christlichen Kultbaus, die sich weitgehend von denen des alttestamentlichen Tempels unterscheiden. Daß auch die jüdischen Synagogen kaum architektonische Gemeinsamkeiten mit dem Tempel aufweisen, liegt – wie eingangs erwähnt – am grundsätzlichen Unterschied zwischen der Einmaligkeit des von Gott geschaffenen Tempels und der von einer Reihe verschiedener Faktoren abhängigen, keineswegs festgelegten Gestalt der Synagogen. Deren Heiligkeit beruht allein auf den in ihr vollzogenen Handlungen und ist daher nicht mit der immerwährenden und unteilbaren Heiligkeit des Tempels zu vergleichen.[356] Ein über Anspielungen hinausgehender Einfluß des alttestamentlichen Tempels zeigte sich im christlichen Kultbau und in weiterer Folge auch in größeren städtebaulichen Zusammenhängen erst in der Nachfolge jener Rekonstruktionsversuche, die sich nicht mehr nur auf den Tempel selbst beschränkten, sondern – meist von der Tempelvision Ezechiels ausgehend – die Gesamtanlage des Tempelbezirks nachzubilden versuchten.

Anspielung und Nachahmung

Da die biblischen Berichte, deren Beschreibungen sich vor allem auf die Maße und die Pracht der Dekoration des Tempels konzentrieren, keine besonders anschauliche Vorstellung von dessen architektonischer Gestalt vermitteln, war es naheliegend, zunächst durch die Maße auf den alttestamentlichen Tempel anzuspielen; eine prächtige Ausstattung gehörte in der Regel ohnehin zu den Merkmalen christlicher Kultbauten und war – bis auf Ausnahmen wie den unmißverständlich auf den jüdischen Tempel verweisenden siebenarmigen Leuchter[357] – meist weit weniger dazu geeignet, derartige Anspielungen deutlich zu machen.

Die Bedeutungsübertragung mittels bestimmter Maße[358] kann auf verschiedene Weise erfolgen: Durch Übernahme der *Maßzahlen,* wobei die Maßeinheit des Vorbildes nicht unbedingt beibehalten werden muß, oder durch die Übernahme der *Maßverhältnisse.* Da – abgesehen von der Übernahme der Maßzahlen unter Beibehaltung der beim Vorbild verwendeten Maßeinheit – die Nachbildung nicht an die absoluten Dimensionen des Vorbildes gebunden ist, ist eine derartige Anspielung für Bauwerke jeder Größenordnung möglich. Daß die Übernahme bestimmter Maßzahlen oder auch Maßverhältnisse für die formale Gestaltung der Kopie kaum Beschränkungen zur Folge hat, liegt auf der Hand.

Ein ebenso prominentes wie eindrucksvolles Beispiel für die Übernahme der wichtigsten Maßverhältnisse des Salomonischen Tempels ist die 532–537 erbaute Hagia Sophia in Konstantinopel, deren außerordentlicher Rang als Staatskirche der Nova Roma, der ersten Stadt des Erdkreises, ihre besondere Gestalt nicht nur rechtfertigte, sondern vielmehr erforderte.[359] Nicht zuletzt ihr – während des vierten Kreuzzuges 1204 geplünderter – Reliquienbesitz, zu dem die Bundeslade, die Gesetzestafeln des Moses sowie der Tempelvorhang gehörten, also die wesentlichen Ausstattungsstücke des Allerheiligsten im Salomonischen Tempel, verliehen der Hagia Sophia jene Bedeutung, die verständlich macht, warum sie in den Quellen des 6. Jahrhunderts neben dem Kapitol in Rom, von dem sie die Funktion als Ort sakraler Staatszeremonien übernommen hat, nur noch mit dem Salomonischen Tempel verglichen wird.[360] Justinian, der sich als von Gott beauftragter Erbauer des Staatstempels in einer König Salomo vergleichbaren Rolle empfand, soll nach dem feierlichen Einzug in die neuerbaute Kirche ausgerufen haben: »Ruhm und Ehre dem Allerhöchsten, der mich für würdig hielt, ein solches Werk zu vollenden. Salomo, ich habe dich übertroffen.«[361] Die Verbindung zum Salomonischen Tempel konnte sich – das legt schon dieser Ausspruch nahe – nicht nur auf die Reliquien beziehen und ebensowenig allein auf bestimmte Ausstattungsstücke. Dazu gehörte etwa ein in der Vorhalle aufgestelltes, hier erstmals in der oströmischen Kirche auftauchendes Gefäß, das vermutlich eine Entsprechung zum ›Ehernen Meer‹ im Vorhof des Salomonischen Tempels bildete. Vielmehr mußte sich dieser Bezug auch architektonisch manifestieren: Die Hauptmaßverhältnisse der Hagia Sophia, die in gewisser Weise als Kombination aus Zentralbau und Basilika aufgefaßt werden kann und sich insofern vollkommen von der Gestalt des Salomonischen Tempels unterscheidet, der als langräumiger Antentempel charakterisiert wurde, entsprechen gleichwohl denen des alttestamentlichen Vorbildes. Dessen Inneres maß 60 Ellen in der Länge, 20 Ellen in der Breite und 30 Ellen in der Höhe. Die Gesamtlänge der Hagia Sophia einschließlich des zum Innenraum gehörenden Esonarthex beträgt 300 byzantinische Fuß, die Breite des Innenraums in der Mitte 100 byzantinische Fuß und die Höhe der ursprünglichen, im Jahre 552 eingestürzten und in erhöhter Form wiederaufgebauten Kuppel betrug wahrscheinlich 150 byzantinische Fuß (Abb. 76).[362] Damit entsprechen die Hauptmaßverhältnisse der Hagia Sophia (6 : 2 : 3) denjenigen des Salomonischen Tempels.

Der mit der Hagia Sophia verbundene Gedanke, einen großangelegten Kirchenbau dezidiert in die Nachfolge des Salomonischen Tempels zu stellen, war im Byzanz des 6. Jahrhunderts nicht neu. Dies

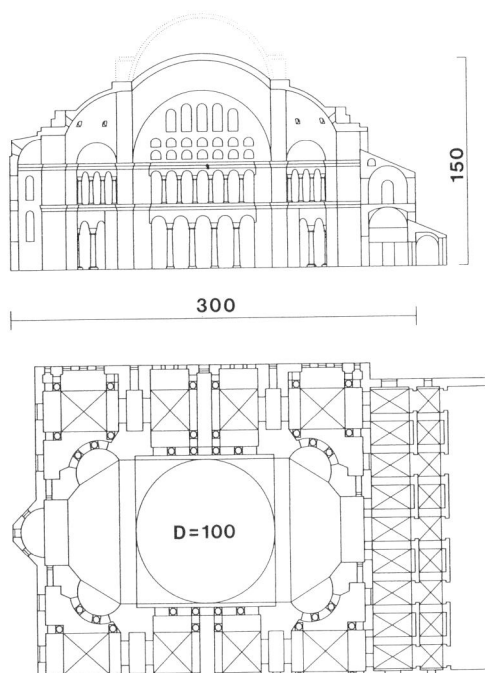

76 Hagia Sophia in
Konstantinopel (532–537);
Längsschnitt und Grundriß
(mit Angabe der ursprüng-
lichen, 552 eingestürzten
Kuppel), Maßangaben in
byzantinischen Fuß
(nach Scheja)

bezeugen die vor nicht allzulanger Zeit ausgegrabenen Reste der
Polyeuktos-Kirche, die an einem Prozessionsweg vom Theodosios-
Forum zur Apostelkirche lag.[363] Bauherrin dieser 524–527 errichteten,
bis zum Bau der Hagia Sophia prächtigsten Kirche Konstantinopels
war die aus kaiserlichem Geschlecht stammende Prinzessin Anicia
Juliana (um 462–528), die einem zeitgenössischen Preisgedicht
zufolge »die Weisheit Salomons übertroffen« haben soll. Tatsächlich
spielt die ihrem Palast hinzugefügte Polyeuktos-Kirche nicht nur mit
ihrer üppigen Innendekoration – Palmenmotive im Wechsel mit
Cherubimpaaren, Blüten und Granatäpfeln –, sondern auch mit ihren
Maßen auf den Salomonischen Tempel an: Die im Grundriß annähernd quadratische Kirche hatte eine Seitenlänge von 51,45 bzw.
51,90 Metern, das entspricht – mit einer zulässigen und erklärbaren
Toleranz – 100 »königlichen Ellen«[364] und damit der Ezechielischen
Beschreibung des Tempelgebäudes und seiner Einfriedung[365]. Die

119

Krypta der Polyeuktos-Kirche hat eine Fläche von knapp 20 Ellen im Quadrat; wenn die Krypta unter einem Sanktuarium lag, dessen Innenmaße infolge versetzter und dünnerer Mauern durchaus etwas größer gewesen sein könnten, müßte das Sanktuarium exakt 20 Ellen im Quadrat gemessen und damit dem Allerheiligsten des alttestamentlichen Tempels[366] entsprochen haben.

Es erscheint mehr als wahrscheinlich, daß die von Justinian erbaute Hagia Sophia gerade auch mit ihren Anspielungen auf den Salomonischen Tempel nicht zuletzt eine bewußte Reaktion des Herrschers auf die Polyeuktos-Kirche darstellte. Deren Architektur spiegelt das Bestreben der Bauherrin, Prinzessin Anicia Juliana, wider, ihre kaiserliche Abstammung sowie die Kontinuität ihrer Dynastie gegenüber dem aus einfachen Verhältnissen stammenden, von ihr als nicht ebenbürtig empfundenen Justin I. (Kaiser von 518 bis 527) zu demonstrieren. Vor diesem Hintergrund erhält auch der Ausspruch »Salomo, ich habe dich übertroffen«, den Justinian, der Neffe und Nachfolger Justins I., bei der Einweihung der Hagia Sophia getan haben soll, einen zusätzlichen politisch-brisanten Stellenwert.

Während die Hagia Sophia allein die Hauptmaßverhältnisse vom Salomonischen Tempel übernommen hat, gleicht die Polyeuktos-Kirche diesem nicht nur in ihren wichtigsten Maßzahlen, sondern aufgrund der Verwendung eines der hebräischen Königselle entsprechenden Längenmaßes überdies in ihren tatsächlichen Abmessungen. Ein durchaus vergleichbares Phänomen ist auch an einer Reihe karolingischer und ottonischer Westwerke wie in Centula, Corvey, Werden oder Münstereifel festzustellen, deren quadratischer Mittelraum jeweils 30 x 30 karolingische Fuß mißt (Abb. 77)[367]; dieses auffällig konstante, nur durch die unvermeidliche Schwankungsbreite der Maßeinheiten bzw. durch verschiedene Maßansätze (lichte Weite, Achsmaß, Außenfluchten) variierte Maß von 30 Fuß entspricht nach der üblichen Einteilung der Maßeinheiten 20 Ellen[368] und dürfte damit wiederum als Anspielung auf das Maß von 20 x 20 Ellen des bedeutendsten aller biblischen Räume, des Allerheiligsten im Tempel, zu verstehen sein. Unterstützt wird diese – durch Quellen nicht bestätigte – Annahme durch den Umstand, daß die Altäre in den Obergeschossen der Westwerke von Centula und andernorts Christus Salvator geweiht waren[369]; als Salvatorkirche aber erhält das Westwerk einen spezifischen Stellenwert, der dem dort angesiedelten Herrscherkult eine in der typologischen Entsprechung von Christus Salvator

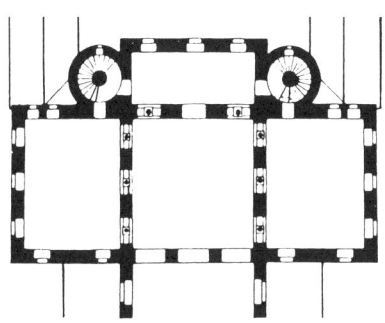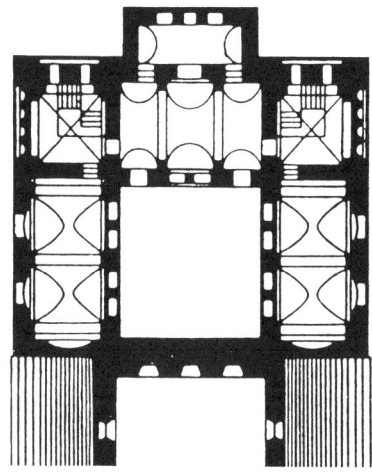

77 Westwerke von Centula (790–799;
Rekonstruktion des Grundrisses)
und der Salvatorkirche in Werden
(um 920–943; Grundriß des Emporen-
geschosses) nach W. Effmann

zum alttestamentlichen König Salomo besonders begründete Legitimität verleiht.[370]

Der in der patristischen Interpretation als Erfüllung des Alten Bundes im Neuen Testament gedeutete Symbolgehalt der Zahl Zwanzig[371]
wird durch die Abmessungen der Westwerke nicht nur bestätigt, sondern erhält auch eine anagogische Bedeutung, indem deren Architektur als Himmelsstadt verstanden wird. Dies erweist eine aus karolingischer Zeit stammende Inschrifttafel unter dem Thronerkerfenster auf
der Westempore von Corvey: »Umhege, o Herr, diese Stadt, und laß
deine Engel die Wächter ihrer Mauern sein.«[372] Durch den Zusammenhang Ecclesia – Civitas Dei – Nova Jerusalem[373] ist die als Westwerk ausgebildete Kirche nicht nur als Antitypus des alttestamentlichen Tempels, sondern – den exegetischen Deutungen von Beda
Venerabilis und Hrabanus Maurus entsprechend[374] – auch als Präfiguration des Himmlischen Jerusalem zu verstehen.

Eine Anspielung auf den Salomonischen Tempel durch die Übernahme seiner in der Bibel überlieferten Maßverhältnisse sowie
anderer Charakteristika scheint auch in der Architektur der unter
Papst Sixtus IV. (1414/1471-1484) erbauten und nach ihm benannten
Sixtinischen Kapelle beabsichtigt gewesen zu sein[375]: Der langge-
streckte, relativ hohe Innenraum der 1483 geweihten Kapelle wird
durch zwei Gesimse in drei Geschosse geteilt, was dem in der Bibel

121

beschriebenen dreigeschossigen Aufbau des Tempels entspricht[376]; ursprünglich trennte eine Schranke den Altarraum mit dem Papstthron von der übrigen Kapelle – gemäß der Teilung des alttestamentlichen Tempels in Heiligtum und Allerheiligstes (Abb. 78). Vor allem aber sind es die Maßverhältnisse, vielleicht sogar die Maßzahlen selbst, die eine solche Anspielung ausdrücken: Die Breite der Kapelle beträgt 13,41 Meter, ihre Länge 40,23 Meter, das ist – entsprechend dem Salomonischen Tempel – exakt das Dreifache der Breite; die Höhe der Sixtinischen Kapelle, für die es wegen der mit Stichkappen versehenen Tonnenwölbung verschiedene mögliche Meßpunkte gibt, beträgt in einem Mittelwert etwa die Hälfte ihrer Länge und entspricht somit ebenfalls dem biblischen Vorbild. Versucht man nun, die beim Bau der Sixtinischen Kapelle verwendete originale Maßeinheit zu ermitteln, so stößt man zunächst auf den römischen palmo à 22,35 Zentimeter[377], der hier außerordentlich präzise angewandt worden zu sein scheint; demnach mißt die Sixtinische Kapelle 180 palmi in der Länge und 60 palmi in der Breite. Es wurde allerdings auch vorgeschlagen, eine »palästinensische Elle« à 67 Zentimeter als Maßeinheit anzunehmen, womit die Maßzahlen des Kapellengrundrisses – dem Salomonischen Tempel konform – mit ziemlicher Genauigkeit 60 x 20 Ellen betragen würden.[378] Eine solche »palästinensische Elle«, die weit größer ist als die biblische Maßeinheit[379], ist zwar im Rom des Quattrocento nicht belegt, ihre Größe bewegt sich aber durchaus innerhalb der äußerst großen Schwankungsbreite des römischen braccio, der im Durchschnitt länger gewesen zu sein scheint als etwa sein florentinisches Äquivalent.[380] Es ist aber auch keineswegs völlig abwegig, die Verwendung einer »biblischen« oder dafür gehaltenen Maßeinheit zu unterstellen – man denke etwa an die »königliche Elle« der Polyeuktos-Kirche in Konstantinopel. Könnte man hier nicht versucht haben, einen normalen (in diesem Fall 57,4 Zentimeter langen) braccio um das in der Bibel beschriebene Maß einer Handbreite[381], d. h. ein Sechstel seines Wertes, zur »Königselle« zu vergrößern, wodurch dann tatsächlich jene Maßeinheit von ca. 67 Zentimeter entstanden wäre, die in der Breite der Sixtinischen Kapelle 20mal, in ihrer Länge 60mal enthalten ist? Die Koinzidenz dieses Maßes mit dem dreifachen Wert des palmo ist jedenfalls kein Beweis gegen die Plausibilität dieser These.

Wie dem auch sei: Daß Papst Sixtus IV. mit der Sixtinischen Kapelle und ihrem typologisch das Alte mit dem Neuen Testament

78 Inneres der Sixtinischen Kapelle in Rom am Ende des 15. Jahrhunderts

konfrontierendem Bildprogramm auf den Salomonischen Tempel anspielen wollte, belegt allein schon die Inschrift in Peruginos Fresko der *Schlüsselübergabe an den heiligen Petrus* (Abb. 33) an der Nordwand der Kapelle, in dem der Papst rühmend über Salomo gestellt wird.[382]

Es wurde schon darauf hingewiesen, daß der bildbeherrschende Zentralbau in Peruginos Wandbild zugleich als Metapher für die Kirche Christi wie auch als Abbreviatur des Tempels von Jerusalem zu verstehen ist. Die Verwendung eines Zentralbaus zur Darstellung des Tempels im Freskenschmuck einer Kapelle, deren Architektur über einem längsrechteckigen Grundriß mittels ihrer Maße auf ebendiesen alttestamentlichen Tempel anspielt, zeigt auf frappierende Weise das Nebeneinander dieser beiden völlig unterschiedlichen und unvereinbaren Vorstellungstraditionen. Obwohl der Zentralbau-Topos vor allem – aber keineswegs ausschließlich – für die bildlichen Darstellungen des Tempels bestimmend war, findet er sich – ebenso wie die am Bibeltext orientierten architektonischen Anspielungen – auch in der

123

gebauten Architektur. Ein prominentes Beispiel dafür ist die Aachener Pfalzkapelle[383], die laut Notker Balbulus, dem Biographen Karls des Großen,»nach dem Vorbild des allerweisesten Salomon« erbaut wurde.[384] Wenngleich es unbestritten ist, daß San Vitale in Ravenna das wichtigste und nächstliegende Vorbild der Aachener Pfalzkapelle war, durch dessen Nachahmung Karl seinen Bau in die Tradition der byzantinischen Herrscherkirchen stellen wollte[385], so erlauben doch der Zentralbautyp (Abb. 79), die Kuppelwölbung wie auch die die Kuppel umlaufende Stifterinschrift deutliche Assoziationen zum damals mehr als ein Jahrhundert alten, für den Salomonischen Tempel gehaltenen Felsendom (Abb. 14 und 15). Die politischen Verhältnisse – Kalif Harun al-Raschid hatte Karl eine Schutzherrschaft über die christlichen Stätten im Heiligen Land zugesprochen und ihm, so berichtet Karls Chronist Einhard, 807 durch seinen Gesandten eine »mit staunenswerter Kunstfertigkeit zusammengesetzte« Uhr überreichen lassen – standen jedenfalls der Absicht Karls, bestimmte Züge des Felsendoms in Aachen architektonisch umzusetzen, keinesfalls entgegen.[386]

Die Tatsache, daß die Rezeption des Salomonischen Tempels in der karolingischen Zeit, nicht zuletzt unter dem Einfluß der von Beda Venerabilis verfaßten Schrift über den Salomonischen Tempel[387], eine besondere Bedeutung erlangte, belegen überdies die eindeutigen Anspielungen durch siebenarmige Leuchter und als Entsprechungen zur Bundeslade verstandene Altäre in den Salvatorkirchen von Aniane (um 779) und Fulda (nach 822).[388] In der 806 geweihten Kapelle von Germigny-des-Prés, die Theodulf von Orléans, bis 798 Kanzler Karls des Großen,»nach dem Muster der Basilika, die in Aachen errichtet worden ist«, erbaute[389], zeigt das Apsismosaik die von zwei riesigen Engeln flankierte Bundeslade – eine unzweideutige Anspielung auf das Allerheiligste des alttestamentlichen Tempels.[390] Die Frage, ob sich die von den Zeitgenossen behauptete Abhängigkeit der als Vierstützenbau konzipierten Kapelle Theodulfs (Abb. 80) von der Aachener Pfalzkapelle auf diese Anspielung, die Pracht der Ausstattung oder auf die architektonische Gestalt bezieht, die allenfalls im Prinzip des Zentralbaus gesehen werden könnte, ist kaum zu beantworten. Immerhin aber erlaubt der in den Schriftquellen festgestellte Zusammenhang zwischen Aachen und Germigny-des-Prés zwei Schlußfolgerungen: Die Anspielung der Aachener Pfalzkapelle auf den Salomonischen Tempel muß den Zeitgenossen bewußt und

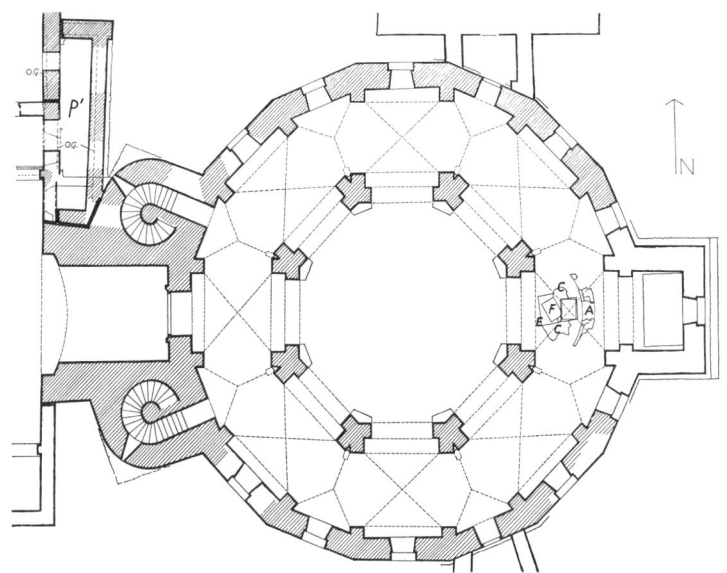

79　Pfalzkapelle in Aachen (um 790–800); Grundriß nach F. Kreusch

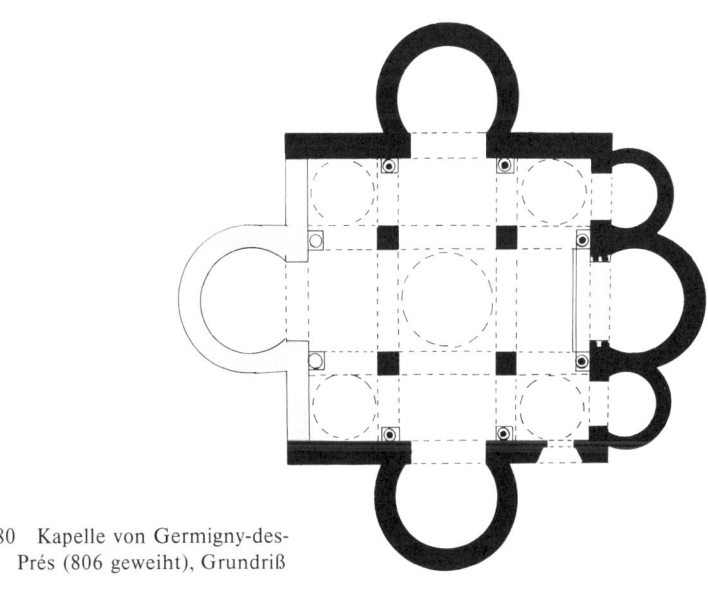

80　Kapelle von Germigny-des-
Prés (806 geweiht), Grundriß

125

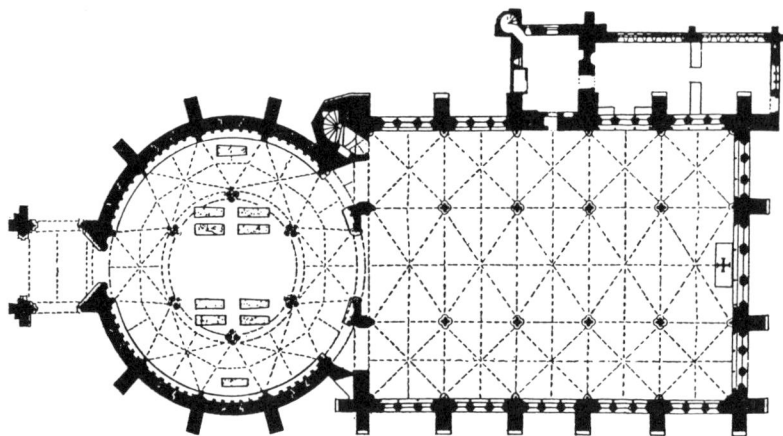

81 Templerkirche (New Temple) in London (Rotunde 3. Viertel 12. Jh., Langchor 1240 geweiht); Grundriß

bekannt gewesen sein; und es bedurfte offenbar einer nur andeutungsweisen formalen Ähnlichkeit, um die Bedeutungsübertragung vom Vorbild auf einen Nachfolgebau zu garantieren. Dies sagt freilich weder, daß alle erklärten Nachfolgebauten der Aachener Pfalzkapelle[391], und noch viel weniger, daß alle Zentralbauten auf den Felsendom anspielen und damit als Bauwerke in der Nachfolge des Tempels in Jerusalem verstanden werden wollen.

Verstärkt ins Bewußtsein der westlichen Welt rückten der Felsendom, die Grabeskirche und die übrigen Stätten christlicher Verehrung nach der Eroberung des Heiligen Landes durch die Kreuzfahrer. Eine ganze Gruppe von Zentralbauten, die sogenannten Templerkirchen, wird seit dem 19. Jahrhundert mit dem Felsendom in Verbindung gebracht[392], obwohl keinerlei Quellen bestätigen, daß der Templerorden[393], der erst 1139 durch Papst Innozenz II. das Recht zum Bau eigener Kirchen erhielt, diese Kirchen als Zentralbauten nach dem Vorbild des Felsendoms gestalten sollte oder gestaltet hat. Die ebenfalls aus dem 19. Jahrhundert stammende These, daß die Templerkirchen auf die Grabeskirche zurückgingen[394], beruht wahrscheinlich auf einer Verwechslung des 1118 aus einer Bruderschaft französischer und normannischer Ritter entstandenen und 1128 von Papst Honorius II. bestätigten Templerordens mit dem 1099 von Gottfried von Bouillon gegründeten Ritterorden vom Heiligen Grab.[395] Fest steht jedenfalls, daß nur ein kleiner Teil der Kirchen in den Niederlassungen der Templer als Zentralbauten errichtet wurde[396], vor allem in England, wohin der Orden kurz nach 1130 gelangte. Die offenbar früheste Templerkirche in Zentralbauform war der um 1135 erbaute, sogenannte Old Temple in London, der im späten 16. Jahrhundert abgerissen wurde. Das Bauwerk war Maria geweiht, ebenso wie der bald nach der Mitte des 12. Jahrhunderts in frühgotischen Formen entstandene New Temple, eine Rotunde mit Umgang und einem – im 13. Jahrhundert vergrößerten – Langchor (Abb. 81). Die große Bedeutung dieser Kirche ergibt sich aus dem Umstand, daß sie 1185, offenbar erst einige Zeit nach ihrer tatsächlichen Fertigstellung, von Heraklius, dem Patriarchen der Grabeskirche in Jerusalem, konsekriert wurde. Dies unterstreicht zweifellos die Verbindung zu Jerusalem, ist aber keineswegs ein Beleg für die Vorbildfunktion des Felsendoms, der zur Zeit der Christenherrschaft zwar ebenfalls Maria geweiht war, aber niemals zum Besitztum der Templer gehörte. Auch die Sechszahl des

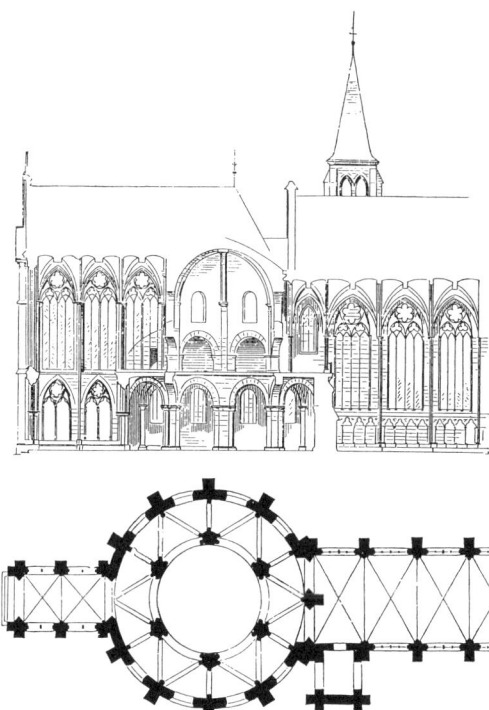

82 Templerkirche in Paris (Rotunde 3. Viertel 12. Jh., Langchor nach 1217; 1795 abgebrochen); Längsschnitt und Grundriß

127

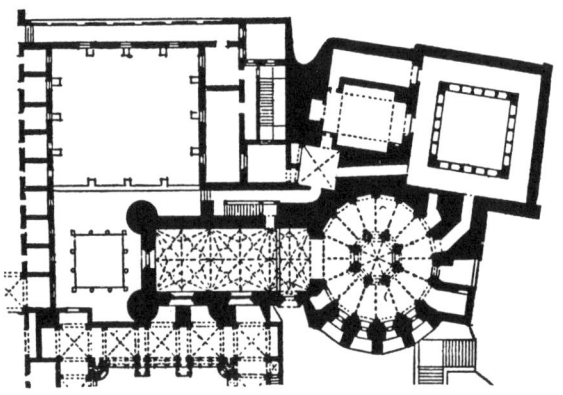

83 Templerkirche
in Tomar
(ca. 1190–1200);
Grundriß

Stützenkranzes in der Rotunde des New Temple, die sich ebenso in der etwa gleichzeitig erbauten, während der Französischen Revolution zerstörten Templerkirche von Paris fand (Abb. 82), unterscheidet diesen von der oktogonalen Struktur des Felsendoms.[397] Daß dies allerdings ebenfalls nicht als Beweis gegen die These seiner Vorbildhaftigkeit gewertet werden kann, ergibt sich aus einem Vergleich mit der vorhin erwähnten, durch Quellen belegten Beziehung zwischen der Aachener Pfalzkapelle und der Kapelle von Germigny-des-Prés, die uns heute formal kaum nachvollziehbar erscheint.

Ein weiterer Zentralbau der Templer befindet sich in Tomar, der bedeutendsten Templerburg in Portugal, wo der 1312 von Papst Clemens II. aufgelöste Templerorden seit 1318 als Christusritterorden weiterexistierte. In der Mitte des kurz vor 1200 erbauten 16eckigen Zentralraums, der übrigens nicht die Hauptkirche der Templer in Tomar war, erhebt sich ein zweigeschossiger oktogonaler Baukörper (Abb. 83) – eine Konstruktion, die sich in vergleichbarer Form in der von Teilnehmern des vierten Kreuzzuges gestifteten, 1208 geweihten Kirche ›Zum wahren Kreuz‹ (Vera Cruz) in Segovia findet, die nach einer Urkunde des Papstes Honorius III. zur Aufbewahrung einer kostbaren Kreuzreliquie errichtet und den Templern übergeben wurde.[398] Außer Zweifel dürfte stehen, daß der innen runde, außen zwölfeckige Umgang um den zweigeschossigen, innen ebenfalls runden und außen zwölfeckig gebrochenen Kernbau (Abb. 84) als Heilig-Grab-Kirche zu verstehen ist, die in ähnlicher Weise wie die Heilig-

Grab-Kirchen in Charroux oder Augsburg sowohl das Heilige Grab selbst als auch die Anastasis-Rotunde der Jerusalemer Grabeskirche nachbildet.[399] Nicht ganz unberechtigt erscheint allerdings die Frage, ob der Altar über dem nur durch vier kreuzförmig angelegte Portale zugänglichen Untergeschoß, in dem vermutlich die Kreuzreliquie aufbewahrt wurde, an die Situation im ›templum Domini‹ erinnern soll, in dem der Altar über dem gleichsam als Reliquie zu betrachtenden Heiligen Felsen stand. Eine derartige Anspielung auf den Felsendom wäre um so verständlicher, als der von Kreuzzugsteilnehmern zu Ehren des Kreuzes errichtete Bau in Segovia als Antwort auf die Entfernung des Kreuzes von der Spitze des Felsendoms durch Sultan Saladin nach der Eroberung Jerusalems 1187, zwei Jahrzehnte vor der Weihe der Kirche ›Vera Cruz‹, zu deuten wäre.[400] Jedenfalls bleibt

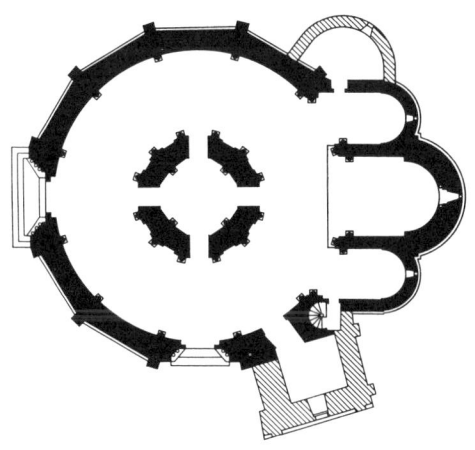

84   Vera Cruz in
      Segovia (1208
      geweiht);
      Längsschnitt
      und Grundriß

129

festzuhalten, daß es – ob diese Anspielung auf den vermeintlichen Salomonischen Tempel nun beabsichtigt war oder nicht – dem Denken des Mittelalters durchaus nicht widerspricht und – wie im folgenden gezeigt wird – auch noch im Barock durchaus möglich war, zwei unterschiedliche Bedeutungsintentionen mit ein und demselben Bauwerk zu verknüpfen.

Fest steht aber auch, daß die architektonischen Anspielungen auf den Salomonischen Tempel in der Form eines Zentralbaus, sofern überhaupt verifizierbar, im Vergleich zu den bildlichen Darstellungen verschwindend gering sind. So bildeten die Zentralbauten der Renaissance zwar Vorstellungshilfen für die bildliche Wiedergabe der im Tempel lokalisierten biblischen Ereignisse, waren aber selbst nicht als Nachbildungen des Tempels von Jerusalem gedacht. Demgegenüber taucht der Zentralbau nicht selten als Tabernakel auf, in dem die geweihten Hostien aufbewahrt werden.[401] Die alttestamentliche Entsprechung zum Sakrament der Eucharistie in seiner gegenständlichen Form als geweihte Hostie ist das als Brot vom Himmel gefallene Manna, das in einem Gefäß in der Bundeslade aufbewahrt wurde. Das Tabernakel ist folgerichtig als Nachbildung der Bundeslade aufzufassen[402] – ein Vergleich, der allerdings ohne unmittelbare künstlerische Konsequenzen blieb, da es keine gefestigte Bildvorstellung für die Bundeslade gab.[403] Als seit dem 15. Jahrhundert statt der Wandtabernakel bzw. der vom Altar getrennten Sakramentshäuser allmählich Altartabernakel üblich und nach einer 1614 von Papst Paul V. erlassenen Vorschrift schließlich obligatorisch wurden, bediente man sich der in den bildlichen Darstellungen des Tempels bis dahin am häufigsten verwendeten Form: des Zentralbau-Topos. Ein schönes Beispiel für eine solche Miniaturarchitektur, die nicht nur dem Zentralbau-Ideal der Renaissance entspricht, sondern auch unverkennbare Anklänge an die Gestalt des Felsendoms zeigt, ist das von Giovanni Battista Ricci 1587 entworfene, von vier Engeln getragene Tabernakel über dem Papstaltar der Cappella Sistina in Santa Maria Maggiore in Rom (Abb. 85).[404] Unter diesem Altar, an dem der Papst die Weihnachtsmesse zelebrierte, befindet sich in der Confessio eine Krippe; der derart evozierte, in Theologie und Liturgie vielfach belegte Zusammenhang zwischen Epiphanie und Eucharistie, auf die sich auch das figürliche Programm des vergoldeten Tabernakels bezieht, wird durch die dem Altar in betender Verehrung zugewandte kniende Grabfigur des Bauherrn dieser Kapelle, Papst Sixtus V., besonders betont.

Einen weiteren Hinweis auf den Salomonischen Tempel liefern die gedrehten Weinrankensäulen im Obergeschoß des Tabernakels, die auf die spiralförmigen Säulen der Hochaltarschranken von Alt-St.-Peter in Rom anspielen, die man für Relikte aus dem Salomonischen Tempel gehalten hat. Auf diesen Zusammenhang geht das nächste Kapitel näher ein.

Der durch seine Funktion als Behälter der geweihten Hostien gegebene Bezug des Tabernakels zum Salomonischen Tempel wird meist durch dessen Zentralbauform unterstrichen, nicht selten – wie etwa am Hochaltar der Jesuitenkirche St. Mariä Himmelfahrt in Köln (Abb. 86)[405] – auch durch Architekturelemente wie gedrehte Säulen oder durch weitere ikonographische Anspielungen. So zeigt die von Carlo Rainaldi 1650 für die Kirche Il Gesù in Rom entworfene Festdekoration das von schwebenden Engeln getragene Tabernakel in der

86 Hochaltartaber-
nakel der Jesuiten-
kirche St. Mariä
Himmelfahrt in
Köln (mit geöffne-
tem Expositorium),
1. Viertel 17. Jh.

Form eines Tempietto über dem in der Mitte des Tempels errichteten
Altar, an dem Salomo ein Opfer darbringt (Abb. 87). Diese durch ein
schriftliches Zeugnis gesicherte Deutung[406] ist ein interessanter Beleg
dafür, wie sich die Identifikation des Salomonischen Tempels mit der
Zentralbauform von der Architektur des – in dieser Gestalt ohnehin
immer schwierig darzustellenden – Tempelinneren, das jetzt als longi-
tudinale Säulenarchitektur gezeigt wird, auf das – gleichsam als
Außenarchitektur erscheinende – Tabernakel verlagern kann.

Wie ein Fortspinnen dieser formalen Lösung und ihrer auf Salomo
bezogenen Ikonographie erscheint die – möglicherweise sogar durch
diesen Stich angeregte – Gestaltung des 1670/71 entstandenen Hochaltars in der Stiftskirche von Wilten/Innsbruck (Abb. 88). Der Bildhauer Ferdinand Fries sowie die Maler Hans und Ägid Schor öffneten

87 Carlo Rainaldi: Quarant'ore-Dekoration für Il Gesù am 27. Februar 1650, eigenhändiger Kupferstich

88 Hochaltaraufsatz in der Stiftskirche Wilten/Innsbruck, 1670/71; Bildhauerarbeit von Ferdinand Fries, Malerei von Hans und Ägid Schor

dessen Giebelfeld in einen von Säulen begrenzten und von einem Gurtgewölbe überspannten Raum, der perspektivisch hinter den Hochaltar zurücktritt und an dessen Rückwand Christkönig auf einem Thron erscheint, zu dem sechs von Löwen flankierte Stufen führen.»Siehe, hier ist [einer, der] mehr [ist] als Salomo«[407] steht in einer Kartusche zur Erklärung dieses Szenarios, das den Hochaltar in den auch ein Tabernakel integriert ist, bekrönt.

Ein weiterer mit dem Tabernakel verbundener Bedeutungsaspekt ergibt sich daraus, daß man in der konsekrierten Hostie vor allem den Leib des gekreuzigten Herrn verehrt. Es lag daher nahe, das Tabernakel als Aufbewahrungsort der Hostie in Beziehung zum Grab Christi zu setzen[408], das allerdings nicht als Stätte des Todes, sondern als ›sepulcrum gloriosum‹ gemeint ist, als Stätte der Auferstehung, des

Sieges über den Tod. Aus diesem Grund finden sich schon in der Zeit vor dem Tridentinischen Konzil (1545–63) zu kleinen Triumphbogenarchitekturen geformte Tabernakel, die danach eine zusätzliche kirchenpolitische Bedeutung als Zeichen des Triumphes der katholischen Kirche über die Häretiker erhalten. Es verwundert nicht, ein derart zum dreiteiligen Triumphbogen geformtes Tabernakel gerade in einer Jesuitenkirche wie der schon erwähnten St. Mariä Himmelfahrt in Köln zu finden (Abb. 86).

Diese hier nur angedeuteten Zusammenhänge erhellen, daß die Verknüpfung mehrerer Bedeutungen mit ein und derselben Architekturform – sei es nun ein groß dimensioniertes Bauwerk oder eine Kleinarchitektur wie das Tabernakel – keineswegs unmöglich ist und daß die einzelnen Bedeutungsfelder dadurch auch nicht verunklärt werden müssen, sondern in ihren wechselseitigen Beziehungen sogar noch verdeutlicht werden können.

Diese Überlegung führt zu einem anderen, ebenfalls schon gestreiften Aspekt, der in weiterer Form wiederum mit dem Bedeutungskomplex ›Salomonischer Tempel‹ zusammenhängt: Der barocke, heute entfernte Hochaltaraufsatz des Kölner Doms, ein nach dem Entwurf des Lütticher Architekten Etienne Fayn 1767–70 aus Marmor gefertigter siebenseitiger Tempietto mit weißen, kannelierten Säulen und einer durchbrochenen Kuppel, ist durch die Siebenzahl seiner Säulen sowie durch eine Inschrift, die auch auf die Eucharistie verweist[409], als ›Haus der Weisheit‹ gekennzeichnet (Abb. 89).[410] In seinem Sockel barg der Tempietto den goldenen Reliquienschrein des heiliggesprochenen Erzbischofs Engelbert von Berg, der von 14 Lichtern beleuchtet wurde und durch goldgerahmte Fensteröffnungen im ganzen Dom wahrgenommen werden konnte. Galt das Haus der Weisheit, dessen sieben Säulen die sieben Gaben des Heiligen Geistes symbolisieren, als ein Bild der Kirche, so konnte man den von zweimal sieben Lichtern bestrahlten Engelbert-Schrein als eine Anspielung auf die alttestamentliche Bundeslade verstehen.

Läßt der barocke Hochaltartempietto des Kölner Doms die Zusammenhänge zwischen dem ›Haus der Weisheit‹ und dem Salomonischen Tempel deutlich werden und bestätigt damit die schon anhand der bildlichen Darstellungen zu diesem Thema gemachten Beobachtungen, so sind derartige Bezüge in der gebauten Architektur kaum nachzuweisen. Dies liegt nicht zuletzt wohl daran, daß siebeneckige Grundrisse nicht nur schwierig zu konstruieren, sondern als Kirchen-

89   Barocker Hochaltaraufsatz des Kölner Doms, 1767–70 nach Entwurf von
Etienne Fayn ausgeführt

bauten noch weitaus schwieriger sinnvoll zu nutzen sind. Deshalb wählte auch Francesco Borromini für die 1642–60 erbaute römische Universitätskirche Sant'Ivo della Sapienza, deren Programm dem Papsttum und dem Weisheitsgedanken gewidmet sein sollte, keine mit der Siebenzahl zusammenhängende architektonische Form, sondern einen aus dem Sechsstern entwickelten Grundriß; die Anspielung auf die domus sapientiae, worauf auch drei in einem Fries ange-

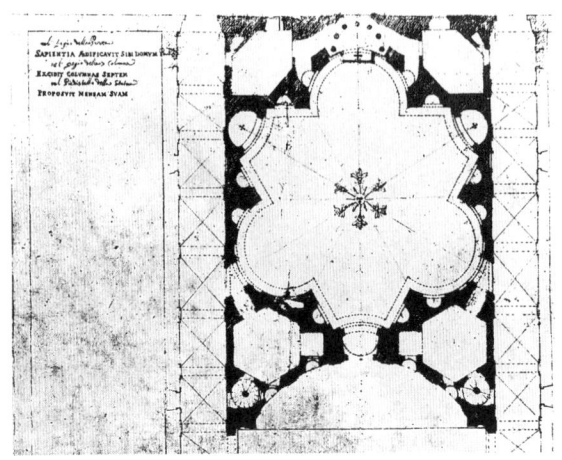

90 Francesco
Borromini; Grund-
rißstudie für S. Ivo
della Sapienza in
Rom; Rom, Archi-
vio di Stato

brachte Zitate aus dem Buch der Sprichwörter hinweisen sollten,
wollte er durch sieben halbkreisförmig hinter dem Altar aufgestellte
Säulen zum Ausdruck bringen (Abb. 90).[411] Diese Absicht wurde
jedoch zugunsten einer ebenso originellen wie sublimen Lösung ver-
worfen: Der Weisheitsgedanke wurde durch den als positive Deutung
des Turms von Babel verstandenen eigenwilligen Spiralturm und den
von der Laterne auf die (heute aus ihren Nischen entfernten) Apostel
niedergehenden Sternenregen ausgedrückt (Abb. 92): Darstellung
des Pfingstwunders, das das in der babylonischen Sprachverwirrung

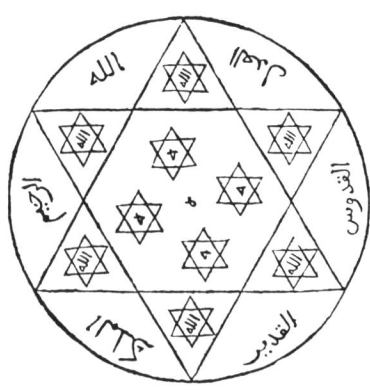

91 Das »Siegel
Salomos«, nach
Athanasius Kircher

92 Francesco Borromini:
S. Ivo della Sapienza in Rom,
1642–60, Blick in die Kuppel

Getrennte durch die Ausbreitung der Geistesgaben über alle Völker wieder vereint.[412] Der Bezug zum Salomonischen Tempel könnte in der Grundrißfigur des Sechssterns selbst liegen, der als »Siegel Salomos« galt (Abb. 91). Jedenfalls schreibt dies der Jesuit Athanasius Kircher (1601–1680), gelehrter Ratgeber der Päpste, in deren Auftrag Borromini die Universitätskirche erbaut hat.[413]

Ob auch die für Borromini typischen plastischen Elemente wie Palmenzweige oder Engelsköpfe, die – dies beweisen allein schon die in diesen Schmuck integrierten Papstwappen – keineswegs nur dekorative Bedeutung haben, auch als Anspielungen auf den Salomonischen Tempel zu verstehen sind, mag offenbleiben. Ein Zusammenhang zwischen Borrominis Dekorationsreichtum und Villalpandos wenige Jahrzehnte zuvor in Rom erschienener, überaus einflußreicher Tempelrekonstruktion[414], in der sich auch eine Innenraumdarstellung des Allerheiligsten findet, dessen Cherubim und Palmsäulen zweifellos auch als Himmels- und Paradiesessymbole zu verstehen sind (Abb. 93), liegt jedenfalls nahe. Demnach könnte man auch die von Borromini umgestaltete Basilika San Giovanni in Laterano in Rom, in deren Architektur Cherubim und Palmen zweifellos nicht nur als schmückendes Beiwerk zu betrachten sind[415], als ›Nuovo Tempio‹ verstehen – ein Topos, der mit der Kathedrale des Papstes und ranghöchsten Kirche der Christenheit schon seit ihrer Gründung unter Kaiser Konstantin verbunden war.[416]

137

PROSPECTVS TESTVDINIS MARMOREÆ ET PAVIMENTI SANCTI SANCTORVM ATQVE ARCÆ TESTAMENTI CVM CHERVBINIS

93 Das Innere des Allerheiligsten im Tempel; Kupferstich aus Juan Bautista Villalpando: ›Explanationes in Ezechielem‹, Bd. 2, Rom 1604

Salomonische Säulen

Im Jahre 1438 ließ ein römischer Kardinal in der Peterskirche eine Inschrifttafel anbringen, die besagte, daß die zwölf gewundenen Säulen am Petrusgrab aus dem Salomonischen Tempel in Jerusalem stammten und daß Jesus sich gegen eine von ihnen gelehnt habe, während er im Tempel predigte, wodurch ebenjene Säule die Kraft erhalten habe, böse Geister auszutreiben.[417] Einige Jahrzehnte zuvor hatte bereits ein Benediktiner in einer Schrift über die Wunder- und Gnadendinge Roms behauptet, daß die als ›Colonna santa‹ verehrte Säule, an die sich Jesus gelehnt habe, aus dem Tempel in Jerusalem komme.[418] Es steht jedoch außer Zweifel, daß diese gewundenen, abschnittweise kannelierten bzw. mit pflanzlichem Dekor und teilweise auch mit Putten geschmückten Säulen – acht von ihnen zieren heute die Reliquienloggien an den Vierungspfeilern des Petersdoms (Abb. 94), zwei befinden sich in der Cappella del Santissimo Sacramento, die ›Colonna santa‹ selbst wird im Schatzmuseum von St. Peter aufbewahrt – keine Relikte aus dem Tempel von Jerusalem, sondern spätantiken Ursprungs sind und wenigstens zum Teil schon zur ersten Ausstattung der von Kaiser Konstantin dem Großen um 324 begonnenen Petersbasilika gehörten.[419] Dieser zwischen den Säulen und dem Salomonischen Tempel hergestellte Zusammenhang, der vermutlich vom Volksglauben ausging, bevor er schließlich offiziell sanktioniert wurde – sicherlich nicht zuletzt, um den Zustrom der Pilger zu erhöhen –, fand seit dem 15. Jahrhundert seinen Niederschlag in der Malerei. So charakterisiert Jean Fouquet, der die betreffenden Säulen während eines Rom-Besuches 1443 sicherlich gesehen hat, in einer Miniatur in der schon erwähnten Prunkhandschrift der ›Jüdischen Altertümer‹ das Allerheiligste des Tempels nicht nur durch Cherubim, sondern vor allem auch durch gedrehte, in vier Abschnitte geteilte Säulen (Farbabb. 6). Raffael schildert den Tempel 1515 in seiner *Heilung des Lahmen* (Abb. 95)[420] ebenfalls mittels solcher Säulen wie wenig später auch sein Schüler Giulio Romano in der *Beschneidung Jesu*[421]. Als ziemlich getreue Darstellung des Petrusgrabes in Alt-St. Peter erscheinen die Säulen im Hintergrund von Giulios Fresko in der Sala di Costatino im Vatikan, das die *Konstantinische Schenkung* darstellt. Eine interessante Kombination dieses Säulenmotivs mit dem Zentralbau-Topos bietet der Kupferstich *Christus und die Ehebrecherin* nach Giulio Romano (Abb. 96).[422] Ein anderes prominentes

94 Reliquienloggia der heiligen Helena am nordwestlichen Vierungspfeiler von St. Peter in Rom

Beispiel belegt, daß diese charakteristischen Säulen jedoch keineswegs zwingend der Ergänzung durch die Zentralbauform bedurften, um als Evokationen des Salomonischen Tempels verstanden zu werden: In dem 1625–27 von Peter Paul Rubens entworfenen Bildteppichzyklus *Triumph der Eucharistie* werden sowohl die auf die Eucharistie vorausweisenden als auch die die Eucharistie allegorisch überhöhenden Szenen von gewundenen Säulen gerahmt (Abb. 97), und damit wird das alttestamentliche Allerheiligste gewissermaßen in eine neue christliche Identität transformiert.[423] Eine Serie der Teppiche, die im späten 17. Jahrhundert im Chor des Kölner Doms aufgehängt war, ließ diesen zum Neuen Tempel werden, dessen inhaltliches wie formales Zentrum das schon im vorangehenden Kapitel erwähnte barocke Hochaltartabernakel bildete. – Zu der Zeit, als die Rubens-Teppiche in den Kölner Dom gelangten, waren gewundene Säulen allgemein verbreitet und überdies zum Gegenstand der Architekturtheorie geworden. Schon 1509 hatte Luca Pacioli im Anhang seiner Schrift ›Divina proportione‹, die sich mit den Säulenordnungen befaßt, auch die »nach Art von Schrauben gemachten« Säulen vor dem Altar von St. Peter und ihre Herkunft aus dem Tempel Salomos erwähnt und bemerkt, daß für ihre Proportionierung – im Gegensatz zu den klassischen Säulenordnungen – keine Norm existiere.[424] 1562 gelingt Giacomo Barozzi da Vignola dann die Konstruktion einer geometrisch regelmäßig gewundenen Säule, die er aus der wissenschaftlich beschriebenen Schraubenform ableitet.[425] Dieses mathematische Interesse an einer Form, die den Gesetzen der Tektonik völlig zu widersprechen scheint und damit gleichermaßen

95 Raffael: Die Heilung
des Lahmen, 1515; Karton
für einen Bildteppich;
London, Victoria and
Albert Museum

96 Christus und die
Ehebrecherin; Kupferstich
von Diana Scultori nach
Giulio Romano, 1575

97 Peter Paul Rubens:
Opfer des Alten Bundes,
1625–27; Wandteppich,
1640 in der Teppichwerk-
statt Frans van den Hecke
in Brüssel angefertigt;
Köln, Dom

der Vorstellungswelt des Manierismus entgegenkommt wie auch – bedingt durch ihre Dynamik – dem Empfinden des Barock, stellt den Bezug der gewundenen Säulen zum Salomonischen Tempel zwar nicht in Frage, leistet aber doch einer davon unabhängigen Anwendung Vorschub. Es ist bezeichnend, daß meist die ästhetischen Qualitäten der gedrehten Säulen erörtert werden und sich nur etwa ein Viertel der bis 1800 erschienenen architekturtheoretischen Literatur mit ihrer angeblichen Herkunft aus dem Salomonischen Tempel befaßt[426] – eine Annahme, die von Johann Georg Sulzer gegen Ende des 18. Jahrhunderts schließlich als »ein bloßes Mährchen« bezeichnet wird.[427] Schon 1550 war dem Bedeutungsgehalt der gedrehten Säule im Hinblick auf die Verbindung zum Salomonischen Tempel eine architekturtheoretisch begründete Konkurrenz erwachsen, indem Hans Blum nicht die gedrehte Säule, sondern die korinthische Säulenordnung auf den Tempel bezogen hat[428] – ein Gedanke, der ein halbes Jahrhundert später in der einflußreichen Tempelrekonstruktion von Juan Bautista Villalpando aufgegriffen und weitergeführt worden ist: Villalpandos salomonische Säulenordnung (Abb. 125)[429] – nicht zu verwechseln mit seinen dem Allerheiligsten vorbehaltenen Palmensäulen (Abb. 93) – erinnert mit ihrem Gebälk an die dorische, in der Gestalt und Proportion ihrer Säulen hingegen, das aus Lilienblättern und Granatapfelsamen gebildete Kapitell ausgenommen, so sehr an die korinthische Ordnung, daß sich Fray Juan Ricci (um 1600–1681) bemüßigt sah, die ›salomonische Säulenordnung‹ wiederum auf die Tradition der Spiralsäulen von St. Peter in Rom zurückzuführen[430], wohingegen Leonhard Christoph Sturm (1669–1719) für das Innere des christlichen Kirchengebäudes die korinthische Säulenordnung empfiehlt, weil sie »mit der heiligen Ordnung des Tempels übereinkommt«.[431] So verfehlt es wäre, die korinthische Säulenordnung deshalb immer in diesem Bedeutungskontext zu sehen, so falsch wäre es umgekehrt, gedrehte Säulen, deren Anwendung sich bis hin zur Möbelschreinerei erstreckt hat[432], stets mit dem Salomonischen Tempel zu assoziieren.[433]

Trotz alledem haben gewundene Säulen im 17. und 18. Jahrhundert vor allem in den katholischen Ländern, zumal in der Tabernakelarchitektur, eine wichtige Rolle gespielt und sind hier wohl auch meist als Hinweis auf den alttestamentlichen Tempel bzw. auf dessen die Bundeslade bergendes Allerheiligstes zu verstehen.[434] Berühmte Beispiele dafür liefern die 1663–67 in Form eines Ciboriums errichtete

Hochaltar-Architektur von Gabriel Le Duc in Val-de-Grâce in Paris sowie der 1693/94 nach Entwürfen von José Benito de Churriguera ausgeführte Hochaltar von San Esteban in Salamanca (Abb. 98). Die Gründe für diese Verbreitung gedrehter Säulen liegen in der eminenten Bedeutung und wohl auch nicht geringen Bekanntheit, die die angeblichen Salomonischen Säulen des alten Petersdoms durch das sich über fast vier Jahrzehnte erstreckende Projekt der Errichtung eines barocken Ciboriums über dem Petrusgrab sowie dem Papstaltar im Zentrum der neuen Peterskirche in Rom erlangt hatten.[435] Dabei erwies sich die in allen Auftragsformulierungen geforderte Wiederverwendung der alten, 4,75 m hohen Säulen wegen ihrer im Verhältnis zum riesigen Kuppelraum viel zu geringen Höhe als unmöglich. So entstand schließlich die Idee, von diesen Säulen proportionsgerechte Kopien von mehrfacher Höhe anzufertigen und auf diese Weise das konstantinische Grab-Ciborium in einer dem Neubau des Petersdoms angemessenen Dimension gewissermaßen im barocken Geist neu erstehen zu lassen. 1633 war das bronzene Ciborium vollendet, das keinesfalls das alleinige Werk des erst seit 1623 mit diesem Projekt befaßten Gian Lorenzo Bernini ist, sondern das Ergebnis eines von vielen disparaten Kräften bestimmten langjährigen Gestaltungsprozesses, an dem übrigens auch Francesco Borromini nicht unwesentlich beteiligt war (Abb. 99). Auch ohne die – größtenteils ein Jahr

98 Hochaltar von San Esteban
in Salamanca, 1693/94;
ausgeführt nach Entwürfen von
José Benito de Churriguera

143

später in den Reliquienloggien der Vierungspfeiler verwendeten – angeblichen Spolien aus dem Salomonischen Tempel spielt die Hochaltar-Architektur von St. Peter sowohl durch die – wenn auch maßstäblich vergrößerte – Übernahme von deren spezifischer Form als auch durch ihre Grab und Altar gleichermaßen umfassende und damit zu einer geistigen wie optischen Einheit verschmelzende Ciboriumsgestalt auf den Salomonischen Tempel an: So ist das Bronzeciborium im Zentrum der neu erbauten Petersbasilika nicht nur eine barocke, den veränderten ästhetischen Bedingungen entsprechende Wiederholung des frühchristlichen Grabbezirkes, sondern gleichzeitig Bild des Neuen Tempels.

Wenngleich die spezifische Form der gewundenen Säulen des barocken Altar-Ciboriums von St. Peter durch die vorhandenen spätantiken Spolien bestimmt wurde, ist doch die Verwendung gedrehter Säulen im allgemeinen[436] und – vor allem in bildlichen Darstellungen – an Ciborien im besonderen bereits in früheren Jahrhunderten zumindest vereinzelt festzustellen. So sind beispielsweise zwei der vier Säulen des als Ciborium dargestellten Tempels in den aus dem späten 12. Jahrhundert stammenden Mosaiken im Dom von Monreale spiralförmig gedreht. Auffällig ist zudem, daß Giottos Fresken in der Arena-Kapelle zu Padua den Tempel, sofern er in der Form eines Ciboriums gestaltet ist, immer mit gedrehten Säulen darstellen, wobei deren Struktur allerdings kaum an die gewundenen Säulen von St. Peter denken läßt, sondern – wie in Monreale – eher an eine spiralförmige Kannelur (Abb. 53 und 54). Ähnliches gilt auch für den *Tempelgang Mariä* des Prato-Meisters (Abb. 57). Ein Beispiel für ein gebautes Altar-Ciborium mit spiralförmigen Kanneluren ist das im frühen 9. Jahrhundert entstandene Ciborium des Erzbischofs Valerio in Sant'Apollinare in Classe in Ravenna. Ob der Spiralform der Säulen in diesen Fällen eine auf den Salomonischen Tempel bezogene Bedeutung zukommt, ist zumindest fraglich. Gewundene Säulen, deren sich im 13. Jahrhundert beispielsweise die römische Cosmatenschule mit Vorliebe bediente, wurden gleichermaßen in Kreuzgängen, für Kandelaber oder Kanzeln verwendet. Sie werden wohl ebenso wie die zahlreichen Beispiele aus der Buchmalerei oder der Kleinkunst vor allem aufgrund ihrer dekorativen Qualitäten Verwendung gefunden haben und stehen insofern in der Nachfolge der spätantiken Spiralsäulen, wie sie etwa an zahlreichen Sarkophagen erhalten sind. Es ist kaum zu bezweifeln, daß der bevorzugte Einsatz der gedrehten

99 Hochaltar-Ciborium von St. Peter in Rom, 1633 vollendet;
Stich aus: Philippus Bonannus: ›Numismata summorum
pontificum templi Vaticani fabricam indicantia‹, Rom 1696, Taf. 49

100   Grab des 1186 gestorbenen Königs Balduin V. von Jerusalem; Zeichnung
aus: ›Iconographiae Locorum et Monumentorum Veterum Terrae Sanctae, accu-
rate delineatae et descriptae a P. Elzeario Horn Ordinis Minorum Provinciae Thu-
ringiae‹ (1725–44); Biblioteca Apostolica Vaticana, Cod. Vatic. lat. 9233, fol. 55

101   Verschlungene Doppelsäulen in einer Nische des Felsendoms in Jerusalem

Säule für dekorative Zwecke nicht zuletzt mit ihrer auf den schmalen
durchgehenden Kern reduzierten Tragfähigkeit zusammenhängt.

Ähnliches trifft auch auf die geknoteten Säulen zu, deren früheste
Beispiele sich in der byzantinischen Buchmalerei des 11. Jahrhunderts
finden und die im 12. Jahrhundert auch ein beliebtes Motiv der romanischen Architektur und Bauplastik waren.[437] Der Umstand, daß
einige Teile der von romanischen und byzantinischen Formen gepräg-
ten Bauplastik, die während der christlichen Herrschaft in Jerusalem
an den Kreuzfahrerbauten entstand, nach der Rückeroberung der Heiligen Stadt durch Sultan Saladin sowohl im Felsendom als auch in der
Aqsa-Moschee wiederverwendet wurden, könnte die nachträgliche
Identifikation solcher Formen mit dem vermeintlichen Salomonischen Tempel erklären. Ein Beispiel dafür ist ein Paar vielfach ineinan-
der verschlungener Doppelsäulen vom Grab des 1186, ein Jahr vor
der Vertreibung der Kreuzfahrer aus Jerusalem, jung verstorbenen
Königs Balduin V. (Abb. 100)[438], das sich heute in einer Nische des Felsendoms befindet (Abb. 101).

Daß es tatsächlich – wenn auch vielleicht nicht generell – das eigenartige Phänomen der biblischen Interpretation einer in eigener Tradition entwickelten Form gegeben hat, beweisen zwei mehrfach gekno-

tete Säulen, die sich heute im Würzburger Dom befinden (Abb. 102) und ursprünglich zu dessen Vorhalle gehörten. Auf ihren Abakusplatten sind sie mit JACHIM und BOOZ bezeichnet, entsprechend den tradierten Namen der beiden Säulen vor dem Salomonischen Tempel. Obwohl das tatsächliche Aussehen der Säulen, vor allem ihrer Kapitelle, die Größe und selbst ihre genaue Plazierung vor dem Salomonischen Tempel aufgrund der unklaren, teilweise auch widersprüchlichen biblischen Angaben[439] nicht genau feststehen – man vergleiche etwa jeweils zwei Rekonstruktionsversuche aus dem 15.[440], dem 17. und dem 20. Jahrhundert (Abb. 103 a–e)[441] –, war man sich doch zu allen Zeiten ihres hohen Symbolgehalts sicher.[442] Dieser ergab sich in

102 Die als »JACHIM« und »BOOZ« bezeichneten Säulen von der Vorhalle des Würzburger Doms, um 1230; Würzburg, Dom

147

erster Linie aus ihren – möglicherweise in die bronzenen Säulenschäfte eingravierten – Namen, die zwar nicht eindeutig zu entschlüsseln sind, jedenfalls aber auf Macht und Dauerhaftigkeit verweisen und damit wohl den Schutz Jahwes für sein Volk, dessen König wie auch den von ihm errichteten Tempel zum Ausdruck bringen. Darüber hinaus sind die beiden in der Tradition ägyptischer Djedpfeiler stehenden Säulen, deren Kapitelle wahrscheinlich als Fruchtbarkeitssymbole galten, vielleicht auch als ›Himmelsstützen‹ zu deuten, die wiederum mit der dem königlichen Sonnenpriestertum in Ägypten vergleichbaren kosmischen Kompetenz des Königs zusammenhängen. Wichtiger noch ist schließlich das seit dem 2. vorchristlichen Jahrtausend auftretende Verständnis der Säule als Lebensbaum, wonach die beiden Säulen vor dem Salomonischen Tempel als ›Baum des Lebens‹ (Boas = Baal) und ›Baum der Wahrheit‹ interpretiert werden können – eine Deutung, die sich bis hin zu den mittelalterlichen Osterleuchtern verfolgen läßt.[443]

Das mit der Säule schlechthin verbundene Motiv des Tragens, das in den Salomonischen Tempelsäulen ins denkmalhaft Symbolische gewandelt erscheint, wird in der christlichen Bibelexegese mit dem klassischen architekturtheoretischen Motiv der Säule als Schmuck verknüpft, wenn die beiden bronzenen Tempelsäulen als Symbol der Heiligen gedeutet werden, die jetzt die Kirche tragen und sie am Ende der Zeiten hervorragend zieren werden.[444] Sie gelten zudem als Typus jener Kirchenlehrer, die die Urkirche in Jerusalem und unter den Heiden gegründet haben[445] oder werden typologisch als Propheten des Alten und Apostel des Neuen Testaments gedeutet.[446] In eschatologischer Interpretation stehen die beiden Säulen als Zeichen für die Erwählung der Guten und die Verdammnis der Bösen.[447]

Diese Deutungen sowie die Interpretation der Namen ›Jachin‹ und ›Boas‹ im Sinne von Standhaftigkeit und Stärke[448] erklären, warum man durch ihre Form oder Stellung herausgehobene Säulenpaare verwenden konnte, um damit auf den Salomonischen Tempel anzuspielen und die Kirche als dessen typologisches Gegenstück auszuweisen. In den beiden Würzburger Säulen verbinden sich mehrere Traditionsstränge: Einerseits verweisen ihre Zweizahl sowie die Inschriften auf ihren Abakusplatten auf die beiden in der Bibel beschriebenen, mit Namen versehenen Tempelsäulen; andererseits ist ihre verschlungene Form wohl auch als Anspielung auf die vermeintlich aus dem Salomonischen Tempel stammenden gedrehten Säulen in der römi-

103 Rekonstruktion der Salomonischen
Tempelsäulen und ihrer Kapitelle

a) »secundum doctores catholicos«
und »secundum Rabbi Salomonem«;
Holzschnitt aus Anton Kobergers Ausgabe der ›Postilla litteralis super Biblia‹
des Nikolaus von Lyra, Nürnberg, 1481,
Bd. 2

b) nach Samuel Lee: ›Orbis miraculum
or the Temple of Solomon‹, London
1659

c) nach Juan Caramuel de Lobkowitz:
›Architectura civil recta, y obliqua ...‹,
Vigevano 1678

d) nach L. H. Vincent, 1956

e) nach Th. A. Busink, 1967

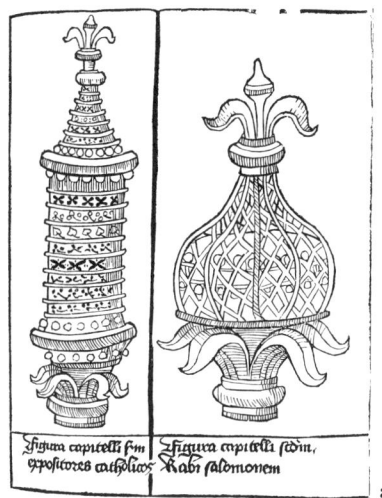

a

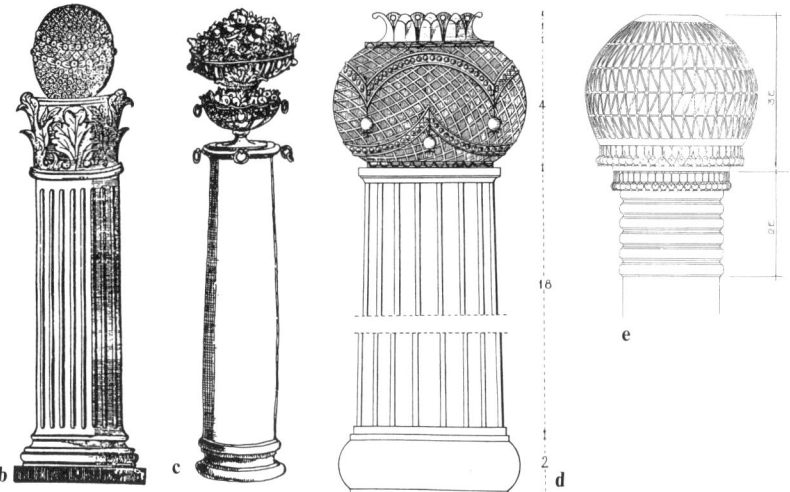

b   c   d   e

schen Peterskirche zu verstehen. Vor allem aber stehen sie in kaum zu
bezweifelndem Zusammenhang mit den geknoteten Spolien im Felsendom (Abb. 100 und 101), die man wegen ihres exotischen Aus-
sehens ebenfalls für salomonisch gehalten hat.

Nicht nur aufgrund der architektonischen Analogie zum Salomonischen Tempel, sondern vermutlich auch, weil sowohl den gedrehten

Säulen aufgrund der die bösen Geister vertreibenden Macht der ›Colonna santa‹ als auch dem Säulenpaar Jachin und Boas wegen seiner den Tempel beschützenden Funktion apotropäische Kräfte zugeschrieben werden konnten, war es folgerichtig, Salomonische Säulen – in welcher Form auch immer – an der Eingangsseite von Kirchenbauten anzubringen. Aus diesem Zusammenhang erklärt sich auch die Kombination solcher Säulen mit Löwen oder anderen dämonischen Wesen, deren negative Macht durch ihre dienende Funktion als Säulensockel neutralisiert wird. Als Beispiele dafür könnte man die Westportale der Dome von Modena und Ferrara oder die an die östliche Querhauswand des Doms von Trient angefügte Vorhalle nennen, deren linke, achteckig geformte Stütze auf einem Löwen ruht, während die rechte, von hockenden Männern getragene Stütze als geknotete Doppelsäule gestaltet ist. Gleichzeitig könnten Portale, in denen auf Löwen ruhende Säulen einen als Abbreviatur eines Ciboriums zu deutenden Bogen tragen, auch als Anspielungen auf den Throntabernakel Salomos verstanden werden.[449] Meist werden Salomonische Säulen – die häufigsten Beispiele finden sich im Italien des 12. Jahrhunderts[450] – durch ihre paarweise Anordnung, ihre Größe oder eine besonders aufwendige Gestaltung sowie das Fehlen ihrer konstruktiven Notwendigkeit charakterisiert. Auffällig unterscheiden sich beispielsweise die beiden das Hauptportal von Santa Maria Mag-

giore in Tuscania flankierenden Säulen, die auf Löwen ruhen und ihrerseits wiederum Löwen tragen, von den Gewändesäulen (Abb. 104), und auch die beiden bis zum Giebel reichenden Halbsäulen zu beiden Seiten des Eingangsportals von Sant' Andrea in Maderno bei Brescia erscheinen für eine konstruktive Aufgabe weitaus zu groß dimensioniert (Abb. 105). Ebenso darf wohl auch den überaus reichgestalteten Säulen, die Giovanni Pisano zwischen 1284 und 1296 für das Hauptportal des Doms von Siena geschaffen hat, eine auf den Salomonischen Tempel weisende Bedeutung zugesprochen werden, zumal in den über ihnen befindlichen Tabernakeln David und Salomo, die Vorbereiter bzw. Erbauer des Tempels von Jerusalem, dargestellt werden.[451] Eine Kombination von paarweise angeordneten, spiralig gedrehten Säulen findet sich an der im ersten Drittel des 16. Jahrhunderts entstandenen südlichen Querhausfassade der Kathedrale von Senlis (Abb. 106), die damit so etwas wie ein spätgotisches Gegenstück zur Kombination jener beiden Traditionsstränge bildet, die in den erwähnten, mehrfach geknoteten Säulen des Würzburger Doms verschmelzen. Es ist wohl kein Zufall, daß dieses Phänomen dort zum ersten Mal aufgetreten ist, zeichnete sich der fränkische Bischofssitz doch durch ein besonders reges Interesse für die heiligen Stätten in Jerusalem aus.[452]

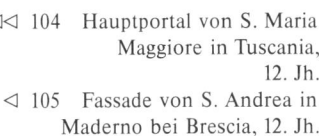

◁◁ 104 Hauptportal von S. Maria Maggiore in Tuscania, 12. Jh.

◁ 105 Fassade von S. Andrea in Maderno bei Brescia, 12. Jh.

106 Südquerhausfassade der Kathedrale von Senlis, 1534 vollendet

151

Während die Verwendung gedrehter Säulen als Anspielung auf den Salomonischen Tempel seit der Renaissance und zumal im Barock sowohl in bildlichen Darstellungen wie auch in der gebauten Architektur relativ häufig vorkommt, dienten die beiden in der Bibel beschriebenen Säulen Jachin und Boas im 16. Jahrhundert zunächst nur in Bibelillustrationen (Abb. 107)[453] oder in einzelnen druckgraphischen Blättern, wie dem schon erwähnten Stich nach Heemskerck (Abb. 34), vor allem dazu, unterschiedlichste Architekturdarstellungen mit dem Salomonischen Tempel zu identifizieren. Später, besonders im 18. Jahrhundert, werden die beiden Säulen dann zu einem nahezu omnipräsenten Symbol der sich auf die Weisheit Salomos berufenden Freimaurer.[454]

Architektonische Umsetzungen der Tempelsäulen sind hingegen in nachmittelalterlicher Zeit selten.[455] Ein ebenso prominentes wie eindrucksvolles Beispiel für eine nicht nur attributive, sondern die Gesamterscheinung des Bauwerkes wesentlich prägende Verwendung zweier Kolossalsäulen ist die Karlskirche in Wien (Abb. 108).[456] Die Kirche entstand nach einem Entwurf Johann Bernhard Fischers von Erlach ab 1716 in kaiserlichem Auftrag als Einlösung eines Gelübdes zur Abwendung der Pest; sie nimmt in mehrfacher Weise auf den Bauherrn, Kaiser Karl VI., Bezug. Entscheidenden Anteil an dieser Programmatik, an deren Konzeption der humanistisch gebildete Direktor des kaiserlichen Münzkabinetts, Carl Gustav Heraeus, maß-

107 Georg Lemberger:
Die Tempelsäulen;
Holzschnitt aus der von
Hans Lufft verlegten
Bibelübersetzung Martin
Luthers, Wittenberg 1540

108 Karlskirche in Wien, 1716 von Johann Bernhard Fischer von Erlach begonnen und 1739 von seinem Sohn Joseph Emanuel vollendet

geblich mitgewirkt hat, haben die beiden die gewaltige Kuppel flankierenden Monumentalsäulen. Sie sind als Nachbildungen der antiken Triumphsäulen zu verstehen, die zu Ehren der römischen Kaiser Trajan und Marc Aurel errichtet wurden, und stellen damit den Bauherrn in die Reihe römischer Imperatoren. Die sich spiralförmig um die Säulen legenden Reliefs schildern allerdings keine militärischen Taten des Kaisers, sondern Szenen aus dem Leben des Schutzheiligen der Kirche, Karl Borromäus, der im katholischen Österreich besondere Verehrung genoß und dessen Fürbitten man die Errettung Wiens von der Pest zuschrieb. Durch die Symbole des Reichsadlers und der Kaiserkronen, die die Säulen nach oben hin abschließen, wird der theologische Inhalt der Reliefs mit dem politischen Anspruch des habsburgischen Kaiserhauses verschmolzen: Die Interpretation der Säulen als ›Herkulessäulen‹, die nach antiker Auffassung die Felsen beiderseits der Straße von Gibraltar am Ende der damals bekannten Welt darstellen, versinnbildlicht den – im Spanischen Erbfolgekrieg an die Bourbonen verlorenen – Anspruch der Habsburger auf die Herrschaft in Spanien. Lassen die beiden Säulen Wien auf diese Weise zum ›neuen Rom‹ werden, so impliziert ihre Interpretation als Säulen des Salomonischen Tempels auch das Verständnis der habsburgischen Haupt-

Über die Welt-erwünschte
Und
Aller Gemeine Glückseligkeit
beförderende
Allerhöchste Käyserliche Wahl
Des Allerdurchleuchtigsten / Großmächtigsten und
Unüberwindlichsten
Römischen Käysers
CAROLI VI.
In Hispanien / Hungarn und Böheimb Königs /
Ertz-Hertzogs zu Oesterreich / ꝛc. ꝛc.

109 Symbole und Insignien der Weltherrschaft Kaiser
Karls VI.; Titelseite zum Gedicht von Karl Gustav
Heraeus auf Karls Kaiserwahl, Wien 1715

stadt als ›neues Jerusalem‹: Der Bauherr erscheint dabei nicht nur als
›neuer Salomo‹, sondern darüber hinaus wird auch sein mit den
Tugenden des Karl Borromäus korrespondierender Wahlspruch »constantia et fortitudo« versinnbildlicht: In den die Säulen spiralförmig
umgebenden Reliefs – vielleicht auch eine Reminiszenz an die spiralförmigen, vermeintlich aus dem Salomonischen Tempel stammenden
Säulen im Petersdom – werden die Beharrlichkeit (constantia) und
Tapferkeit (fortitudo) »in utraque fortuna« als christliche Tugenden
geschildert; in der üblichen Übersetzung von Jachin (Er stellt fest)
und Boas (In ihm ist Stärke) bedeuten die beiden Säulen, die Karl VI.
nicht von ungefähr auch mit seinem Wappen darstellen ließ (Abb.
109), nichts anderes als constantia et fortitudo.

Rekonstruktion und Innovation

Im nicht erhaltenen ›Codex Grandior‹ des Cassiodorus (um 490–vor 583), über dessen Inhalt wir durch eine Kopie im ›Codex Amiatinus‹[457] unterrichtet sind, waren das Bundeszelt und der Tempel in jener Grund- und Aufriß verbindenden Form dargestellt[458], wie sie noch im 12. Jahrhundert in zwei Miniaturen verwendet wurde, die die Tempelmauern im Grundriß, die den Tempel und seinen Vorhof umgebenden Arkaden aber im Aufriß zeigen; auch die exakt beschrifteten Tempelgeräte – vom siebenarmigen Leuchter bis zu der von den beiden Cherubim flankierten Bundeslade – sind in Vorderansicht zu sehen (Abb. 110).[459] Es besteht kein Zweifel daran, daß derartige Darstellungen von jüdischen Illustrationen beeinflußt wurden, wie sie seit dem 11. Jahrhundert erhalten sind.[460]

Etwa gleichzeitig mit den erwähnten Darstellungen, in denen die Disposition der Tempelanlage möglichst übersichtlich zu erfassen versucht wird, bemüht sich Richard von St. Victor (gest. 1173) erstmals um eine von der üblichen exegetischen Interpretation abweichende, wörtliche Auslegung der biblischen Beschreibungen des Tempels und begründet damit die bis in unsere Zeit reichende lange Reihe von Tempelrekonstruktionen[461], deren jüngste Ergebnisse an den Anfang dieses Buches gestellt wurden. Richard von St. Victor lehnt die allegorische Deutung des biblischen Textes zwar nicht ab, versucht ihr aber eine solide Basis zu geben, indem er den Text als konkrete Baubeschreibung auffaßt und darauf eine Rekonstruktion des Tempels gründet.[462] Deren Anschaulichkeit wird durch eine Reihe begleitender Illustrationen unterstützt, die in zwei Handschriften erhalten sind und seit dem 16. Jahrhundert in mehreren Werkausgaben als Holzschnitte verbreitet wurden.[463] Neben einigen schematischen Grundrissen enthält der Text drei orthographische Gebäudedarstellungen, in denen der Tempel als zinnenbekröntes, dreigeschossiges Bauwerk erscheint, das durch romanische Bögen gegliedert wird (Abb. 111).

Wie sehr diese Rekonstruktionen bzw. deren Illustrationen von der jeweils zeittypischen architektonischen Formensprache geprägt sind, zeigt ein Vergleich mit der Darstellung der ebenfalls wehrhaft wirkenden, zinnenbekrönten Tempelfassade in Anton Kobergers 1481 erschienener Ausgabe der ›Postilla litteralis super Biblia‹ des an der Sorbonne lehrenden Franziskaners Nikolaus von Lyra (um 1270 bis 1340), die nun gotische Fenster aufweist (Abb. 112).[464] Für die beiden

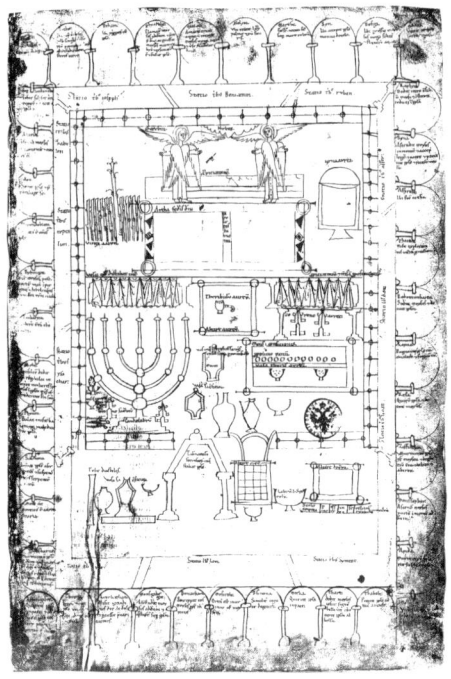

110 Der Salomonische
Tempel, Federzeichnung,
2. Hälfte 12. Jh.; Innsbruck,
Universitätsbibliothek,
Cod. 88, fol. 1r

die Fassade flankierenden Rundtürme, die mit den den Tempel an
drei Seiten umgebenden Anbauten zusammenhängen, gibt es allerdings weder in der zeitgenössischen Sakral- noch Profanarchitektur
einen unmittelbaren Vergleich.

Die Grundtendenz des Nikolaus von Lyra unterscheidet sich insofern nicht wesentlich von derjenigen des Richard von St. Victor, als
auch er die Tempelbeschreibung nicht als Selbstzweck, sondern als
Mittel zum Verständnis der Bedeutung des Tempels als Typus der
Neuen Kirche Christi sieht. Das Neue an Nikolaus' Auseinandersetzung mit den biblischen Tempelbeschreibungen ist die Überprüfung
des lateinischen Vulgata-Textes anhand des hebräischen Urtextes
sowie vor allem das Heranziehen jüdischer Quellen und Kommen-
tare. Daraus resultiert – so bei der Darstellung der Kapitelle der Tempelsäulen (Abb. 103 a) oder des Tempelaufrisses (Abb. 113) – eine
manchmal doppelte Anordnung von Illustrationen, einmal »secundum doctores catholicos«, und daneben »secundum hebreos«.

111   Vorderansicht des Tempels von Jerusalem (nach Ezechiel); Holzschnitt aus Richard von St. Victors ›Explanatio Templi Ezechielis‹, Paris 1518, fol. 65v

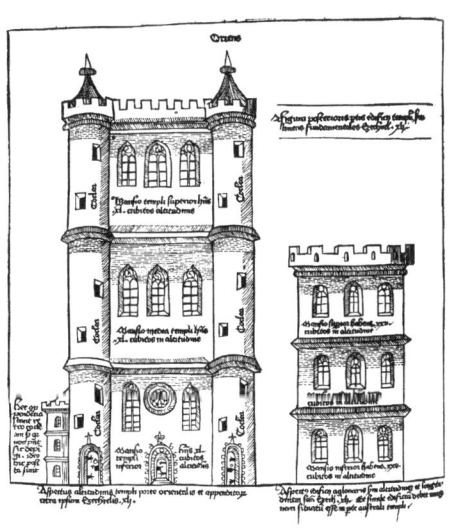

112   Fassade und Rückansicht des Tempels von Jerusalem (nach Ezechiel); Holzschnitt aus Anton Kobergers Ausgabe der ›Postilla litteralis super Biblia‹ des Nikolaus von Lyra, Nürnberg 1481, Bd. 2

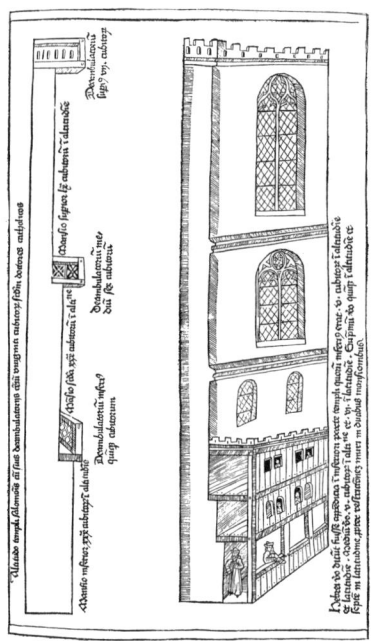

113 Aufriß des Salomonischen Tempels »secundum doctores catholicos« und »secundum hebreos«; Holzschnitt aus Anton Kobergers Ausgabe der ›Postilla litteralis super Biblia‹ des Nikolaus von Lyra, Nürnberg 1481, Bd. 2

Die ›Postilla‹ des Nikolaus von Lyra behielt bis in die Reformationszeit großen Einfluß und wurde auch von Martin Luther (1483-1546) als »sehr gut, fürnehmlich zun Historien im alten Testament« empfohlen.[465] Bei der von ihm sorgsam überwachten Bebilderung seiner ersten Bibelausgabe aus den Jahren 1522-34[466], für die er im übrigen neue Illustrationen anfertigen ließ, griff er im Falle des Salomonischen Tempels auf die Erkenntnisse Nikolaus' zurück und fügte seiner Übersetzung neben einer isolierten Darstellung der Tempelsäulen eine Abbildung des Tempels hinzu, die sichtlich an Nikolaus' Rekonstruktion »secundum hebreos« orientiert ist, der Luther offenbar die größere historische Authentizität beimaß (Abb. 114). In seiner ersten, mit 124 Holzschnitten aus der Cranach-Werkstatt bebilderten, vollständigen Bibel aus dem Jahre 1534[467] wird der Salomonische Tempel allerdings als von zwei Galerien umzogener Prachtbau dargestellt, dessen Aussehen weder mit dem Bibeltext noch mit dem Kommentar des Nikolaus von Lyra in Übereinstimmung zu bringen ist (Abb. 115). Die Identifikation des ein wenig an die Architekturdarstellungen

Albrecht Altdorfers erinnernden, prachtvoll dekorierten Gebäudes mit dem Salomonischen Tempel ist am ehesten durch die beiden frei stehenden Säulen möglich. Im Unterschied zu diesem Holzschnitt des Monogrammisten MS erlangen die beiden Säulen in der von Luther verworfenen Bibelausgabe des Jahres 1540, die Hans Lufft eigenmächtig mit vorher schon in einer niederdeutschen Ausgabe der Bibel verwendeten Holzschnitten von Georg Lemberger gedruckt hatte, bildbeherrschende Bedeutung (Abb. 107). Sie haben allerdings kaum mehr architektonischen Charakter, sondern wirken eher wie überdimensionierte Goldschmiedewerke.

Anders als Nikolaus von Lyra, der zwar zwischen dem Salomonischen und dem Ezechielischen Tempel unterscheidet, letzteren aber auch als konkretes Bauwerk begreift, verzichtet Luther auf eine Illustration der Ezechielischen Tempelvision, weil diese ihm zufolge nur symbolischen, auf die Kirche Christi verweisenden Charakter besitzt.

Zur gleichen Zeit erschien im Anhang einer 1540 in Paris gedruckten Bibelausgabe eine Tempelrekonstruktion, deren Darstellung ebenso ungewöhnlich war wie ihr Inhalt, der in vielem schon den Erkenntnissen heutiger bauhistorischer Forschung nahekommt (Abb. 116):[468] Der Tempel wird als isolierter, flach gedeckter Bau über längsrechteckigem Grundriß vorgestellt, dem zwei Höfe vorgelagert sind. Nur die Schmuckformen der Portale sowie das Kranzgesims des

114 Der Salomonische Tempel; Holzschnitt aus Martin Luthers ›Ander teyl des alten Testaments‹, Wittenberg: Döring und Cranach, 1524

115 Der Salomonische Tempel; Holzschnitt des Monogrammisten MS aus Martin Luthers ›Biblia ... Deudsch‹, Wittenberg: Hans Lufft, 1534, fol. 105

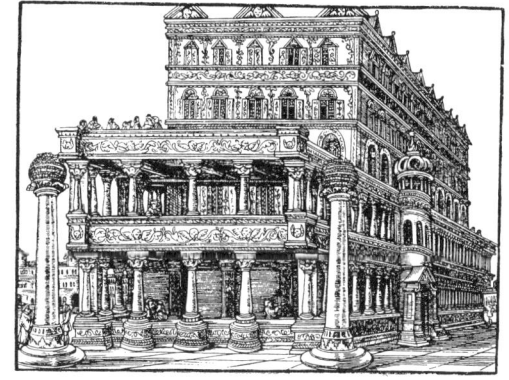

116 Der Salomonische Tempel (»tectum« und »sine tectum«); Holzschnitte nach
der Rekonstruktion von François Vatable aus der ›Biblia latina‹, 3. Auflage, Paris
1546, fol. 91v und r

schlichten Tempelgebäudes, dessen hölzerne Anbauten an die Rekonstruktion des Nikolaus von Lyra erinnern, lassen Anklänge an die zeitgenössische Architektur erkennen. Im übrigen aber ist das Bestreben
offenkundig, die Tempelanlage, deren dem Bibeltext exakt entsprechende Grundrißdisposition durch die vogelschauartige Darstellung
sowie in einem Fall durch den manieristischen Kunstgriff des wegge-
lassenen Daches vollkommen klar in Erscheinung tritt, als Bauwerk
aus einer weit zurückliegenden Zeit darzustellen.

Es ist nicht bekannt, wer der Schöpfer dieser Holzschnitte ist, denen
gegenüber etwa die Rekonstruktionszeichnungen in den Kommenta-
ren von Nikolaus von Lyra und Richard von St. Victor unbeholfen
wirken. Fest steht aber, daß diese Darstellungen, die in der Folgezeit
die Illustrationen aus Nikolaus' ›Postilla‹ abgelöst haben, auf François
Vatable (gest. 1547) zurückgehen, den bedeutendsten französischen
Hebraisten des 16. Jahrhunderts. Er selbst hinterließ zwar keine Veröffentlichungen, seine Überlegungen gelangten aber aus Vorlesungs-
mitschriften an Robert Estienne, den Verleger der besagten Pariser
Bibelausgabe von 1540.

1 Der Tempelberg von Jerusalem mit dem Felsendom; Lithographie von David
Roberts aus: ›The Holy Land, Syria, Idumea, Egypt, Nubia‹, London 1842–49

2a Vittore Carpaccio, Triumph des heiligen Georg über den Drachen, 1502–07;
Venedig, Scuola San Giorgio degli Schiavoni

2b Ansicht einer idealen Stadt, Italien, 2. Hälfte 15. Jh.; Urbino, Galleria
Nazionale delle Marche

3   Ansicht Jerusalems, aus einer Handschrift ›Avis pour faire passage
d'Oultremer‹ des Guillaume Adam, Lille, um 1455; Paris,
Bibliothèque Nationale, MS fr. 9087, fol. 85v

4   Meister von Flémalle, Vermählung Mariä, 2. Viertel 15. Jh.; Madrid,
Museo del Prado

5a Tempel Salomos und Kirche
Christi, Miniatur aus einer
französischen Handschrift der Bible
moralisée, um 1220; Wien,
Österreichische Nationalbibliothek,
Cod. 2554, Detail aus fol. 50v

5b Der Tempel, aus dem
›Einzug Christi in Jerusalem‹;
Detail aus dem Passionsfenster
im südlichen äußeren Chorum-
gang der Kathedrale von
Bourges, Anfang 13. Jh.

6   Jean Fouquet, Die Truppen des Pompejus verwüsten das Allerheiligste des
Tempels in Jerusalem; Miniatur aus einer Handschrift der ›Jüdischen Altertümer‹
des Flavius Josephus, nach 1470; Paris, Bibliothèque Nationale, MS fr. 247

7 Imaginärer Plan Jerusalems, umgeben von zwölf Vignetten, die, basierend auf Juan Bautista Villalpando, den Tempel Salomos und Ezechiels, das Stiftszelt, die Bundeslade, Tempelgeräte sowie König Salomo und einen Hohepriester darstellen; kolorierter Kupferstich, 17. Jh.; Berlin, Berlin Museum

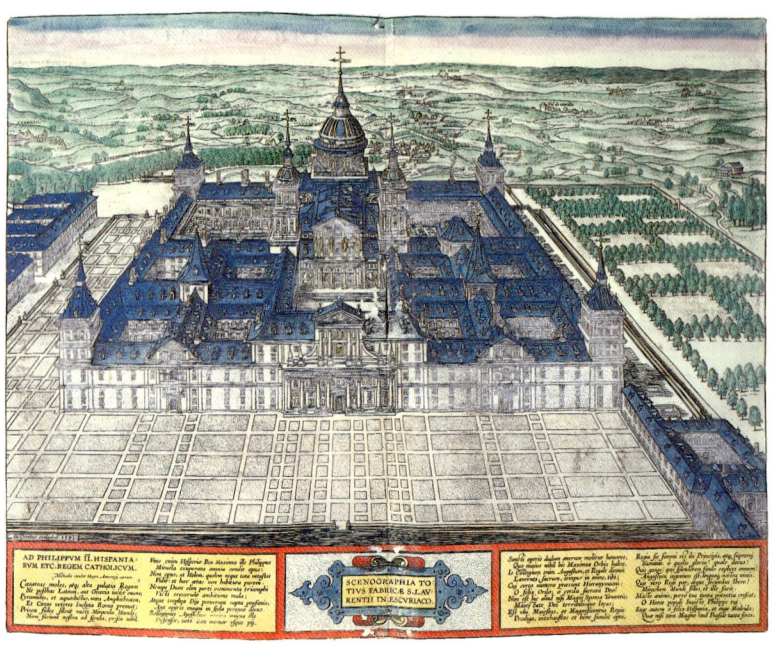

8 San Lorenzo el Real de El Escorial, 1591; kolorierter Kupferstich von Jan Wiericx (?) nach Abraham Ortelius; Antwerpen, Museum Plantin-Moretus

So bildprägend die Vogelschau-Darstellung der Rekonstruktion Vatables auch gewirkt hat – die radikale Einfachheit des Tempelgebäudes scheint bei den Zeitgenossen keinen Anklang gefunden zu haben und taucht vor den Rekonstruktionen der neueren Zeit nur noch ein einziges Mal auf: in Claude Perraults Illustration zur lateinischen Übersetzung der ›Mischna-Thora‹ des Maimonides (1135–1204), des bedeutendsten jüdischen Religionsphilosphen des Mittelalters, die der französische Hebraist Louis de Compiègne de Veil 1678 veröffentlicht hat (Abb. 117).[469] Perraults – in ihrer Formenstrenge schon auf die französische Revolutionsarchitektur vorausweisende – Tempeldarstellung, die keinerlei zeitgenössische Architekturformen enthält, ist nicht nur eine konsequente Umsetzung der biblischen Beschreibung, sondern auch eine Demonstration seiner relativistischen Architekturästhetik, die sich gleichermaßen gegen die – im folgenden besprochene – Rekonstruktion Villalpandos wie auch gegen die der neuplatonischen Gedankenwelt verpflichtete Architekturauffassung seines Zeitgenossen François Blondel richtet[470], der allerdings der Theorie vom göttlichen Ursprung der Architektur sowie der Salomonischen Säulenordnung ablehnend gegenüberstand.[471]

Kehren wir zunächst noch einmal ins 16. Jahrhundert zurück: Estiennes 1560 in Genf erschienene französische Bibelausgabe enthält einen Anhang mit dem Titel ›Argument sur Le Livre du Prophète Ezechiel‹, dessen wahrscheinlich auch auf Vatable zurückgehende Holzschnitte die Ezechielische Tempelvision wiederum aus der Vogelperspektive zeigen. Die Darstellung unterscheidet sich von jener des Salomonischen Tempels (Abb. 116) vor allem durch die größere Anzahl der Höfe, die den Tempel umgeben und ein insgesamt annähernd quadratisches Areal entstehen lassen. In einer Reihe späterer Publikationen, so auch in dem seit 1571 in mehreren Auflagen gedruckten Ezechiel-Kommentar des calvinistischen Pfarrers Ludwig Lavater[472], wurde diese Vogelschau-Ansicht des Tempelareals, deren Einfluß auf spätere Tempeldarstellungen sehr hoch zu veranschlagen ist, mit geringfügigen Modifikationen wiederverwendet (Abb. 118).

Ein weiteres Element, das in den berühmt gewordenen Tempelabbildungen der Folgezeit mehr oder weniger dominant auftritt, entstammt ebenfalls einer Rekonstruktion des 16. Jahrhunderts: das turmartige Erscheinungsbild der Vorhalle, das auf die im 2. Buch der Chronik genannte Höhe von 120 Ellen für die Vorhalle zurückgeht.[473] So zeigt ein Kupferstich des Monogrammisten P.H., der die Tempel-

117 Claude Perrault: Rekonstruktion des Tempels von Jerusalem (Aufriß der Fassade und der Längsfront); Kupferstich aus: Ugolinus Blasius: ›Thesaurus antiquitatum sacrarum . . .‹, Bd. 8, Venedig 1747

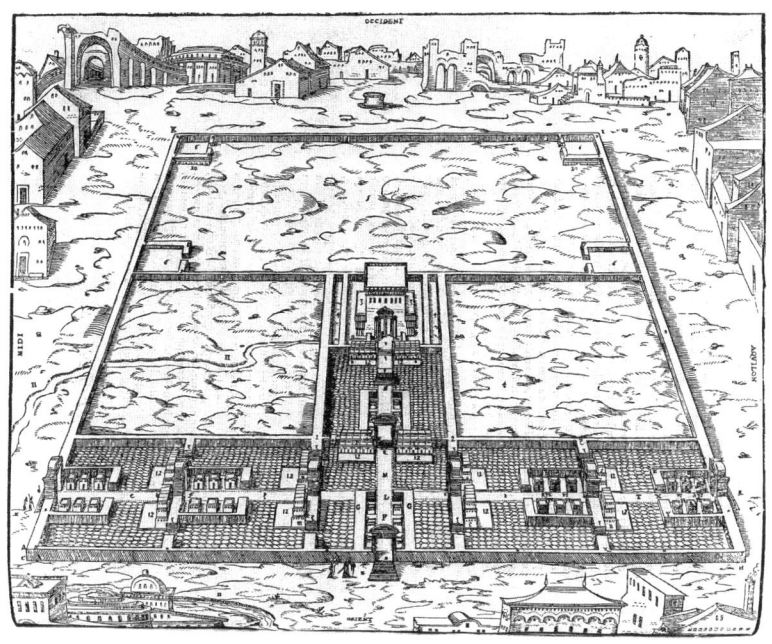

118 Der Tempel nach Ezechiel; Holzschnitt nach der Rekonstruktion von
François Vatable aus dem Ezechiel-Kommentar des Ludwig Lavater, Genf 1571,
Cap. XLVIII

rekonstruktion des spanischen Theologen und Sprachwissenschaft-
lers Benito Arias, genannt Montanus (1527–1598), illustriert, den Tempel mit einer sehr hohen, in den Fensterformen durchaus zeittypischen Einturmfront (Abb. 119).[474]
Der Salomonische Tempel ist nach Arias Montanus, der sich stark
auf die jüdische Überlieferung stützt, keineswegs das Werk Gottes
und daher auch nicht Ausdruck göttlicher Vollendung, sondern von
Menschen erbaute Architektur, die verschiedenen Schicksalen und
Veränderungen ausgesetzt war. Deshalb unterscheidet er zwischen
dem Salomonischen, dem Serubbabelschen und dem Herodianischen Tempel und lehnt eine Rekonstruktion der Ezechielischen
Tempelvision als historisch nicht begründbar ab. Mit dieser rationalistischen Haltung stellt sich Arias Montanus in diametralen Gegensatz
zu den weitreichenden Spekulationen seines Landsmannes Villalpando, dessen im Umkreis des spanischen Königs entstandene Tempelrekonstruktion ihm – Arias Montanus war seit 1568 Direktor der

Bibliothek des Escorial – lange vor ihrer Publikation bekannt geworden war.[475]

Der Antwerpener Verleger von Arias Montanus' Tempelbeschreibung, Christophe Plantin, publizierte wenige Jahre später einen Stich, der den von dem Spanier rekonstruierten Grundriß der Gesamtanlage in eine imposante Ansicht aus der Vogelperspektive übersetzt (Abb. 120), die – ein bis dahin unbeachteter Aspekt – das sukzessive Ansteigen des Niveaus der einzelnen Tempelvorhöfe deutlich macht. Der hochaufragende Tempel selbst erscheint darin als Ziel- und Fluchtpunkt der gesamten Anlage.[476]

Die in jeder Hinsicht umfassendste Schrift über diesen Themenkomplex, die weit über die Zielsetzung einer bauhistorischen Rekonstruktion des Tempels von Jerusalem hinausgeht, wurde von dem spanischen Jesuiten Juan Bautista Villalpando (1552–1608) verfaßt und 1604 in Rom publiziert.[477] Nicht nur der Umstand, daß Villalpandos Tempelrekonstruktion in engem Zusammenhang mit dem Bau des Escorial steht[478] – Villalpando studierte unter der Anleitung von Juan

120 Rekonstruktion ▷ der Salomonischen Tempelanlage nach Arias Montanus; Kupferstich, Antwerpen: Christophe Plantin, 1576

119 Salomonischer Tempel nach der Rekonstruktion des Benito Arias Montanus; Kupferstich des Monogrammisten P. H. aus: ›Exemplar, sive‹ de Sacris Fabricis Liber‹, in: Benedictus Arias Montanus: ›Communes et Familiares Hebraicae linguae Idiotisani, Omnibus Bibliorum Interpretationibus …‹, Antwerpen 1572

172

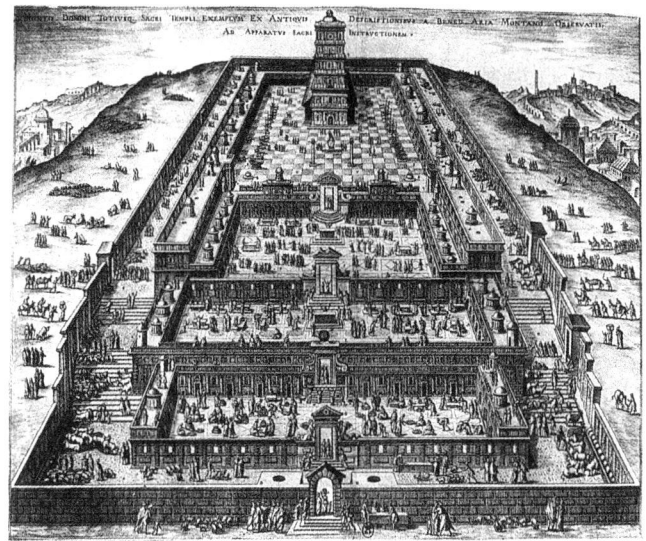

de Herrera Mathematik und wohl auch Architektur, als Herrera mit
der Bauleitung des Escorial befaßt war –, sondern vor allem auch die
Intention, biblische Tradition und klassisch-antike Architekturlehre
miteinander zu verbinden, sicherten ihr einen enormen Einfluß bis
weit ins 18. Jahrhundert hinein.[479]
   Nach Villalpando hat Gott in der auf den Salomonischen Tempel
zurückverweisenden Tempelvision Ezechiels die zukünftige Kirche
offenbart – ein im wesentlichen der mittelalterlichen Bibelexegese
entsprechender Gedanke, der aber durch die konkret verstandene
Überlegung, daß das wegen seines göttlichen Ursprungs vollkommene Bauwerk Archetypus aller Architektur sein müsse, weit über die
Allegorese hinausgeht und seine eigentliche Bedeutung schließlich
durch die Feststellung erhält, daß die Beschreibung Ezechiels mit den
Ausführungen des römischen Architekturtheoretikers Vitruv überein-
stimme. Die Forderung, christliche Kirchen nach dem Vorbild des
Salomonischen Tempels zu erbauen, bedeutet daher gleichzeitig, sich
auf die klassische Architekturlehre zu berufen. Dieses Bemühen um
eine Synthese der biblischen Architekturbeschreibungen mit der
vitruvianischen Tradition, das auch auf eine Harmonisierung von
Humanismus und Gegenreformation abzielt, veranlaßte Villalpando

seinerseits zur Entwicklung eines riesigen, das gesamte theoretische Wissen seiner Zeit einschließenden Gedankengebäudes, dessen Vielschichtigkeit anhand einiger seiner Illustrationen hier nur angedeutet werden kann. Der quadratische Grundriß der Tempelanlage (Abb. 121), deren innerer Komplex mit dem Brandopferaltar im Zentrum durch je vier symmetrische Längs- und Quertrakte in neun quadratische Innenhöfe – zwei von ihnen sind zum innersten Tempelvorhof zusammengezogen – von jeweils 100 x 100 Ellen unterteilt wird, entspricht in seiner Grundkonzeption gleichermaßen der Ezechielischen Beschreibung wie – als Präfiguration des Himmlischen Jerusalem – der Offen-

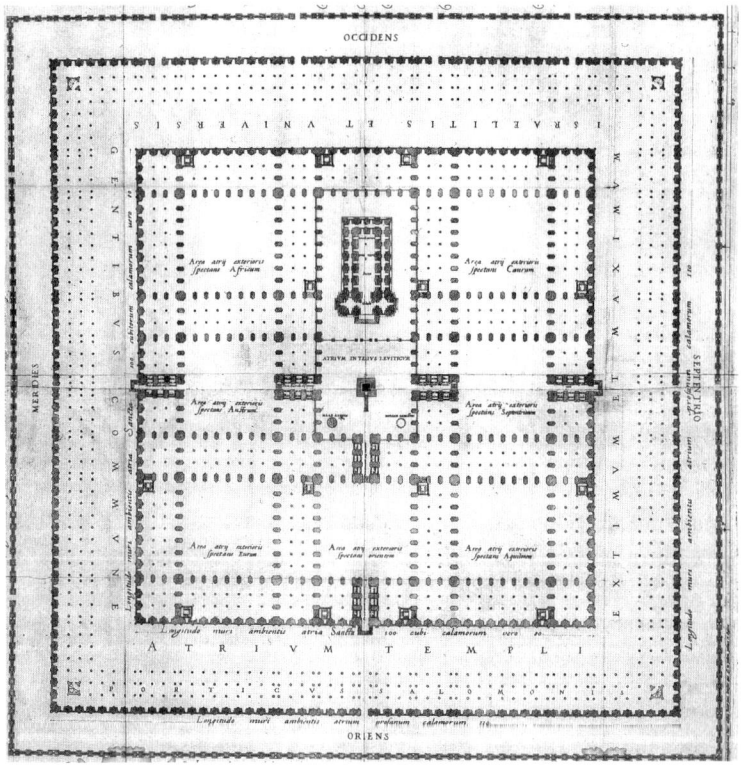

121 Ezechielischer Tempelentwurf (Grundriß der Gesamtanlage) nach der Rekonstruktion des Juan Bautista Villalpando; Kupferstich aus ›In Ezechielem Explanationes‹, Bd. 2, Rom 1604

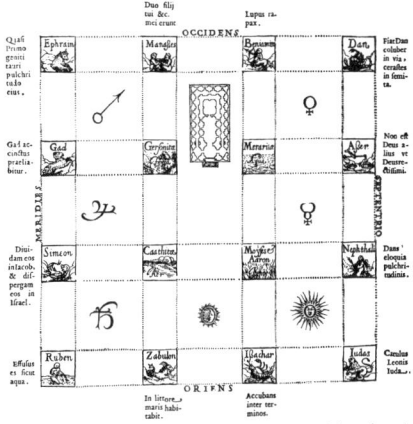
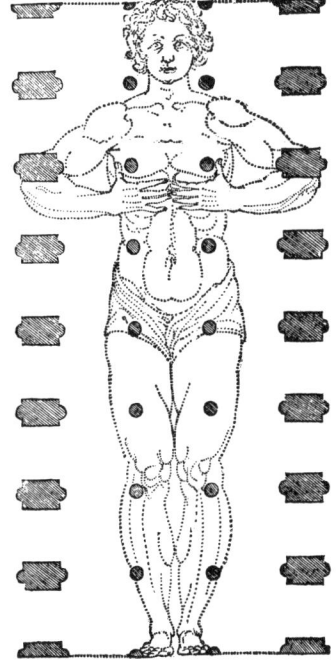

122   Juan Bautista Villalpando: Die astrologisch-kosmologische Organisation des Tempel-Grundrisses; aus: ›In Ezechielem Explanationes‹, Bd. 2, Rom 1604

123   Juan Bautista Villalpando: Anthropometrische Grundlage der Säulengänge zwischen den Höfen des Tempels, aus: ›In Ezechielem Explanationes‹, Bd. 2, Rom 1604

barungsvision des Johannes.[480] Indem Villalpando die auf die Anordnung der Lager der zwölf Stämme Israels um den Schrein der Bundeslade zurückgeführte Grundrißdisposition des Tempels[481] auch mit den Tierkreiszeichen in Zusammenhang bringt sowie überdies die sieben quadratischen Höfe den sieben Planeten und die vier Bastionen des innersten Quadrats den vier Elementen zuordnet (Abb. 122), weitet er die biblische Begründung seiner Rekonstruktion ins Kosmologische aus. Deren Verankerung in der klassischen Architekturtheorie erfolgt ebenfalls auf mehrfache Weise: Sowohl die Strukturierung der Gesamtanlage als auch die Maßverhältnisse der einzelnen Architekturglieder zueinander entsprechen bis ins Detail dem vitruvianischen Prinzip der symmetria[482], das im Sinn der hierin auf pythagoräisch-pla-

175

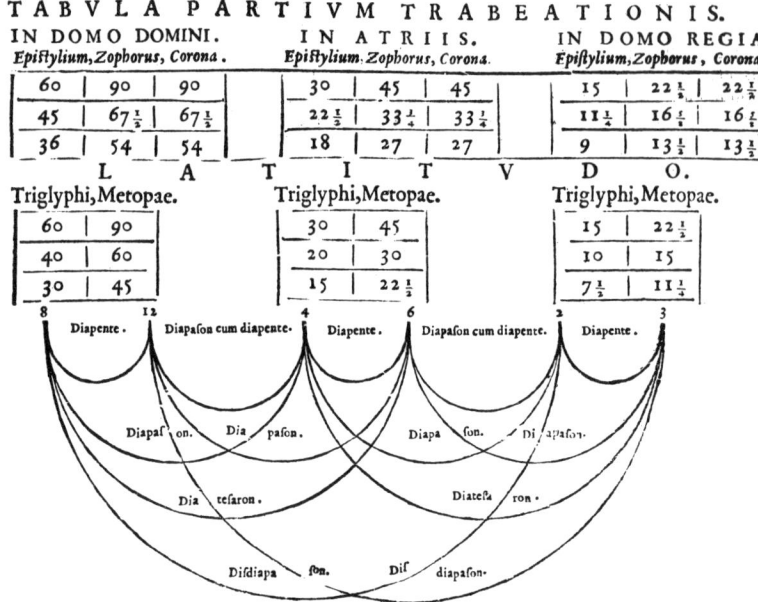

124 Juan Bautista Villalpando: Tafel musikalischer Zahlenverhältnisse der Architekturglieder seiner Tempelrekonstruktion, aus: ›In Ezechielem Explanationes‹, Bd. 2, Rom 1604
125 Juan Bautista Villalpando: Salomonische Säulenordnung; Kupferstich aus: ›In Ezechielem Explanationes‹, Bd. 2, Rom 1604 ▷

tonische Vorstellungen zurückgehenden Architekturtheorie Leon Battista Albertis in erster Linie als das ästhetische Prinzip der im Makro- wie im Mikrokosmos gleichermaßen verankerten musikalischen Zahlenverhältnisse verstanden wird (Abb. 124).[483] Zugleich bedient sich Villalpando ebenfalls auf Vitruv zurückgehender anthropometrischer Proportionsvorstellungen (Abb. 123)[484], wie es die menschliche Figur demonstriert, die dem Grundriß der zwischen den Tempelhöfen liegenden Säulengänge eingeschrieben ist.

Stellen musikalische wie anthropometrische Proportionen im wesentlichen eine Rezeption der klassischen Architekturästhetik dar, so bedeutet Villalpandos Schöpfung einer eigenen Salomonischen Säulenordnung (Abb. 125)[485] nicht nur eine Erweiterung der vitruvianischen Architekturlehre, sondern insofern auch eine relativierende

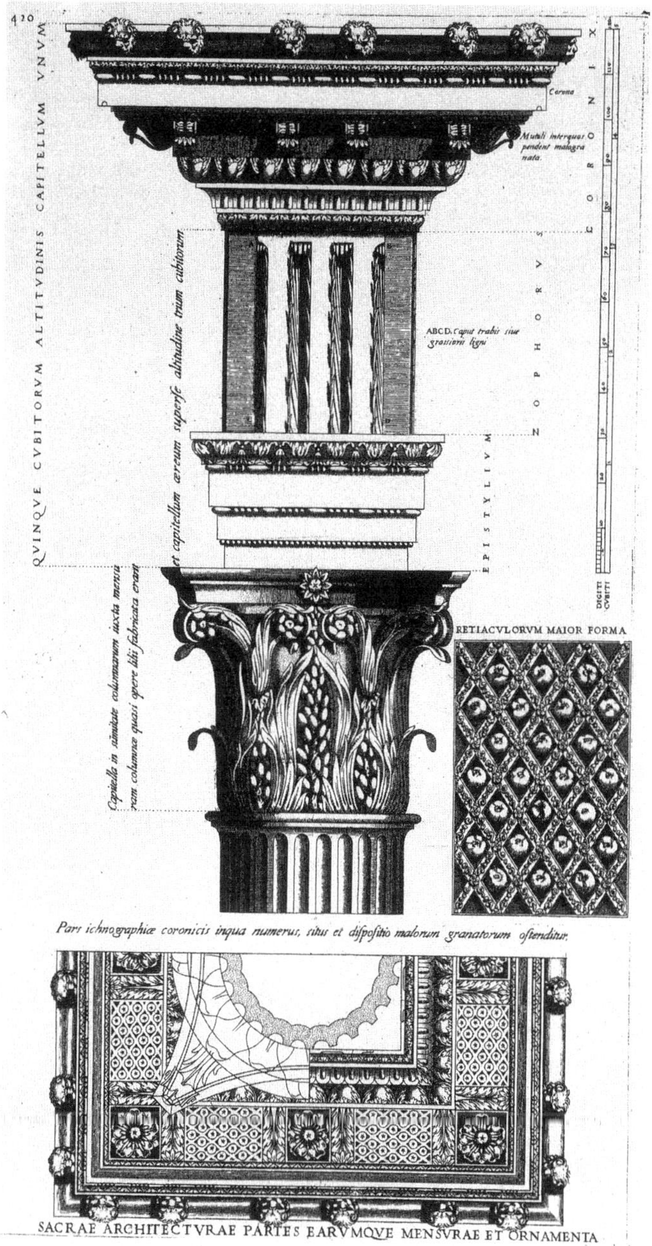

430

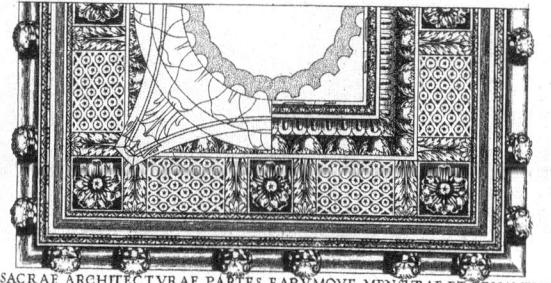

QVINQVE CVBITORVM ALTITVDINIS CAPITELLVM VNVM

et capitellum aereum superfic' altitudine trium cubitorum

Capitella in summitate columnarum iuxta murum rum columnae quasi opere dili fabricata erant

Corona

Mutuli interquos pendent malogra nata.

ABCD. Caput trabis siue grassarii ligni

X

EO RO

E O

N O P H O R V S

N

EPISTILIVM

DIGITI CVBITI

RETIACVLORVM MAIOR FORMA

Pars ichnographiae coronicis inqua numerus, situs et dispositio malorum granatorum ostenditur.

SACRAE ARCHITECTVRAE PARTES EARVMQVE MENSVRAE ET ORNAMENTA

ORIENTALIS FACIES VESTIBVLI SANCTVARII ET TVRRIS SVPERSTRVCTAI

127 Juan Bautista Villalpando: Gesamtansicht der Tempelrekonstruktion;
Kupferstich aus: ›In Ezechielem Explanationes‹, Bd. 2, Rom 1604

◁ 126 Juan Bautista Villalpando: Hauptfassade des Tempels; Kupferstich aus:
›In Ezechielem Explanationes‹, Bd. 2, Rom 1604

Neubewertung der klassischen Säulenordnungen, als diese auf die
von Gott inspirierte Salomonische zurückgeführt werden.[486] Villalpando verwendet die Salomonische Säulenordnung, eine Mischform
aus der dorischen und korinthischen Ordnung mit einem aus Lilienblättern und Granatapfelsamen[487] gebildeten Kapitell, vor allem an
der Außenseite des Tempels, hauptsächlich in Gestalt von Pilastern
(Abb. 126).

Spektakulär ist schließlich Villalpandos Plazierung des Tempelkomplexes auf gigantischen Stützmauern (Abb. 127). Ihre wohl von
den Resten der kaiserlichen Bauten auf dem römischen Palatin inspirierte, durch riesige Nischen und Strebepfeiler gegliederte Form, für
die sich auch gewisse Parallelen im Architekturtraktat Sebastiano Ser-
lios finden lassen[488], führt Villalpando ausdrücklich auf Vitruv
zurück.[489] Diese Substruktionen, deren Notwendigkeit sich vorder-
gründig aus der für die Realisierung der Ezechielischen Tempelvision
ungeeigneten topographischen Situation des Jerusalemer Tempelberges ergibt, die schon für das Herodianische Tempelgebäude eine
riesige Stützmauer notwendig machte, heben die Tempelanlage so
weit über ihre Umgebung hinaus, daß – gewiß nicht unbeabsichtigt –
Assoziationen zur Himmelsstadt entstehen.

128 Rekonstruktion des Tempels von Jerusalem; Kupferstich aus:
Samuel Reyher: ›Mathesis Mosaica‹, Kiel 1679

129 Rekonstruktion des Tempels von Jerusalem; Kupferstich von
Johann Ulrich Kraus; aus: ›Historische Bilder-Bibel, welche besteht in
Fünff Theil‹, Augsburg 1700

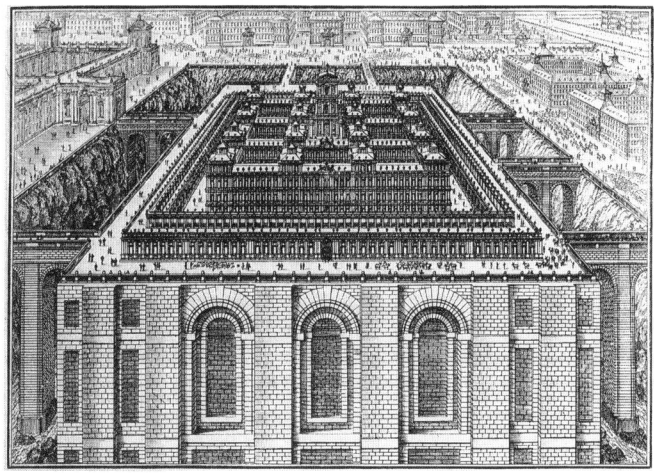

Es kommt wohl nicht von ungefähr, daß dieses Motiv des auf
Zyklopenmauern gelagerten Tempelkomplexes[490] im Laufe des
17. Jahrhunderts und darüber hinaus relativ häufig aufgegriffen wurde,
wobei man die frontale Aufrißdarstellung (Abb. 128)[491] meist durch

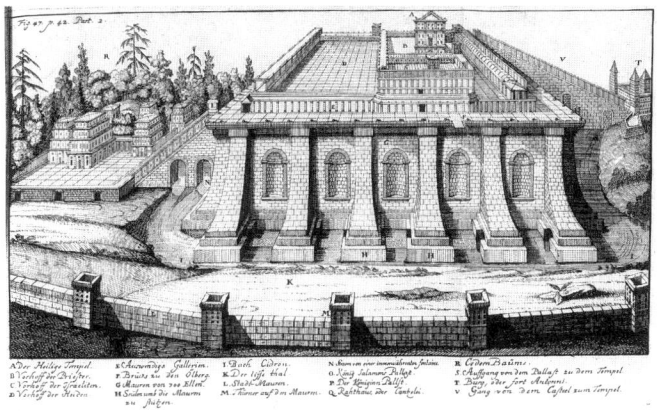

130 Rekonstruktion des Salomonischen Tempels; Kupferstich aus: Caspar Calvör: ›Rituale ecclesiasticum‹, Bd. 2: ›Nobile des Locis, Temporibus, Personis Sacris . . .‹, Goslar 1705

131 Der Salomonische Tempel, Öl auf Leinwand, Mitte 18. Jh.; Schloß Rosenau, Österreichisches Freimaurermuseum

die seit Vatable für Tempelrekonstruktionen üblich gewordene Vogel-schau-Ansicht (Abb. 116 und 118) ersetzte (Abb. 129).[492] In manchen Fällen wurden die der Ezechielischen Tempelvision zugeordneten Gebäudetrakte, unter deren Fülle sich der eigentliche Tempel gering ausnimmt, so weit reduziert, daß das – nach der mit der topographischen Realität übereinstimmenden jüdischen Überlieferung aus der Mitte des Tempelplatzes gerückte – Tempelgebäude gegenüber seiner Umgebung wieder dominiert (Abb. 130).[493]

Die Rekonstruktion Villalpandos hat in der Folgezeit nicht nur die bildlichen Darstellungen des Salomonischen Tempels wesentlich geprägt (Farbabb. 8), sondern ebenso auch die Gestaltung von Modellen, wie sie in erster Linie zu Lehrzwecken für Theologen gebaut wurden.[494] Eine Ausnahmestellung nimmt das ab 1680 im Auftrag des Hamburger Juristen und späteren Ratsherrn Gerhard Schott auf einer Grundfläche von 3,45 x 3,44 m gebaute Tempelmodell ein – eine maßstabsgetreue Umsetzung der Rekonstruktion Villalpandos, dessen genaue Zweckbestimmung allerdings unbekannt ist.[495] Das mit staunenswerter Präzision ausgeführte Modell, das im frühen 18. Jahrhundert als eine der bedeutendsten Sehenswürdigkeiten Hamburgs galt und seinerseits wieder zum Gegenstand bildlicher Darstellung wurde (Abb. 131)[496], könnte auch Johann Bernhard Fischer von Erlach auf einer 1704 unternommenen Reise nach England gesehen haben. Jedenfalls verleiht er dem Salomonischen Tempel in seinem 1721 veröffentlichten ›Entwurff einer Historischen Architectur‹ eine dem Hamburger Modell folgende und damit der Rekonstruktion Villalpandos entsprechende Gestalt, deren Darstellung freilich durch eine aus der Achse verschobene Vogelperspektive sowie die lebendig geschilderte Umgebung, die die Monumentalität des Tempels wirkungsvoll unterstreicht, allen anderen Fassungen desselben Themas künstlerisch weit überlegen ist (Abb. 132).[497]

Es mag offenbleiben, ob es nicht zuletzt die von Villalpandos Tempelrekonstruktion ausgehende Faszination war, die es Fischer von Erlach ermöglicht hat, den von ihm »als das vornehmste Wunder-Gebäude der Welt« bezeichneten Salomonischen Tempel – in einer diesem Anspruch entsprechenden Gestalt – programmatisch vor die älteren ägyptischen Pyramiden an den Anfang seiner Universalgeschichte der Architektur zu stellen. Seine durch Villalpandos Salomonische Säulenordnung begründete Bemerkung, daß »die sogenannte Corinthische Ordnung zu erst nach dem Salomonischen Bau durch

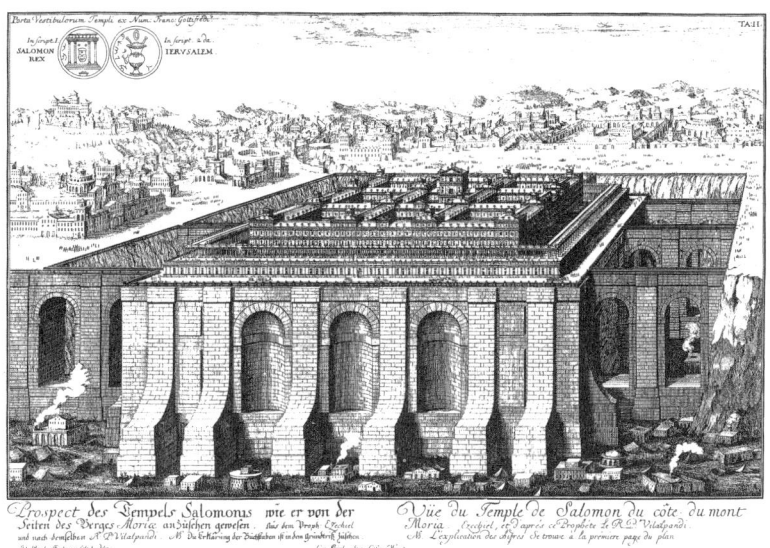

Prospect des Tempels Salomonis wie er von der
Seiten des Berges Moriæ anzusehen gewesen ...

Vüe du Temple de Salomon du côté du mont
Moria ...

132 ›Prospect des Tempels Salomonis, wie er von der Seiten des Berges Moriae
anzusehen gewesen‹; Kupferstich aus: Johann Bernhard Fischer von Erlach:
›Entwurff einer Historischen Architectur‹, Wien 1721, Erstes Buch, Taf. 2

die Phoenicier von den Griechen entlehnet«[498] worden sei, läßt jedenfalls erkennen, daß der Salomonische Tempel nicht zuletzt durch die
Rekonstruktion Villalpandos konkrete architekturtheoretische Bedeutung erhalten hat: Vor Fischer von Erlach (1656–1723) waren es
bereits der Mathematiker Nicolaus Goldmann (1611–1665) und sein
Herausgeber und Kommentator Leonhard Christoph Sturm (1669 bis
1719)[499], die in der Nachfolge Villalpandos die Autorität der gottge-
gebenen biblischen mit der Qualität der klassischen Architektur in
Zusammenhang brachten. Der französische Kunsttheoretiker Roland
Fréart de Chambray (1606–1676) modifizierte Villalpandos Salomonische Ordnung[500], und im Spanien des 17. Jahrhunderts beziehen sich
schließlich alle Architekturtheoretiker auf Villalpando.[501] Erstaunli-
cherweise spielte Villalpandos Tempelrekonstruktion auch in der englischen Architekturtheorie bis ins 18. Jahrhundert eine wichtige Rolle
und wurde von Sir Christopher Wren (1632–1723)[502] ebenso zu Rate
gezogen wie von John Wood d. Ä. (1704–1754). Letzterer ging insofern
über Villalpando hinaus, als er nicht nur die biblische Überlieferung
mit der klassischen Tradition zu harmonisieren, sondern eine jüdi-

sche Priorität in allen Fragen der Architektur nachzuweisen suchte[503] und dementsprechend nicht erst den Salomonischen Tempel, sondern schon die Stiftshütte des Moses zum Urbild aller Architekturprinzipien erklärte, vergleichbar etwa der ›Urhütte‹ des französischen Architekturtheoretikers Marc-Antoine Laugier (1713–1769).[504] Mit seiner ab 1734 durchgeführten Restaurierung der Kathedrale von Llandaff versuchte Wood, dieser Theorie durch Anspielungen an die – etwas eigenwillig berechneten – Maßverhältnisse des Salomonischen Tempels gerecht zu werden.[505]

Einen bemerkenswerten Nachhall fanden Villalpandos Ideen schließlich bei Sir Isaac Newton (1643–1727), der sich neben physikalischen Problemen auch mit biblischen und religiösen Fragestellungen befaßte und den Salomonischen Tempel in gewisser Weise als Weltmodell betrachtete.[506] Newton kritisiert zwar Villalpandos historisch falschen Maßstab, rekonstruiert aber den Ezechielischen Tempelentwurf, in dem er gleichzeitig eine Vorwegnahme der apokalyptischen Vision des Himmlischen Jerusalem sieht, als idealtypisch symmetrisch aufgebauten Komplex.

So facettenreich sich die architektur*theoretischen* Nachwirkungen der Tempelrekonstruktion Villalpandos trotz vielfältiger Kritik gestalteten – vor allem aufgrund seiner Vermischung von historisch nachgewiesenem und visionär geschautem Tempel[507] –, ihre architektur*historischen* Auswirkungen übersteigen sie noch. Dies liegt vor allem an der Überlagerung von Villalpandos Tempelrekonstruktion mit der Entstehung des Escorial, dessen Einfluß auf die europäische Kloster- und Palastarchitektur sehr groß war. Wenngleich es zweifellos übertrieben ist, alle jene seit dem 17. Jahrhundert entstandenen Klosterbauten, die als Vierflügelanlage möglichst symmetrisch um die in der Mitte gelegene Kirche angeordnet sind, als »Escorialtypus« zu bezeichnen[508], so kommt dem Escorial dennoch eine wichtige, vorbildhafte Rolle zu – mit der wesentlichen Einschränkung allerdings, daß zwar seine Funktion als Großkloster, nicht aber jene untrennbar damit verbundene des Königsschlosses übernommen werden konnte.[509] Daß von der regelmäßigen, in der zentral gelegenen Kirche gipfelnden architektonischen Struktur des unter Philipp II. 1563 begonnenen Escorial (Farbabb. 8), dessen architektonische Wurzeln u. a. in der Profanarchitektur der Renaissance[510] und wohl auch im islamischen Kulturbereich liegen, jene konsequenzenreiche Faszination ausgehen konnte, lag sicherlich nicht nur an deren ästhetischer Qualität, sondern eben auch an der Interpretation des Escorial als neuer Salomonischer Tempel.[511] Diese wiederum hängt unmittelbar mit Villalpandos Tempelrekonstruktion zusammen[512], die möglicherweise von seinem Lehrer angeregt war, dem zweiten Baumeister des Escorial, Juan de Herrera[513], der sich seinerseits enthusiastisch über Villalpandos Rekonstruktion geäußert hat, in deren architektonischer Form Herrera die unendliche Weisheit Gottes versinnbildlicht sah.[514] Wie auch immer die gegenseitige Beeinflussung zwischen dem Bau des Escorial und der Tempelrekonstruktion Villalpandos erfolgt sein mag: der kaum entwirrbare Zusammenhang zwischen den beiden sehr ähnlichen architektonischen Strukturen war geeignet, deren Wirkungsmächtigkeit zu steigern, konnte man darin doch nicht nur den Anspruch des weltlichen Herrschers, sondern gleichermaßen göttliche Provenienz verkörpert sehen. Es verwundert nicht, daß dieses Schema gerade in den im 18. Jahrhundert erbauten Klöstern in Süddeutschland und Österreich, die meist engste Verbindungen zu den Landesfürsten unterhielten und dementsprechend großen Wert auf Repräsentation legten, in mehr oder minder variierter Form häufig aufgegriffen wurde.[515] Ein besonders sprechendes Beispiel ist die – unvollendet gebliebene – Anlage des Stiftes Göttweig, die Johann Lucas von Hildebrandt, neben Fischer von Erlach der führende Architekt des österreichischen Barock, nach einem Klosterbrand 1718 entworfen hatte (Abb. 133).[516]

133   Stift Göttweig nach der Planung Johann Lucas von Hildebrandts;
Kupferstich von Salomon Kleiner, 1744

134   Aufriß und Schnitt der Tempelanlage von Jerusalem
a) nach Juan Bautista Villalpando: ›In Ezechielem Explanationes‹, Bd. 2,
Rom 1604
b) nach Nicolaus Goldmann/Leonhard Christoph Sturm: ›Die unentbärliche
Regel der Symmetrie ...‹, Augsburg 1720

Die formale Qualität des Grundrisses der Tempelrekonstruktion
nach Villalpando, die ihrerseits ja keineswegs nur Vorbilder im
Bereich der Sakralarchitektur hat, legte es nahe, dessen Prinzip auch
im profanen Bereich anzuwenden. Schon Nicolaus Goldmann hielt
das Tempelschema für universell anwendbar und empfahl es insbesondere für die Anlage von Schulen.[517] Tatsächlich trifft man das Prinzip rechtwinklig sich kreuzender, von äußeren Flügelbauten umgebener Gebäudetrakte (Abb. 134) denn auch an einigen im 17. und 18. Jahrhundert errichteten sozialen Bauanlagen[518], etwa an den Invaliden-
häusern von London, Paris, Prag und Budapest. Hier schließt sich der
Kreis der formalen Beeinflussungen insofern, als diese Bauwerke, die

135 Plangrundriß für die Stadtanlage von New Haven, 1641; Rekonstruktion nach J. Archer

in der Tradition jener italienischen und spanischen Spitalsbauten des 15. und 16. Jahrhunderts stehen[519], ihrerseits nicht ohne Wirkung auf die Planung des Escorial gewesen sein könnten. Dennoch läßt sich nicht unbedingt der Schluß ziehen, daß die Grundrißstruktur der genannten Sozialbauten des 17. und 18. Jahrhunderts in einer direkten Abhängigkeit zu den Bauten des 15. Jahrhunderts steht. Als Vermittler jener Struktur kann vielmehr das Escorial-Schema bzw. die Tempelrekonstruktion Villalpandos angesehen werden, die durch Illustrationen in Bibelausgaben sowie architekturtheoretische Abhandlungen eine erstaunlich große Popularität erlangt hat.

Obwohl die ikonologische Bedeutung des von Villalpando nach der Ezechielischen Tempelvision geformten Grundrißschemas in der Übertragung auf profane Anlagen zurücktritt, scheint diese doch in anderem Zusammenhang wieder eine gewisse Rolle zu spielen: Ästhetische wie funktionale Qualitäten machen das Tempelschema auch urbanistisch anwendbar. So waren es wohl nicht nur praktisch-organisatorische Überlegungen, die die puritanischen Gründungsväter der als Inkarnation der biblischen Stadt verstandenen Anlage von New Haven einen Plangrundriß wählen ließen (Abb. 135)[520], der deutliche Anklänge an eine im 17. Jahrhundert verbreitete Darstellung des Neuen Jerusalem

136 Das Neue Jerusalem; Kupferstich aus: Matthäus Merian: ›Biblia‹, Straßburg 1630

187

aufweist (Abb. 136)[521], die ihrerseits wieder aus Villalpandos Tempel-schema abgeleitet ist.

Selbst in der axialsymmetrisch strukturierten, um eine zentral ge-legene Kirche gruppierten Bebauungsstruktur, die Otto Wagner 1911 für den XXII. Wiener Gemeindebezirk entworfen hat (Abb. 137), schwingt noch – ob beabsichtigt oder nicht – die Gliederung des Tem-pelgrundrisses mit.

Noch deutlicher erkennbar wird das Vorbild der Tempelanlage mit ihrer in sich hierarchischen sowie vor allem das Stadtbild beherrschen-den Struktur in Bruno Tauts 1919 veröffentlichtem Entwurf für eine Stadtkrone (Abb. 138), mit der der Architekt »die zur Höhe drängen-den Tendenzen« verdeutlichen wollte, wo die »sozial gerichteten Hoff-nungen des Volkes … ihre Erfüllung« finden[522] – ein Gedanke, der mit der Interpretation des Salomonischen Tempels als ethisch-morali-schem Modell verglichen werden kann, wie es etwa in der Auffassung der Freimaurer anzutreffen ist.[523] Während in Tauts Stadtkrone ein zweckfreies Kristallhaus als Weltsymbol und Andachtsstätte des kom-menden Glaubens den krönenden Gipfel einnimmt, war es in einem

137   Otto Wagner: Studie zur Bebauung des XXII. Wiener Gemeindebezirkes, 1911; Wien, Historisches Museum

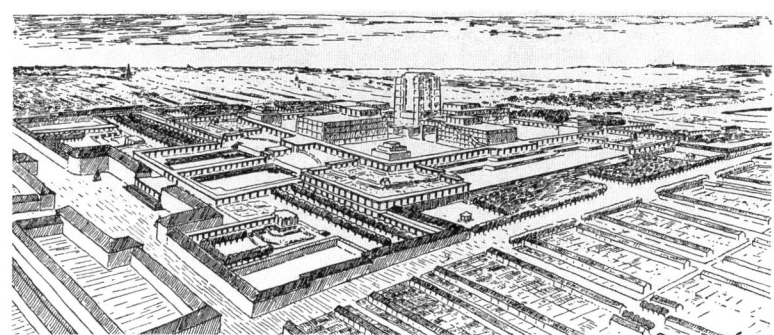

138   Bruno Taut: Die Stadtkrone; aus: Bruno Taut, ›Die Stadtkrone‹, Jena 1919,
Abb. 49

zwei Jahrzehnte später von Wilhelm Kreis geschaffenen Entwurf für
ein nationalsozialistisches Forum das Oberkommando des Heeres,
dem eine dem Tempel vergleichbare Stellung eingeräumt wurde
(Abb. 139) – die Pervertierung einer Utopie, deren Wirksamkeit selbst
ihr Mißbrauch noch deutlich werden läßt.[524]
Im Vergleich zu dem weitreichenden Nachhall, den die Tempelrekonstruktion Villalpandos auslöste, blieben alle übrigen Tempelrekonstruktionen bzw. -darstellungen, sofern sie nicht ohnehin auf
die Erkenntnisse des Spaniers zurückgehen, relativ folgenlos – sieht
man von jenen Vatables (Abb. 116) und Perraults (Abb. 117) ab, die den
Rekonstruktionen unserer Zeit (Abb. 2 und 3) schon erstaunlich nahe-
kommen.

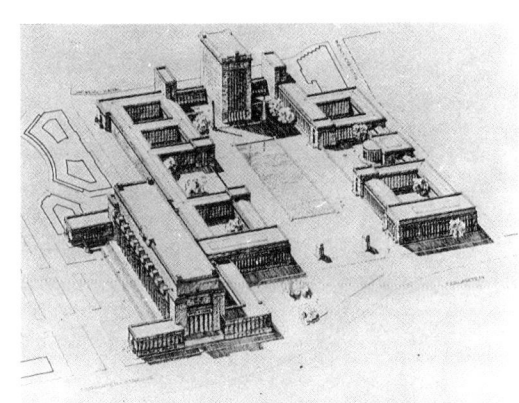

139   Wilhelm Kreis:
Entwurf für das Ober-
kommando des Heeres
und die Soldatenhalle
an der Berliner Nord-
Süd-Achse, 1938

189

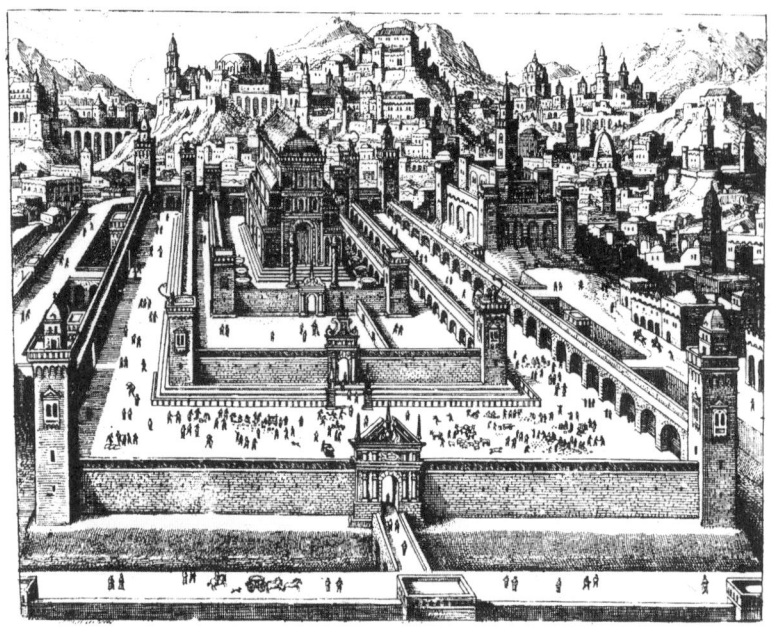

140 Der Salomonische Tempel; Kupferstich aus: Matthäus Merian d. Ä.: ›Icones
Biblicae‹, Amsterdam 1659

Trotz ihrer weiten Verbreitung zeitigte beispielsweise die Tempeldarstellung in der erstmals 1625–27 publizierten, häufig wiederaufge-
legten Bibel von Matthäus Merian d. Ä., die den Tempel als dreifach
zurückgestuften Saalbau inmitten einer dreifachen Ummauerung
zeigt (Abb. 140)[525], kaum nennenswerte architekturhistorische Nachwirkungen. Ähnliches gilt auch für die 1669 veröffentlichte Tempelrekonstruktion des Hebraisten und protestantischen Theologen
Johannes Coccejus[526], die 1730 in die sogenannte Cotta-Bibel aufge-
nommen wurde[527]: Obwohl ihre Grundrißgestalt Anklänge an Villalpando erkennen läßt, eignete sich die hier den Tempel umgebende
Struktur, die nur durch Bogenstellungen miteinander verbundene Torbauten zeigt, wenig dazu, in der architektonischen Praxis rezipiert zu
werden – im Gegensatz zu den an Villalpando orientierten, einander
kreuzenden Gebäudetrakten, die die in manchem Detail auch an
Merians Darstellung erinnernde Tempelansicht in der ›Republyk der
Hebreen‹ des niederländischen Juristen und Philologen Petrus
Cunaeus prägen (Abb. 141).[528]

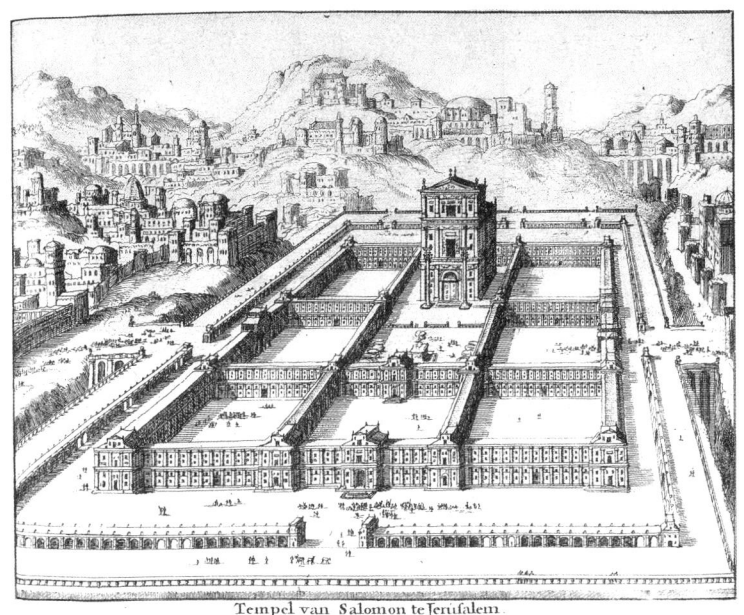

Tempel van Salomon te Jerufalem

141 Der Tempel von Jerusalem; Kupferstich aus: Petrus Cunaeus: ›De Republyk
der Hebreen …‹, Amsterdam 1682, Bd. 1

Bedeutsam für den protestantischen Kirchenbau wurde die 1613 veröffentlichte Tempelrekonstruktion des Theologen Matthias Hafenreffer, weil er das mit dem Palast eng verbundene Heiligtum seiner
kastellähnlich vorgestellten Tempelanlage (Abb. 142)[529] im Sinne
Luthers als jenen für protestantische Kirchen typischen Emporen-
raum beschreibt. Die der deutschen Renaissancearchitektur entlehn-
ten Detailformen seiner Darstellung erinnern ebenso wie die hohe,
kuppelbekrönte Einturmfassade klar erkennbar an die von Aberlin
Tretsch 1560–73 erbaute Stuttgarter Schloßkapelle, die als einer der
vorbildhaften Bauten des Protestantismus gilt.

Der von Arias Montanus erstmals explizit vorgestellte hohe Turm
über der Vorhalle des Tempels (Abb. 119), der sich in deutlich abgemil-
deter Form auch bei Villalpando (Abb. 126) und den ihm folgenden
Tempelrekonstruktionen findet (Abb. 143)[530], wird manchmal zum
Zentrum oder überhaupt zum eigentlichen Thema. Dadurch erhalten
diese Rekonstruktionen nicht nur eine völlig andere Gestalt, sondern
auch eine andere inhaltliche Dimension.

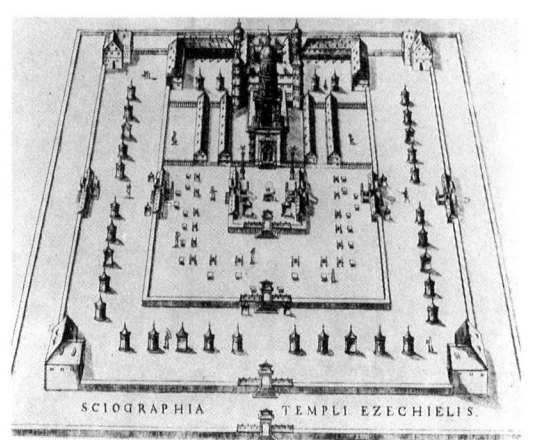

SCIOGRAPHIA   TEMPLI EZECHIELIS.

142   Rekonstruktion
des Tempels von Jeru-
salem; Kupferstich aus:
Matthias Hafenreffer:
›Templum Ezechie-
lis ...‹, Tübingen 1613,
Taf. 3

Möglich wurde diese Betonung des Turms, indem man eine architektonische Form wählte, die weder aus der jüdischen noch aus der klassisch-antiken Tradition, sondern aus dem Alten Orient stammt, dessen Kultur man seit dem 16. Jahrhundert wiederzuentdecken begann[531]: die Zikkurat, eine in Mesopotamien verbreitete Form des Stufenturms mit Hochtempeln, die verschiedene sakrale Funktionen hatte.[532] In den Rekonstruktionen von Bernard Lamy (Abb. 144)[533], der sich ausführlich über ägyptische und mesopotamische Kunst geäußert hat[534], und Richard Bundy[535] erscheint die Gestalt der Zikkurat als eine gewissermaßen ins Orientalische abgewandelte Form der Substruktionen Villalpandos, die genügend Platz für die Tempelplattform läßt. Dagegen gerät sie in einem Stich von Antoine Wierixc nach Pieter Lacksteijn[536] und einem ihm folgenden, 1619 veröffentlichten Holzschnitt (Abb. 145)[537] zur gestuften Pyramide, die unabweisbare Assoziationen mit dem Turm von Babel erzeugt, dessen Darstellung in der europäischen Kunst eine lange Tradition hat.[538]

Damit wird der Salomonische Tempel einerseits als exotisches, aus einer fernen Zeit stammendes Bauwerk charakterisiert, andererseits auch in einen Zusammenhang mit den weitreichenden Bedeutungsgehalten gebracht, die von einem Verständnis des babylonischen Turms als Symbol der Hoffnung bis zu seiner Interpretation als Metapher der Hybris reichen.[539] In unserem Zusammenhang überwiegt zweifellos der positive Aspekt, der durch die turmförmige Darstellung des Tempels das bewunderte Bauwerk schlechthin kennzeichnen will,

143 Der Salomonische Tempel; Kupferstich aus: Johannes Lund: ›Die Alten Jüdischen Heiligthümer, Gottesdienste und Gewohnheiten . . .‹, 5. Auflage, Hamburg 1738

das in einem abenteuerlichen amerikanischen Rekonstruktionsprojekt der 1920er Jahre schließlich zum himmelanstürmenden Symbol des Weltfriedens werden sollte: Nach den Vorstellungen von John Wesley Kelchner planten die Architekten Frank Helmle und Harvey Wiley Corbett für eine 1925 zur Hundertfünfzigjahrfeier der Unabhängigkeit der Vereinigten Staaten veranstaltete Ausstellung in Philadelphia den Nachbau der gesamten Salomonischen Palast- und Tempelanlage in Originalgröße, wobei die Vorhalle des Tempels das gesamte Areal als vielfach gestufter Wolkenkratzer überragen sollte. Das Projekt wurde zwar nicht ausgeführt, ist jedoch in einer Reihe von Plänen und Zeichnungen überliefert, unter denen die effektvollen Blätter von Hugh Ferriss einen besonderen Rang einnehmen (Abb. 146).[540]

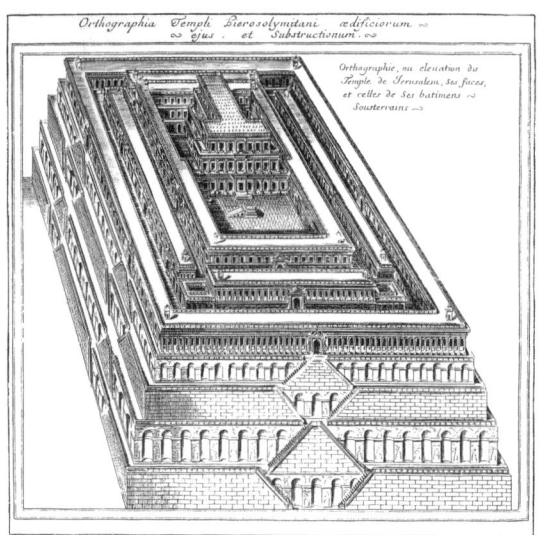

144 Rekonstruktion des Tempels von Jerusalem; Kupferstich aus: Bernard
Lamy: ›Introduction à l'Ecriture sainte . . .‹, Lyon 1709, Taf. VI

145 Der Salomonische Tempel; Holzschnitt aus: Henrick van Haestens: ›De
Magnificentie ofte Lust-Hof van gantsch Christenrijck . . .‹, Amsterdam 1619

146 Der Salomonische Tempel; Zeichnung von Hugh Ferriss nach der auf John
Wesley Kelchner fußenden Rekonstruktion von Frank Helmle und Harvey Wiley
Corbett, 1925

Der auf Gottes Geheiß errichtete Salomonische Tempel und der Turm von Babel als Wahrzeichen der verruchten, aber faszinierenden Metropole des Altertums verschmelzen in den an nächtliche Filmszenerien erinnernden Zeichnungen von Ferriss zu einem mythisch verklärten Bild der modernen Weltstadt amerikanischer Prägung, in der die Berufung auf das als Symbol zeitüberdauernder Gültigkeit verstandene archaische Vorbild zugleich als Sieg über atavistische Minderwertigkeitskomplexe gegenüber Europa interpretiert wird.[541]

Corbett, einer der beiden Architekten dieser Rekonstruktion, hatte 1924 in der Zeitschrift ›Architectural Record‹ die von Georges Perrot und Charles Chipiez verfaßte Kunstgeschichte des Altertums[542] als Pflichtlektüre für Architekten empfohlen.[543] Deren vierter, 1887 erschienener Band enthält eine im wesentlichen an der Ezechielischen Tempelvision sowie an den Angaben aus dem 2. Buch der Chronik orientierte Rekonstruktion des Tempels von Jerusalem (Abb. 147).[544] Obwohl um historische Korrektheit bemüht, spiegelt dieses Ergebnis der Bemühungen eines Archäologen und eines Architekten geradezu beispielhaft jenes Spannungsfeld zwischen archäologischer Rekonstruktion und architektonischer Innovation wider, dem stets auch ein utopischer Zug anhaftet. Dieser Rekonstruktion der Tempelanlage durchaus verwandt ist die ebenfalls orientalisch anmutende, aber etwas kompakter wirkende Rekonstruktionszeichnung des Engländers Charles Stanley Peach aus dem Jahre 1910 (Abb. 148).

Die Tatsache, daß sich das bauhistorische Bemühen einerseits und das Streben nach Verwirklichung eines utopischen Ideals auf der anderen Seite kaum jemals von den zeitgegebenen Prämissen befreien kann, belegen nicht nur die bisher vorgestellten Beispiele, sondern auch die im folgenden erwähnten Rekonstruktionen, deren schier unglaubliche Divergenz besonders eindrucksvoll von der die Phantasie beflügelnden Wirkung jenes Bauwerkes zeugt, das als von Gott inspiriert galt, dessen Gestalt aber nur in einander mehr oder weniger widersprechenden Berichten überliefert ist: Erscheinen Tempel und Palast Salomos in der Rekonstruktion von Louis Maillet, die 1695 in Paris publiziert wurde[545], als barocke, an Versailles orientierte Palastanlage, deren spröde Einzelformen wohl Archaik andeuten sollen (Abb. 149), so gerät die Tempelanlage knapp acht Jahrzehnte später bei Charles de Wailly zu einem die phantastischen Entwürfe der französischen Revolutionsarchitekten vorwegnehmenden Szenario, in dem der Tempel selbst als Kombination von Alt- und Neu-St.

147 Rekonstruktion des Ezechielischen Tempelentwurfs, aus: Georges Perrot/
Charles Chipiez: ›Histoire de l'Art dans l'Antiquité‹, Bd. 4, Paris 1887, Taf. II

148 Der Tempel von Jerusalem, Rekonstruktionszeichnung von Charles Stanley
Peach, 1910; London, Royal Institute of British Architects

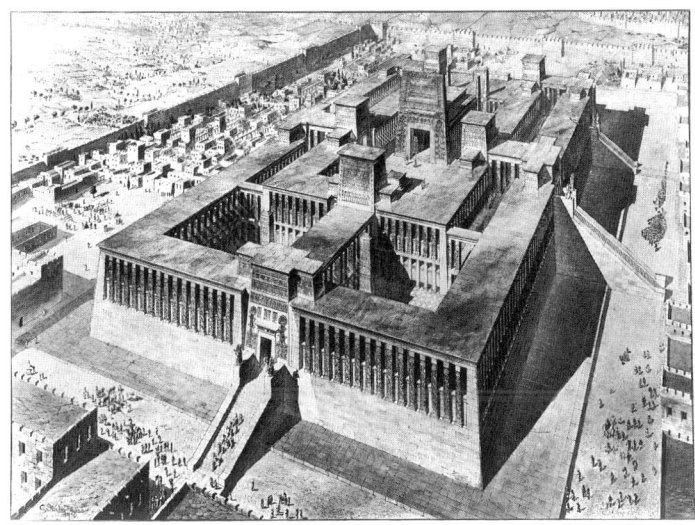

149 Tempel und Palast Salomos; aus: Louis Maillet: ›Les figures du Temple et du palais de Salomon‹, Paris 1695

Peter oder monumentalisiertes Pantheon in Rom dargestellt wird (Abb. 150).[546] Verstärktes Bemühen um historische Korrektheit, das die aus der zweiten Hälfte des 19. Jahrhunderts stammenden Rekonstruktionen von T. O. Paine (Abb. 151)[547] und James Fergusson (Abb. 152)[548] kennzeichnet, bewahrt diese dennoch nicht vor modischen Exotismen und gründerzeitlichem Geschmack.[549]

150 Charles de Wailly: »Restitution du Temple de Salomon«; Radierung, nach 1771

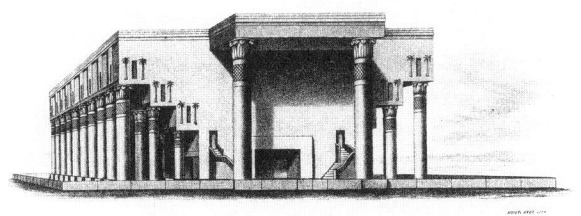

151 Rekonstruktion des Salomonischen Tempels, aus:
T. O. Paine: ›Solomon's Temple‹, Boston 1861, Taf. VI

Daß ein zum Archetypus erklärtes Bauwerk Inbegriff der Vollkommenheit sein müsse, ist eine der Konstanten in der Rezeption des Tempels von Jerusalem, die nicht zuletzt von dem ambivalenten Bemühen gekennzeichnet ist, einerseits seine überirdische Provenienz zu betonen, andererseits aber die daraus gerechtfertigte Vorbildhaftigkeit der Architektur des Tempels praktisch nutzbar zu machen. Darunter fällt auch die gegen Ende des 19. Jahrhunderts von dem Benediktiner Odilo Wolff ausführlich begründete Annahme, »daß wir in dem Tempel ein so vollkommenes Muster eines durch die Geometrie bestimmten und beherrschten Bauwerkes haben, wie sich wohl kaum ein zweites aus alter Zeit finden lassen wird«.[550] Wolff glaubte dieses geheime, gleichzeitig aber objektiv gültige Konstruktionsprinzip, das die Anlage des Tempels bis ins Detail bestimmt, im Hexagramm gefunden zu haben – jener geometrischen Figur, die als Siegel Salomos galt.[551] Damit aber verschmelzen ästhetische und symbolische Dimension: Merkmal nicht nur des Kunstwerks, sondern auch eines utopischen Ideals.

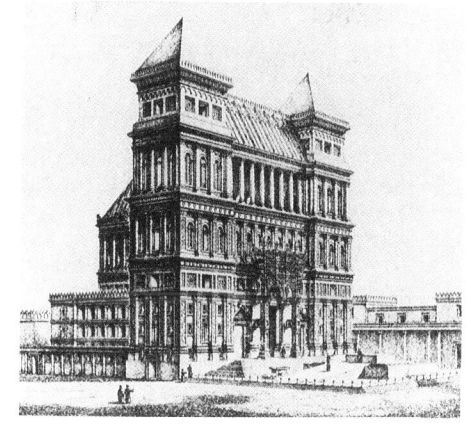

152 Rekonstruktion des Herodianischen Tempels, aus: James Fergusson: ›The Temple of the Jews ...‹, London 1878

Anmerkungen

1 Dazu grundsätzlich Günter Bandmann: *Tempel von Jerusalem*, in: Lexikon der christlichen Ikonographie (= LCI), hgg. von Engelbert Kirschbaum, Bd. 4, Rom/ Freiburg/Basel/Wien 1972 (Reprint 1990), Sp. 255–260.

2 Carol Herselle Krinsky: *Europas Synagogen. Architektur, Geschichte und Bedeutung*. Stuttgart 1988 (engl. Ausgabe New York/Cambridge/Mass. 1985), S. 17 ff.; vgl. auch Alfred Grotte: *Deutsche, böhmische und polnische Synagogentypen*, Berlin 1915; Samuel Krauss: *Synagogale Altertümer*, Berlin/Wien 1922; Rachel Wischnitzer: *The Architecture of the European Synagogue*, Philadelphia 1964; Helmut Eschwege: *Die Synagoge in der deutschen Geschichte*, Wiesbaden 1980; *Die Architektur der Synagoge*, hgg. von Hans-Peter Schwarz, Frankfurt/M. 1988.

3 Zum – hier nicht behandelten – Weiterleben einzelner Funktionen des Tempeldienstes oder auch einzelner Ausstattungsstücke siehe Peter Bloch: *Nachwirkungen des Alten Bundes in der christlichen Kunst*, in: Monumenta Judaica. 2000 Jahre Geschichte und Kultur der Juden am Rhein, Handbuch, Köln 1963, S. 735–781; ders. (zit. Anm. 357); Bruno Reudenbach: *Das Taufbecken des Reiner von Huy in Lüttich*, Wiesbaden 1984, bes. S. 18 ff.

4 Die bei weitem umfassendste und auch am sorgfältigsten kommentierte Zusammenstellung solcher Rekonstruktionen bis ins 18. Jahrhundert bietet der 126 Nummern umfassende Katalog bei Bernd Vogelsang: *»Archaische Utopien«: Materialien zu Gerhard Schotts »Bühnenmodell« des Templum Salomonis*, Diss. Köln 1981, S. 139–357.

5 Philo von Alexandria: *Über die Träume* I, 215, in: P. v. A.: Die Werke in deutscher Übersetzung, hgg. von Leopold Cohn/Isaak Heinemann/Maximilian Adler/Willy Theiler, Bd. 6, Berlin 1938 (2. Aufl. 1962), S. 216.

6 Lars-Ivar Ringbom: *Graltempel und Paradies*, Stockholm 1951; Helen Adolf: *Holy City and Grail*, Pennsylvania State University 1960; Henry Corbin: *L'imago templi face aux normes profanes*, in: Eranos-Jahrbuch 43/1974, S. 183–254, bes. S. 212 ff.; Gerhard von dem Borne: *Der Gral in Europa*, Stuttgart 1976; Albert Verbeek: *Der Graltempel in romantischer Sicht*, in: Kunst als Bedeutungsträger. Gedenkschrift für Günter Bandmann, hgg. von Werner Busch/Reiner Haussherr/Eduard Trier, Berlin 1978, S. 439–458.

7 Ernst Bloch: *Das Prinzip Hoffnung*, Kapitel 38, in: E. B. Gesamtausgabe, Bd. 5, Frankfurt/M. 1959, S. 819 ff.

8 Robert Jan van Pelt: *Tempel van de Wereld. De kosmische symboliek van de tempel van Salomo*, Diss. Utrecht 1984; siehe dazu die Rezension von Raoul Bunschoten, in: AA (= Architectural Association London) Files 9/1985, S. 108–110.

9 *2 Samuel* 7, 1–13; vgl. Artur Weiser: *Die Tempelbaukrise unter David*, in: Zeitschrift für die alttestamentliche Wissenschaft 77 (NF 36)/1965, S. 153–168.

10 *Exodus* 33, 7 ff.; vgl. Josef Scharbert: *Stiftshütte*, in: Lexikon für Theologie und Kirche, 2. Aufl., Bd. 9, Freiburg 1964 (Reprint 1986), Sp. 1075–77; E. Kutsch: *Zelt*, in: Die Religion in Geschichte und Gegenwart, 3. Aufl., Bd. 6, Tübingen 1962 (Reprint 1986), Sp. 1893 f.

11 Siehe dazu Volkmar Fritz: *Tempel und Zelt. Studien zum Tempelbau in Israel und zu dem Zeltheiligtum der Priesterschrift* (= Wissenschaftliche Monographien zum Alten und Neuen Testament, Bd. 17), Neukirchen-Vluyn 1977.

12 Vgl. Johann Maier: *Das altisraelitische Ladeheiligtum* (= Beihefte zur Zeitschrift für die alttestamentliche Wissenschaft, Bd. 93), Berlin 1965.

13 *Exodus* 26,15-30; 36,20-34.

14 *Geschichte des jüdischen Volkes*, hgg. von Haim-Hillel Ben-Sasson, München 1992, S. 128 ff.; *Das große Bibellexikon*, hgg. von Helmut Burkhart/Fritz Grünzweig/ Fritz Laubach/Gerhard Maier, Bd. 3, Wuppertal/Zürich 1989, S. 1320-1323.

15 Die seit dem 10. Jahrhundert tradierte und bis in die jüngste Zeit dominierende Meinung, daß sich der Tempel Salomos an der Stelle des heutigen Felsendoms befunden habe, wird neuerdings bisweilen bezweifelt; siehe dazu Ernst Vogt: *Vom Tempel zum Felsendom,* in: Biblica 55/1974, S. 23-64, bes. S. 53 f.; vgl. dagegen aber Eckart Otto: *Jerusalem - die Geschichte der heiligen Stadt,* Stuttgart 1980, S. 53 f.; *Tempel,* in: Das große Bibellexikon (zit. Anm. 14), Bd. 3, S. 1533 ff., bes. S. 1534.

16 Eine Summe des Forschungsstandes zieht das monumentale Werk von Th. A. Busink: *Der Tempel von Jerusalem von Salomo bis Herodes,* Bd. I: *Der Tempel Salomos,* Leiden 1970, das einen Großteil der bis dahin erschienenen umfangreichen Literatur (die hier nur in Ausnahmefällen genannt wird) kritisch verarbeitet. Vgl. die Rezension von Gerhard K. Krautwurst, in: Zeitschrift des Deutschen Palästina-Vereins 88/1972, S. 91-98; siehe auch Peter Welten: *Jerusalem I,* in: Theologische Realenzyklopädie, hgg. von Gerhard Müller u. a., Bd. 16, Berlin/New York 1987, S. 590-609; Max Küchler: *Jerusalem,* in: Neues Bibel-Lexikon, hgg. von Manfred Görg/Bernhard Lang, Lieferung 7 (= Bd. 2), Zürich 1992, Sp. 294-313.

17 *1 Könige* 5,15-9,9 (Zitate im folgenden nach der Einheitsübersetzung der Bibel, Stuttgart 1980).

18 Martin Noth: *Könige 1 (=Biblischer Kommentar, Altes Testament IX/1),* Neukirchen-Vluyn 1968, S. 85 ff.

19 *2 Chronik* 2-5; die Datierung dieses Textes schwankt zwischen dem Ende des 5. und dem Ende des 3. vorchristlichen Jahrhunderts.

20 *Ezechiel* 40,1 - 44,3; 46,1 - 47,2; vgl. Walther Zimmerli: *Ezechiel (=Biblischer Kommentar, Altes Testament XIII/2),* Neukirchen-Vluyn 1969, S. 976 ff.

21 J. Freudenthal: *Alexander Polyhistor und die von ihm erhaltenen Reste judäischer und samaritanischer Geschichtswerke,* Breslau 1875, S. 227 f.

22 Flavius Josephus: *Jüdische Altertümer* VIII, 3, 1-9, dt. hgg. von Heinrich Clementz, Bd. I, Berlin/Wien 1923, S. 478 ff.

23 Das Wort *Ulam* (oder *Elam*) entstammt dem akkadischen Wort *ellamu,* das Vorderseite, Vorderfront bedeutet.

24 Der Begriff *Hekal* hängt mit dem ugaritischen *hkl* sowie dem akkadischen *ekallu* zusammen, das wiederum vom sumerischen *é-gal* abgeleitet ist und großes Haus, Palast oder auch Haus Gottes bedeutet; vgl. Magnus Ottosson: *hekal,* in: Theologisches Wörterbuch zum Alten Testament, hgg. von G. Johannes Botterweck/ Helmer Ringgren, Bd. 2, Stuttgart 1977, Sp. 408-415.

25 Die Etymologie des Wortes *Debir* ist unklar. Im Ugaritischen bedeutet *dbr* u. a. geweihter Platz; vgl. *dabar,* in: Theologisches Wörterbuch zum Alten Testament, Bd. 2 (zit. Anm. 24), Sp. 89-133, bes. Sp. 101. - Der griechisch schreibende Jude Flavius Josephus vermeidet das Wort *Debir* und bedient sich statt dessen

der griechischen Bezeichnung τὸ ἄδυτον (Adyton = das Unbetretbare/das innerste Heiligtum).

26 Die Elle, der Abstand von der Spitze des Ellbogens bis zur Spitze des Mittelfingers, wurde normalerweise in sechs Handbreiten unterteilt. Daneben gab es bei den Hebräern aber auch, analog zum Nebeneinander von kleiner Elle und Königselle in Ägypten, eine besondere Elle von sieben Handbreiten (vgl. Anm. 55), deren Abmessungen zwischen 52,5 cm (Julius Haase: *Das Werkmaß in der Tektonik der antiken Völker und seine Nachwirkung bis in die mittelalterliche Baukunst,* in: Zeitschrift für Geschichte der Architektur 5/1911-12, S. 260) und 51,8 cm (Rolf C. A. Rottländer: *Antike Längenmaße,* Braunschweig/Wiesbaden 1979, S. 13) berechnet werden. Dementsprechend sind die Abmessungen der gewöhnlichen Elle, die in Palästina wie in Phönizien gleichermaßen in Gebrauch war, zwischen 45,0 cm und 44,4 cm anzunehmen. Siehe dazu auch R. B. Y. Scott: *The Hebrew Cubit,* in: Journal of Biblical Literature 78/1958, S. 205-214; ders.: *Weights and Measure of The Bible,* in: The Biblical Archeologist 22/1959, S. 22-40, bes. S. 22-27; ders.: *Postscript on the Cubit,* in: Journal of the Biblical Literature 79/1960, S. 368; *Das große Bibellexikon* (zit. Anm. 14), Bd. 2, 1988, S. 935, gibt die gewöhnliche hebräische Elle mit 44,45 cm, die Königselle mit 51,81 cm an.

27 Volkmar Fritz: *Der Tempel Salomos im Licht der neueren Forschung,* in: Mitteilungen der Deutschen Orient-Gesellschaft zu Berlin 112/1980, S. 53-68.

28 *1 Könige* 6,5-8.

29 Konrad Rupprecht: *Nachrichten von Erweiterung und Renovierung des Tempels in 1 Könige 6,* in: Zeitschrift des Deutschen Palästina-Vereins 88/1972, S. 38-52.

30 Zusammengestellt bei Busink I (zit. Anm. 16), S. 46 ff.; auch Businks eigene Rekonstruktion (ib. S. 162 ff., Abb. 48-52) nimmt den Umbau als ursprünglich an. Der jüngste Rekonstruktionsversuch von Robert Jan van Pelt und Andrew Ortwein (Robert Jan van Pelt: *Israel frente a Judá: Los templos de Jerusalén en una perspectiva actual,* in: Dios, Arquitecto. J. B. Villalpando y el templo de Salomón, hgg. von Juan Antonio Ramirez, Madrid 1991, S. 285-341, bes. Abb. 229) basiert im wesentlichen auf Busink und nimmt ebenfalls Umbauten an. Eine Ausnahme bildet Kurt Möhlenbrink: *Der Tempel Salomos,* Stuttgart 1932, S. 16 und S. 141 ff., der diese *Jasua* und *Sela* genannten Bauteile erst dem nachexilischen Tempel zuweist.

31 Busink I (zit. Anm. 16), S. 299 ff.; Pierre Dumas: *Jerusalem. Le temple de Salomon,* Nizza 1983, S. 19 ff.; Manfred Görg: *Jachin,* in: Neues Bibel-Lexikon (zit. Anm. 16), Bd. 2, Sp. 255; ders.: *Boas,* in: ebenda, Bd. 1, Zürich 1991, Sp. 312; vgl. Anm. 439-443.

32 Die Beschreibung der Ezechielischen Tempelvision (*Ezechiel* 40,48) läßt den Ansatz eines Abschlusses auf der Vorderseite erkennen. Vgl. die Rekonstruktion von Busink I (zit. Anm. 16), S. 165, Abb. 48.

33 Vgl. Busink I (zit. Anm. 16), S. 173 ff.

34 J. de Groot: *Die Altäre des Salomonischen Tempelhofes.* Beiträge zur Wissenschaft vom Alten Testament NF 6/1924, S. 2.

35 Hans Schmidt: *Der heilige Fels in Jerusalem,* Tübingen 1933.

36 Busink I (zit. Anm. 16), S. 6 ff., S. 324 ff.; Otto (zit. Anm. 15), S. 53 f.

37 *2 Chronik* 3,4; im Baubericht in *1 Könige* 6,2 f. erfolgt die einzige Höhenangabe (30 Ellen) im Zusammenhang mit den Hauptabmessungen des Tempels; für die Vorhalle werden dort nur Breite und Tiefe genannt.

38 In der Einheitsübersetzung der Bibel ist die Höhenangabe in *2 Chronik* 3,4 von 120 auf 20 Ellen korrigiert.

39 Vgl. Busink I (zit. Anm. 16), S. 166 ff.

40 *Exodus* 25,8–22; 37,1–9.

41 Vgl. Busink I (zit. Anm. 16), S. 197 ff.; Pelt/Ortwein (zit. Anm. 30) nehmen dagegen an, daß das Allerheiligste erhöht gelegen und durch Tageslicht beleuchtet gewesen sei.

42 Busink I (zit. Anm. 16), S. 353 ff.; Fritz 1977 (zit. Anm. 11), S. 27 ff.; Magnus Ottosson: *Temples and Cult Places in Palestine,* Uppsala 1980, bes. S. 111 ff.

43 *1 Könige* 5,15 ff.; 7,13 ff.; Sabatino Moscati: *Die Phöniker,* Essen 1975, S. 105.

44 Richard C. Haines: *Excavations in the Plain of Antioch II. The Structural Remains of the Later Phases* (= Oriental Institute Publications, University of Chicago XCV), Chicago 1971, S. 53–55.

45 *1 Könige* 7,1–12.

46 *1 Könige* 6,38; es bleibt allerdings zu erwägen, ob diese Zeitangaben wörtlich oder nicht vielmehr symbolisch zu verstehen sind.

47 Busink I (zit. Anm. 16), S. 128 ff.

48 Otto (zit. Anm. 15), S. 83 ff.

49 Busink I (zit. Anm. 16), S. 680 ff.

50 *2 Könige* 25,13–17.

51 Walther Zimmerli: *Ezechiel. Gestalt und Botschaft* (= Biblische Studien 62), Neukirchen-Vluyn 1972; Bernhard Lang: *Ezechiel,* Darmstadt 1981.

52 *Ezechiel* 40,1 – 48,35.

53 Lang (zit. Anm. 51), S. 117.

54 G. Richter: *Der ezechielische Tempel. Eine exegetische Studie über Ezechiel 40 ff.,* Gütersloh 1912.

55 *Ezechiel* 40,5 und 43,13 rechnet mit einer Elle, die »je eine gewöhnliche Elle und eine Handbreite«, d. h. sieben Handbreiten, mißt; vgl. Anm. 26.

56 J. J. Balmer-Rinck: *Des Propheten Ezechiel Gesicht vom Tempel,* Ludwigsburg 1858; Th. A. Busink: *Der Tempel von Jerusalem von Salomo bis Herodes,* Bd. II: *Von Ezechiel bis Middot,* Leiden 1980, S. 701 ff.

57 *Esra* 1,3–4.

58 *Haggai* 1,9.

59 Kurt Galling: *Studien zur Geschichte Israels im persischen Zeitalter,* Tübingen 1964, S. 127 ff.; Otto (zit. Anm. 15), S. 94 ff.

60 Busink I (zit. Anm. 16), S. 29 ff.

61 Busink II (zit. Anm. 56), S. 803 ff.

62 Busink II (zit. Anm. 56), S. 810 ff.

63 Der dem Altarhof vorgelagerte neue Hof des Salomonischen Tempels stammte allerdings nicht aus der ursprünglichen Bauzeit; vgl. Busink I (zit. Anm. 16), S. 146.

64 Das Fest der Tempelweihe lebt als Chanukka-Fest im Judentum bis heute fort; vgl. Klaus-Dietrich Schunck: *1. Makkabäerbuch,* Gütersloh 1980, S. 316 ff.

65 Zur Gänze beendet waren die Bauarbeiten im riesigen Tempelareal erst 64 n. Chr.; vgl. Abraham Schalit: *König Herodes. Der Mann und sein Werk,* Berlin 1969, S. 372 ff.

66 Flavius Josephus: *Der jüdische Krieg* V, 5, 1–6, dt. hgg. von Hermann Endrös/Gerhard Wirth, München 1980, S. 414 ff.; ders.: *Jüdische Altertümer* XV, 11,1–7, hgg. von Clementz II (zit. Anm. 22), S. 356 ff.

67 Die *Mischna. V. Seder. Qodaschim. 10. Traktat. Middot* (Von den Maßen des Tempels), Text, Übersetzung und Erklärung. Nebst einem textkritischen Anhang, hgg. von Oscar Holtzmann, Gießen 1913.

68 *Ezechiel* 42,15–20.

69 *Middot* II 1, hgg. von Holtzmann (zit. Anm. 67), S. 58 f.

70 Charles Warren: *Underground Jerusalem,* London 1876; ders. (zusammen mit E. R. Conder): *The Survey of Western Palestine III: Jerusalem,* London 1884.

71 Kathleen M. Kenyon: *Jerusalem. Die heilige Stadt von David bis zu den Kreuzzügen. Ausgrabungen 1961–1967,* Bergisch Gladbach 1968; dies.: *Digging up Jerusalem,* London 1974; *Jerusalem Revealed. Archeology in the Holy City 1968–1974,* hgg. von Yigal Yadin, Jerusalem/New Haven 1976; Bellarmino Bagatti O.F.M.: *Recherches sur le site du Temple de Jérusalem* (= Publications du »Studium Biblicum Franciscanum« Collectio minor 22), Jerusalem 1979; Benjamin Mazar: *Der Berg des Herrn. Neue Ausgrabungen in Jerusalem,* Bergisch Gladbach 1979.

72 Busink II (zit. Anm. 56), S. 1062 ff.

73 Vgl. Shmuel Safrai: *Die Wallfahrt im Zeitalter des Zweiten Tempels* (= Forschungen zum jüdisch-christlichen Dialog, Bd. 3), Neukirchen-Vluyn 1981, S. 173 ff.

74 Nach dem Traktat *Middot* war der Frauenhof, der gleichwohl auch für Männer zugänglich war, nicht rechteckig, sondern quadratisch und besaß in jeder der vier Ecken eine Kammer von wiederum quadratischem Grundriß; dieser vom Ezechielischen Tempelentwurf inspirierte Grundriß hat nach Busink II (zit. Anm. 56), S. 1529 ff., bes. S. 1547 f., nicht den historischen Gegebenheiten entsprochen. Vgl. dagegen Otto (zit. Anm. 15), S. 129 ff.

75 Flavius Josephus: *Jüdische Altertümer* XV, 11, 6, hgg. von Clementz II (zit. Anm. 22), S. 363.

76 Flavius Josephus: *Der jüdische Krieg* V, 5, 6, hgg. von Endrös/Wirth (zit. Anm. 66), S. 418.

77 Clemens Thoma: *Die Zerstörung des Jerusalemischen Tempels im Jahre 70 n. Chr.,* Diss. Wien 1966; Busink II (zit. Anm. 56), S. 1433 ff.

78 Viele dieser mit dem Heiligen Felsen verbundenen Motive übertrugen die Christen auf den Golgotha-Felsen der Grabeskirche; vgl. Anm. 187 und 188.

79 Richard Hartmann: *Der Felsendom in Jerusalem und seine Geschichte,* Strassburg 1909, S. 25 ff.

80 Diese Geschichte berichtet der islamische Geschichtsschreiber al-Tabari; vgl. Otto (zit. Anm. 15), S. 200.

81 Hartmann (zit. Anm. 79); Oleg Grabar: *The Umayyad Dome of the Rock in Jerusalem,* in: Ars Orientalis 3/1959, S. 33–62; Werner Caskel: *Der Felsendom und die Wallfahrt nach Jerusalem* (= Arbeitsgemeinschaft für Forschung des Landes Nordrhein-Westfalen. Geisteswissenschaften, Heft 114), Köln/Opladen 1963; Katharina Otto-Dorn: *Kunst des Islam,* Baden-Baden 1964, S. 32 ff.; Otto (zit. Anm. 15), S. 201 ff.; H.-C. Graf von Bothmer: *Zur architekturgeschichtlichen Interpretation des Felsendoms in Jerusalem,* in: XIX. Deutscher Orientalistentag vom 28. September bis 4. Oktober 1975 in Freiburg im Breisgau. Vorträge, hgg. von Wolfgang Voigt (= Zeitschrift der Deutschen Morgenländischen Gesellschaft, Supplement III, 2), Wiesbaden 1977, S. 1568–1573; Oleg Grabar: *Die Entstehung der islamischen Kunst,* Köln 1977, S. 55 ff.; Heinrich Gerhard Franz: *Palast, Moschee und Wüstenschloß. Das Werden der islamischen Kunst 7.–9. Jahrhundert,* Graz 1984, S. 91 ff.

82 Nach dem Koran soll Abraham, der seinen von Sarah geborenen Sohn Isaak auf dem Heiligen Felsen in Jerusalem opfern sollte, seinem von Hagar geborenen Sohn Ismael die Kaaba in Mekka übergeben haben.

83 Grabar 1977 (zit. Anm. 81) betont die Lokalisierung des Abrahamsopfers auf dem Heiligen Felsen, lehnt aber dessen Inanspruchnahme für die Himmelfahrt Mohammeds zur Zeit Abd al-Maliks ab. Für beide Hypothesen gibt es keine Quellen.

84 Die von einer frommen Römerin namens Pomenia auf dem Ölberg errichtete Himmelfahrtskirche wurde 614 durch die Perser zerstört, anschließend wiederaufgebaut, 1009 vom Kalifen al-Hakim wieder vernichtet, dann von den Kreuzfahrern abermals aufgebaut und schließlich 1187 von Saladin erneut zerstört. 1960 hat Virgilio C. Corbo die Reste dieses Bauwerks ausgegraben.

85 Der arabische Historiker al-Maqrizi schreibt um 985, daß Abd al-Malik,»die Größe und Herrlichkeit der Grabeskirche in Jerusalem erkennend, fürchtete, daß die Muslime davon geblendet würden und deshalb die Kuppel über dem Felsen ... errichtet habe«, vgl. Grabar 1959 (zit. Anm. 81), S. 55.

86 Keppel Archibald C. Creswell: *Early Muslim Architecture,* Bd. I, Oxford 1932, S. 105.

87 Die Aqsa-Moschee wurde mehrfach umgebaut und erneuert; Creswell II (zit. Anm. 86), S. 373 ff. unterscheidet fünf aufeinanderfolgende Bauten. Vgl. Robert W. Hamilton: *The Structural History of the Aqsa Mosque,* Jerusalem 1947; Henri Stern: *Recherches sur la mosquée el-Aqsa et sur les mosaïques,* in: Ars Orientalis 5/1963, S. 27–48.

88 André Grabar: *Martyrium. Recherches sur le culte des reliques et l'art chrétien antique,* Bd. I, Paris 1946 (Reprint London 1972), S. 11 und S. 194 ff.

89 Creswell I (zit. Anm. 86), S. 73 ff.; Die Vermutung, daß dem Grundriß des Felsendoms auch eine bewußte Verwendung des Goldenen Schnitts zugrunde liege (Doron Chen: *The Design of the Dome of the Rock in Jerusalem,* in: Palestine Exploration Quarterly 112/1980, S. 41–50), erscheint wenig stichhaltig; vgl. David M. Jacobson: *The Golden Section and the Design of the Dome of the Rock,* in: Palestine Exploration Quarterly 115/1983, S. 145–147.

90 Ernest Tatham Richmond: *The Dome of the Rock in Jerusalem,* Oxford 1924, S. 10 (vgl. Fig. 2).

91 »Diesen Schrein erbaute Abd al-Malik, Marwans Sohn, der Herr über alle Gläubigen, im Jahre 72 (= 691 n. Chr.), und Allah nahm ihn aus seiner Hand an und geruhte ihn zu segnen«; Kalif al-Mamun (813–833) ließ den Namen al-Maliks durch seinen eigenen ersetzen, ohne die Jahreszahl zu ändern; vgl. Francis E. Peters: *Who built the Dome of the Rock?* in: Graeco-Arabica 2/1983, S. 119–138.

92 Hans Eberhard Mayer: *Bistümer, Klöster und Stifte im Königreich Jerusalem* (= Schriften der Monumenta Germaniae Historica, Bd. 26), Stuttgart 1977, S. 222 ff.; Heribert Busse: *Vom Felsendom zum Templum Domini,* in: Das Heilige Land im Mittelalter. Begegnungsraum zwischen Orient und Okzident, hgg. von Wolfdietrich Fischer/Jürgen Schneider (= Schriften des Zentralinstituts für fränkische Landeskunde und allgemeine Regionalforschung an der Universität Erlangen-Nürnberg, Bd. 22), Neustadt an der Aisch 1982, S. 19–32; Sylvia Schein: *Between Moriah and the Holy Sepulchre: The Changing Traditions of the Temple Mount in the Central Middle Ages,* in: Traditio 40/1984, S. 175–195.

93 Eusebius von Caesarea: *Über das Leben Constantins* III 25 (= Werke I), hgg. von Ivar A. Heikel (= Die griechischen christlichen Schriftsteller der ersten drei Jahrhunderte, Bd. 7), Leipzig 1902, S. 89.

94 Karl Schmaltz: *Mater Ecclesiarum. Die Grabeskirche in Jerusalem*, Strassburg 1918 (Nachdruck Leipzig 1984); Erik Wistrand: *Konstantins Kirche am Heiligen Grab in Jerusalem nach den ältesten literarischen Zeugnissen*, Göteborg 1952; Charles Coüasnon: *The Church of the Holy Sepulchre in Jerusalem*, London 1974; Virgilio C. Corbo: *Il Santo Sepolcro di Gerusalemme*, 3 Bde., Jerusalem 1982; ders.: *Il Santo Sepolcro di Gerusalemme. Nova et Vetera*, in: Studium Biblicum Franciscanum. Liber Annus 38/1988, S. 391–422.

95 Eusebius: *Über das Leben Constantins* III 28 (zit. Anm. 93), S. 91.

96 Eusebius von Caesarea: *Kirchengeschichte* X, 4, hgg. von Heinrich Kraft, München 1967, S. 413 ff.

97 Carl-Otto Nordström: *The Temple Miniatures in the Peter Comestor Manuscript at Madrid*, in: No Graven Images. Studies in Art and the Hebrew Bible, hgg. von Joseph Gutman, New York 1971, S. 39–74; Rachel Wischnitzer: *Maimonides' Drawings of the Temple*, in: Journal of Jewish Art 1/1974, S. 16–27; Helen Rosenau: *Vision of the Temple. The Image of the Temple of Jerusalem in Judaism and Christianity*, London 1979.

98 Priscilla Soucek: *The Temple of Solomon in Islamic Legend and Art*, in: The Temple of Solomon, hgg. von Joseph Gutman, Missoula/Montana 1976, S. 73–123.

99 Eusebius Hieronymus: *Commentariorum in Ezechielem Prophetam Libri Quatuordecim*, in: Patrologiae cursus completus…, series Latina (= PL), hgg. von J.-P. Migne, Bd. 25, Sp. 52.

100 Zum ersten Mal erscheint Jerusalem auf der sog. T-Karte des St.-John's College von Oxford (Oxforder Misch-Codex Ms. 17, um 1090/1110) im Mittelpunkt einer Weltkarte; vgl. Anna-Dorothee von den Brincken: *Mundus figura rotunda*, in: Ornamenta Ecclesiae. Kunst und Künstler der Romanik, Ausst.-Kat., hgg. von Anton Legner, Bd. 1, Köln 1985, S. 99–106, bes. S. 103 f.; ein anderes Beispiel ist die aus der 2. Hälfte des 13. Jahrhunderts stammende Weltdarstellung der sog. Psalterkarte von London (British Museum, Ms. Add. 2861, fol. 9), abgebildet bei Anna-Dorothee von den Brincken: »… ut describetur universus orbis«. Zur Universalkartographie des Mittelalters, in: Methoden in Kunst und Wissenschaft des Mittelalters (= Miscellanea mediaevalia. Veröffentlichungen des Thomas-Instituts der Universität zu Köln, hgg. von Albert Zimmermann, Bd. 7), Berlin 1970, S. 249–278, Tafel 1.

101 *1 Korinther* 3,16; vgl. *2 Korinther* 6,16.

102 *Apostelgeschichte* 7,47–50.

103 Beispielhaft dargelegt wurden diese Zusammenhänge von Friedrich Wilhelm Deichmann: *Vom Tempel zur Kirche*, in: Mullus. Festschrift Theodor Klauser (= Jahrbuch für Antike und Christentum, Ergänzungsband 1), Münster 1964, S. 52–59.

104 Vgl. Anm. 96.

105 *Apokalypse* 21.

106 *Jesaja* 60 und 62.

107 *Ezechiel* 40–48.

108 Zum umfangreichen Komplex der Umsetzung der Vision des Himmlischen Jerusalem in der christlichen Sakralarchitektur siehe u. a.: Lothar Kitschelt: *Die frühchristliche Basilika als Darstellung des Himmlischen Jerusalem,* München 1938; Alfred Stange: *Das frühchristliche Kirchengebäude als Bild des Himmels,* Köln 1950; ders.: *Basiliken-Kuppelkirchen-Kathedralen. Das himmlische Jerusalem in der Sicht der Jahrhunderte,* Regensburg 1964; Robert Konrad: *Das himmlische und das irdische Jerusalem im mittelalterlichen Denken,* in: Speculum Historiale. Geschichte im Spiegel von Geschichtsschreibung und Geschichtsdeutung, hgg. von Clemens Bauer u. a., Freiburg/München 1965, S. 523–540; Günter Bandmann: *Die vorgotische Kirche als Himmelsstadt,* in: Frühmittelalterliche Studien 6/1972, S. 67–93; Martin Büchsel: *Ecclesiae symbolorum cursus completus,* in: Städel-Jahrbuch 9/1983, S. 69–88; *La Gerusalemme celeste.* (*»La dimora di Dio con gli uomini«. Immagini della Gerusalemme celeste dal III al XIV secolo),* hgg. von Maria Luisa Gatti Perer, Ausst.-Kat., Mailand 1983; Bianca Kühnel: *From the Earthly to the Heavenly Jerusalem. Representations of the Holy City in Christian Art of the First Millenium* (= Römische Quartalschrift für christliche Altertumskunde und Kirchengeschichte), Rom/Freiburg/Wien 1987.

109 Origenes: *Acht Bücher gegen Celsus* VIII/19–20 (griech. Ausg. hgg. von Paul Koetschau (= Origenes Werke, Bd. II), Leipzig 1899, S. 236 ff.; dt. Ausg. hgg. von Paul Koetschau (= Des Origenes ausgewählte Schriften, Bd. III), München 1927, S. 320 ff.

110 Hans-Jörg Spitz: *Die Metaphorik des geistigen Schriftsinns. Ein Beitrag zur allegorischen Bibelauslegung des ersten christlichen Jahrtausends* (=Münstersche Mittelalterschriften, Bd. 12), München 1972, S. 8 f.

111 *Matthäus,* 5,17; vgl. *Lukas* 24,44.

112 Friedrich Ohly: *Vom geistigen Sinn des Wortes im Mittelalter,* in: Zeitschrift für deutsches Altertum und deutsche Literatur 89/1958, S. 1–23; wieder abgedruckt in: ders.: Schriften zur mittelalterlichen Bedeutungsforschung, Darmstadt 1977, S. 1–31, bes. S. 13 ff.

113 Spitz (zit. Anm. 110), S. 205 ff.; grundlegend ist noch immer Joseph Sauer: *Symbolik des Kirchengebäudes und seiner Ausstattung in der Auffassung des Mittelalters,* 2. Aufl., Freiburg 1924 (Nachdruck Münster 1964).

114 Friedrich Ohly: *Hohelied-Studien. Grundzüge einer Geschichte der Hoheliedauslegung des Abendlandes bis um 1200,* Wiesbaden 1958, S. 140.

115 Hieronymus (zit. Anm. 99), XII–XIV (PL 25, 387–448); siehe dazu Wilhelm Neuss: *Das Buch Ezechiel in Theologie und Kunst bis zum Ende des 12. Jahrhunderts,* Münster 1912, S. 71 ff.

116 Tertullian: *Adversus Marcionem* III 24, hgg. von Claudio Moreschini, Mailand 1971, S. 152 ff.

117 Gregor der Große: *Homiliarum in Ezechielem Libri II,* Lib. II (PL 76, 933–1072).

118 Rupert von Deutz: *In Ezechielem Commentariorum Libri II,* Lib. II (PL 167, 1463–1498).

119 Honorius Augustodunensis: *Speculum ecclesiae – de epiphania Domini* (PL 172, 847).

120 Ph. Schmitz: *Les lectures du table à l'abbaye de Saint-Denis vers la fin du moyen âge,* in: Revue bénédictine 42/1930, S. 163–167.

121 F. Hector Pinto: *In Ezechielem Prophetam Commentaria,* Salamanca 1568; vgl. Wolfgang Herrmann: *Unknown Designs for the ›Temple of Jerusalem‹ by Claude Per-*

rault, in: Essays in the History of Architecture presented to Rudolf Wittkower, hgg. von Douglas Fraser/Howard Hibbard/Milton J. Lewine, London 1967, S. 143–158, bes. S. 155.

122 Franciscus Ribera Villacastinensis: *De Templo ... Liber primus,* Antwerpen 1593.

123 Theodoret: *In librum I Paralipomenon, Interrogatio I:* »non ipse [David], sed ejus filius templum aedificavit ... quoniam Christus ... erat aedificaturus omnes ecclesias, quae sunt in toto orbe terrarum« (PG 80, 811 f.).

124 Augustinus: *Ennarationes in Psalmis 126* (PL 37, 1668) und *39* (PL 36, 433).

125 Beda Venerabilis: *De Templo Salomonis liber* (PL 91, 735–808).

126 Hugo von St. Victor: *Appendix: Opera Dogmatica: Miscellanea, Liber Septimus* (PL 177, 867–872).

127 Adam von St. Victor: *Sämtliche Sequenzen,* hgg. von Franz Wellner, München 1955, S. 176.

128 Beda (zit. Anm. 125), PL 91, 762; Hrabanus Maurus: *Commentaria in libros regum* (PL 109, 152).

129 Richard von St. Victor: *Opera Pars I – Exegetica: In Visionem Ezechielis* (PL 196, 527–600); vgl. Anm. 462 und 463.

130 Hieronymus (zit. Anm. 99), PL 25, 397 ff.; vgl. Neuss (zit. Anm. 115), S. 71 ff.

131 Hieronymus (zit. Anm. 99), PL 25, 416 ff.

132 Hieronymus (zit. Anm. 99), PL 25, 487 ff.

133 Beda (zit. Anm. 125), PL 91, 746 und 757.

134 Hrabanus Maurus: *De universo* 17, 5 (PL 111, 467).

135 Hugo (zit. Anm. 126), PL 177, 867; vgl. Sauer (zit. Anm. 113), S. 108.

136 Isidor von Sevilla: *Mysticorum expositiones sacramentorum seu questiones in Vetus Testamentum: in regum tertium* (PL 83, 415).

137 Heinz Meyer: *Die Zahlenallegorese im Mittelalter* (= Münstersche Mittelalter-Schriften, Bd. 25), München 1975; Heinz Meyer/Rudolf Suntrup: *Lexikon der mittelalterlichen Zahlenbedeutungen* (= Münstersche Mittelalter-Schriften, Bd. 56), München 1987.

138 Vgl. Meyer 1975 (zit. Anm. 137), S. 80 ff.

139 *Ezechiel* 40,5; Hieronymus (zit. Anm. 99), PL 25, 395.

140 *Ezechiel* 41,1.

141 Hieronymus (zit. Anm. 99), PL 25, 413.

142 Gregor (zit. Anm. 117), PL 76, 952 f.

143 Gregor der Große: *Moralia in Job* (PL 76, 553).

144 6 = 1 + 2 + 3; vgl. Meyer 1975 (zit. Anm. 137), S. 129 ff.

145 Augustinus: *De genesi ad litteram* IV/7.14 (PL 34, 301).

146 *Ezechiel* 41,5.

147 Hrabanus Maurus: *Commentaria in Ezechielem* (PL 110, 971).

148 Rupert (zit. Anm. 118), PL 167, 1483.

149 *Ezechiel* 40, 5; vgl. Anm. 26 und 55.

150 Hieronymus (zit. Anm. 99), PL 25, 391.

151 Hrabanus (zit. Anm. 147), PL 110, 895; Hugo von St. Victor: *De contemplatione et speciebus ejus,* hgg. von Roger Baron (= Monumenta christiana selecta), Tournai/ Paris 1958, S. 86.

152 Gregor (zit. Anm. 117), PL 76, 952 ff.

153 Zu den seit Augustinus angewandten Möglichkeiten der Zahlendeutung, die von Hugo von St. Victor schließlich in ein System von neun Regeln gebracht worden sind, siehe Meyer 1975 (zit. Anm. 137), S. 46 ff.

154 Hieronymus (zit. Anm. 99), PL 75, 397 ff.

155 Gregor (zit. Anm. 117), PL 76, 992 ff.

156 Hrabanus (zit. Anm. 147), PL 110, 915.

157 Rupert (zit. Anm. 118), PL 167, 1474 ff.

158 Rupert von Deutz: *In Regum libros III* (PL 167, 1148).

159 Beda (zit. Anm. 125), PL 91, 759.

160 Hrabanus (zit. Anm. 128), PL 109, 150.

161 Rupert (zit. Anm. 118), PL 167, 1482.

162 Hieronymus (zit. Anm. 99), PL 25, 412 ff; Hrabanus (zit. Anm. 147), PL 110, 970 und 1949.

163 Z. B. Gregor: *In librum I regum III,* 140 (PL 79, 203); Hrabanus (zit. Anm. 134), PL 111, 492; vgl. Meyer/Suntrup (zit. Anm. 137), S. 669 ff.

164 Beda (zit. Anm. 125), PL 91, 757 ff.

165 Hrabanus (zit. Anm. 128), PL 109, 142.

166 Rupert (zit. Anm. 158), PL 167, 1148.

167 Hieronymus (zit. Anm. 99), PL 25, 412 ff.

168 Hrabanus (zit. Anm. 147), PL 110, 970.

169 Meyer/Suntrup (zit. Anm. 137), 97 f.

170 Beda (zit. Anm. 125), PL 91, 758.

171 Hrabanus (zit. Anm. 128), PL 109, 150 ff.

172 Gregor (zit. Anm. 117), PL 76, 957 f.

173 Rupert (zit. Anm. 118), PL 167, 1482 f.; ders. (zit. Anm. 158), PL 167, 1153.

174 Vgl. dazu Friedrich Ohly: *Die Kathedrale als Zeitenraum. Zum Dom von Siena,* in: Frühmittelalterliche Studien 6/1972, S. 94–158, bes. S. 101 ff. (wiederabgedruckt in: F. O. [zit. Anm. 112], S. 171–273).

175 Gregor (zit. Anm. 117), PL 76, 963.

176 Hrabanus (zit. Anm. 134), PL 111, 398.

177 Beda (zit. Anm. 125), PL 91, 749.

178 Hrabanus Maurus: *Ennarationes in epistulas beati Pauli* (PL 112, 423).

179 Hugo von Folietum: *De claustro animae* (PL 176, 1118 f.).

180 Petrus Abaelardus: *Theologia Christiana* I, 80 ff., in: P.A., opera theologica, in: Corpus Christianorum, Series Latina, Continuatio medievalis (= CCCM) 12, S. 104 ff.

181 60:20 = Oktave + Quinte; 60:30 = Oktave; 30:20 = Quinte.

182 Hans Schavernoch: *Die Harmonie der Sphären,* Freiburg 1981.

183 Otto von Simson: *Die gotische Kathedrale,* 3. Aufl., Darmstadt 1979, S. 58 ff.

184 Paul von Naredi-Rainer: *Architektur und Harmonie. Zahl, Maß und Proportion in der abendländischen Baukunst,* Köln 1982 (4. Aufl. 1989), S. 22 ff.

185 Martin Sommerfeld: *Die Reisebeschreibungen der deutschen Jerusalempilger im ausgehenden Mittelalter,* in: Deutsche Vierteljahrsschrift für Literaturwissenschaft und Geistesgeschichte 2/1924, S. 816–851, bes. S. 820 f.; Ludwig Schmugge: *»Pilgerfahrt macht frei« – Eine These zur Bedeutung des mittelalterlichen Pilgerwesens,* in: Römische Quartalschrift für christliche Altertumskunde und Kirchengeschichte 74/1979, S. 16–31.

186 Herbert Donner: *Pilgerfahrt ins Heilige Land,* Stuttgart 1979, S. 13 ff.

187 Herbert Donner: *Der Felsen und der Tempel,* in: Zeitschrift des Deutschen Palästina-Vereins 93/1977, S. 1–11.

188 Joachim Jeremias: *Golgotha* (=Angelos Beiheft 1), Leipzig 1926; vgl. Anm. 78 und
206.

189 Titus Tobler: *Palaestinae descriptiones ex saeculo IV, V et VI,* Leipzig 1869; ders.:
Descriptiones Terrae Sanctae ex saeculo VIII, IX, XII et XV, Leipzig 1874; Titus
Tobler/Augustus Molinier: *Itinera Hierosolymitana et descriptiones terrae sanctae*
(= Publications de la Société de l'Orient Latin, Série géographique I/II), 1877–80
(Nachdruck Osnabrück 1966); John Wilkinson: *Jerusalem Pilgrims before the Cru-
sades,* Warminster 1977; Donner (zit. Anm. 186); *Das Heilige Land in Augenzeugen-
berichten,* hgg. von Peter Gradenwitz, München 1984; Othmar Keel/Max Küchler/
Christoph Oehlinger: *Orte und Landschaften der Bibel,* Bd. 1, Zürich u. a. 1984,
S. 414 ff.; Francis E. Peters: *Jerusalem. The Holy City in the Eyes of Chroniclers, Visi-
tors, Pilgrims, and Prophets from the Days of Abraham to the Beginnings of Modern
Times,* Princeton/N.J. 1985; *Jerusalem Pilgrimage 1099–1185,* hgg. von Joyce Hill/
W. F. Ryan/John Wilkinson, London 1988.

190 Donner (zit. Anm. 186), S. 58 f.

191 Donner (zit. Anm. 186), S. 207.

192 Donner (zit. Anm. 186), S. 280.

193 Donner (zit. Anm. 186), S. 338 ff.

194 Beda Venerabilis: *De locis sanctis libellus* (PL 94, 1179–1190).

195 Wilkinson 1977 (zit. Anm. 189). S. 193–197.

196 Z. B. vom Pilger von Bordeaux, von Bischof Eucherius (nach 444), im sog. Jerusalem-Brevier (um 550), dem Pilger von Piacenza (vgl. Donner [zit. Anm. 186)]
S. 54 ff., S. 179, S. 237, S. 284) sowie auch von einigen Kirchenvätern (vgl. Mazar
[zit. Anm. 71], S. 20 f.).

197 Donner (zit. Anm. 186), S. 337.

198 Vgl. Anm. 87.

199 »templum Salomonis, habens sinagogam Sarracenorum«; Tobler 1874 (zit. Anm.
189), S. 91 ff.; Wilkinson 1977 (zit. Anm. 189), S. 141 ff.

200 Eutychius: *Annales* II, 287 f. (PG 111, 1099 f.).

201 König Balduin II. fügte dem ursprünglichen Ordensnamen »Pauperes Commili-
tones Christi« die Ergänzung »Templique Salomonici« hinzu; Alain Demurger:
Vie et mort de l'ordre du Temple, Paris 1985.

202 Tobler 1874 (zit. Anm. 189), S. 108 ff.

203 Ludwig H. Heydenreich: *Ein Jerusalem-Plan aus der Zeit der Kreuzfahrer,* in: Miscellanea pro Arte. Hermann Schnitzler zur Vollendung des 60. Lebensjahres am
13. Januar 1965, Düsseldorf 1965, S. 83–90; Franz Niehoff: *Collectar aus Cambrai,*
in: Ornamenta Ecclesiae (zit. Anm. 100), Bd. 3, S. 73 f.

204 Der älteste Text aus der Kreuzfahrerzeit, in dem der Felsendom als »templum
Domini« bezeichnet wird, dürfte der um 1095/1105 entstandene anonyme Reisebericht *Qualiter sita est civitas Hierosolymitana* sein; Tobler/Molinier I (zit. Anm.
189), S. 345 ff.

205 Hugeburc: *Leben des hl. Willibald,* hgg. von Andreas Bauch (= Quellen zur
Geschichte der Diözese Eichstätt I: Biographien der Gründerzeit), Eichstätt 1962,
S. 11–122; Wilkinson 1977 (zit. Anm. 189), S. 125–135.

206 Hill u. a. 1988 (zit. Anm. 189), S. 104 f.

207 Busse (zit. Anm. 92), S. 26 ff.

208 Vgl. Reinhold Röhricht: *Deutsche Pilgerreisen nach dem Heiligen Lande,* Innsbruck 1900 (Nachdruck 1967), S. 89; Helmut Lahrkamp: *Mittelalterliche Jerusalemfahrten und Orientreisen westfälischer Pilger und Kreuzritter,* in: Westfälische Zeitschrift 106/1956, S. 316 ff.

209 Vgl. Reinhold Röhricht: *Bibliotheca Geographica Palaestinae. Chronologisches Verzeichnis der auf die Geographie des Heiligen Landes bezüglichen Literatur von 333 bis 1878 und Versuch einer Cartographie,* Berlin 1890, S. 79–85.

210 *Sir John Mandevilles Reisebeschreibung in deutscher Übersetzung von Michel Velser,* hgg. von Eric John Morrall (= Deutsche Texte des Mittelalters, hgg. im Auftrage der Akademie der Wissenschaften der DDR vom Zentralinstitut für Sprachwissenschaft, Bd. LXVI), Berlin 1974.

211 Mandeville (zit. Anm. 210), S. 54 ff.

212 Röhricht 1900 (zit. Anm. 208), S. 90 f.

213 Lahrkamp (zit. Anm. 208), S. 321 ff.

214 Röhricht 1890 (zit. Anm. 209), S. 127 ff.

215 Reiner Haussherr: *Ein Pfarrkind des heiligen Hauptherren St. Sebald in der Grabeskirche,* in: Österreichische Zeitschrift für Kunst und Denkmalpflege 40/1986, S. 195–204, bes. S. 198.

216 Theodericus: *Libellus de locis sanctis,* hgg. von M. L. und W. Bulst (= Editiones Heidelbergenses 18), Heidelberg 1976; siehe dazu Christine Sauer: *Theoderichs »Libellus de locis sanctis« (ca. 1169–1174). Architekturbeschreibungen eines Pilgers,* in: Hagiographie und Kunst. Der Heiligenkult in Schrift, Bild und Architektur, hgg. von Gottfried Kerscher, Berlin 1993, S. 213–239.

217 Röhricht 1890 (zit. Anm. 209), S. 130 f.

218 *Die Pilgerfahrt des Bruders Felix Faber ins Heilige Land anno MCCCCLXXXIII.* Nach der ersten Ausgabe 1556 bearbeitet und neu herausgegeben von Helmut Roob, Heidelberg 1965, S. 46 f.

219 Herbert Feilke: *Felix Fabris Evagatorium über seine Reise in das Heilige Land. Eine Untersuchung über die Pilgerliteratur des ausgehenden Mittelalters* (= Europäische Hochschulschriften, Reihe I: Deutsche Literatur und Germanistik, Bd. 155), Frankfurt/M./Bern 1976.

220 Gradenwitz (zit. Anm. 189), S. 24.

221 Röhricht 1890 (zit. Anm. 209), S. 132–136; Hugh Wm. Davies: *Bernhard von Breydenbach and his Journey to the Holy Land, 1483/84,* London 1911 (Nachdruck 1968); *Die Reise nach Jerusalem. Bernhard von Breydenbachs Wallfahrt ins Heilige Land,* Ausst.-Kat., Mainz 1992.

222 Bernhard von Breydenbach: *Die Reise ins Heilige Land,* hgg. von Elisabeth Geck, Wiesbaden 1977 (mit allen Holzschnitten in Originalgröße).

223 Barbara Schock-Werner: *Bamberg ist Jerusalem – Architekturporträt im Mittelalter,* in: Der Traum vom Raum. Gemalte Architektur aus 7 Jahrhunderten, Ausst.-Kat., Nürnberg 1986, S. 266 f.

224 Reiner Haussherr: *Spätgotische Ansichten der Stadt Jerusalem (oder: War der Hausbuchmeister in Jerusalem?),* in: Jahrbuch der Berliner Museen NF 29–30/1987–88, S. 47–70, bes. S. 64 f.

225 Obwohl die Achteckform des Grundrisses des Felsendoms nicht eindeutig aus der Darstellung hervorgeht, wird doch auch nicht die Vorstellung eines sechseckigen Grundrisses suggeriert. – Übertrieben ist die Zwiebelform der Kuppel, außer-

dem ist jede der Achteckseiten des Untergeschosses nicht durch sechs, sondern durch sieben Nischen gegliedert.

226 Zit. nach Haussherr 1987 (zit. Anm. 224), S. 65.

227 Vgl. Anm. 215.

228 Röhricht 1890 (zit. Anm. 209), S. 146; *The Pilgrimage of Arnold von Harff,* hgg. von Malcolm Letts, London 1946, S. 208.

229 Friedrich Bachmann: *Die alten Städtebilder. Ein Verzeichnis der graphischen Ortsnamen von Schedel bis Merian,* Leipzig 1939, S. 144 f.; Herrmann M. Z. Meyer: *The Pictorial Presentation. Maps, Views and Reconstructions of Jerusalem,* in: Jerusalem – The Saga of the Holy City, hgg. von Benjamin Mazar, Jerusalem 1954, S. 59–72; Zev Vilnay: *The Holy Land in old prints and maps,* Jerusalem 1963; E. Laor: *Maps of the Holy Land, a cartobibliography of printed maps 1475–1800,* New York/ Amsterdam 1986; Rehav Rubin: *Jerusalem in Plänen und Ansichten* (in hebräischer Sprache), Tel Aviv 1987; *Reisen nach Jerusalem. Das Heilige Land in Karten und Ansichten aus fünf Jahrhunderten. Sammlung Loewenhardt,* Ausst.-Kat., Berlin (Wiesbaden) 1993.

230 De Pierre: *Wahrer und grundlicher Abriss der Welt-berühmten und Hochheiligen Stadt Jerusalem;* Kupferstich, Wien 1680.

231 Röhricht 1890 (zit. Anm. 209), S. 309 f.

232 Richard Krautheimer: *Introduction to an ›Iconography of Medieval Architecture‹,* in: Journal of the Warburg and Courtauld Institutes 5/1942, S. 1-33; deutsche Fassung mit zwei Nachworten des Autors und ergänzender Literatur in: R. K.: Ausgewählte Aufsätze zur europäischen Kunstgeschichte, Köln 1988, S. 142-197; Matthias Untermann: *Der Zentralbau im Mittelalter. Form – Funktion – Verbreitung,* Darmstadt 1989, S. 53 ff.

233 Günter Bandmann: *Ikonologie der Architektur,* in: Jahrbuch für Ästhetik und allgemeine Kunstwissenschaft 1/1951, S. 67-109, S. 86 (Nachdruck Darmstadt 1969, S. 20).

234 Ein kurioses Beispiel dafür wäre allenfalls Sir John Mandevilles Behauptung, daß der – von ihm allerdings für einen Christen gehaltene – Kaiser Hadrian den Wiederaufbau des Salomonischen Tempels veranlaßt habe; vgl. Anm. 211.

235 Carol Herselle Krinsky: *Representations of the Temple of Jerusalem before 1500,* in: Journal of the Warburg and Courtauld Institutes 33/1970, S. 1-19, bes. S. 4 ff.

236 Der Mönch Theoderich hielt den Felsendom allerdings noch im 12. Jahrhundert für einen konstantinischen Nachfolgebau des Salomonischen Tempels, um dessen verschiedene Zerstörungen er durchaus wußte; Hill u. a. 1988 (zit. Anm. 189), S. 293.

237 Allerdings herrscht keine Klarheit über den Bauherrn, der einmal als Sarazenenfürst namens Amor, ein anderes Mal als Prinz von Memphis in Ägypten benannt wird; vgl. Hill u. a. 1988 (zit. Anm. 189), S. 132 und S. 199.

238 Sibylle Mähl: *Jerusalem in mittelalterlicher Sicht,* in: Die Welt als Geschichte 22/1962, S. 11-24.

239 Busse (zit. Anm. 92), S. 24 f.

240 Rehav Rubin: *Ideology and landscape in early printed maps of Jerusalem,* in: Ideology and landscape in historical perspective. Essays on the meaning of some places in the past, hgg. von Alan H. Baker und Gideon Biger, Cambridge/Mass. 1992, S. 15-30.

241 Andreas Bauch: *Der Dom zu Eichstätt,* München 1979, S. 16.

242 Frankfurt, Städelsches Kunstinstitut, Gemäldegalerie Nr. 714; vgl. Haussherr 1987 (zit. Anm. 224), S. 61 f.

243 Schlins-Frommengärsch/Vorarlberg, St. Annenkapelle; vgl. *750 Jahre Feldkirch 1218-1968,* Ausst.-Kat., Feldkirch 1968, Kat. Nr. 207; eine andere Fassung dieses Bildes befindet sich im Vorarlberger Landesmuseum in Bregenz.

244 Paris, Louvre; Manlio Cancogni/Guido Perocco: *L'opera completa del Carpaccio,* Mailand 1967, S. 107 f., Nr. 56 B.

245 Venedig, Scuola di San Giorgio degli Schiavoni; Cancogni/Perocco (zit. Anm. 244), S. 100 f., Nr. 33 H.

246 David R. Marshall: *Carpaccio, Saint Stephen, and the Topography of Jerusalem,* in: The Art Bulletin 66/1984, S. 610-620.

247 *Apostelgeschichte* 6-7.

248 *Die Legenda aurea des Jacobus de Voragine,* hgg. von Richard Benz, Heidelberg 1955, S. 300 ff.

249 Eine Vorzeichnung (Florenz, Uffizien, Gabinetto dei Disegni e delle Stampe), in der der Zentralbau genau die Bildachse markiert, bringt die strenge Tektonik und die zentralperspektivische Konstruktion noch deutlicher zum Ausdruck.

250 Baltimore, Walters Art Gallery; Berlin, Staatliche Museen zu Berlin (ehem. Bodemuseum); Urbino, Galleria Nazionale delle Marche.

251 Josef Ploder: *Zur Darstellung des städtischen Ambiente in der italienischen Malerei von 1450-1500,* Wien/Köln/Graz 1987, S. 156 ff.

252 Dante und Grazia Bernini: *Il restauro della Città Ideale di Urbino. Mostra documentaria,* Ausst.-Kat., Urbino 1978.

253 So Richard Krautheimer: *The Tragic and Comic Scene of the Renaissance: The Baltimore and Urbino Panels,* in: Gazette des Beaux-Arts VI, 33/1948, S. 327-346; deutsche Fassung mit einem Postskript und ergänzender Literatur, in: R. K.: Ausgewählte Aufsätze (zit. Anm. 232), S. 334-356; – dagegen Götz Pochat: *Theater und bildende Kunst im Mittelalter und in der Renaissance in Italien,* Graz 1990, S. 280 f.

254 Leon Battista Alberti: *De re aedificatoria libri decem,* Florenz 1485 (verfaßt zwischen 1443 und 1452), Faksimileausgabe mit »Index verborum«, hgg. von Hans-Karl Lücke, 3 Bde., München 1975-79; deutsche Übersetzung von Max Theuer, Wien/Leipzig 1912 (Nachdruck 1975).

255 Alberti VII/4 (zit. Anm. 254); Theuer S. 353.

256 Alberti VII/1 (zit. Anm. 254); Theuer S. 341 ff.

257 Alberti V/6 (zit. Anm. 254); Theuer S. 236.

258 Alberti VII/3 (zit. Anm. 254); Theuer S. 352.

259 Rudolf Wittkower: *Grundlagen der Architektur im Zeitalter des Humanismus,* München 1969 (engl. Originalausgabe London 1949), S. 12 ff.

260 Florenz, Uffizien, Gabinetto dei Disegni e delle Stampe; *Le Temple. Représentations de l'architecture sacrée,* Ausst.-Kat., Paris 1982, S. 60, Nr. 32.

261 *1 Könige* 3,16 ff.

262 Privatbesitz; *Le Temple* (zit. Anm. 260), S. 59 f., Nr. 31.

263 Arnaldo Bruschi: *Bramante architetto,* Bari 1969, S. 463 ff.; Peter Murray: *Bramante's Tempietto,* Newcastle-upon-Tyne 1972.

264 Die vom Bauherrn des Felsendoms intendierte Memorialfunktion kann, da sie mit der späteren Interpretation des islamischen Bauwerks als dem Salomoni-

schen Tempel kaum etwas zu tun hat, nicht mit der Zweckbestimmung des Tempietto in Zusammenhang gebracht werden.

265 Sebastiano Serlio: *Il Terzo libro ... Antichità di Roma* IV/18 ff., Venedig 1540.

266 Andrea Palladio: *I Quattro libri dell'Architettura* IV/17, 64 ff., Venedig 1570.

267 Palladio (zit. Anm. 266) IV/17, 64.

268 Mailand, Pinacoteca di Brera; Luitpold Dussler: *Raffael. Kritisches Verzeichnis der Gemälde, Wandbilder und Bildteppiche,* München 1966, S. 47 f., Nr. 81.

269 *Protoevangelium des Jakobus 9* (Neutestamentliche Apokryphen, dt. hgg. von Wilhelm Schneemelcher, Bd. I, Tübingen 1990, S. 342).

270 Caen, Musée des Beaux-Arts; *Le Pérugin: exercices sur l'espace,* Ausst.-Kat., Caen 1984.

271 Spello, Santa Maria Maggiore, Baglioni-Kapelle; Enzo Carli: *Il Pinturicchio,* Mailand 1960, S. 61.

272 *Lukas* 2,41 ff.

273 Carlo Castellaneta/Ettore Camesasca: *L'opera completa del Perugino,* Mailand 1969, S. 92, Nr. 23; vgl. L. D. Ettlinger: *The Sistine Chapel before Michelangelo. Religious Imagery and Papal Primacy,* Oxford 1965, S. 90 ff.

274 *Matthäus* 16,18 f.

275 IMENSU[M] SALOMO[N] / TEMPLUM TU / HOC QUARTE / SACRASTI // SIXTE OPIBUS DISPAR RELIGIONE PRIOR

276 Flämischer Meister: *Kreuzigung,* 15. Jahrhundert; Venedig, Ca' d'Oro; eine beinahe identische (auf Jan van Eyck zurückgehende) Komposition findet sich auch in einer weiteren Kreuzigungstafel (Padua, Museo Civico) sowie im Turiner Stundenbuch, fol. 48v (Turin, Museo Civico); vgl. Hans Belting/Dagmar Eichberger: *Jan van Eyck als Erzähler,* Worms 1983, Abb. 42–44.

277 Kopie nach Jan van Eyck: *Kreuztragung;* Budapest, Szépmüvészeti Múzeum; – Belting/Eichberger (zit. Anm. 276), Abb. 37; Haussherr 1987 (zit. Anm. 224), S. 52.

278 Eine Zusammenstellung derartiger Darstellungen bei August Grisebach: *Architekturen auf niederländischen und französischen Gemälden des 15. Jahrhunderts,* in: Monatshefte für Kunstwissenschaft 5/1912, S. 207–215, S. 254–272, bes. S. 261 ff.; vgl. auch Paul Durrieu: *Le temple de Jérusalem dans l'art français et flamand du XVe siècle,* in: Mélanges offerts à M. Gustave Schlumberger, Bd. II, Paris 1924, S. 506–513; – Martin Feltes: *Architektur und Landschaft als Orte christlicher Ikonographie. Eine Untersuchung zur niederrheinischen Tafelmalerei des 15. Jahrhunderts,* Diss. Aachen 1987, S. 158 ff.

279 Wien, Kunsthistorisches Museum.

280 *Die drei Marien am Grabe Christi;* Rotterdam, Museum Boymans-van Beuningen. Die Zuschreibung dieses Bildes an Jan van Eyck (und damit auch seine Datierung, die zwischen 1420 und 1450 schwankt) ist nicht unumstritten; vgl. Raffaello Brignetti/Giorgio T. Faggin: *L'opera completa dei Van Eyck,* Mailand 1968, S. 87, Nr. 1; Elisabeth Dhanens: *Hubert und Jan van Eyck,* Königstein i.T. 1980, S. 358.

281 G. Hulin de Loo: *Les voyages des frères van Eyck avant 1425,* in: Académie Royale de Belgique, Bulletin de la Classe des Beaux-Arts 11/1929, S. 123 ff.; Charles Sterling: *Jan van Eyck avant 1432,* in: Revue de l'art 33/1976, S. 7–82, bes. S. 28 ff.; skeptisch dagegen Belting/Eichberger (zit. Anm. 276), S. 55 f. und Haussherr 1987 (zit. Anm. 224), S. 51 f.

282 Bd. 1 der dreibändigen »*Chroniques et conquestes de Charlemagne*«, 1458 (Brüssel, Bibliothèque Royale, MS 9066, fol. 146v); Krinsky (zit. Anm. 235), S. 15.

283 »*Avis pour faire le passage d'Oultremer*« des Guillaume Adam, Lille 1455 (Paris, Bibliothèque nationale, MS fr. 9087, fol. 85 v); Krinsky (zit. Anm. 235), S. 14 f.; Haussherr 1987 (zit. Anm. 224), S. 59 f.

284 Stundenbuch aus dem Besitz René d'Anjous, Anfang 15. Jahrhundert, mit Hinzu-fügungen (darunter eine Ansicht von Jerusalem) von 1435/36 (London, British Library, Egerton MS 1070, fol. 5 r); Otto Pächt: *René d'Anjou-Studien I,* in: Jahr-buch der kunsthistorischen Sammlungen in Wien 69 (NF 33)/1973, S. 85–126, bes. S. 89 ff.

285 Bachmann (zit. Anm. 229), S. 4 ff.

286 *Die Schedelsche Weltchronik von 1493,* stark verkleinertes Faksimile der deutschen Ausgabe, Nürnberg 1493, hgg. von Rudolf Pörtner, Dortmund 1978.

287 Vgl. Elisabeth Rücker: *die schedelsche weltchronik. Das größte Buchunternehmen der Dürerzeit. Mit einem Katalog der Städteansichten,* München 1973, S. 94 f.

288 *Schedelsche Weltchronik* (zit. Anm. 286), fol. 48r.

289 *Schedelsche Weltchronik* (zit. Anm. 286), fol. 47v.

290 Vgl. Anm. 37 und 38.

291 *Schedelsche Weltchronik* (zit. Anm. 286), fol. 63v–64r.

292 Schock-Werner (zit. Anm. 223), S. 264 f.; Haussherr 1987 (zit. Anm. 224), S. 63 ff.

293 Meister des Hersbrucker Hochaltars: *Epitaph der Adelheid Tucher (Beweinung Chri-sti),* 1483; Nürnberg, Stadtgeschichtliche Museen, Tucher-Schlößchen.

294 *Schedelsche Weltchronik* (zit. Anm. 286), fol. 17r.

295 Valerian von Loga: *Die Städteansichten in Hartmann Schedels Weltchronik,* in: Jahrbuch der königlich preußischen Kunstsammlungen 9/1888, S. 93–107, S. 184–196, bes. S. 190.

296 Plan von Jerusalem, aus einem Collectar, 2. Hälfte 12. Jahrhundert (Brüssel, Bibliothèque Royale, MS 9823–9824, fol. 157 r); Franz Niehoff: *Collectar,* in: Ornamenta Ecclesiae (zit. Anm. 100), Bd. 3, S. 74 f.

297 Vgl. Anm. 100.

298 Kühnel (zit. Anm. 108), S. 138 ff.

299 Das Himmlische Jerusalem, aus der Apokalypse-Handschrift, Liège (?), 1. Viertel 9. Jahrhundert (Valenciennes, Bibliothèque Municipale, MS 99, fol. 38 r); Kühnel (zit. Anm. 108), S. 128 ff.

300 Michael Avi-Yonah: *The Madaba Mosaic Map with Introduction and Commentary,* Jerusalem 1954; Herbert Donner/Heinz Cüppers: *Die Mosaikkarte von Madaba,* Teil I, Wiesbaden 1977; Rainer Warland: *Die Mosaikkarte von Madaba und ihre Kopie in der Sammlung des Archäologischen Instituts der Universität Göttingen,* in: Antike Welt 23/1992, S. 287–296.

301 Das Himmlische Jerusalem, aus der ›Bamberger Apokalypse‹, Reichenau, um 1000 (Bamberg, Staatsbibliothek, Cod. 140, fol. 55 r.); Ernst Harnischfeger: ›*Die Bamberger Apokalypse*‹, Stuttgart 1981; daß mit der runden oder ovalen Stadtdar-stellung vielleicht auch die in der Buchmalerei mißverstandene antike ovale Gestalt des antiken Stadtbildes gemeint ist, widerspricht dem oben Gesagten nicht, da der Terminus *rotundum* nach mittelalterlichem Verständnis nur nicht runde, sondern auch polygonale Formen meint.

302 Donner (zit. Anm. 186), S. 233.

303 E. Baldwin Smith: *The Dome. A Study in the History of Ideas*, Princeton/New Jersey 1950, S. 19 f., Abb. 218–228.

304 *Schedelsche Weltchronik* (zit. Anm. 286), fol. 17 r.

305 *Apokalypse* 11,19.

306 Annemarie Heimann-Schwarzweber: *Heiliges Grab*, in: LCI (zit. Anm. 1), Bd. 2, 1970, Sp. 182–192; Damiano Neri: *Il S. Sepolcro Riprodotto in Occidente*, Jerusalem 1971.

307 Theodor Klauser (A. Alföldi, A. M. Schneider): *Ciborium*, in: Reallexikon für Antike und Christentum, Bd. III, Stuttgart 1955, Sp. 68 f.

308 Günter Bandmann: *Mittelalterliche Architektur als Bedeutungsträger*, Berlin 1951, S. 191.

309 Klauser (zit. Anm. 307), S. 85; vgl. Karl Lehmann: *The Dome of Heaven*, in: The Art Bulletin 27/1945, S. 1–27.

310 Reiner Haussherr: *Templum Salomonis und Ecclesia Christi. Zu einem Bildvergleich der Bible moralisée*, in: Zeitschrift für Kunstgeschichte 31/1968, S. 101–121, bes. S. 113 ff.

311 Linus Birchler: *Darstellung von Hängekuppeln auf Ikonen und Miniaturen*, in: Miscellanea pro Arte. Hermann Schnitzler zur Vollendung des 60. Lebensjahres am 13. Januar 1965, Düsseldorf 1965, S. 171–178; Krinsky (zit. Anm. 235), S. 9 f.; Juan Antonio Ramirez: *Construcciónes ilusorias*, Madrid 1983, S. 144 ff.

312 Darstellung im Tempel; Predellentafel in der *Verkündigung von Maria*, 1430–32; Madrid, Prado. Elsa Morante/Umberto Baldini: *L'opera completa dell'Angelico*, Mailand 1970, S. 90, Nr. 22 E.

313 *Biblioteca Apostolica Vaticana. Liturgie und Andacht im Mittelalter*, Ausst.-Kat., Köln 1992, S. 250 f., Nr. 52.

314 Joachim M. Plotzek: *Die Handschriften der Sammlung Ludwig*, Bd. 2, Köln 1982, S. 286–313.

315 Vgl. Wolfgang Götz: *Zentralbau und Zentralbautendenz in der gotischen Architektur*, Berlin 1968, S. 319 ff.

316 Erwin Panofsky: *Early Netherlandish Painting, Its origins and character*, Bd. 1, New York/Hagerstown/San Francisco/London 1971 (1. Aufl. Cambridge/Mass. 1953), S. 86

317 Genoveva Nitz: *Lauretanische Litanei*, in: Marienlexikon, Bd. 4, St. Ottilien 1992, S. 33–44.

318 *Turm*, in: LCI (zit. Anm. 1), Bd. 4, Sp. 393 f.

319 *Hohelied* 7, 5; Rolf Bergmann: *Der elfenbeinerne Turm*, in: Zeitschrift für deutsches Altertum und deutsche Literatur 92/1963, S. 292–320, bes. S. 302 ff.

320 Sauer (zit. Anm. 113), S. 142 f.

321 Richard Krautheimer: *Sancta Maria Rotunda*, in: Arte del primo Millenio. Atti del II. Convegno per lo Studio dell'arte dell'alto medioevo tenuto presso l'Università di Pavia nel settembre 1950, Turin 1952, S. 21–27; wiederabgedruckt in: R. K.: Studies in Early Christian, Medieval and Renaisssance Art, London/New York 1969, S. 107–114.

322 Busse (zit. Anm. 92), S. 23 f.

323 Odo Casel: *Mysterium der Ecclesia*, Mainz 1961.

324 Gertrud Schiller: *Ikonographie der christlichen Kunst*, Bd. 4.1, Gütersloh 1976, S. 84 ff.

325 Schiller (zit. Anm. 324) 4.1, S. 68 ff.

326 Stephan Seeliger: *Gaben des Geistes,* in: LCI (zit. Anm. 1) Bd. 2, Sp. 71–73.

327 Alfons Kasper: *Der Bibliothekssaal des Prämonstratenserstifts Schussenried,* 6. Aufl., Bad Schussenried 1991, S. 7f.

328 1762 malt Johann Anwander im goldenen Saal der Jesuitenuniversität Dillingen ein Deckenfresko, das Maria unter einem siebensäuligen Rundtempel zeigt; weitere Beispiele bei Karl-August Wirth:»*Sapientia aedificabit sibi domum, excidit columnas septem. Prov. 9. v. 1« – Eine Kupferstichfolge von Gottfried Bernhard Göz,* in: Jahrbuch des Vereins für Augsburger Bistumsgeschichte 13/1979, S. 216–266.

329 Vgl. Bloch 1963 (zit. Anm. 3), S. 762 f.; ders.: *Ekklesia und Domus Sapientiae,* in: Judentum im Mittelalter. Beiträge zum christlich-jüdischen Gespräch (=Miscellanea mediaevalia. Veröffentlichungen des Thomas-Instituts an der Universität Köln, hgg. von Paul Wilpert, Bd. 4), Berlin 1966, S. 370–381.

330 Vgl. Johann Konrad Eberlein: *Apparito regis – revelatio veritatis. Studien zur Darstellung des Vorhangs in der bildenden Kunst von der Spätantike bis zum Ende des Mittelalters,* Wiesbaden 1982, S. 83 ff.

331 *Buch der Sprichwörter* 9,1, vgl. Anm. 396.

332 *1 Könige* 2,9 und 5,19–14; vgl. auch das Salomo zugeschriebene *Buch der Weisheit,* in dessen drittem Teil (8, 19 ff.) er Gott um Weisheit bittet.

333 Z. B. Samuel Reyher: *Mathesis Mosaica ...,* Kiel 1679, S. 461; vgl. *Architekt und Ingenieur. Baumeister in Krieg und Frieden,* Ausst.-Kat., Wolfenbüttel 1984, S. 136/141, Kat.-Nr. 100.

334 Vgl. Franz Niehoff: *Prudentius, Psychomachie und Physiologus,* in: Ornamenta Ecclesiae (zit. Anm. 100), Bd. 1, S. 69 ff., Kat.-Nr. A 17.

335 Anton von Euw: *Weihrauchfaß des Gozbertus,* in: Ornamenta Ecclesiae (zit. Anm. 100), Bd. 1, S. 478.

336 *1 Könige* 10,18–20.

337 Otto Demus: *Romanische Wandmalerei,* München 1968, S. 212 ff.; Abb. 241.

338 Vgl. Karl Atz: *Der Thron Salomos in ältester Form,* in: Zeitschrift für christliche Kunst 21/1908, S. 147–156; Francis Wormald: *The Throne of Solomon and St. Edward's Chair,* in: De Artibus opuscula XL. Essays in honor of Erwin Panofsky, hgg. von Millard Meiss, Bd. 1, New York 1961, S. 532–539; Bd. 2, S. 175–177; Bloch 1963 (zit. Anm. 3), S. 770 ff.; Isa Ragusa: *Terror demonum and terror inimicorum: The two lions of the throne of Solomon and the open door of paradise,* in: Zeitschrift für Kunstgeschichte 40/1977, S. 93–114.

339 Ramirez (zit. Anm. 311), S. 178 ff.

340 Vgl. Vogelsang (zit. Anm. 4), S. 147; vergleichbare Darstellungen finden sich auch auf zwei Tondi im Museum of Fine Arts, Boston (Alessandra Uguccioni: *Salomone e la regina di Saba. La pittura di cassone a Ferrara presenze nei musei americani,* Ferrara 1988, S. 89 ff.).

341 Paris, Bibliothèque Nationale, MS fr. 247, fol. 163; vgl. Rosenau (zit. Anm. 97), S. 66.

342 Odo Casel: *Die Kirche als Braut Christi nach Schrift, Väterlehre und Liturgie,* Mainz 1961.

343 Otto Gillen: *Bräutigam und Braut,* in: LCI (zit. Anm. 1), Bd. 1, Sp. 318–324.

344 Panofsky (zit. Anm. 316), S. 136 ff.; Lilli Fischel: *Die › Vermählung Mariä‹ des Prado zu Madrid,* in: Musees Royaux des Beaux-Arts, Bruxelles, Bulletin März 1958, S. 3–16 (akzeptiert die ikonographische Deutung, spricht sich aber gegen eine Autor-

schaft des Meisters von Flémalle aus); Günther Fiensch: *Form und Gegenstand. Studien zur niederländischen Malerei des 15. Jahrhunderts*, Köln/Graz 1961; S. 81; Graham Smith: *The Betrothal of the Virgin by the Master of Flémalle*, in: Pantheon 30/1972, S. 115–132; Eva Frodl-Kraft: *Der Tempel von Jerusalem in der ›Vermählung Mariae‹ des Meisters von Flémalle*, in: Études d'art médiéval offertes à Louis Grodecki, Paris 1982, S. 293–309.

345 Haussherr 1968 (zit. Anm. 310).

346 Sowohl die in Erwägung gezogene Vorbildhaftigkeit der Zentralbau-Apsis von Sant'Antonio in Padua (Götz [zit. Anm. 315], S. 154) als auch ein möglicherweise als Hinweis auf den Auftraggeber zu interpretierender Zusammenhang mit dem Dekagon von St. Gereon in Köln (Plotzek [zit. Anm. 314], S. 308) müssen Spekulationen bleiben.

347 Flavius Cresconius Corippus schreibt in seinem Lobgedicht auf Justinian, daß vor der Pracht der von ihm erbauten Hagia Sophia die Beschreibung des Salomonischen Tempels schweigen müsse (Corippi *in laudem Justini*, lib. IV, 280 f. (= Monumenta Germaniae historica [= MGH], Auctores antiquissimi III/2, S. 154); vgl. Anm. 360.

348 Alkuin schreibt 798 an Karl den Großen, er hoffe nach dessen Rückkehr vom Sachsenkrieg»im Jerusalem des ersehnten Vaterlandes, wo der Tempel des sehr weisen Salomon kunstvoll mit Gottes Hilfe errichtet wird, vor Euer liebenswertes Angesicht zu treten« (= MGH Epistolae Carolini aevi, Bd. 4, Hannover-Berlin 1895, S. 235).

349 In der Widmung seiner 1582 bei Juan Gracián verlegten Vitruv-Ausgabe bezeichnet Juan de Orea Philipp II. als »zweiten Salomon«; in der Vorrede zum 1596 erschienenen 1. Band der *In Ezechielem Explanationes* (vgl. Anm. 477) wird der Widmungsträger Philipp II. wegen seiner hohen Gesinnung und Weisheit mit Salomo verglichen.

350 In einem Brief an seinen Architekten Jean de Bodt, der einen Dom für Berlin entwerfen sollte, schreibt Friedrich I: »Je veux comme Salomon, avant de mourir, bâtir un temple à la gloire de l'eternel«; vgl. Pierre du Colombier: *L'Architecture française en Allemagne au XVIIIe siècle*, Paris 1956, S. 105.

351 In einem Gedicht anläßlich der Erbhuldigung der niederösterreichischen Stände für Karl VI. vergleicht Karl Gustav Heraeus, Medaillen- und Antiquitäteninspektor sowie Verfasser der Konzepte für die wichtigsten Fest- und Trauergerüste am Wiener Hof, den Kaiser in mehrfacher Hinsicht mit Salomo; vgl. Franz Matsche: *Die Kunst im Dienst der Staatsidee Kaiser Karls VI. Ikonographie, Ikonologie und Programmatik des »Kaiserstils«*, 2 Bde., Berlin/New York 1981, Bd. 1, S. 283 ff.

352 Bernward von Hildesheim schreibt in seinem 2. Testament von 1019: »...der heilige Salomo, dem in seinen Verdiensten der Buße niemand jemals gleich befunden wurde, hat sich durch den Bau des Tempels Gottes ... Gott näher gebracht ... In Anbetracht dessen habe nun ich, Bernward, ... lange darüber nachgedacht, durch welches verdienstvolle Bauwerk ... ich mir die göttliche Gnade verdienen könne ... Jetzt, da ich den Thron von Hildesheim erstiegen hatte, wollte ich durch die Tat vollenden, was ich seit langem im Geiste plante, ... Ich begann also mit freudiger Zustimmung der Gläubigen Christi eine Kirche zu gründen...« (Hatto Kallfelz: *Lebensbeschreibungen einiger Bischöfe des 10.–12. Jahrhunderts*, Darmstadt 1973, S. 352); vgl. Günther Binding: *Bischof Bernward als Architekt der*

Michaeliskirche in Hildesheim (= 35. Veröffentlichung der Abteilung Architektur des Kunsthistorischen Instituts der Universität zu Köln), Köln 1987, S. 35 ff.

353 Abt Suger von Saint-Denis begründete die Identität seiner Kathedrale mit dem Salomonischen Tempel mit dem Hinweis darauf, daß beide nach Gottes Weisungen erbaut worden seien (Œuvres complètes de Suger, hgg. von A. Lecoy de la Marche, Paris 1867 [Reprint Hildesheim 1979], S. 218); vgl. Erwin Panofsky: *Abbot Suger on the Abbey Church of St.-Denis and its Treasures,* Princeton 1946, S. 90.

354 Vgl. Eugenio Battisti: *Il Significato Simbolico della Cappella Sistina,* in: Commentarii. Rivista di critica e storia dell'arte 8/1957, S. 96–104, bes. S. 100 ff.

355 Eusebius stellt anläßlich der Weihe der Kirche von Tyrus die rhetorische Frage, ob man Bischof Paulinus, den Bauherrn,»neuen Beseleel, den Erbauer des göttlichen Zeltes, oder Salomon...« nennen solle (Eusebius: *Kirchengeschichte* X, 4 [zit. Anm. 96], S. 413); – Dieser Vergleich wird auch im Hiblick auf die Kathedrale von Edessa (André Grabar: *Le témoignage d'une Hymne Syriaque sur l'architecture de la Cathédrale d'Edessa au VIe siècle et sur la symbolique de l'édifice Chrétien,* in: Cahiers Archéologiques 2/1947, S. 42–67, bes. S. 54 ff.) und die Palastkirche der Langobarden in Salerno gezogen (Hans Belting: *Studien zum beneventanischen Hof im 8. Jahrhundert,* in: Dumbarton Oaks Papers 16/1962, S. 141–193, bes. S. 171); – Gauzlin, der Abt von Fleury, wird um die Mitte des 11. Jahrhunderts ebenso mit Salomo in Verbindung gebracht (André de Fleury: *Vie de Gauzlin, Abbé de Fleury,* hgg. von Robert-Henri Bautier/Gilette Labory, Paris 1969, S. 136/137, § 66) wie der Abt des nach einem Brand 1152 wiederaufgebauten Klosters Saint-Bertin (Victor Mortet: *Recueil de Textes relatifs à l'histoire de l'architecture et la condition des architectes en France au Moyen Age, XIe–XIIe siècles,* Paris 1911, S. 120); Von der Weihe des Chors der Kathedrale von Canterbury im Jahre 1130, der auch der König beiwohnte, berichtet ein Zeitgenosse, daß es die glänzendste »seit der Einweihung des Salomonischen Tempels« gewesen sei *(Annales Monastici,* IV, 19, hgg. von Luard, [= Rerum Britannicarum Medii Aevi Scriptores, hgg. von W. Stubbs, Bd. 36, 4]); in der Lebensbeschreibung des 1148 verstorbenen Bischofs Robert von Hereford heißt es, daß er in jener Kirche begraben worden sei, die er »selbst feierlich nach dem Vorbild Salomos« geweiht habe (Otto Lehmann-Brockhaus: *Lateinische Schriftquellen zur Kunst in England, Wales und Schottland vom Jahre 901 bis zum Jahre 1307,* Bd. 1, München 1955, Nr. 2054; dort unter den Nummern 865 und 4616 weitere Salomo-Vergleiche).

356 Vgl. Anm. 2.

357 Peter Bloch: *Siebenarmige Leuchter in christlichen Kirchen,* in: Wallraf-Richartz-Jahrbuch 23/1961, S. 55–190.

358 Vgl. Naredi-Rainer 1982 (zit. Anm. 184), S. 60 ff.

359 Heinz Kähler: *Die Hagia Sophia,* Berlin 1967; Marcell Restle: *Konstantinopel B I 2 b: Von Justinian bis zum Bilderstreit. 1. Kirchen,* in: Reallexikon zur byzantinischen Kunst, Bd. 4, Stuttgart 1989, S. 366–447.

360 Vgl. Anm. 347; hierzu und zum folgenden Georg Scheja: *Hagia Sophia und Templum Salomonis,* in: Istanbuler Mitteilungen 12/1962, S. 44–58.

361 *Diegesis* III, 57, hgg. von Theodor Preger (= Scriptores Originum Constantinopolitanarum), Leipzig 1901, S. 237.

362 E. M. Antoniades, Ἔκφρασις τῆς ἅγιας σωφίας, Paris 1907–1909, Abb. 8 und 9; die Länge des byzantinischen Fußes beträgt 30,95 cm.

363 Martin Harrison: *Ein Tempel für Byzanz. Die Entdeckung und Ausgrabung von Anicia Julianas Palastkirche in Istanbul*, Stuttgart/Zürich 1989.

364 Vgl. Anm. 26.

365 *Ezechiel* 41,13-15.

366 *1 Könige* 6,20; *2 Chronik* 3,8; *Ezechiel* 41,4.

367 Naredi-Rainer 1982 (zit. Anm. 184), S. 62 ff., basierend auf einem unveröffentlichten Manuskript von J. Konrad Eberlein: *Bemerkungen zur Bedeutung des Westwerkes* (1974); - der quadratische Hauptraum des - nicht mehr erhaltenen - Westwerks von Centula (790-799) hat nach den bauarchäologischen Untersuchungen von Irmingard Achter *(Zur Rekonstruktion der karolingischen Klosterkirche Centula*, in: Zeitschrift für Kunstgeschichte 1956, S. 133-154) 30 x 30 karolingische Fuß à 33,29 cm gemessen; die Maße des Westwerks von Corvey (873-885) betragen nach Wilhelm Rave (*Corvey*, Münster 1958, S. 52) 9,37 x 9,37 m (lichte Weite), was einer Seitenlänge von 30 Fuß à 31,23 cm entspricht; im Westwerk von Werden (um 920-943) beträgt das Achsmaß des Hauptraumes ca. 9.30 x 9.30 m (Walther Zimmermann, Hugo Borger u. a.: *Die Kirchen zu Essen-Werden* [=Die Kunstdenkmäler des Rheinlandes, Beiheft 7], Essen 1959, S. 136 ff.); in Müstereifel (Mitte 11. Jhdt.) messen die Außenfluchten 9,28 x 9,28 m (Messung J. K. Eberlein).

368 1 Elle (cubitus) mißt 1½ Fuß (pedes); vgl. Naredi-Rainer 1982 (zit. Anm. 184), S. 104 ff.

369 Carol Heitz: *Recherches sur les rapports entre architecture et liturgie à l'époque carolingienne*, Paris 1963, S. 145 ff.

370 Die umfangreiche Literatur zur schwierigen und in vielen Punkten noch offenen Problematik der Funktion und Bedeutung der Westwerke ist neuerdings zusammengefaßt bei Heimo Kaindl: *Das Westwerk. Forschungsstand und offene Fragen eines mittelalterlichen Zentralbaugedankens*, Magisterarbeit Graz 1990; Dagmar von Schönfeld: *Die Westwerke. Ein Forschungsüberblick*, Magisterarbeit Bonn 1991.

371 Vgl. Anm. 163.

372 CIVITATEM ISTAM TU CIRCUMDA DOMINE ET ANGELI TUI CUSTODIANT MUROS EIUS

373 Vgl. Bandmann 1951 (zit. Anm. 308), S. 111 f.

374 Vgl. Anm. 128.

375 Battisti (zit. Anm. 354).

376 *1 Könige* 6, 6; die Tatsache, daß dieser Abschnitt des Bauberichtes erst eine nachträgliche Hinzufügung ist und daher nicht den ursprünglichen, sondern erst den späteren Zustand des Salomonischen Tempels beschreibt, ist eine Erkenntnis der jüngsten Bibelforschung (vgl. Anm. 29) und für die Rezeption des Quattrocento ohne Belang.

377 Christof Thoenes: *Exkurs: Zur Berechnung des »palmo romano«*, in: Römisches Jahrbuch für Kunstgeschichte 15/1975, S. 57.

378 Battisti (zit. Anm. 354), S. 103, allerdings ohne nähere Ableitung dieser Maßeinheit.

379 Vgl. Anm. 26.

380 Im Unterschied zum florentinischen braccio, der einigermaßen genau zwischen 58,3 und 58,6 cm einzugrenzen ist (vgl. Naredi-Rainer 1982 [zit. Anm. 184], S. 117, Anm. 199), bewegt sich die außerordentlich schwankende Größe des braccio im Rom des ausgehenden Quattrocento zwischen etwa 55 und 85 cm; vgl. B. M. Pee-

bles: *La »Meta Romuli« e una lettera di Michele Ferno*, in: Atti della Pontificia Accademia Romana di Archeologia (Serie III), Rendiconti vol. XII anno accademico 1936, Vatikan 1937, S. 21–63, bes. S. 43 ff.

381 Vgl. Anm. 55.

382 Vgl. Anm. 275.

383 Max Buchner: *Einhard als Künstler*, Straßburg 1919, S. 27 ff., S. 39, S. 51 ff.

384 Notker: *Gesta Caroli* 1, 27 (= MGH Scriptores rerum germanicarum, NS 12, S. 38).

385 Günter Bandmann: *Die Vorbilder der Aachener Pfalzkapelle*, in: Karl der Große. Lebenswerk und Nachleben, Bd. III: Karolingische Kunst, hgg. von Wolfgang Braunfels/Hermann Schnitzler, Düsseldorf 1965, S. 424–462.

386 Vgl. Walther Björkman: *Karl und der Islam*, in: Karl der Große (zit. Anm. 385), Bd. I, S. 672–682; *Europa und der Orient 800–1900*, Ausst.-Kat. Berlin 1989, S. 529 ff.

387 Vgl. Anm. 125.

388 Bloch 1961 (zit. Anm. 357), S. 89 f.; S. 182, Nr. 3; S. 184, Nr. 17.

389 *Miracula s. Maximi abb. Miacensis* III, 13 (Julius von Schlosser: *Schriftquellen zur Geschichte der karolingischen Kunst*, Wien 1892, S. 217 f., Nr. 682); vgl. Albert Verbeek: *Zentralbauten in der Nachfolge der Aachener Pfalzkapelle*, in: Das erste Jahrtausend. Kultur und Kunst im werdenden Abendland an Rhein und Ruhr, Textband II, Düsseldorf 1964, S. 898–947, bes. S. 902 f.

390 André Grabar: *Les mosaïques de Germigny-des-Prés*, in: Cahiers Archéologiques 7/1954, S. 171–183; Peter Bloch: *Das Apsismosaik von Germigny-des-Prés. Karl der Große und der Alte Bund*, in: Karolingische Kunst (zit. Anm. 385), S. 234–255.

391 So verwendeten beispielsweise um die Mitte des 11. Jahrhunderts die Enkelinnen Kaiser Ottos II. den charakteristischen Wandaufriß der Aachener Pfalzkapelle in den von ihnen erbauten Stiftskirchen in Essen und Sankt Maria im Kapitol in Köln zur Demonstration ihrer kaiserlichen Abstammung – zu einem Zeitpunkt, als nicht mehr ihre Familie, das ottonische Kaiserhaus, sondern das salische regierte.

392 Prosper Merimée: *Notes d'un voyage dans l'Ouest de la France*, Paris 1836, S. 132; Georg Dehio/Gustav von Betzold: *Die kirchliche Baukunst des Abendlandes*, Bd. 1, Stuttgart 1892, S. 542 und S. 554 ff.

393 Vgl. Anm. 201.

394 Albert Lenoir: *Architecture monastique*, Bd. I, Paris 1852, S. 389 ff.; Eugène Viollet-le-Duc: *Dictionnaire raisonné de l'architecture française*, Paris 1854–68, Bd. 9, S. 12 ff.

395 Götz (zit. Anm. 315), S. 290.

396 Élie Lambert: *L'architecture des Templiers*, Paris 1955 (Nachdruck 1978).

397 Vgl. Untermann (zit. Anm. 232), S. 81.

398 F. Javier Cabello Dodero: *La iglesia de la Vera Cruz*, in: Estudios Segovianos 3/1951, S. 434 f.; Untermann 1989 (zit. Anm. 232), S. 74, hält dieses Breve des Papstes Honrius III. vom 13. 5. 1224 für eine Fälschung.

399 Götz (zit. Anm. 315), S. 220 f.

400 Juan Antonio Ramirez: *Edificios y sueños (Ensayos sobre Arquitectura y Utopía)*, Malaga 1983, S. 99 ff.; die von Ramirez als Hinweis auf die als Siegel Salomos gedeutete geometrische Konstruktion (nach Vicente Lampérez y Romea: *Los trazados geométricos de los monumentos españoles de la Edad Media: la iglesia de los Templarios de Segovia*, in: Boletín de la Sociedad Española de Excursíones 6/1898), wonach dem Grundriß zwei zum Hexagramm zusammengesetzte gleich-

seitige Dreiecke einzuschreiben sind, deren Seiten angeblich mit denen des Kernbaus fluchten und deren Spitzen die Innenwände des Umgangs treffen, erscheint nicht sonderlich plausibel – obwohl das Hexagramm als »Siegel Salomos« tatsächlich eine gewisse Rolle gespielt zu haben scheint und noch im 17. Jahrhundert von Athanasius Kircher erläutert wird (vgl. Anm. 413). In der Freimaurerei ist das aus zwei Dreiecken gebildete Hexagramm ein bedeutungsschweres magisches Symbol; vgl. *Freimaurer*, Ausst.-Kat., Wien 1992, S. 461 und passim.

401 Vgl. Hans Caspary: *Das Sakramentstabernakel in Italien bis zum Konzil von Trient. Gestalt, Ikonographie und Symbolik, kultische Funktion*, Diss. München 1965, S. 95 ff.

402 Durandus von Mende (um 1230–1296) sieht im Tabernakel, wenn es sich auf dem Hochaltar befindet, eine »imitatio« der Bundeslade *(Rationale divinorum officiorum* I/2, Nr. 26).

403 Das Apsismosaik von Germigny-des-Prés (vgl. Anm. 390) blieb singulär.

404 Hans Ost: *Die Cappella Sistina in Santa Maria Maggiore*, in: Kunst als Bedeutungsträger (zit. Anm. 6), S. 279–303.

405 Walter Schulten: *Der Tabernakel der Kirche St. Mariae Himmelfahrt*, in: Die Jesuitenkirche St. Mariae Himmelfahrt in Köln. Dokumentation und Beiträge zum Abschluß ihrer Wiederherstellung 1980 (= Beiträge zu den Bau- und Kunstdenkmälern im Rheinland, Bd. 28), Düsseldorf 1982, S. 210–222.

406 Vgl. Karl Noehles: *Rezension von Furio Fasolo, L'opera di Hieronimo e Carlo Rainaldi, Rom 1961*, in: Zeitschrift für Kunstgeschichte 25/1962, S. 168.

407 ECCE PLUS QUAM SALOMON HIC *(Matthäus* 12,42).

408 Caspary (zit. Anm. 401), S. 97 ff.

409 SAPIENTIA AEDIFICAVIT SIBI DOMUM EXCIDIT COLUMNAS SEPTEM. IMMOVALIT VICTIMAS SUAS, MISCUIT VINUM ET PROPOSUIT MENSAM ET BIBITE VINUM QUOD MISCUI VOBIS *(Buch der Sprichwörter* 9,1-2 und 5).

410 Walter Schulten: *Der barocke Hochaltar des Kölner Doms*, in: Kölner Domblatt 44-45/1979-80, S. 341-372; vgl. Anm. 325.

411 Paolo Portoghesi: *Francesco Borromini. Baumeister des römischen Barock*, Stuttgart/Zürich 1977 (ital. Ausgabe Mailand 1967), S. 149 ff.

412 Hans Ost: *Borrominis römische Universitätskirche S. Ivo della Sapienza*, in: Zeitschrift für Kunstgeschichte 30/1967, S. 101-142; William Hauptmann: *Luceat Lux Vestra coram Hominibus: A New Source for the Spire of Borromini's S. Ivo*, in: Journal of the Society of Architectural Historians 33/1974, S. 73-79; Magne Malmanger: *Form as iconology. The spire of Sant'Ivo alla Sapienza*, in: Institutum Romanum Norvegiae. Acta ad Archaeologiam et Artium Historiam pertinentia 8/1978, S. 237-249.

413 Athanasius Kircher: *Oedipus Aegyptiacus*, Rom 1652-54, Bd. 2, Teil 1, S. 397; siehe dazu Pierre de la Ruffinière du Prey: *Solomonic Symbolism in Borromini's Church of S. Ivo alla Sapienza*, in: Zeitschrift für Kunstgeschichte 31/1968, S. 216-232, bes. S. 224 ff.; – vgl. Anm. 400.

414 Vgl. Anm. 477.

415 Dazu grundsätzlich Günter Bandmann: *Ikonologie des Ornaments und der Dekoration*, in: Jahrbuch für Ästhetik und allgemeine Kunstwissenschaft 4/1958-59, S. 232-258.

416 Marcello Fagiolo: *Borromini in Laterano.* »*Il Nuovo Tempio« per il Concilio universale,* in: L'Arte 4/1971, S. 5–44; Vogelsang (zit. Anm. 4), S. 509 f., Anm. 518.

417 H[A]EC E[ST] ILLA COLU[M]NA I[N] QUA[M] / D[OMI]N[U]S N[OSTE]R YH'US XPS APPO/DIATUS POPULO P/REDICABAT ET DEO P[AT]RI P/[RE]CES I[N] TEMPLO EFFUNDE/BAT ADHERENDO STABAT / QU[A]E UNA CU[M] ALIIS UND/ECI[M] HIC CIRCU[M]STANTIBUS / DE SALOMONIS TEMPLO / IN TRIUMPHUM HUI[US] / BASILIC[A]E. HIC LOCATA / FUIT: DEMONES EXPELLIT. ET / AB INMUI[N]DIS SPIRITI-BU[S] VE/XATOS LIBEROS REDDIT. ET / MULTA MIRAC[U]LA COTID/IE FACIT: P[ER] REVERENDISSIM[UM] / P[AT]REM ET DOMINU[M] D[OMI]NUS / CARD[INALIS] DE URSINIS OR/NATA: ANNO DOMIN[I] / MCCCCXXXVIII; vgl. Enrico Mauceri: *Colonne tortili così dette del tempio di Salomone,* in: L'Arte 1/1898, S. 377–384.

418 *Memoriale de mirabilibus et indulgentiis quae in urbe Romana existunt,* in: Roberto Valentini/Giuseppe Zucchetti: *Codice topografico della città di Roma,* Rom 1940–53, Bd. 4, S. 81.

419 John Bryan Ward-Perkins: *The Shrine of St. Peter and Its Twelve Spiral Columns,* in: Journal of Roman Studies 42/1952, S. 21–33; Hans-Wolfgang Schmidt: *Die gewundene Säule in der Architekturtheorie von 1500 bis 1800* (Diss. Karlsruhe 1977), Stuttgart 1978, S. 14 ff.

420 Karton (heute London, Victoria and Albert Museum) für eine insgesamt zehn Bildteppiche umfassende Serie für die Sixtinische Kapelle, die sich heute in der Pinacoteca Vaticana befindet; Dussler (zit. Anm. 268), S. 111 ff.

421 Paris, Louvre; Sylvia Ferino Pagden: *Giulio Romano pittore e designatore a Roma,* in: Giulio Romano, Ausst.-Kat., Mantua 1989, S. 65–95, bes. S. 75 ff.

422 Wien, Albertina (eine Zeichnung zu diesem Stich von Diana Scultori befindet sich im Louvre); *Fürstenhöfe der Renaissance. Giulio Romano und das klassische Tradition,* Ausst.-Kat., Wien 1989, S. 191 ff., Kat.-Nr. IV/118.

423 Victor H. Elbern: *Die Rubensteppiche des Kölner Domes. Ihre Geschichte und ihre Stellung im Zyklus »Triumph der Eucharistie«,* in: Kölner Domblatt 10/1955, S. 43–88; ders.: *Der Eucharistische Triumph. Ergänzende Studien zum Zyklus des P. P. Rubens,* in: Kölner Domblatt 14–15/1958, S. 121–139; ders.: *Addenda zum Zyklus »Triumph der Eucharistie« von P. P. Rubens,* in: Kölner Domblatt 21–22/1963, S. 77–80; Charles Scribner III: *Sacred Architecture: Rubens' Eucharist Tapestries,* in: The Art Bulletin 57/1975, S. 519–528.

424 Fra Luca Pacioli: *Divina proportione/Die Lehre vom Goldenen Schnitt,* Anhang *de architectura,* Cap. VIII, lat./dt. hgg. von Constantin Winterberg (= Quellenschriften für Kunstgeschichte und Kunsttechnik des Mittelalters und der Neuzeit, NF, Bd. II), Wien 1899, S. 149/319; vgl. Erik Forssman: *Säule und Ornament. Studien zum Problem des Manierismus in den nordischen Säulenbüchern und Vorlageblättern des 16. und 17. Jahrhunderts* (= Acta Universitatis Stockholmensis. Stockholm Studies in History of Art I), Uppsala 1956, S. 43 ff.

425 Giacomo Barozzi da Vignola: *Regola delli cinque ordini d'Architettura,* Venedig 1562 (Reprint Vignola 1974), Tafel 37.

426 Schmidt (zit. Anm. 419), S. 43 ff., S. 111 ff.; vgl. auch Juan Antonio Ramirez: *Guarino Guarini, Fray Juan Ricci and the »complete Solomonic Order«,* in: Art History 4/1981, S. 175–185.

427 Johann Georg Sulzer: *Allgemeine Theorie der schönen Künste*, Biel/Leipzig 1777–87, S. 565.

428 Hans Blum: *Von den fünff Seülen, Grundtlicher Bericht, unnd deren eigentliche contrafeyung* ..., Zürich 1555 (lateinische Ausgabe 1550), Kommentar zur Corinthia; vgl. Erik Forssman: *Dorisch, Jonisch, Korinthisch. Studien über den Gebrauch der Säulenordnungen in der Architektur des 16.–18. Jahrhunderts* (= Acta Universitatis Stockholmensis. Stockholm Studies in History of Art V), Uppsala 1961, S. 92.

429 Vgl. Anm. 485.

430 Fray Juan Ricci: *Tratado de la pintura sabia;* das Manuskript dieses unpubliziert gebliebenen Traktats wurde erst 1930 veröffentlicht: Elías Tormo Monzó/Enrique Lafuente Ferrari: *La vida y la obra de Fray Juan Ricci,* 2 Bde., Mailand 1930, Bd. 1, S. 109 ff.; vgl. Hanno-Walter Kruft: *Die Geschichte der Architekturtheorie. Von der Antike bis zur Gegenwart,* München 1985, S. 253.

431 Nicolaus Goldmann: *Vollständige Anweisung zu der Civil-Bau-Kunst* ... *mit 74 grossen Rissen erläutert und mit verschiedenen Anmerkungen sonderlich einer weitläufftigen Vorstellung des Tempels zu Jerusalem vermehret von Leonhard Christoph Sturm,* Wolfenbüttel 1696 (Reprint Baden-Baden/Straßburg 1962), S. 77 ff.; vgl. Forssman 1956 (zit. Anm. 424), S. 209 f.

432 Zu einem besonders kuriosen Beispiel siehe Walter Trachsler: *Der Archivschrank der Zürcher Feuerwerker. Zum barocken Möbelzierat der Spiralsäulen und Zackenbossen,* in: Zeitschrift für Schweizerische Archäologie und Kunstgeschichte 38/1981, S. 293–304.

433 Zu den verschiedenen Aspekten der gewundenen Säulen siehe Eva Börsch-Supan: *Garten-, Landschafts- und Paradiesmotive im Innenraum,* Berlin 1967, S. 148–151, S. 168–173.

434 Siehe z. B. Alois Fuchs: *Die Spiralsäule in der Kunstgeschichte,* in: Westfalen. Hefte für Geschichte, Kunst und Volkskunde 29/1951, S. 127–140, bes. S. 137 ff.; Ramon Otero Tuñez: *Las primeras columnas Salomonicas de España,* in: Boletín de la Universidad de Santiago 63/1955, S. 337–344; Germain Bazin: *La colonne salomonique,* in: L'ŒIL 316/1981, S. 56–63; M. Clara Ruggieri Tricoli: *Paolo Amato. La corona e il serpente,* Palermo 1983, bes. S. 49 ff.

435 Heinrich Thelen: *Zur Entstehungsgeschichte der Hochaltar-Architektur von St. Peter in Rom,* Berlin 1967; Schmidt (zit. Anm. 419), S. 56 ff.

436 Vgl. z. B. Eric Fernie: *The Spiral Piers of Durham Cathedral,* in: The British Archaeological Association Conference Transactions for the year 1977 III: Medieval Art and Architecture at Durham Cathedral, 1980, S. 49–58.

437 Walter Cahn: *Solomonic Elements in Romanesque Art,* in: Gutman (zit. Anm. 98), S. 45–72, bes. S. 52 ff.

438 Josef Strzygowski: *Ruins of the Tombs of the Latin Kings,* in: Speculum 11/1936, S. 499–508.

439 *1 Könige* 7,15–22 und 42; *2 Könige* 25,16–17; *2 Chronik* 3,15–17; *Jeremia* 52,20–23.

440 Vgl. Forssman 1956 (zit. Anm. 424), S. 45 f.

441 Vgl. Businik I (zit. Anm. 16), S. 299 ff.

442 R. B. Y. Scott: *The Pillars Jachin and Boaz,* in: Journal of Biblical Literature 58/1939, S. 143–149; S. Yeivin: *Jachin and Boaz,* in: Palestine Exploration Quarterly 91/1959, S. 6–22; Walter Kornfeld: *Der Symbolismus der Tempelsäulen,* in: Zeitschrift für die alttestamentliche Wissenschaft 73/1961, S. 50–57; neuere Literatur in Anm. 18.

443 Michael Schneider-Flagemeyer: *Der mittelalterliche Osterleuchter in Süditalien.*
Ein Beitrag zur Geschichte des Auferstehungsglaubens (= Europäische Hochschul-
schriften, Reihe XXVIII Kunstgeschichte, Bd. 51), Frankfurt a. M./Bern/New
York 1986, S. 77 ff.

444 Beda Venerabilis: *Explanatio Apocalypsis* (PL 93, 141).

445 Hrabanus (zit. Anm. 128), PL 109, 170.

446 Hrabanus (zit. Anm. 128), PL 109, 438; vgl. Bruno Reudenbach: *Säule und Apostel,*
Überlegungen zum Verhältnis von Architektur und architekturexegetischer Literatur
im Mittelalter, in: Frühmittelalterliche Studien 14/1980, S. 310-351.

447 Rupert (zit. Anm. 158), PL 167, 1163 f.

448 Hrabanus (zit. Anm. 128), PL 109, 170.

449 Andreas Alföldi: *Der Throntabernakel,* in: Atlantis 24/1952, S. 76-86, bes.
S. 86.

450 Anthony Blunt: *The Temple of Solomon with Special Reference to South Italian*
Baroque Art, in: Kunsthistorische Forschungen Otto Pächt zu seinem 70. Geburts-
tag, hgg. von Artur Rosenauer/Gerold Weber, Salzburg 1972, S. 258-262; zu weite-
ren Beispielen siehe Oscar Reutersvärd: *Jakin och Boas och kolonnresningsmira-*
klet vid Lunds domkyrkas västingång, in: Bild och betydelse. Föredrag vid det 4.
Nordiska Symposiet för ikonografiska studier, Kvarfräsk 1974, hgg. von L. Lille/M.
Thøgersen, Abo 1976, S. 229-233; Adolf Reinle: *Zeichensprache der Architektur,*
Zürich/München 1976, S. 234 f.

451 Max Seidel: *Die Rankensäulen der Sieneser Domfassade,* in: Jahrbuch der Berliner
Museen 11/1969, S. 81-160, bes. S. 152.

452 Bischof Theoderich von Hohenburg, der Vorgänger Hermanns von Lobdeburg
(Bischof von 1225-1254), der die Salomonischen Säulen in Auftrag gegeben hatte,
war der Verfasser eines Reiseberichtes aus dem Heiligen Land (vgl. Cahn [zit.
Anm. 437], S. 51); schon um 1165 hatte der Würzburger Kleriker Johannes eine
Beschreibung des Heiligen Landes verfaßt; vgl. Anm. 202.

453 Vogelsang (zit. Anm. 4), S. 148 ff.

454 Dumas (zit. Anm. 31), S. 41 ff.; Jay Macpherson: *Jachin and Boaz and the Freema-*
sons, in: The European Emblem. Selected Papers from the Glasgow Conference
11-14 August, 1987, hgg. von Bernard F. Scholz/Michael Bath/David Weston (=
Symbola et Emblemata. Studies in Renaissance and Baroque Symbolism, Bd. 2),
Leiden/New York/Kopenhagen/Köln 1990, S. 129-151; vgl. den Beitrag *Der Tem-*
pel Salomos und die Freimaurerei von Cornelia Limpricht in diesem Band.

455 Nach Félicien des Avaux, dem Bauhistoriker Ludwigs XIV. von Frankreich, wurden zwei der Säulen am Eingang zum Invalidendom in Paris nach dem Vorbild
der Salomonischen Tempelsäulen gearbeitet; vgl. Jacques Vanuxem: *La querelle*
du luxe dans les églises après le Concile de Trente, in: Revue de l'Art 24/1974, S.
48-58, bes. S. 54; ob das kolossale Säulenpaar an der Chorfassade von Sankt Gal-
len oder die beiden Säulen im Obergeschoß der Fassade von Vierzehnheiligen als
Allusionen auf den Salomonischen Tempel zu interpretieren sind (Reinle [zit.
Anm. 450], S. 235), bleibe dahingestellt.

456 Hans Sedlmayr: *Die Schauseite der Karlskirche in Wien,* in: H. S.: Epochen und
Werke, Bd. 2, 2. Aufl. Wien/München 1960, S. 174-187, bes. S. 185 ff. (zuerst in:
Kunstgeschichtliche Studien für Hans Kauffmann, Berlin 1956, S. 262-271).

457 Florenz, Biblioteca Laurenziana, Cod. Amiat. 1.

458 Bloch 1961 (zit. Anm. 357), S. 78 f.

225

459 Innsbruck, Universitätsbibliothek, Cod. 88, fol. 1 r, Walter Neuhauser: *Katalog der Handschriften der Universitätsbibliothek Innsbruck, Teil 1* (= Verzeichnis österreichischer Bibliotheken Reihe II, Bd. 4, Teil 1, hgg. von Otto Mazal [= Österreichische Akademie der Wissenschaften, philosophisch-historische Klasse. Denkschriften, 192. Bd.]), Wien 1987, S. 241 ff.; eine in der Konzeption nahezu identische, aber etwas reicher ausgeführte Darstellung befindet sich in der Nationalbibliothek in Wien (Cod. 10); vgl. Hermann Julius Hermann: *Die illuminierten Handschriften und Inkunabeln der Nationalbibliothek in Wien,* N. F. II: *Die deutschen romanischen Handschriften* (= Beschreibendes Verzeichnis der illustrierten Handschriften in Österreich VIII), Leipzig 1926, Fig. 27; eine in ihrer Struktur durchaus vergleichbare Darstellung des Tempels zeigt eine farbige Miniatur in einer spanischen Bibel: Leon, S. Isidoro, MS 1162, fol. 146 r.

460 Rosenau (zit. Anm. 97), S. 34 ff.; vgl. auch Wischnitzer (zit. Anm. 97).

461 Siehe vor allem Vogelsang (zit. Anm. 4), S. 139–357; außerdem Herrmann (zit. Anm. 121), bes. S. 154 ff. sowie Werner Oechslin: *Das Geschichtsbild in der Architektur in Deutschland: Jerusalem-Idee und Weltwunder-Architektur,* in: Architekt und Ingenieur (zit. Anm. 333), S. 127–142; vgl. auch Stanley Tigerman: *The Architecture of Exile,* New York 1988, S. 90 ff. und S. 162 ff. (Appendix III enthält eine Reihe von Rekonstruktionen aus jüngster Zeit, die weniger von bauhistorischen Überlegungen als von der gestalterischen Phantasie angehender Architekten bestimmt sind).

462 Richard von St. Victor (zit. Anm. 129).

463 Paris, Bibliothèque Nationale, MS Lat. 3848; Oxford, Bodleian Library MS 494; gedruckte Ausgaben erschienen in Venedig 1506 (ohne Illustrationen), Paris 1518, Lyon 1534, Venedig 1592 sowie eine deutsche Ausgabe Köln 1612; vgl. Architekt und Ingenieur (zit. Anm. 333), S. 134 f., Kat.-Nr. 97 a.

464 Nikolaus von Lyra: *Postilla litteralis super Biblia,* Nürnberg: Anton Koberger, 1481, Bd. 2, fol. 176 v; vor dieser 43 Holzschnitte beinhaltenden Edition waren bereits *nicht* illustrierte Ausgaben in Rom (1471/72), Venedig (1472) und Köln (1478/79) erschienen; weitere illustrierte Ausgaben wurden 1485, 1487, 1493 und 1497 in Nürnberg, 1498 und 1502 in Basel, 1489 und 1588 in Venedig sowie 1502, 1520, 1522 und 1523 in Lyon gedruckt; außerdem erschienen die Kobergerschen Holzschnitte mit nur geringfügigen Variationen in einer Reihe von Bibelausgaben sowie auch in der ›Schedelschen Weltchronik‹; illustrierte Handschriften der *Postilla* aus dem 14. und 15. Jahrhundert haben sich u. a. in Paris (Bibliothèque Nationale, MS Lat. 358 und 451; Bibliothèque Sainte-Geneviève, MS 35), Engelberg/Schweiz (Stiftsbibliothek, Cod. 246–249) und Tours (Bibliothèque Municipale, Cod. 52) erhalten; vgl. Herrmann (zit. Anm. 121), S. 155, Nr. 4; Rosenau (zit. Anm. 97), S. 39 ff.; Vogelsang (zit. Anm. 4), S. 139 ff., Kat.-Nr. 1.

465 Martin Luther: *Werke. Kritische Gesamtausgabe. Tischreden,* Bd. 4, Weimar 1916, S. 427, Nr. 4673.

466 Nach den ersten Ausgaben des Neuen Testaments, die 1522 mit Holzschnitten von Lucas Cranach und dessen Werkstatt bei Melchior Lotter in Wittenberg erschienen sind, folgten zwischen 1523 und 1534 fünf Teilausgaben des Alten Testaments, die ebenfalls mit Holzschnitten aus der Cranach-Werkstatt illustriert waren; vgl. Albert Schramm: *Luther und die Bibel,* Bd. 1: *Die Illustrationen der Lutherbibel,* Leipzig 1923; Hildegard Zimmermann: *Beiträge zur Bibelillustration des 16. Jahrhunderts. Illustration und Illustratoren des ersten Luther-Testamentes*

und der Oktav-Ausgabe des neuen Testamentes in Mittel-, Nord- und Westdeutschland. Straßburg 1924; Philipp Schmidt: *Die Illustration der Lutherbibel 1522-1700. Ein Stück abendländischer Kultur- und Kirchengeschichte,* Basel 1962, S. 93 ff.; Vogelsang (zit. Anm. 4), S. 148, Kat.-Nr. 5.

467 *Biblia//das ist//die//gantze Heilige Sch//rifft/Deudsch.//Mart. Luth.//* gedruckt bei Hans Lufft in Wittenberg 1534; die meisten Holzschnitte, darunter auch die Darstellung des Tempels, stammen vom Monogrammisten M S.

468 *Biblia,* Paris: Robertus Stephanus (Robert Estienne) 1540; im Anhang unter dem Titel *His accesserunt schemata Tabernaculi Mosaici, & Templi Salomonis, quae preeunte, Francisco Vatablo ... expressa sunt* (fol. 90-94) sind fünf Darstellungen zur Rekonstruktion des Salomonischen Tempels enthalten; diese Holzschnitte wurden auch in den 1545 und 1546 in Paris, 1557 und 1565 in Genf sowie 1571 in Frankfurt gedruckten lateinischen Ausgaben dieser Bibel sowie in einer Reihe von französischen Ausgabe (Lyon 1551, Genf 1560, Paris 1566 und 1573) wiederverwendet; vgl. Herrmann (zit. Anm. 121), S. 155, Nr. 6; Rosenau (zit. Anm. 97), S. 91 f.; Vogelsang (zit. Anm. 4), S. 152 ff., Kat.-Nr. 6; Antonio Martínez Ripoll: *F. Vatable y R. Éstienne, o la metamorfosis de la arqueografia biblica,* in: Dios, Arquitecto (zit. Anm. 30), S. 90-93.

469 Ludovicus de Compiègne de Veil: *De Cultu Divino, ex Mosis Majemonidae secunda Lege seu Manu Forti liber VIII...,* Paris 1678; Peraults Rekonstruktion beinhaltet drei Tafeln mit einem Grundriß, einem Aufriß der Fassade und Längsfront sowie einer Darstellung des Schaubrottisches und des Brandopferaltars; vgl. Herrmann (zit. Anm. 121); Vogelsang (zit. Anm. 4), S. 253 ff., Kat.-Nr. 61; René Taylor: *Claude Perrault: La fuerza de la tradición Judaica,* in: Dios, Arquitecto (zit. Anm. 30), S. 115-119.

470 Vgl. Wolfgang Dieter Brönner: *Blondel-Perrault. Zur Architekturtheorie des 17. Jahrhunderts in Frankreich,* Diss. Bonn 1972.

471 François Blondel: *Cours d'architecture,* Paris 1657, Bd. 1, Teil II/1,2.

472 *Propheta Ezechiel Lavateri Ministri Tigurini Homiliis seu Commentaria expositus,* Genf 1571; 1581 erschien eine 2. Auflage; vgl. Vogelsang (zit. Anm. 4), S. 157.

473 Vgl. Anm. 37 und 38.

474 Benedictus Arias Montanus: *Exemplar, sive, de sacris fabricis liber,* in B.A.M.: *Communes et Familiares Hebraicae linguae Idiotisani, Omnibus Bibliorum Interpretationibus, ac praecipurê Latinae Sanctis Pagnini versione accomodati, atque ex variis doctorum virorum laboribus & observationibus selecti et explicati,* Antwerpen: Christoferus Plantinus, 1572; einen Nachdruck publizierte Arias Montanus in seinen *Antiquitatum Judaicarum libri IX,* Leiden 1593; vgl. Herrmann (zit. Anm. 121), S. 155, Nr. 9; Vogelsang (zit. Anm. 4), S. 164 ff., Kat.-Nr. 12; Rosenau (zit. Anm. 97), S. 94.

475 René C. Taylor: *El Padre Villalpando (1552-1608) y sus ideas estticas,* in: Academia. Anales y Boletín de la Real Academia de Bellas Artes de San Fernando III-1/ 1951-52, S. 409-473, bes. S. 418 f.; vgl. Anm. 477.

476 Der für 1576 bei Christophe Plantin in Antwerpen herausgegebene Kupferstich trägt die Inschrift *MONTIS DOMINI TOTIUSQ. SACRI TEMPLI EXEMPLUM EX ANTIQUIS DESCRIPTIONIBUS A BENED. ARIA MONTANO OBSERVATIS / AD APPARATUS SACRI INSTRUCTIONEM;* vgl. *Christoffel Plantijn en de Iberische Wereld/Christophe Plantin et le Monde Ibérique,* Ausst.-Kat., Antwerpen 1992, S. 103; dieser Stich, dessen Einfluß in den Tempeldarstellungen der Folgezeit in

dieser oder jener Hinsicht immer wieder bemerkbar wird, ist auch das offensichtlich unmittelbare Vorbild eines heute im Musée Baron Martin in Gray/Haute-Saône aufbewahrten Gemäldes; vgl. A. P. de Mirimonde: *A propos d'une gravure publiée par Christophe Plantin et d'un tableau flamand du Musée de Gray: Le Temple de Jérusalem,* in: Jaarboek van het Koninklijk Museum voor Schone Kunsten, Antwerpen 1975, S. 213–243.

477 *De postrema Ezechielis Prophetae Visione Joannis Baptistae Villalpandi Cordubensis e Societate Jesu* ist des 2. Teil des 2. Bandes des dreibändigen, 1596/1604 in Rom erschienenen Werkes *In Ezechielem Explanationes et Apparatus Urbis ac Templi Hierosolymitani. Commentariis et Imaginibus Illustratus,* dessen 1. Band, ein Kommentar der ersten 28 Kapitel des Buches Ezechiel, von Villalpandos Mentor Jerónimo Prado (1547–1595) verfaßt wurde. Der 655 Folioseiten umfassende 2. Band, der die eigentliche, mit 15 Tafeln illustrierte Tempelrekonstruktion enthält, sowie der 3. Band *Apparatus* mit Erklärungen, Erweiterungen und Illustrationen zum Text des 2. Bandes, stammen ausschließlich von Villalpando. – Jüngst erschien eine von José Luis Oliver vorgenommene Übersetzung ins Spanische: *El templo de Salomon según Juan Bautista Villalpando,* hgg. von Juan Antonio Ramirez, Madrid 1991; der Kommentarband *Dios, Arquitecto . . .* (zit. Anm. 30) mit Beiträgen von Juan Antonio Ramirez, André Corboz, René Taylor, Robert Jan van Pelt und Antonio Martínez Ripoll enthält die bislang umfangreichste kunsthistorische Auseinandersetzung mit Villalpandos Tempelrekonstruktion.

478 René Taylor: *Architecture and Magic. Considerations on the Idea of the Escorial,* in: Essays in the History of Architecture presented to Rudolf Wittkower (zit. Anm. 121), S. 81–109; ders.: *Hermetism and Mystical Architecture in the Society of Jesus,* in: Baroque Art: The Jesuit Contribution, hgg. von Rudolf Wittkower/Irma B. Jaffe, New York 1972, S. 63–91; Cornelia von der Osten-Sacken: *San Lorenzo el Real de El Escorial. Studien zur Baugeschichte und Ikonologie,* Mittenwald 1979, S. 216 ff.; Sylvaine Hänsel: *Vision und Wissenschaft. Die »Explanationes in Ezechielem« von Jerónimo Prado und Juan Bautista Villalpando und eine unpublizierte Korrespondenz König Philipps II. von Spanien,* in: Niederdeutsche Beiträge zur Kunstgeschichte 28/1989, S. 89–130.

479 Vgl. Taylor 1951–52 (zit. Anm. 475); Herrmann (zit. Anm. 121), S. 156, Nr. 12; Vogelsang (zit. Anm. 4), S. 181 ff., Kat.-Nr. 24; Joseph Rykwert: *On Adam's house in Paradise,* Cambridge/Mass./London 1981, S. 121 ff.; Kruft (zit. Anm. 430), S. 249 ff.

480 *Apokalypse* 21,16.

481 Villalpando II (zit. Anm. 477), S. 466 ff.

482 Vitruv: *Zehn Bücher über Architektur* 1/2,4, lat./dt. hgg. von Curt Fensterbusch, Darmstadt 1964, S. 39; vgl. Naredi-Rainer 1982 (zit. Anm. 184), S. 16 ff.

483 Villalpando II (zit. Anm. 477), S. 448 ff.; Alberti IX/5 (zit. Anm. 254); Theuer, S. 489 ff.; vgl. Wittkower (zit. Anm. 259), S. 83 ff.; Naredi-Rainer 1982 (zit. Anm. 184), S. 158 ff.

484 Villalpando II (zit. Anm. 477), S. 471 f.; vgl. Paul v. Naredi-Rainer: *». . . wie die Glieder eines wohlgeformten Menschen«,* in: Daidalos 45/1992, S. 64–71.

485 Villalpando II (zit. Anm. 477), S. 414 ff.; vgl. Forssman 1956 (zit. Anm. 424), S. 209 f.

486 Villalpando II (zit. Anm. 477), S. 436 f.

487 Kruft (zit. Anm. 430), S. 251, vermutet, daß Villalpando mit dem Granatapfelsamen-Motiv auf die ebenfalls aus dem Granatapfelbaum abgeleitete national-spa-

nisch verstandene Baluster-Ordnung seines Landsmannes Diego de Sagredo *(Medidas del Romano: necessarias a los officiales que quieren seguir las formaciones de las Basas, Coluñas, Capiteles y otras pieças de los edificios antiguos*, Toledo 1526 [Reprint Valencia 1976]) zurückgreift und damit die salomonische – unausgesprochen – zugleich auch als spanische Ordnung versteht.

488 Sebastiano Serlio: *I sette libri dell'architettura*, Venedig 1584, IV/5, 7r und 13v (Das 4. Buch erschien unter dem Titel *Regole generali di architettura*... erstmals 1537).

489 Villalpando (zit. Anm. 477), II, S. 80 ff.; vgl. Vitruv VI/8 (zit. Anm. 482), S. 294 ff.

490 Ein Stich, der die Tempelanlage über solchen Substruktionen zeigt, wird in der *Encyclopedia Judaica*, Bd. 15, Jerusalem 1971, S. 984, als Illustration zur 1570 erschienenen *Enciclie des Secrets de l'Eternité* des französischen Hebraisten Guy Le Fèvre de la Boderie bezeichnet und wäre demnach ein mögliches Vorbild für Villalpando. Diese Annahme ließ sich jedoch nicht verifizieren (vgl. Vogelsang [zit. Anm. 4], S. 162 ff., Kat.- Nr. 11). Wahrscheinlicher ist die Zuordnung dieses Stichs an Romijn de Hooghe (Mirimonde [zit. Anm. 476], S. 238 f.) und damit seine Datierung um 1700.

491 Samuel Reyher: *Mathesis Mosaica*, Kiel 1679, S. 631 (vgl. Vogelsang [zit. Anm. 4], S. 266 ff., Kat.-Nr. 67); weiteres Beispiel: Louis Cappel: *Trisagion sive Templi, Hierosolymitani triplex delineatio: Una ex Scripta mentem Villalpandi & descriptionem ab eo factam, altera ex Josephi mente & descriptione, tertia ex Judaeorum Talmude descriptione...*, in: Biblia Sacra Polyglotta, London 1657, Bd. 1; Radierungen von Wenzel Hollar; (vgl. Vogelsang S. 229 ff., Kat.-Nr. 47).

492 Johann Kraus: *Historische Bilder-Bibel welche besteht in Fünff Theil...*, Augsburg 1700 (vgl. Vogelsang [zit. Anm. 4], S. 310 ff., Kat.-Nr. 90); weitere Beispiele: Romjin de Hooghe: Kupferstich aus einer unbetitelten Illustrationsfolge, gedruckt bei Petrus Persoy in Amsterdam, um 1675 (vgl. Vogelsang S. 250 ff., Kat.-Nr. 60); Melchior Küsel: *Icones Biblicae Veteris et Novi Testamenti...*, Augsburg 1679 (vgl. Vogelsang S. 268 ff., Kat.-Nr. 68); Christoph Weigel: *Biblia ectypa...*, Augsburg 1695, Abb. 233 (vgl. Vogelsang S. 301 ff., Kat.-Nr. 85); Johann Jacob Scheuchzer: *Kupfer-Bibel, in welcher die Physica Sacra, oder Geheiligte Natur-Wissenschaft derer in Heil-Schrifft vorkommenden Natürlichen Sachen deutlich erklärt und bewährt*, Augsburg 1731–35, Bd. 3, Taf. 424 (vgl. Vogelsang S. 346 ff., Kat.-Nr. 120).

493 Caspar Calvör: *Rituale ecclesiasticum*, Bd. 2: *Nobile de Locis, Temporibus, Personis Sacris... argumentum*, Goslar 1705 (vgl. Vogelsang [zit. Anm. 4], S. 320 f., Kat.-Nr. 98); weitere Beispiele: Jacob Jehuda Leon: *Retrato del Templo de Selomoh*, Middelburg 1642 (vgl. A. K. Offenberg: *Jacob Jehuda Leon (1602–1675) en zijn Tempelmodel*, in: De Tempel van Salomo. Een terugblik in het nabije en verre verleden ter gelegenheid van de festelijke opening van de Synagoge bij de Princessegracht in Den Haag, 's-Gravenhage 1976, S. 54-75; Vogelsang S. 215 ff., Kat.-Nr. 41); Juan Caramuel y Lobkowitz: *Architectura civil recta, y obliqua*, Vigevano 1678, Taf. 1 (vgl. Vogelsang S. 255 ff., Kat.-Nr. 62; Juan Antonio Ramirez: *Caramuel: Probalista, esléctico y »deconstructor«*, in: Dios, Arquitecto [zit. Anm. 30], S. 109–114); Henricus Vos/Jacques Basnage: *Alle de Voornamste Historien Des Ouden en Nieuwen Testamens...*, Amsterdam 1703 (und zahlreiche weitere Auflagen); Radierungen von Romijn de Hooghe (vgl. Vogelsang S. 315 ff., Kat.-Nr. 95).

494 Solche Modelle gab es u. a. in Halle, Görlitz und Elbing; vgl. Hans Reuther: *Das Modell des Salomonischen Tempels im Museum für Hamburgische Geschichte*, in: Niederdeutsche Beiträge zur Kunstgeschichte 19/1980, S. 161–198, bes. S. 185 f.;

Robert Jan van Pelt: *Lund y el modelo en Halle*, in: Dios, Arquitecto (zit. Anm. 30), S. 131–138.

495 Hamburg, Museum für Hamburgische Geschichte; siehe dazu Karl Veit Riedel: *Das Hamburger Modell des Salomonischen Tempels*, in: Beiträge zur deutschen Volks- und Altertumskunde 11/1967, S. 117–126; Vogelsang (zit. Anm. 4), bes. 1–92; Reuther (zit. Anm. 494), Gisela Jaacks: *Abbild und Symbol. Das Hamburger Modell des Salomonischen Tempels* (= Hamburg Porträt 17/1982, Museum für Hamburgische Geschichte), Hamburg 1982.

496 Öl auf Leinwand, Mitte 18. Jahrhundert; Schloß Rosenau, Österreichisches Freimaurermuseum (aus dem Besitz der Großloge von Österreich); vgl. Reuther (zit. Anm. 494), S. 184.

497 Johann Bernhard Fischer von Erlach: *Entwurff einer Historischen Architectur...*, Wien 1721 (verkleinerter Nachdruck mit einem Nachwort von Harald Keller, Dortmund 1978), Erstes Buch, Taf. 2; Taf. 1 ist der genau dem Vorbild Villalpandos folgende Grundriß des Salomonischen Tempels; vgl. George Kunoth: *Die Historische Architektur Fischers von Erlach* (= Bonner Beiträge zur Kunstwissenschaft, Bd. 5), Düsseldorf 1956, S. 23 ff.; Vogelsang (zit. Anm. 4), S. 336 ff., Kat.-Nr. 111.

498 Fischer von Erlach (zit. Anm. 497), S. 12 v. (Text zu den Tafeln 1 und 2).

499 Goldmann/Sturm (zit. Anm. 431), bes. S. 42–46; Leonhard Christoph Sturm: *Sciagraphia Templi Hierosolymitani*, Leipzig 1694; ders.: *Die unentbährliche Regel der Symmetrie oder: Des Ebenmaases/Wie sie zufördest an dem herrlichen Exempel des Göttlichen Tempels von Salomone erbauet/wahrzunehmen...*, Augsburg 1720; vgl. Architekt und Ingenieur (zit. Anm. 333), S. 138 ff., Kat.-Nr. 104 und 105.

500 Roland Fréart de Chambray: *Parallèle de l'architecture antique avec la moderne*, Paris 1650, S. 71.

501 Vgl. Taylor 1951-52 (zit. Anm. 475), S. 455 ff.

502 Christopher Wren: *Discourse on Architecture* (= Wren Society, Bd. 19), Oxford 1942, S. 142 f.

503 John Wood: *The Origin of Building: or, the Plagiarism of the Heathens detected in Five Books*, Bath 1741 (Reprint Fanborough 1968), S. 180; vgl. Kruft (zit. Anm. 430), S. 278 f.

504 Marc-Antoine Laugier: *Essai sur l'Architecture*, Paris 1753 (anonym erschienen); 2. Ausgabe Paris 1765 (Reprint Brüssel 1979), S. 8 ff.; vgl. Joachim Gaus: *Die Urhütte. Über ein Modell in der Baukunst und ein Motiv in der bildenden Kunst*, in: Wallraf-Richartz-Jahrbuch 33/1971, S. 7–70; Rykwert (zit. Anm. 479).

505 Christine Stevenson: *Solomon ›engothicked‹: The elder John Wood's Restoration of Llandaff Cathedral*, in: Art History 6/1983, S. 301–314

506 Isaac Newton: *Chronology of Ancient Kingdoms Amended*, London 1728, s. 332 ff. (= Kap. 5: *A Description of the Temple of Solomon*); ders.: *A Dissertation upon the Sacred Cubit of the Jews and the Cubits of the Several Nations*, in: John Greaves: Miscellaneous Works, Bd. 2, London 1737, S. 405–433; vgl. Rosenau (zit. Anm. 97), S. 97; Vogelsang (zit. Anm. 4), S. 304 ff., Kat.-Nr. 88); Pelt (zit. Anm. 8), S. 323 ff.; René Taylor: *Isaac Newton: Persistencia de la interpretación mistica*, in: Dios, Arquitecto (zit. Anm. 30), S. 139-142.

507 Vor allem Arias Montanus (vgl. Anm. 474) und seine Anhängerschaft wandten sich gegen Villalpandos ins Kabbalistische ausgeweiteten Stilpluralismus. Aber auch Fray José de Siguenza (*Historia de la Orden de San Jerónimo*, Bd. 3 und 4: *La Fundación del Monasterio de San Lorenzo el Real. Las partes del edificio del Mona-*

sterio de San Lorenzo, in: Nueva Biblioteca de autores españoles, Bd. 2, 2. Aufl. Madrid 1909, S. 660-671), Fray Jerónimo de Sepúlveda (*Historia de Varios Sucesos y de las Cosas Notables,* 1624, hgg. von Julian Zarco Cuevas, in: Documentos para la Historia del Monasterio de San Lorenzo el Real de Escorial, Bd. 4, Madrid 1924), Fray Francisco de los Santos (*Historia de la Santa Forma que se venera en la Sacristia del Real Monasterio de San Lorenzo y de sus traslación,* 1657, hgg. von P. Benito Mediavilla OSA, in: Documentos oara la Historia del Monasterio de San Lorenzo el Real de Escorial, Bd. 6, Madrid 1962, S. 101-137), Juan Caramuel y Lobkowitz (zit. Anm. 493) und Fray Andrés Ximenez (*Descripción del Real Monasterio de San Lorenzo del Escorial,* Madrid 1764) hielten Villalpandos Grundthese sowie manche seiner Schlußfolgerungen ebenso für irrig wie – außerhalb Spaniens – Agosto Tornielli (*Annales Sacri & Profani...,* Mailand 1609; vgl. Vogelsang [zit. Anm. 4], S. 187 ff., Kat.-Nr. 26), Bernard Lamy (*Introduction à l'Ecriture Sainte,* Lyon 1729; vgl. Vogelsang S. 243 ff., Kat.-Nr. 57), Ludovicus de Compiègne de Veil (mit der Tempelrekonstruktion von Claude Perrault; vgl. Anm. 469) oder Johannes Lund (vgl. Anm. 530).

508 Herbert Schindler: *Europäische Barockklöster,* München 1972, S. 289 ff.
509 Wolfgang Braunfels: *Abendländische Klosterbaukunst,* Köln 1969, S. 233; Eine Ausnahme ist das Stift Klosterneuburg, das gleichzeitig als Kloster- und Residenzbau dienen sollte, dessen von Donato Felice d'Allio auf Veranlassung Kaiser Karls VI. projektierte Anlage aber Fragment geblieben ist. Vgl. Günter Brucher: *Barockarchitektur in Österreich,* Köln 1983, S. 267 ff.
510 Z. B. Filaretes Ospedale Santa Maria Nuova in Florenz und sein Ospedale Maggiore in Mailand; vgl. Marcell Restle: *Bauplanung und Baugesinnung unter Mehmet II. Fâtih. Filarete in Konstantinopel,* in: Pantheon 39/1981, S. 361-367.
511 Osten-Sacken (zit. Anm. 478), S. 207 ff.; skeptisch zu diesem Zusammenhang äußert sich Sylvaine Hänsel: *Architektur des 16. Jahrhunderts. Das Kloster San Lorenzo de El Escorial,* in: Spanische Kunstgeschichte. Eine Einführung, hgg. von Sylvaine Hänsel und Henrik Karge, Berlin 1992, Bd. 2, S. 9-30, bes. S. 14 f.
512 Vgl. Anm. 478.
513 Der Entwurf zum 1563 begonnenen Escorial stammt von Juan Bautista de Toledo, einem u. a. in Rom tätig gewesenen Architekten. Nach dessen Tod 1567 war erst ein geringer Teil des Klosterkomplexes fertiggestellt. Die weitere Bauleitung, die auch eine teilweise Neuplanung einschloß, hatte bis zur Vollendung des Escorial 1586 Juan de Herrera inne; zur Baugeschichte im einzelnen siehe Osten-Sacken (zit. Anm. 478), George Kubler: *Building the Escorial,* Princeton 1982 sowie (mit weiteren Literaturangaben) Sylvaine Hänsel: *Architektur des 16. Jahrhunderts. Das Kloster San Lorenzo de El Escorial* (zit. Anm. 511).
514 Villalpando II (zit. Anm. 477), S. 18.
515 Gregor Martin Lechner OSB: *Villalpandos Tempelrekonstruktion in Beziehung zu barocker Klosterarchitektur,* in: Festschrift Wolfgang Braunfels, hgg. von Friedrich Piel/Jörg Träger, Tübingen 1977, S. 223-237.
516 Gregor Martin Lechner: *Baugeschichte des Stiftes,* in: 900 Jahre Stift Göttweig, Ausst.-Kat., Göttweig 1983, S. 322 ff., bes. Kat.-Nr. 775-780; ders.: *Das Benediktinerstift Göttweig in der Wachau,* München/Zürich 1988, S. 15 ff.
517 Goldmann/Sturm (zit. Anm. 431), S. 131 f.
518 Lechner 1977 (zit. Anm. 515), S. 232 ff.; Dieter Jetter: *Das europäische Hospital.* Köln 1986, S. 83 ff.

519 Neben Filaretes Hospitalbauten in Florenz und Mailand wären auch die spanischen Hospitalbauten in Santiago de Compostela, Granada und Sevilla zu nennen; letzterer erinnert mit seiner frei im Eingangshof stehenden Kirche an die Anlage des Salomonischen Tempels; vgl. Jetter (zit. Anm. 518), S. 99; ders.: *Santiago, Toledo, Granada. Drei spanische Kreuzhallenspitäler und ihr Nachhall in aller Welt* (= Geschichte des Hospitals, Bd. 6), Stuttgart 1987; vgl. Anm. 510.

520 John Archer: *Puritan Town Planning in New Haven,* in: Journal of the Society of Architectural Historians 34/1975, S. 140–149; vgl. André Corboz: *La ciudad como templo,* in: Dios, Arquitecto (zit. Anm. 30), S. 51–77, bes. S. 68 f.

521 Matthäus Merian d. Ä.: *Biblia,* Straßburg 1630, S. 159; vgl. auch die Lagerordnung der zwölf Stämme Israels um das Bundeszelt, aus: Johann David Köhler: *Schul- und Reisen-Atlas,* Nürnberg 1719 (Lechner 1977 [zit. Anm. 515], Abb. 9).

522 Bruno Taut: *Die Stadtkrone,* Jena 1919 (Reprint Nendeln/Liechtenstein 1977), S. 62 und S. 66.

523 Siehe den Beitrag *Der Salomonische Tempel und die Freimaurerei* in diesem Band.

524 Vgl. Wolfgang Pehnt: *Die Architektur des Expressionismus,* Stuttgart 1973, S. 206 ff.

525 Matthäus Merian d. Ä.: *Icones Biblicae,* Frankfurt 1625–27; weitere Ausgaben, in denen die Illustrationen z. T. seitenverkehrt verwendet wurden, erschienen 1629/ 30, 1648, 1659, 1670, 1703, 1704 und öfter; für eine 1694/95 in Amsterdam verlegte Ausgabe der *Haggadah* (= Sammlung von Segnungen, Gebeten, Psalmen und Midrasch-Kommentaren) fertigte der zum Judentum konvertierte Protestant Abraham ben Jacob die Tempeldarstellung nach dem Vorbild Merians an; vgl. Vogelsang (zit. Anm. 4), S. 204 ff., Kat.-Nr. 36.

526 Johannes Coccejus: *Propheta Ezechielis...,* Amsterdam 1669; vgl. Vogelsang (zit. Anm. 4), S. 241 ff., Kat.-Nr. 56.

527 *Biblia, Das ist: Die gantze Schrift Alten und Neuen Testaments...,* Tübingen: Johann Georg und Christian Gottfried Cotta, 1730; vgl. Vogelsang (zit. Anm. 4), S. 344 f., Kat.-Nr. 117.

528 Petrus Cunaeus: *De Republica Ebreorum libri III,* Leiden 1617; englische Ausgabe London 1653, französische Ausgabe Amsterdam 1675, holländische Ausgaben Amsterdam 1682 und 1700; vgl. Vogelsang (zit. Anm. 4), S. 277 ff., Kat.-Nr. 72.

529 Matthias Hafenreffer: *Templum Ezechielis...,* Tübingen 1613, Taf. 3; vgl. Vogelsang (zit. Anm. 4), S. 190 ff., Kat.-Nr. 27.

530 Johannes Lund: *Die Alten Jüdischen Heiligthümer, Gottesdienste und Gewohnheiten...,* Bd. 3, Schleswig 1696; weitere Auflagen des (posthum erschienenen Werkes) wurden 1701, 1704, 1711, 1722 und 1738 in Hamburg veröffentlicht (vgl. Vogelsang [zit. Anm. 4], S. 297 ff., Kat.-Nr. 83; Architekt und Ingenieur [zit. Anm. 333], S. 136 f., Kat.-Nr. 101; Ralf Busch: *Johann Lund, seine »Alten Jüdischen Heiligtümer« und die Vorstellung vom Salomonischen Tempel,* in: Journal of Jewish Art 19/1993 [für die Überlassung des Manuskripts noch vor der Drucklegung danke ich Herrn Prof. Busch, für die Vermittlung dieses Kontaktes Frau Dr. Jaacks]); weitere Beispiele M. Christoph Semler: *Antiquitaeten der Heiligen Schrift...,* Halle 1708; 2. Auflage 1732 (vgl. Vogelsang S. 326 f., Kat.-Nr. 104); Conrad Mel: *Salems Tempel...,* Kassel 1724 (vgl. Vogelsang S. 341 f., Kat.-Nr. 113); Johann Jacob Scheuchzer (vgl. Anm. 492).

531 Vgl. *Europa und der Orient* (zit. Anm. 386), S. 384 ff.

532 André Parrot: *Ziggurats et Tour de Babel,* Paris 1949.

533 Lamy (zit. Anm. 507); vgl. René Taylor: *Bernard Lamy o el despojamiento del estilo clásico*, in: Dios, Arquitecto (zit. Anm. 30), S. 125–130.

534 Bernard Lamy, *De Tabernaculo Foederis . . . libri septem*, Paris 1720, Bd. 2, S. 236 ff. und S. 263 ff.

535 Richard Bundy: *Apparatus Biblicus or an Introduction to the Holy Scriptures*, London 1723; Bundys Schrift ist eine Übersetzung der 1709 erschienenen 2. Auflage von Lamys *Introduction* (zit. Anm. 507), die von Jacob Pine gestochenen Abbildungen unterscheiden sich aber von denen der Vorlage; vgl. Rosenau (zit. Anm. 97), S. 98.

536 Vgl. Mirimonde (zit. Anm. 476), S. 240 f.; Vogelsang (zit. Anm. 4), S. 178 f., Kat.-Nr. 22.

537 Henrick van Haestens: *De Magnificentie ofte Lust-Hof van gantsch Christenrijck, bestaende in verscheyden Tempels, Paleysen . . .*, Amsterdam 1619; vgl. Vogelsang (zit. Anm. 4), S. 198, Kat.-Nr. 32.

538 Helmut Minkowski: *Aus dem Nebel der Vergangenheit steigt der Turm zu Babel. Bilder aus 1000 Jahren*, Berlin 1960; ders.: *Vermutungen über den Turm zu Babel*, Freren 1991.

539 Jutta Zander-Speidel: *Frevel oder Meisterwerk – der Babylonische Turm*, in: Der Traum vom Raum (zit. Anm. 223), S. 125–133; Antje Senarclens de Grancy: *Der Turm von Babel als Thema der Kunst und Architektur des 20. Jahrhunderts*, Diss. Graz 1993.

540 Eugene Clute: *Dr. John Wesley Kelchner's Restoration of King Solomon's Temple. Helmle and Corbett, Architects*, in: Pencil Points 6/1925–11, S. 69–86; Alison Sky/ Michelle Stone: *Unbuilt America. Forgotten Architecture in the United States from Thomas Jefferson to the Space Age*, New York 1976, S. 128–131.

541 Vgl. Manfredo Tafuri: *»Neu-Babylon«. Das New York der Zwanzigerjahre und die Suche nach dem Amerikanismus*, in: archithese 20/1976, S. 12–24 und S. 51.

542 Georges Perrot/Charles Chipiez: *Histoire de l'Art dans l'Antiquité*, 10 Bde., Paris 1882 ff. (Reprint Graz 1970).

543 Vgl. Carol Willis: *Le Dessin de Metropolis*, in: Hugh Ferriss. La Métropole du Futur, Paris 1987, S. 152–187, bes. S. 187.

544 Perrot/Chipiez (zit. Anm. 542), Bd. 4, 1887, S. 243 ff.; dies.: *Le Temple de Jérusalem*, Paris 1889, S. 32 ff.; vgl. Busink I (zit. Anm. 16), S. 58 ff.; Juan Antonio Ramirez: *A. Perrot y C. Chipiez: Una arqueología de lo imaginario*, in: Dios, Arquitecto (zit. Anm. 30), S. 148–152.

545 Louis Maillet: *Les figures du Temple et du palais de Salomon*, Paris 1695; vgl. Herrmann (zit. Anm. 121), S. 157, Nr. 37; Rosenau (zit. Anm. 97), S. 98 f.

546 Charles de Wailly (?): *Restitution du Temple de Salomon*, Radierung nach 1771; vgl. *Piranèse et les Français 1740–1790*, Ausst.-Kat. der Académie de France à Rome, Rom/Dijon/Paris 1976, S. 137 f., Kat.-Nr. 69; Vogelsang (zit. Anm. 4), S. 356 f., Kat.-Nr. 126.

547 T. O. Paine: *Solomon's Temple . . .*, Boston 1861, S. 36, Taf. VI.

548 James Fergusson: *The Temples of the Jews and Other Buildings*, London 1878; vgl. Busink I (zit. Anm. 16), S. 63 ff.; Rosenau (zit. Anm. 97), S. 161 f.

549 Dies gilt mit gewissen Einschränkungen auch für die Rekonstruktion von C. Schick (*Die Stiftshütte, der Tempel in Jerusalem und der Tempelplatz der Jetztzeit*, Berlin 1896), der einige Jahre in Jerusalem gelebt hat; vgl. Busink I (zit. Anm. 16), S. 49 ff., S. 68.

550 P. Odilo Wolff O.S.B.: *Der Tempel von Jerusalem und seine Maasse,* Graz 1887, S. 3.
551 Vgl. Anm. 413; Wolff äußert sich über diesen symbolischen Gehalt des Hexagramms nicht.

Der Salomonische Tempel als typologisches Modell

Der Salomonische Tempel ist ein spirituelles Modell von hohem Wirkungsgrad in der europäischen Geistesgeschichte. Er ist Leitbild mittelalterlicher Architekturallegorese und Ausgangsbau einer am Heilsplan orientierten Gebäudemetaphorik, die sich vom Mittelalter bis in die Neuzeit hält.[1] Im Zuge der Neuzeit entwickelt sich diese Vorstellung auf zwei Ebenen weiter: Die eine gehört der Architekturtheorie an und reduziert den Tempel auf eine maßstäbliche Funktion (vgl. das Kapitel *Rekonstruktion und Innovation*). Auf der zweiten Ebene verbleibt das Bild des templum Salomonis als geistiger Bau und Lehrgebäude bis in das 18. Jahrhundert.[2] Auf dieser Ebene behält der Tempel auch seinen auf die Zukunft verweisenden Wert. Die beiden folgenden Fallbeispiele verdeutlichen einerseits die religiösen und andererseits die säkularen Rezeptionsmöglichkeiten des Salomonischen Tempels.

Die ursprünglich unter der christlichen Prämisse eines Heilsplans entwickelte Typologie[3] des Tempels lebt im Zuge politischer Utopien weiter, beispielsweise in der Vorstellung vom Tempel als utopisches »Haus des Wissens«[4] oder bei den Freimaurern als imaginärer »Tempel des eigenen Inneren«: Aus dem ›regnum Christi‹ wurde ein ›regnum hominis‹.

Venedig – Nuova Gerusalemme

Schon frühzeitig – im 12. Jahrhundert – vereinigte der auf Lebenszeit gewählte Doge nach byzantinischem Vorbild weltliche und kirchliche

Macht auf sich. Er verkörperte den monarchischen Teil der als gemischt angesehenen Verfassung Venedigs.[5] Der Doge kam durch Wahl, nicht durch Erbfolge zu seinem Amt und gehörte traditionell dem venezianischen Patriziat an.

Der Doge war der »patronus et verus gubernator ecclesiae et cappellae Sancti Marci«[6]. Als »gubernator ecclesiae« verstand er sich als Oberhaupt der religiösen Gemeinschaft, die ihre Identität von dem Evangelisten und Apostelschüler Markus herleitete.[7] Hieraus erklärt sich auch die jahrhundertealte Konkurrenz Venedigs zum römischen Kirchenstaat und Papst: Beide Städte bildeten jeweils eine religiöse Gemeinschaft, die sich durch den Besitz von Apostel- und Evangelistenreliquien legitimierte.

Der venezianischen Gemeinschaft gelang es bereits im 12. und 13. Jahrhundert, sich kontinuierlich dem päpstlichen Einfluß zu entziehen, indem strittige Religionsfragen wie das Häresieproblem der Macht des Dogen bzw. seiner dafür bestimmten Berater zugeordnet wurden und nicht der päpstlichen Inquisition. Dem Papst unterstehende Würdenträger wie Patriarch und Bischof wurden durch räumliche Abgrenzung ferngehalten; sie residierten bis 1451 in Grado, der nördlichsten Laguneninsel, und danach im Osten von Venedig – nur über zwei Brücken erreichbar – im Castelloviertel.[8]

Der Doge ernannte in Übereinstimmung mit dem Senat den Patriarchen und Mitglieder des hohen Klerus, deren Namen dann dem Papst mitgeteilt wurden.[9] Ebenso bezeichnend für die Unabhängigkeit und die Sonderrolle Venedigs gegenüber dem Papsttum bis in die Neuzeit waren der Ausschluß des Bischofs von öffentlichen, d. h. politischen Ämtern und die Tatsache, daß die Geistlichen der jeweiligen Pfarrgemeinden durch ihre weltlichen Patronatsherren gewählt wurden. Alle Angehörigen des Klerus unterlagen überdies der staatlichen Gerichtsbarkeit, wie auch das Kircheneigentum steuerpflichtig war.

Zum Verständnis des Dogen als »gubernator cappellae Sancti Marci« paßte, daß Papst Alexander III. dem Dogen Ziani die Erlaubnis erteilte, die bischöfliche Robe zu tragen, und ihm außerdem die Insignien des Dogenamtes, die bei Prozessionen wichtigen Attribute Dogensessel, Staatsschirm, Schwert, Kerze und Standarte verlieh.[10] Anlaß dazu waren die Verdienste des Dogen als Friedensvermittler im Konflikt der lombardischen Städte und des Papsttums mit Kaiser Friedrich Barbarossa, was 1177 schließlich zum Friedensschluß in Venedig führte.

Dem ausgeprägt kalkulierenden Denken der Venezianer entsprach es, daß solche zusätzlichen Legitimierungen wie die vom Papst verliehenen Hoheitszeichen gerne entgegengenommen, negativ betrachtete Einschränkungen der Souveränität oder des Imperiums der venezianischen Republik hingegen abgelehnt wurden.

Die Rolle des Dogen als »gubernator cappellae Sancti Marci« spiegelt sich auch in der städtebaulichen Situation wider, d. h. in der räumlichen Nähe von Dogenpalast und Markuskirche. In erster Linie war die Markuskirche die zum Dogenpalast gehörende Palastkapelle. Eine Tatsache, der dadurch Rechnung getragen wurde, daß der Doge seit dem späten 11. Jahrhundert den Primicerius – den obersten Priester der Markuskirche – ernannte und in sein Amt einführte[11]; auch besaß San Marco keinen eigenen Pfarrsprengel. Zudem war sie die Hauskapelle des Dogen, der Ort seiner Investitur.[12] In dritter Linie wurde sie nach Demus[13] zur offiziellen Staatskirche der Venezianer, was sich etwa in der Eingemeindung von dem Heiligen Markus geweihten Kirchen bzw. in Filialgründungen in der Levante dokumentierte. Zu Zeiten der Exkommunikation, 1605/06, wurde der staatliche Charakter von San Marco demonstrativ betont, indem man Domenico Tintoretto beauftragte, für einen der Amtsräume im Dogenpalast ein Votivbild zu malen mit der Darstellung der Venetia, die das Blut Christi auffängt, wie es sonst nur bei Ecclesia- und Fidesdarstellungen üblich ist.[14]

Der Doge konnte, je nach Gelegenheit, im bischöflichen Ornat oder in Purpur und Hermelin[15] gekleidet auftreten, zum Zeichen seines monarchischen, imperialen Machtanspruchs, und sich so über den Umweg Byzanz und byzantinischer, caesaropapistischer Herrscher dem Vorbild des gerechten Königs Salomo annähern.[16]

Die Prokuratoren hatten nach dem Dogen das höchste Amt inne. Sie wurden seit dem 13. Jahrhundert durch den Maggior Consiglio, die wahlberechtigte Körperschaft, auf Lebenszeit ernannt. Ihre ursprüngliche Aufgabe als Pfleger und Erhalter der Markuskirche ließ sie zu den wichtigsten Finanzverwaltern des Staates werden, da dem Tesoro der Kirche durch Kreuzzüge, kolonialen Handel und Raub ungeheure Vermögenswerte zugeflossen waren. Äußerlich drückte sich dies in der Zunahme der Prokuratorenämter aus – 1442 waren es bereits neun.[17] Der Staatsschatz wurde innerhalb der Platzanlage von San Marco aufbewahrt, in der räumlich zur Piazzetta gehörenden Zecca, der staatlichen Münze, und im Tesoro der Markuskirche, dem Aufbewahrungsort bedeutender Reliquien. Eine ähnliche Verquickung von Staats- und Kirchenschatz, die gleichzeitig in unmittelbarer Umgebung von Kirche und Palast verwahrt werden, und eine vergleichbare Zuordnung, wie sie die räumliche Einheit von Dogenpalast und Prokuratien darstellt, ist auch hinsichtlich des Salomonischen Tempels zu bemerken, denn Salomos Palast lag neben dem Tempel, und in den Vorhöfen wohnten die Priester.»Und Salomo brachte hinein, was sein Vater David geheiligt hatte von Silber und Gold und Gefäßen, und legte es in den Schatz des Hauses des Herrn.«[18] »Er machte auch einen Hof für Priester.«[19]

Jerusalem, der Ort des Heilsgeschehens, bildete den Mittelpunkt der Vorstellungswelt vom christlichen Erdkreis, den es als Pilger zu besuchen galt und der durch die Kreuzzüge von den Andersgläubigen befreit werden sollte.

Unter dem Titel ›Verso Gerusalemme‹ beschreibt Puppi[20], daß die Anziehungskraft, die Venedig auf Pilger ausübte, nicht nur aus der Funktion als Station auf dem Weg in das Heilige Land resultierte, sondern auch in den aufwendigen Prozessionen und Zeremonien begründet war; dazu zählten die Osterprozession und die mit der Markuslegende verknüpften Feiertage. Berichte ausländischer Pilger aus der zweiten Hälfte des 15. Jahrhunderts beschreiben Venedig als Verteidigerin des christlichen Glaubens und die Markuskirche als Abbild des Tempels von Jerusalem.[21] Man glaubte sogar, daß beim Bau der Markuskirche nicht Menschen, sondern Engel am Werk gewesen seien. Diese an Topoi grenzenden Vorstellungen und Legenden wurden von Venedig als Teil seines Legitimierungswillens gepflegt.

Im 13. Jahrhundert war die Translation bedeutender Reliquien von Jerusalem und Byzanz nach Venedig fast abgeschlossen. Nach dem Ende des lateinischen Kaisertums in Konstantinopel 1261 bemühte sich Venedig in besonderem Maße, diese Zeugnisse des Heilsgeschehens durch bezeugte Wunder wieder in den Vordergrund zu rücken, um die venezianischen Aufbewahrungsorte San Marco, den Tesoro und andere Kirchen Venedigs politisch und religiös zu erhöhen.[22] Dies gilt bereits für die Markuslegende und die damit verbundene Gründung Venedigs. Zu Lebzeiten war dem Evangelisten Markus geweissagt worden, er werde auf der Insel Rialto begraben werden. Und nach der Über(Ent-)führung seiner Gebeine wird Venedig Ort der Wunder, die sich um St. Markus ranken.[23] Die Wunder der Heiligkreuz-, Heiligblut- oder Markusreliquien des Hochmittelalters sakralisieren Venedig und rücken die Stadt, den Staat in die Nachfolge des Ortes, aus dem diese Zeugen des Heilsgeschehens stammen, Jerusalem, dessen wiederbelebte Tradition Venedig als einen Ort erneuten Heilsgeschehens erscheinen läßt. Eine Vielzahl von Autoren des 15. und 16. Jahrhunderts bezeichnet Venedig deshalb als Neues oder Himmlisches Jerusalem.[24]

Francesco Sansovino publizierte 1562 eine Sammlung von Reden, die Gesandte unterworfener Städte anläßlich von Dogenkrönungen gehalten hatten.[25] Diese von Venedig abhängigen Gesandten sparten nicht mit Lob, was die Lage, die Schönheit und den Charakter Venedigs und seiner Einwohner betraf. Für den Abgesandten von Servarolo, Conte Alessandro Altano, stellte Venedig nicht nur das Modell des vollkommenen Staates dar, sondern er verglich es auch mit dem Himmlischen Jerusalem: ». . . così rappresentando in terra a suo potere una quasi Hierusalem celeste«, das, »tolta dall'usanza mortale«, dem Irdischen fern sei.[26] Auch wenn manche dieser Huldigungen übertrieben zu sein scheinen[27], etwa diejenige von Luigi Groto, der Venedig als Jungfrau und den Dogen als Einhorn bezeichnete – in Analogie zum cornu ducale, dem Dogenhut – und an anderer Stelle das cornu ducale mit dem Salbhorn der israelitischen Könige verglich[28], so wurden diese Reden doch publizistisch verbreitet und gelesen.

Neben den Jerusalem-Analogien, die den Zeitgenossen des 16. Jahrhunderts und auch früherer Epochen zweifellos gegenwärtig waren, spielte Venedigs Verhältnis zu Byzanz eine wichtige Rolle.

Byzanz, das antike Konstantinopel, das christliche Ostrom, war das Zentrum der östlichen Ökumene, in deren Mittelpunkt die Hagia Sophia – in der Nachfolge Jerusalems – lag.[29] Venedig, in der Frühzeit seiner Entwicklung mit Byzanz verbunden, erreichte um 1000 die faktische Selbständigkeit als Staatswesen und stieg in wenigen Dekaden zu einer mächtigen Seemacht auf, die sich vor allem nach Osten orientierte und Byzanz zugleich als Vorbild, aber auch als große Konkurrentin betrachtete.

Die Orientierung Venedigs am Vorbild Byzanz vollzog sich in mehreren Etappen und ist an verschiedenen Aspekten ablesbar. Zum einen weist der heutige Bau der Markuskirche – wie auch deren Vorgängerbauten – das für die Apostelkirche in Konstantinopel charakteristische Kreuzkuppelschema auf.[30] Auch die im 13. Jahrhundert entstandenen Mosaiken in San Marco orientieren sich an denen in der byzantinischen Kirche. Zum anderen gelangten – vor allem durch die Eroberung Konstantinopels während des vierten Kreuzzuges (1204) – große Mengen byzantinischer Kunstgegenstände, Reliquien und skulpturale Bauteile nach Venedig, die noch heute sichtbar, in die Ausstattung der Markuskirche integriert wurden.[31]

Die nächste Stufe der Angleichung an Byzanz bestand nicht im einfachen Transferieren bedeutsamer Gegenstände, sondern ist durch direkte zeitgleiche Übernahmen gekennzeichnet, wie es das Beispiel des venezianischen Münzbildes vom Beginn des 13. Jahrhunderts belegt, welches dem byzantinischen glich.[32]

Nach der Mitte des 13. Jahrhunderts beginnt eine weitere Phase im Verhältnis Venedig–Byzanz: Das byzantinische Vorbild wird bewußt archaisierend nachgeahmt, nach Demus[33] sogar in einem übertriebenen Maß, wie er an einigen Reliefs und Sarkophagen in der Markuskirche nachweist. Ebenfalls für das 13. Jahrhundert belegt Demus am Paviment der Sakramentskapelle im Markusdom, daß dieses bewußt mit archaisierenden Ornamentformen angelegt wurde, und zwar mit der Intention, in der Sakramentskapelle, dem legendären ersten Aufbewahrungsort der Markusreliquien, an die wundersame Wiederauffindung derselben zu erinnern.[34]

Griff Venedig im 13. Jahrhundert auf die byzantinische Formensprache zurück, so nahm das 16. Jahrhundert auf bereits bewährte venezianische Formen Bezug. So wurden die Alten Prokuratien 1512, zumal, was die Fassadengestaltung anging, in Anlehnung an den Vorgängerbau aus dem 12. Jahrhundert errichtet. 1536 orientierte sich der unbekannte Architekt des zur Piazzetta ausgerichteten Balkons der Sala dello Scrutino am gotischen Steno-Erker an der Molo-Front des Dogenpalastes.[35] In diesen Zusammenhang gehört auch der rekonstruierende Wiederaufbau des Dogenpalastes nach dem großen Brand von 1577, auch wenn von Palladio ein Neuentwurf vorlag.[36]

Doch nicht nur an der formalen Rekonstruktion, sondern auch an der thematischen Wiederaufnahme zeigte sich Venedig interessiert: So wurden die aus dem 14. und 15. Jahrhundert stammenden Bildzyklen in der Sala del Maggior Consiglio, die die historischen Ereignisse von 1177 und 1204 erzählten, nach dem Brand wieder in Auftrag gegeben.

1177 kam es in Venedig zum Friedensschluß zwischen Kaiser Friedrich Barbarossa und Papst Alexander III. Für seine Vermittlerrolle wurde Venedig – nach Aussage seiner eigenen Geschichtsschreibung –

die Meeresherrschaft verliehen, was später, vor allem von päpstlicher, aber auch anderer – beispielsweise genuesischer – Seite bestritten wurde.[37] Damit legitimierte Venedig jahrhundertelang seine Orientierung hinsichtlich seiner Mittelmeerinteressen. Letztlich stehen die Ereignisse von 1177 und 1204 in einem inneren Zusammenhang. Durch die Einnahme Konstantinopels 1204, in deren Folge Venedig ein lateinisches Kaisertum von seinen Gnaden errichtete, das bis 1261 existierte, sowie durch den gleichzeitigen Zuwachs neuer Kolonien, reihte sich Venedig materiell wie ideell in die Traditionskette Byzanz–Ostrom–Konstantinopel ein und erklärte sich zum Neuerer und Erhalter derselben, ein Vorgang, der – 1177 legitimiert – auf das Selbstverständnis Venedigs wirkte wie die Erfüllung bzw. der Vollzug einer Verheißung und es zum neuen »apostolic empire of the east« machte[38], zumal sich mit der griechischen Staatskirche, der Hagia Sophia, ein Bild des Hortes salomonischer Weisheit und Gerechtigkeit verband, eine Vorstellung, die die Venezianer auch für San Marco bewegte.

Der Fall Konstantinopels im Jahre 1204 brachte Venedig die ›translatio‹ zweier Reiche: Byzanz und Jerusalem vereinigten sich nun in Venedig. Von der großen Bedeutung dieses Ereignisses, welches die Vormachtstellung Venedigs stützen sollte, künden die bereits erwähnten Wandbilder in der Sala del Maggior Consiglio.[39] Francesco Sansovino beschrieb 1581 die Wandgemälde an der Südseite des Saales, die Szenen von der Eroberung Konstantinopels zeigen, als ›translatio imperii‹: »Trasferire d'una nazione all'altra imperio di oriente.«[40]

Das Verhältnis zu Rom wurde von der seit dem Mittelalter auch für andere Städte geläufigen typologischen Vorstellung bestimmt, daß die Majestas des Römischen Reiches auch auf andere Staaten übergehen könne.[41] Schon frühzeitig bemühte Venedig sich um den Nachweis historischer Kontinuität: etwa durch die Rückführung des Dogenamtes auf das Römische Reich oder durch die Verwendung einer eigenen Jahreszählung »ab urbe condita« nach dem Vorbild des antiken Roms.[42]

Die Angleichung Venedigs an das Vorbild Rom geschah auch unter Zuhilfenahme römischer Staatsikonographie.[43] Ein herausragendes Beispiel dafür ist das Deckengemälde mit der Apotheose Venedigs in der Sala del Maggior Consiglio – nach 1577 von Paolo Veronese gemalt (Abb. 153). Girolamo Bardi, ein venezianischer Historiograph, beschrieb 1606 u. a. die drei großen Deckenbilder in der Sala del Maggior Consiglio, die Venedig verherrlichen. Nach Bardi steigert sich das

153 Paolo Veronese: Die Apotheose der Venetia, nach 1577; Deckenbild in der Sala del Maggior Consiglio des Dogenpalastes, Venedig

154 Jacopo Palma d. J.: Die siegreich thronende Venetia, nach 1577; Deckenbild in der Sala del Maggior Consiglio des Dogenpalastes, Venedig

155 Jacopo Tintoretto: Venetia erscheint dem Dogen Nicolò da Ponte und empfängt mit ihm zusammen die Botschafter unterworfener Provinzen, nach 1577; Deckenbild in der Sala del Maggior Consiglio des Dogenpalastes, Venedig

154

155

Programm von der Darstellung der militärisch unbesiegbaren Venetia des jüngeren Palma (Abb. 154) über Tintorettos Bild der Venetia, die dem Dogen Nicolò da Ponte erscheint (Abb. 155) und gemeinsam mit ihm die Botschafter unterworfener Provinzen empfängt, und kulminiert schließlich in Veroneses Apotheose der Venetia. Diese Lesart wird unterstützt durch die Plazierung des Dogenthrones unterhalb des Veronese-Gemäldes. Francesco Sansovino kommentierte die Apotheose-Darstellung:».. . dipinte da Paolo Veronese una Venetia, che sedendo sopra città, torri e castelli, ad imitatione delle città di Roma, sedente sopra il mondo, come si vede nelle medaglie antiche ...«[44]

Sansovino erklärt die Verwendung der Rom-Ikonographie mit dem Anspruch Venedigs, in ebensolchem Maße über die Welt zu herrschen. Architekturtheoretiker verbanden das Motiv der gedrehten Säulen, zwischen denen in Veroneses Bild die Personifikation der Venetia thront, schon seit der Mitte des 15. Jahrhunderts sowohl mit Rom (St. Peter) als auch mit Jerusalem und dem Salomonischen Tempel.[45] So ereignet sich hier an zentraler Stelle im Dogenpalast wiederum die ›translatio‹ zweier Reiche, von Rom und Jerusalem. Nach Wolters erweitert sich das Programm der drei genannten Deckengemälde um einen Vergleich zwischen der»Pax Veneta«und der»Pax Romana«: »Nicht der Triumph der Venetia, sondern eine Pax Veneta war darzustellen. Die Pax Veneta unterscheidet sich dabei grundlegend von der Pax Romana, indem sie auf der angeblich freiwilligen Unterwerfung der von Venedig abhängenden Städte und Landschaften basiert.«[46]

Nach der Ausschaltung des Konkurrenten Konstantinopel–Ostrom 1204 nannte sich der Doge »dominator quartae et dimidiae partis totius Romaniae«[47] und beanspruchte für sich die Rolle des Gegenspielers zu Westrom. Diese Konkurrenz zwischen Papst und Doge erklärt sich vor allem aus dem oben bereits erwähnten Anspruch beider, jeweils der Nachfolger von Petrus bzw. Markus und damit auch Stellvertreter Christi auf Erden zu sein. Die vielfachen christologischen Bezüge auf den Dogen sind einerseits Teil des Translatiovorganges von Jerusalem auf Venedig, andererseits verfestigen sie – vor dem Hintergrund venezianischer Mythographie[48] – den Eindruck, Venedig habe sich dem Himmlischen Jerusalem angenähert.

Die christologischen Bezüge auf den Dogen bewegen sich zwischen Inkarnation und Eucharistie: Der Legende, Venedig sei am Tage der Inkarnation Christi, also der Verkündigung an Maria, gegründet worden, steht – wie Alpha und Omega des Lebens Christi – die Investitur des Dogen vor dem Hauptaltar in San Marco gegenüber. Da auf dem Hauptaltar, dem Ort der Eucharistiefeier, an hohen Feiertagen die beiden Kreuzreliquiare und die Heiligblutreliquie standen, die 1231 beim Brand des Tesoro auf wundersame Weise verschont blieben, verband sich mit dem verfassungsgemäßen Vorgang der Investitur der rituelle Vorgang der Eucharistiefeier.[49] Die Sakralisierung des profanen Vorgangs der Investitur zeigt sich auch auf Münzen des 14. Jahrhunderts, die auf der einen Seite den auferstandenen Christus, auf der anderen die Investitur des Dogen abbilden. An Feiertagen, insbesondere in der Karwoche, wandelte sich das Bild des Dogen während der Prozessionen »ad imitationem Christi«: Der Doge trug, im Nachvollzug der Passion, das ›corruccio‹, ein einfaches rotes Gewand, das demjenigen Christi auf Tintorettos Paradiesgemälde in der Sala del Maggior Consiglio im Dogenpalast ähnelt.[50]

Waren die christologischen Bezüge auf den Dogen Teil venezianischer Typologese? Die klassische Typologie[51] kennt keine typologische Steigerung zu Christus. Der Doge wäre danach eine Postfiguration im Verhältnis zu Christus. Hansen und Villwock allerdings[52] unterscheiden für das Neue Testament zwei verschiedene Bedeutungen der Typologie:»die evangelische und die apokalyptische ... Nach der ersten Bedeutung hat die Typologie eine mehr abschließende Funktion, indem sie die gegenwärtige Vollendung des in der Vergangenheit nur Angelegten verkündet, nach der zweiten öffnet sie den Ausblick zu einer erst noch kommenden Offenbarung. Im Rahmen dieser gemäß der Erstreckung der Zeit dreifach gestuften Typologie ist Christus sowohl Antitypus als auch typisches Vorbild: Antitypus, insofern in ihm die gegenwärtige Erfüllung der vergangenen alttestamentarischen Verfassung beschlossen ist, Typus in Hinsicht auf die ausstehende eschatologische Heilsverwirklichung.«

Es wäre denkbar, daß die zweite Bedeutung für Venedig in Frage käme. Vor dem Hintergrund der enormen venezianischen Mythogenese, die immer wieder – auch im 16. Jahrhundert – betont, Venedig sei ein »quasi Himmlisches Jerusalem«[53], könnte sich die »christlichste aller Republiken« zu einer Art weltlichem, nachapokalyptischen Paradies stilisiert haben. Ein Hinweis darauf könnte sein, daß Guarientos 1365-67 für die Sala del Maggior Consiglio geschaffene, beim Brand von 1577 beschädigte Paradiesdarstellung erneut durch ein Paradiesbild, dasjenige von Tintoretto, ersetzt wurde.[54]

Da⫶   ᵉm–Rom–Byzanz–Venedig ist zentraler   ᵑographie, die besonders mit Justi-
tia- uᵣ   ist.[55] Diese grundlegenden Staats-
tugen   ᵖisch auf die Herrschertugenden
Salon   alle Venedigs ist, neben den häufi-
gen A⫶   eit als Staatstugend, wie sie sich in
der A⫶   ⫶ sowie im Bereich des Markusplatzes z⫶   Gemeinsamkeit in den Darstellungen d⫶   So werden ihren Personifikationen
seit d⫶   ᵇen Attribute zugeordnet: der von
einen   ᵢ, der auch für König Salomo in der
Bibel   ᵑd Waage, verbunden mit dem fron-
tal au⫶   Motiv des Thrones.[57]

Die⫶   ᵑgen treten bevorzugt im öffent-
licherᵢ   ᵪhen 1438[58] und 1579 entstandenen
Figurenschmuck an der Fassade des Dogenpalastes und einmalig im
mittleren Relief der Attikazone der Loggetta, der Vorhalle des Campanile (Abb. 156). Francesco Sansovino interpretierte das Relief als Ausdruck der Macht der Signoria zu Wasser und zu Land, als »una Venetia
in forma di Giustitia«[59], die, von Flußgöttern umgeben, Venedig als
Stadt des Meeres kennzeichnet.[60] Die Loggetta (Abb. 157), 1540 nach

156   Jacopo Sansovino: Venetia als Justitia auf einem Löwenthron sitzend; zen-
      trales Relief der Loggetta, der Vorhalle des Campanile von S. Marco, Venedig

157 Jacopo Sansovino: Loggetta auf dem Markusplatz in Venedig, 1540 fertiggestellt; im mittleren Relief ist Venetia als Justitia dargestellt, gerahmt von zwei
Reliefs, die auf den venezianischen Besitz der Inseln Zypern (l.) und Kreta (r.)
anspielen. Die Figuren in den Nischen (v. l. n. r.): Minerva – Apoll – Merkur – Pax

Entwürfen Jacopo Sansovinos[61] fertiggestellt, war der repräsentative,
öffentliche Versammlungsort des venezianischen Patriziats[62], der ab
1569 ausschließlich von den Prokuratoren genutzt wurde.[63]

Nun besteht zwischen der Loggetta und dem Dogenpalast nicht nur
eine optische Blickachse, die das Innere des Dogenpalastes von der
Scala dei Giganti[64] über den Arco Foscari und die Porta della Carta
mit der Loggetta und damit mit dem gesamten Platzgefüge verbindet
(Abb. 158), sondern auch ein Bedeutungszusammenhang.

Die Entstehung dieser Bedeutungskette geht einher mit der Öff-
nung des Dogenpalastes zum Platz. Die Porta della Carta, 1438–42
inschriftlich gesichert, macht zeitlich den Anfang: Über den Statuen
der christlichen Kardinaltugenden thront die Personifikation der
Staatstugend der Gerechtigkeit. Der Arco Foscari, 1462–71 entstanden,
wendet sich mit seiner um 1600 hinzugefügten Fassade einer zweigeschossigen Triumphbogenarchitektur zum Cortile dei Senatori und
zu der 1483–85 begonnenen Scala dei Giganti. Wie an der Porta della
Carta verweisen auch die Personifikationen in der Dachzone des Fos-

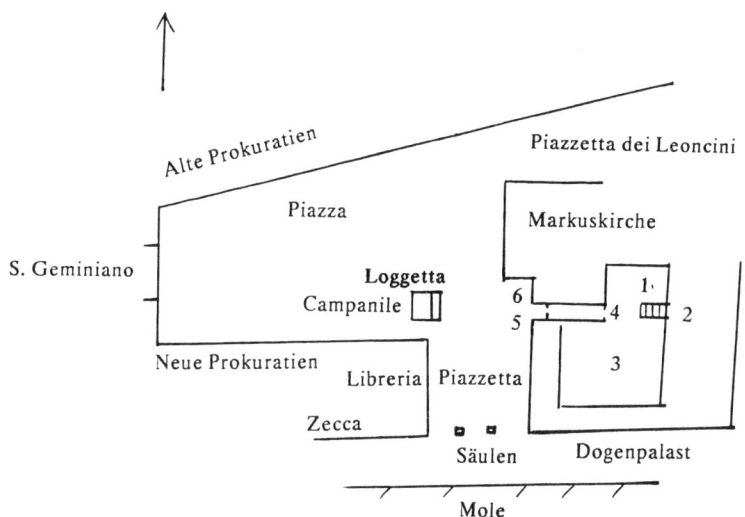

158 Venedig: Lage der Bauten an Piazza und Piazzetta San Marco nach der
›trasformazione sansoviniana‹; 1 Cortile dei Senatori; 2 Scala dei Giganti; 3 Cortile del Palazzo; 4 Arco Foscari; 5 Porta della Carta; 6 Pfeiler von Akkon

caribogens auf staatstragende Tugenden. Diese Figuren sind – wie die
den Foscaribogen bekrönende Figur des segnenden Markus – auf die
Gigantentreppe ausgerichtet bzw. auf den dort bei Krönungen stehenden Dogen, so daß jeder neue Doge den Segen des Staatsheiligen
erhielt. In diesen Zusammenhang gehören weiterhin die beiden
Reliefs an den Flanken der Marmortreppe, der Scala dei Giganti[65]: Auf
dem einen trägt ein Engel das cornu ducale, die Dogenkappe, in den
Händen, auf dem anderen erscheint ein Engel mit dem Motto »Astrea
duce« (Astrea als Führerin). Wolters schließt daraus, daß dieses Motto
auf jeden zu krönenden Dogen angewendet wurde. Astrea, die römische
Göttin der Gerechtigkeit und Künderin des Goldenen Zeitalters,
wurde mit dem Sternbild Jungfrau[66] gleichgesetzt, das, in der Stern-
bildabfolge zwischen Löwe und Waage plaziert, auf die Personifikation der Venetia-Justitia im kosmologischen Zusammenhang anspielte.
    Der Bogen der Bedeutungskette schließt sich, wenn man die Gebäu-
deteile in umgekehrter Reihenfolge betrachtet. Für den Dogen, der
zwischen den am oberen Ende der Treppe aufgestellten ›Giganten‹
Mars und Neptun (1566 von Jacopo Sansovino geschaffen) steht, wird

die Scala dei Giganti Ausgangspunkt einer ›Via triumphalis‹[67], die inhaltlich den Foscaribogen und die Porta della Carta mit dem Programm der Loggetta Jacopo Sansovinos verbindet. Der Doge – zwischen Mars und Neptun als Herrscher zu Land und zu Wasser – hat sein Gegenüber in der thronenden Venetia-Justitia des mittleren Reliefs der Loggetta (Abb. 156), die über Flußgötter–»forze di mare«[68] – und über weitreichende Besitzungen wie Kreta und Zypern – »forze di terra« – verfügt, wie den beiden benachbarten Reliefs zu entnehmen ist (Abb. 157).

Das Instrumentarium zur Beherrschung des Erdkreises bilden die Tugenden der ›Via triumphalis‹, die inhaltlich ihren Kulminationspunkt in dem Programm der Loggetta finden. Während die Loggetta in ihrer ursprünglichen Funktion – als Versammlungsort des den Dogen wählenden Patriziats – »der Verherrlichung der Republik und der sie tragenden Aristokratie diente«[69], zeigt sich in der Gegenüberstellung von Scala dei Giganti und Loggetta, von Doganat und Patriziat das monarchische und das aristokratische Prinzip des venezianischen Staates. Der »aristokratische Versammlungsort«, die Loggetta, diente ab 1569 ausschließlich den Prokuratoren als Verwaltern und Presbytern von Markuskirche und Tesoro. Dieser Funktionswandel wirkte sich machterhöhend auf die Prokuratoren aus und rückte sie zugleich den Priestern in Jerusalem näher, die in den Vorhöfen des Tempels »wohnen«.

Die vier Nischenfiguren, die in die dreifache Bogenstellung der Loggetta integriert (Abb. 157) sind, verkörpern vier venezianische Staatstugenden[70], nach Francesco Sansovinos Venedig-Beschreibung.[71] Es sind dies drei Göttergestalten: Minerva für Weisheit, Apoll für Harmonie, und Merkur für Beredsamkeit[72], die mit der Tugendallegorie Pax in Verbindung gestellt werden. Als nichtmythologischer Figur kommt ihr innerhalb dieser Reihe eine Sonderstellung zu, faßt sie doch die den drei Göttergestalten zugeschriebenen Eigenschaften zusammen. Das Gegenbild der Pax, das Laster des Krieges, wollte Jacopo Sansovino – nicht nur Architekt, sondern auch Bildhauer – vielleicht sogar dem Gott des Handels, Merkur, zuordnen, indem er ihm zu Füßen einen Gigantenkopf, das Haupt des Argus, plazierte. Gleichzeitig besitzen auch Minerva und Apoll eine kämpferische Seite.

Die Allegorie des Friedens (Pax) bringt die Fackel des Krieges zum Erlöschen. Über die Einhaltung des Friedens wacht, so zeigt es das mittlere Relief in der Attikazone der Loggetta, Venetia–Justitia.

Neben der Personifikation der Venetia verkörpert vor allem der Löwe die Republik. Der venezianische Löwe steht im Mittelpunkt mehrerer ikonographischer Beziehungen, denn er ist als Wappentier dem Evangelisten Markus, König Salomo und Christus verbunden. Im ›Physiologus‹, einem spätantiken Buch der Naturkunde, das im gesamten Mittelalter und bis in die Neuzeit verwendet wurde, wird der Löwe wie folgt beschrieben:»Wenn der Löwe schlummert in seiner Höhle, so ist's doch eher ein Wachen; denn geöffnet bleiben seine Augen. Dies bezeugt auch Salomon im Hohenlied, sagend: Ich schlafe, aber mein Herz wacht. Denn die Lieblichkeit des Herrn schläft am Kreuz, seine Göttlichkeit aber wacht, sitzend zur Rechten des Vaters. Siehe der Hüter Israels schläft, doch schlummert nicht.«[73]

Bildlich figuriert der Löwe an einigen Fassaden des Markusplatzes, geradezu echoartig vervielfältigt, entweder mit dem vor ihm knienden Dogen wie über dem Durchgang der Porta della Carta und am Torre dell' Orologio, oder allein wie am Campanile und auf der monolithen Säule am Eingang der Piazzetta.[74] Gerade den Bildorten Torre dell' Orologio, Campanile und Säule kommt eine auf das Meer gerichtete Wächterfunktion zu. Die Vorstellung, gerechte Wächter vor allem des venezianischen Friedens zu sein, war für die Venezianer ebenso lebendig wie ihre Rolle als Friedensbringer[75] und Verteidiger des christlichen Glaubens, z. B. anläßlich der Seeschlacht von Lepanto.[76]

Konsequent werden auf einem Bild aus der Werkstatt von Bonifacio dei Pitati die Tugenden Pax und Justitia durch den heiligen Markus, die Republik Venedig repräsentierend, vereint (Abb. 159). Die unabdingbare Zusammengehörigkeit von Pax und Justitia wird auch auf Votivbildern mit Dogenporträts aus der zweiten Hälfte des 16. Jahrhunderts betont.[77]

Frieden war auch dem Evangelisten Markus verheißen worden: »Pax tibi Marce, hic requiescet corpus tuum.« Nach Pincus[78] wurde dies als ein göttliches Versprechen des zukünftigen Friedens den Venezianern gegenüber verstanden, die als Unterpfand die Reliquien des heiligen Markus hüteten. So verwundert es kaum, daß das Wappentier des Heiligen zum Symbol der Republik selbst wurde, wovon beispielsweise das Frontispiz eines 1571 in Venedig erschienen Buches[79] zeugt. In emblemhafter Verkürzung erscheint der Löwe hier mit umgelegtem Zügel, der von einem aus einer Wolke ragenden Arm gehalten wird, zum Zeichen, daß Venedig direkt unter göttlicher Führung steht.

159 Werkstatt des Bonifacio dei Pitati:
Der heilige Markus vereint Pax
und Justitia, 1552 für den Palazzo dei
Camerlenghi gefertigt; Venedig,
Gallerie dell'Accademica

Die Friedensidee bestimmt, zusammen mit der staatstragenden Tugend der Gerechtigkeit, das Bild der venezianischen politischen Ikonographie.[80] So ließe sich das mittlere Relief in der Attikazone der Loggetta (Abb. 156) als ›Justitia auf der sedes sapientiae‹ beschreiben, gäbe es nicht eindeutige Hinweise, die für eine Auslegung als ›Venetia in forma di Giustitia‹ plädieren, eine legitimierende Vermischung zweier Ikonographien, die Justitia typbildend für Venetia werden läßt.

Die Vorstellung vom gerechten, weisen und friedliebenden Richteramt, dessen alttestamentliches (typologisches) Vorbild in der Person des Königs Salomo, auf dem Thron der Weisheit sitzend, zu suchen ist, bestimmte auch die Amtsauffassung des Dogen und die Ikonographie seines Amtssitzes, dessen räumliche Nähe zur Markuskirche Francesco Sansovino bezeichnenderweise als Vereinigung von Justitia, Pax und Religio – unter Hinweis auf Psalm 84 – beschrieb.[81] Diesen Hinweis auf Psalm 84 erwähnt Wolters[82] in bezug auf das besprochene Bild aus der Werkstatt des Bonifacio dei Pitati *Der heilige Markus vereint Pax und Justitia,* das 1552 für den Palazzo dei Camerlenghi[83] gemalt wurde (Abb. 159).

Psalm 84 beinhaltet eine Reihe von Anspielungen auf die Tempelanlage in Jerusalem wie auch die Hoffnungen der Pilger, dort Frieden und Schutz zu finden. Die venezianische Staatskirche, personifiziert durch den heiligen Markus als Garant von Frieden und Gerechtigkeit, wird in dem Werk der Pitatischule verbildlicht. Das Pitatibild wiederholt im kleinen dieselbe ikonologische Konstellation, die auch das Ensemble Markuskirche, Dogenpalast und Prokuratien als Ganzes definiert. Wie der Gesalbte in Psalm 84 sichert auch der venezianische

›Tempelherr‹ – der Doge – mit kriegerischen Unternehmungen den Frieden seiner Pilger und Untertanen. Justitia und Venetia überlagern sich in vielen Darstellungen seit der Mitte des 14. Jahrhunderts. Sie teilen dabei alle Attribute wie Schwert, Waage und Löwenthron, die sedes sapientiae. Dieser Throntypus ist im selben Zeitraum auch für die Gestalt der Maria anzutreffen. Er wird Justitia, Maria und Venetia in der Dependenz zur Salomo-Ikonographie zugeordnet. Nach Schiller[84] wurde das Thema der sedes sapientiae in den nach 1400 entstandenen Mariendarstellungen nicht mehr aufgegriffen. Dennoch gab es in Venedig zumindest eine Erinnerung daran, wie auf einer Zeichnung aus dem Pordenone-Umkreis[85] zu sehen ist, die die Madonna mit Kind, flankiert von zwei Heiligen, auf einem Löwenthron wiedergibt. Der Gedanke an Maria auf dem Löwenthron oder der sedes sapientiae liegt auch dem Triptychon des Jacopo del Fiore, *Justitia zwischen den Erzengeln Michael und Raphael,* zugrunde, wie Rosand mit dem Hinweis auf die Anwesenheit des Verkündigungsengels Gabriel feststellt.[86]

Im 16. Jahrhundert nähern sich die Ikonographien von Maria und Venetia so weit an, daß aus der Stadtpersonifikation Venetia eine Stadtheilige wird. Für die Figur der Venetia werden bestimmte Muster aus der Marien-Ikonographie übernommen[87]: Jacopo Tintoretto stellte Venetia in seinem Bild *Die freiwillige Unterwerfung der Provinzen unter Venedig* im Range der Himmelskönigin dar (Abb. 155), die dem Dogen Nicolò da Ponte erscheint. Der englische Reisende Thomas Coryat sah das Bild im frühen 17. Jahrhundert in der Sala del Maggior Consiglio und meinte darin das Erscheinen der Jungfrau Maria zu sehen. Wolters[88] bemerkt, daß dieser Irrtum nur zustande kommen konnte, da Tintoretto im Dogenpalast sowohl Venetia als auch Maria an hervorgehobener kompositorischer Stelle und von einer Aureole umgeben malte. Paolo Veroneses *Apotheose der Venetia* (Abb. 153) – ebenfalls im Großen Ratssaal – verwechselte Coryat mit dem Thema der Marienkrönung. Die bewußt herbeigeführte Ähnlichkeit wurzelte in dem Wunsch, Venedig im Zeichen göttlicher Fügung und Führung erscheinen zu lassen.

Ausgangspunkt der Überblendung mariologischer Ikonographie und der der Venetia war vor allem die Legende von der Gründung Venedigs am Tag der Verkündigung an Maria, dem 25. 3. 431 n. Chr.[89] Marias Jungfräulichkeit[90] gab Anlaß zu weiterer Parallelisierung, da Venetia-Venedig nie militärisch erobert wurde.

Nun gibt es einige rundplastische Beispiele im Bereich des Markusplatzes und gemalte Beispiele vor der Kulisse des Platzes, die mit dem Thema der Verkündigung in Verbindung stehen und somit als Anspielung auf das legendäre Gründungsdatum Venedigs verstanden werden können. Die in der Mitte des 15. Jahrhunderts entstandene rundplastische Verkündigungsgruppe, die ehemals hinter dem Hauptaltar von San Marco stand, meint auch Wolters mit Hinweis auf dieses Datum erklären zu müssen.[91] Die früher zu datierende, weit auseinanderstehende Verkündigungsgruppe in der Dachzone der Markuskirche scheint in ihre Botschaft den gesamten Markusplatz mit einzubeziehen, ähnlich wie das um 1540 gemalte ›Triptychon‹ des Bonifacio dei Pitati.[92]

Diese für die Ausstattung des Magistrato degli Imprestidi dei Camerlenghi gemalte, also öffentlich zugängliche Verkündigung gehört zunächst in die Reihe von Bildern, die Szenen der Heilsgeschichte nach Venedig verlegen (Abb. 160 a-c). Das Mittelbild (Abb. 160 b) rahmen im Vordergrund zwei dunkle Pilaster, auf denen in Superposition stehende Säulen in den bewölkten, aber doch durch-

160 a–c   Bonifacio dei Pitati: ›Triptychon‹ der Verkündigung an Maria mit Gottvater
und Hl. Geist; um 1540 für den Palazzo dei Camerlenghi gemalt; Venedig,
Gallerie dell'Accademia

lichteten Himmel hineinragen.
Über diesem atmosphärischen
Gemisch von Wolken und Licht
befindet sich Gottvater mit dem
Heiligen Geist, mit ausgebreite-
ten Armen auf den Markusplatz
gleichsam niederschwebend. Die
genaue topographische Ansicht
vom Torre dell' Orologio aus bezieht einen Großteil der Piazza
und der Piazzetta mit ein. Markuskirche und Dogenpalast zur
Linken, Campanile mit Loggetta
– deren Entstehungsdatum somit
der terminus post quem für die
Schaffung des Bildes ist – und der
noch unfertigen Südseite der

Piazza zur Rechten, fällt der Blick auf die am Eingang der Piazzetta stehenden Säulen. Die eigentliche Verkündigungsszene ist auf die beiden Seitenbilder beschränkt, links der Verkündigungsengel in raum-
greifendem Gestus (Abb. 160 a), rechts die vor einem Lesepult sit-
zende Maria (Abb. 160 c). Kompositorisch sind beide der Mitte zuge-
neigt und agieren um die dem Mittelbild vergleichbare Pilaster-Säu-
len-Stellung, die die drei Tafeln wie ein Scharnier verbindet. Die Him-
mels- und Wolkenausschnitte hinter Engel und Maria stellen ebenfalls den Bezug zum Mittelbild her. Die Verknüpfung der drei Bilder
durch die vergleichbare Wiedergabe der Architekturen läßt den Eindruck entstehen, als hätte die Verkündigung an Maria in Venedig stattgefunden. Vermutlich berücksichtigte Bonifacio die Gründungsle-
gende Venedigs, die auch im politischen Zusammenhang der Zeit
immer wieder Erwähnung fand[93] und zu dem Glauben führte, Gott
selbst hätte bei der Gründung Venedigs seine Hände im Spiel gehabt.
   Die Interpretation des Mittelbildes – Gottvater mit dem Heiligen
Geist – ist entscheidend, weil diese Gruppe nicht unbedingt zur Ikonographie der Verkündigung gehört.[94] Markusplatz, Markuskirche und
der übergroß wirkende Campanile, der die Verbindung von unten
nach oben herstellt, erhalten den Segen ebenso wie Maria. Gottvater
›vertreibt‹ nicht die dunkle Wolke, die über Venedig lastet; sie ist vielmehr Zeichen des Bundes zwischen dem Segnenden und den Geseg-

neten, sichtbar gemacht durch das Aufreißen der Wolken, die auch sonst keine Verschattung über der Markuskirche bewirken. Die Wolke als Zeichen des Bundes und der Anwesenheit Gottes wird vor allem im Alten Testament im Zusammenhang mit dem Tempel in Jerusalem und seinem Vorgänger, der Stiftshütte, sowie als Wegweiser beim Auszug der Kinder Israels aus Ägypten erwähnt:»Da bedeckte die Wolke die Hütte des Stifts, und die Herrlichkeit des Herrn erfüllte die Wohnung.«[95] Und in der Ezechiel-Vision heißt es:»Und die Herrlichkeit des Herrn kam hinein zum Hause durchs Tor gegen Morgen. Da hob mich ein Wind auf und brachte mich in den inneren Vorhof; und siehe, die Herrlichkeit des Herrn erfüllte das Haus.«[96]

Der Bezug zu Jerusalem bzw. zum Himmlischen Jerusalem läßt sich im weiteren noch mit dem Motiv des Verkündens belegen, denn dem Versprechen Jesaias[97], ein zukünftiger Erlöser werde kommen, folgte die Bestätigung:»Das Wort ward Fleisch und wohnte unter uns, und wir sahen seine Herrlichkeit als des eingeborenen Sohnes vom Vater, voller Gnaden und Wahrheit.«[98] Hierin könnte nun auch eine Verheißung der Gründung Venedigs gesehen worden sein, das (später) tatsächlich gebaut wurde, also ›Fleisch wurde‹. Bildlich drückt sich die bei Johannes genannte Verbindung von Wort und Wahrheit im Relief des Salomonischen Urteils an der Nordwestecke des Dogenpalastes aus, in dessen unmittelbarer Nähe sich die Darstellung des Erzengels Gabriel befindet. Hier sind zwei Künder der Wahrheit in typologischen Zusammenhang gesetzt: Gabriel und Salomo. Der Engel Gabriel taucht auf dem Markusplatz ein weiteres Mal allein auf, als 1517 aufgestellte, drei Meter hohe, mit Blech verkleidete Holzfigur (Abb. 161) auf der Spitze des Campanile.[99]

Zwei unterschiedliche Verkündigungsszenen haben den Markusplatz als Hintergrund. Die rundplastische Version in der Dachzone der Markuskirche und die gemalte von Pitati sind ikonographisch vollständig, da Maria wie der Engel vorhanden sind, während dem Verkündigungsengel auf dem Campanile das Gegenüber zu fehlen scheint. Angesichts der zeitweiligen Kongruenz von Maria und Venetia bezieht sich die Botschaft des Campanile-Engels Gabriel auf seine venezianische Umgebung, den Markusplatz und die ihn rahmenden Bauten, so daß sein Segen bzw. Verkünden auf die ganze Stadt wirkt. Damit dient die Platzanlage mit Markuskirche und Dogenpalast nicht nur als Kulisse des Heilsgeschehens, sondern ist Teil einer sakralisierten Topographie.

161 Ansicht des Markusplatzes in Venedig, 1599; anonymer Stich; Venedig, Museo Correr

»Was wir Typologie nennen, ist eine besondere Form der Wiederholbarkeit des Mythos.«[100] Dies trifft in besonderem Maß auf Venedig zu, wo vom 11. Jahrhundert bis zum Ende der Republik Prozessionen und Umzüge wesentlichen Anteil an der Sakralisierung des Markusplatzes hatten. Die zyklische Wiederkehr venezianischer Festtage war nach Frye[101] eine »Imitation des ewigen Lebens, in der die Feier den Typus und das ewige Leben den Antitypus darstellt«.

Stellvertretend für hochrangige venezianische Feiertage seien hier die jährlich stattfindenden Ereignisse um und vor dem Tag Christi Himmelfahrt geschildert: Die Osterprozessionen, die sich räumlich zwischen der Kirche San Zaccaria und dem Markusplatz abspielten, erinnerten nicht nur an die Passion Christi, sondern auch daran, daß das cornu ducale von diesem Kloster gespendet worden war.[102] San Zaccaria, bis in das 12. Jahrhundert Grabeskirche der Dogen, besaß seit Ende des 9. Jahrhunderts eine Nachbildung des Heiligen Grabes, die um 1474 beim Hochaltar aufgestellt worden war und Ende des 16. Jahrhunderts durch ein Tabernakel gleichen ikonographischen

255

Bezugs – der Passion Christi – ersetzt wurde. Nach Dellwing[103] begannen die Osterprozessionen, die kontinuierlich zwischen 1173 und 1796 stattfanden, mit großem Aufwand auf der Piazza San Marco am Palmsonntag und setzten sich Karfreitag und Ostersonntag fort. Venezianer, Gäste und Pilger zogen durch den Umgangschor von San Zaccaria, wo das Heilige Grab und später das Tabernakel stand, um die Passion und vor allem die Auferstehung nachzuvollziehen.[104]

Seit dem frühen 13. Jahrhundert verband sich mit dem Feiertag Christi Himmelfahrt die Erinnerung an den zwischen Papst Alexander III. und Kaiser Friedrich Barbarossa in Venedig 1177 geschlossenen Frieden.[105] In der Folge hatte der Doge bestimmte Privilegien und Ehrenzeichen vom Papst erhalten, von denen das wichtigste Privileg die angebliche Verleihung der Meeresherrschaft war. Daran erinnert wurde in dem jährlich sich wiederholenden Schauspiel der ›Vermählung des Dogen mit dem Meer‹, einer riesigen Schiffsprozession, bei der der Doge einen Ring ins Meer warf.[106]

Hier befinden wir uns in einer Art typologischem Knoten. Nach Frye stehen sich nicht nur die Feier und die damit verbundene Heilserwartung wie Typus und Antitypus gegenüber, sondern auch dem rituellen Gehalt, der in Venedig immer mit historischen Ereignissen legitimierend verknüpft ist, liegen typologische Strukturen zugrunde. Die Kulmination christologischer Bezüge auf den Dogen äußerte sich jeweils am Tag der Himmelfahrt Christi und hatte gleichzeitig einen legitimistischen Bezug zum Gegenpol Papst, der jeweils daran erinnert wurde, daß er dem Dogen die Herrschaft über das Mittelmeer zugestanden hätte.

Für Dellwing[107] nehmen die religiösen Feste in Venedig den Charakter von Hofzeremonien an, d. h., weltliche und kirchliche Macht vereinigten sich hier auf cäsaropapistische Weise. Der Zusammenhang zwischen religiösem Fest und politischem Ereignis brachte es mit sich, daß aus dem Staatsfest in der graphischen Darstellung auch ein Kirchenfest werden konnte (Abb. 162 a, b).

Vor dem Hintergrund mariologischer und christologischer Ikonographiemuster entwickelte sich das Selbstverständnis und die Selbstdarstellung Venedigs, dessen Oberhaupt in cäsaropapistischer Weise potestas und religio auf sich vereinigte. Besaß der Doge in der Verfassungsrealität des Stadtstaates zwar mehr »Würde« als »Macht«[108], so repräsentierte er doch in einem – auch von den realpolitisch denkenden Venezianern – für ideal gehaltenen System den monarchischen

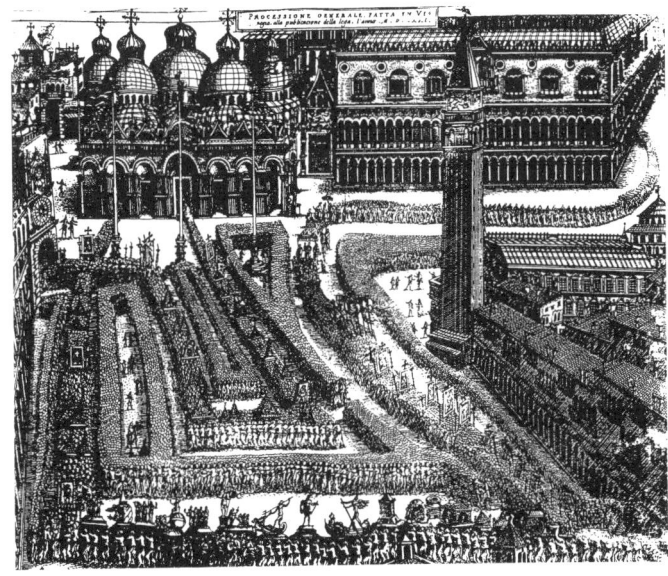

162 a   Prozession am Markusplatz in Venedig anläßlich der
Verkündigung der Heiligen Liga gegen die Türken, 1571; anonymer Stich;
Venedig, Museo Correr

162 b   Giacomo Franco: Fronleichnamsprozession auf dem Markusplatz
in Venedig, 1610; Kupferstich, Venedig, Museo Correr

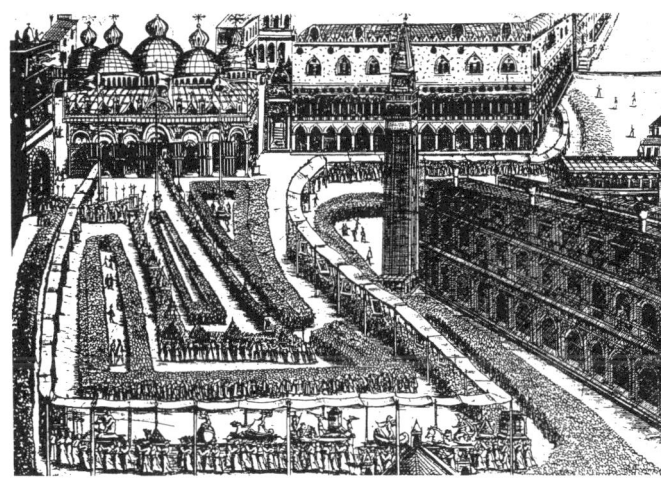

Teil der Verfassung. Den in antiken Vorstellungen existierenden Kreislauf der Regierungsformen sahen Redner aus den von Venedig unterworfenen Städten außer Kraft gesetzt und feierten Venedig als »christlichste und vollkommenste Republik«.[109] Die christologischen Allusionen auf das Amt des Dogen, seine Stellung in bezug auf Staatskirche und Staatsapparat, wenn auch verfassungsmäßig nur als Repräsentant, trotzdem auch als Garant aller Ordnungen, bringen das Amt des Dogen auf einzigartige Weise mit dem Bild des alttestamentlichen Königs Salomo in Verbindung. In der Platzanlage, die dem Schema des templum Salomonis, also der Dreiheit von domus Domini (Markuskirche), domus regis (Dogenpalast) und domus sacerdotum (Prokuratien) so auffallend folgt, sind ikonologische Ansätze dieser Deutung schon seit dem 12. und 13. Jahrhundert angelegt. Danach nehmen die salomonischen Bezüge zu, entscheidend vor allem durch die »trasformazione sansoviniana«, deren Verwirklichung sich bis in das 17. Jahrhundert hinziehen sollte.[110] Politisch führte auch die Reduktion aristokratischer Anwesenheit auf dem Markusplatz – 1569 wurden die Versammlungsorte des Adels, wie die Loggetta, aufgegeben und den Prokuratoren zugestanden[111] – dazu, daß Doganat und Prokurat die hauptsächliche Präsenz am Markusplatz erhielten.

Die den templum Salomonis definierende Dreiheit[112] artikuliert sich als Bestandteil venezianischer Mythogenese, berücksichtigt man die Ezechiel-Vision[113] mit ihrer Schilderung der inneren und äußeren Vorhöfe des Salomonischen Tempels. Der Bereich des Markusplatzes besteht aus vielen Höfen bzw. Plätzen: der Piazza, der Piazzetta, der Piazzetta dei Leoncini, die als zusammengehörig empfunden wurden, und im Bereich des Dogenpalastes aus dem Cortile del Palazzo und dem Cortile dei Senatori (Abb. 158).

Gerade das 16. Jahrhundert trug dazu bei, den Mythos Venedig zu verstärken, da sich Venedig nach harten Niederlagen wie der Schlacht von Agnadello, die als Gottesgericht empfunden wurde, durch Appelle zur religiösen und moralischen Erneuerung wieder zu erholen wußte. Der Aufschwung der dreißiger Jahre, die Restituierung venezianischer Besitzungen auf dem Festland wie auch der Sieg von Lepanto 1571 über die Türken festigten erneut Venedigs politische Rolle und sein Selbstbewußtsein, sich als Stadt von fast himmlischer Vollendetheit zu stilisieren (Abb. 161).

Die Auswirkungen dieser Vorstellung scheinen sich in der 1617 veröffentlichten Verfassungsgeschichte des jüdischen Staatswesens von

Petrus Cunaeus niedergeschlagen zu haben.[114] Die Ähnlichkeit der später entstandenen Darstellungen des Salomonischen Tempels und seiner Vorhöfe ist deutlich (Abb. 163): die gleiche Weite des Platzes und die annähernd vergleichbare dreigeschossige Fassadengliederung, die sich im Parterre mit Arkaden öffnet. Cunaeus greift auf die älteren Vorlagen der Tempelrekonstruktionen des spanischen Jesuiten Juan B. Villalpando (Abb. 121, 126, 127, 134 a) von 1604 zurück. Die Verwendung des Begriffs ›Republik‹ im Titel des Buches von Cunaeus läßt Fragen offen: Orientierte er sich vielleicht bei der bildlichen Umsetzung zusätzlich an der »christlichsten Republik«, an Venedig?

Das Bild Venedigs mit seiner zentralen Platzanlage bietet vielfache Allusion zum Himmlischen Jerusalem. Es ist daher naheliegend, daß es in die Gelehrtendiskussion um die wahrhafte Rekonstruktion des Salomonischen Tempels mit eingeflossen ist.[115]

Vom Mittelalter bis ins 18. Jahrhundert wird die Rezeption des Salomonischen Tempels vom Aspekt der Heilserwartung bestimmt. Im nun folgenden zweiten Fallbeispiel, der im 18. Jahrhundert gegründeten Geheimgesellschaft der Freimaurer, geht es um die Realisation privater Wunschwelten.

163 Der Salomonische Tempel und sein innerster Vorhof; Kupferstich aus Petrus Cunaeus: ›La Republique des Hebreux‹, Amsterdam 1705, Bd. 3, vor S. 167; Herzog August Bibliothek Wolfenbüttel, Hi 29: 3

Der Salomonische Tempel und die Freimaurerei

»Es ist mehr als ein bizarrer englischer Einfall, daß die Gründung der liberalen Geheimgesellschaften des 18. Jahrhunderts formal die Wiederbelebung bedeutungslos gewordener Steinmetzzünfte war. Denn symbolisch lag darin die Überhöhung dieses Berufes in ein allgemein gültiges Menschenbild. Eine platonistische Vorstellung des Architekten wird zum Gegenbild des Priesters und des Herren – ihre gesellschaftliche Auswirkung findet sie mittels der Symbolik der gotischen Bauhütte.«[116]

Generalisierend erkannte Rassem 1960, daß die Freimaurer als historisch faßbares Phänomen dem frühen 18. Jahrhundert angehören, jedoch auf viel ältere – vermeintlich tradierte – organisierte Verbände wie die der Steinmetzzünfte gotischer Kathedralbauten zurückgriffen. Tatsächlich bestand zwischen den Steinmetzzünften und der 1717 erfolgten Gründung der ersten Londoner Großloge kein historischer, sondern ein seinerzeit konstruierter Zusammenhang.[117] Diese mythenhafte Herleitung der Freimaurerei war seit 1717 Bestandteil der freimaurerischen Historiographie, die man daher auch als legitimierende Mythographie bezeichnen könnte.[118] Sie umfaßt nicht nur die sogenannte Steinmetzlegende, sondern je nach Kenntnis und Standort des Autors ebenso Herleitungen von antiken oder außereuropäischen Mysterienkulten, wie sie auch nach Ursprüngen bei den Germanen, Kreuzrittern, Asiaten oder Persern sucht.[119]

1723 publizierte der Theologe Reverend James Anderson im Auftrag der Londoner Großloge die ›Verfassung‹ der Freimaurerei, in welcher ihre geschichtliche Genese beschrieben ist. Auch bei ihm klingt u. a. die Steinmetzlegende an, wenn er aus den »alten Urkunden der Brüderschaft in Engelland« berichtet.[120] Anderson verknüpft in seiner Form mythischer Geschichtsschreibung, der Weltchronik, den Bau des Salomonischen Tempels mit den mittelalterlichen Kathedral- und Kirchenbauten, basierend auf dem geistesgeschichtlichen Hintergrund theologisch-exegetischer Interpretation, die den alttestamentlichen Tempel im Kirchengebäude bzw. in der Kirche als Institution – als Neuen Tempels – verwirklicht sieht.[121] Anderson bewegte sich damit auf gängigen Bahnen: Die bereits im Frühmittelalter auftauchende Vorstellung von der äußeren Gestalt des Tempels setzte sich in der Neuzeit, vor allem im Zuge von Reformation und Gegenreformation, weiter fort. Die Rekonstruktionsversuche des Salomonischen

Tempels[122] im 17. Jahrhundert, die Theologen aller Konfessionen, aber ebenso auch Architekten, Mathematiker und Naturwissenschaftler wie etwa Sir Isaac Newton durchführten, ließen den Tempel zusehends als Lehrgebäude erscheinen, welches von den Freimaurern eklektizistisch adaptiert wurde.[123] Vor allem in der Gründungsphase der Freimaurerei, also um 1700, vermittelten gelehrte Vereinigungen wie die Royal Society in London, denen zahlreiche Freimaurer angehörten, das Bild des Tempels als Metapher für eine tugendhafte Gesellschaft.[124]

Die Ursprungslegenden der Freimaurer sowie die Vorstellung vom Salomonischen Tempel als Lehrgebäude gehören zum typologischen[125] Geschichtsbild ihres Bundes. Sie sind keine Geschichtsklitterung[126], sondern legitimierender Rückblick in der Hoffnung auf einen in der Zukunft zu errichtenden neuen Tempel, ein Ausdruck der »Sakralisierung einer liberalen Gesellschaftsidee«.[127]

Innerhalb der Vielzahl von Theorien zur Entstehung der Freimaurerei[128] lassen sich drei große Gruppen unterscheiden: Sie leiten die Wurzeln der Freimaurer von der Bibel, von der Antike und vom Mittelalter her. Diese drei Varianten sind Prototypen der freimaurerischen Mythogenese, die typologische Muster zur Überhöhung des Bildes vom Freimaurer verwenden. Die bereits erwähnte Chronik von James Anderson verkörpert die erste Variante: Sie schildert die Geschichte der Freimaurerei, in Anlehnung an die Bibel, als Geschichte von Bauten und Bauherren der Welt.

Der erste englische Großmeister der 1717 in London gegründeten Großloge[129], der Herzog von Montagu, beauftragte das Logenmitglied James Anderson, aus mittelalterlichen, angeblich überlieferten Handwerks- und Zunftvorschriften eine Chronik der Maurerei zu erarbeiten.[130] Die 1723 veröffentlichte Darstellung Andersons erlebte 1738 und 1756 Neuauflagen und Erweiterungen im Englischen.[131] In Deutschland erschien 1741 die erste Übersetzung der Andersonschen Konstitution[132], der bereits 1743 eine zweite folgte.[133] Es ist dies der Zeitraum, in dem sich in Deutschland die ersten Logen etablierten.

Der Bibel folgend, beginnt Anderson bei Adam, der »nach dem Bilde GOttes als des großen Baumeisters der Welt, erschaffen war« und der »die Feldmeßkunst oder Geometrie« als erster verinnerlichte.[134] Die nach allen Regeln der Baukunst verfertigte Arche Noah rettete Anderson zufolge die Kenntnisse der Geometrie in die Zeit nach der Sintflut. Die Nachkommen Noahs, die den Nahen Osten, Asien und Afrika[135] besiedelten und missionierten, verbreiteten dann das Wissen über die Geometrie in alle Länder der Welt. In Andersons Darstellung sind die Israeliten ein Maurervolk, das durch seinen Obermeister Moses zu seinem Ziel Kanaan gelangte, wobei Moses unterwegs Logen abhielt und seinem Volk Weisungen und Gebote erteilte: »... die hochberühmte Stifts-Hütte, ... konte vor ein ungemein vortrefflich Stück der Baukunst gehalten werden, wie sie denn würklich zum Modell des Tempels Salomonis dienete...«[136]

Der ›Friedensfürst‹ Salomo errichtete das »kostbarste Gebäude von der Welt auf«[137], den Salomonischen Tempel. Damit übertrafen die Israeliten die in Kanaan siedelnden Völker, da sie ihren Tempel in nur »sieben Jahren und sechs Monaten« erbauten. Der mit Salomo befreundete Nachbarherrscher Hiram von Tyrus schickte Zedernholz nach Jerusalem und sandte auch seine Maurer, sogar den Hiram Abif, den »allererfahrensten und kunstreichsten Mäurer seiner Zeit«[138], dorthin. »Der weise König Salomon war zur selbigen Zeit Ober-Meister der Loge, oder der Brüderschaft zu Jerusalem ...; der erleuchtete Hiram Abif war Ober-Aufseher des Wercks, und die ganze Mäurergesellschaft stunde unter dem unmittelbaren Schutz und Verordnung GOttes ... Indem auch der Tempel des wahren GOttes denen Reisenden zum Wunder-Werck dienete, wurde er auch zu gleicher Zeit ihr Muster und Modell, nach welchem sie die Bau-Kunst ihres Vaterlandes bey der Zurückkunft einrichteten.«[139] Nach Fertigstellung des Tempels verließen die »3300 Mäurermeister«[140] Israel und gingen nach Europa, Asien und Afrika.[141] Wenig später gelangte die »Königliche Kunst«[142] dann nach Griechenland.

Nach der Schilderung der sieben Weltwunder befaßt sich Anderson mit den Römern. Diese erhielten ihr Wissen von der Geometrie und damit der Baukunst über Sizilien, wo der Feldmesser Archimedes lebte, wie auch über Ägypten, Griechenland und Asien, da sie diese Regionen unterwarfen und sich in der Folge die berühmtesten Lehrer und Künstler nach Rom begaben.»... daher kam es, daß Rom der Mittelpunkt der Gelehrsamkeit wurde, ... endlich die Römer auf den höchsten Grad ihres Ruhmes unter Kaiser Augusto gelangten, unter dessen Regierung der Meßias gebohren wurde; der große Baumeister der Kirche, welcher, ... die geschickten Künstler, ... sonderlich aber den berühmten Vitruvius, den Vater aller wahren Baumeister unserer Zeiten, ungemein aufmunterte. Man kan dahero wohl glauben, daß der Ruhmwürdige Augustus Ober-Meister von der Loge zu Rom gewesen, weil er ein Schutzherr des Vitruvius war, und daß die Künstler mit ihren Gesellen in guten Wohlseyn gestanden haben; Wir sehen solches an der Anzahl der kostbaren Gebäude, die unter desselben Regierung aufgeführet worden; Deren überbliebene Reste der Nachwelt zum Muster und zur Regel der wahren Mäurerkunst dienen, auch in der That selbst nichts anders, als kurze Begriffe der Asiatischen, Egyptischen, Griechischen und Sicilianischen Baukunst vorstellen, ...«[143] Bis ins 5. Jahrhundert sei – so Anderson – die »Königliche Kunst« im Römischen Reich gepflegt worden und von dort bis nach »Ultima Thule«, nach Schottland, gekommen.

Die weitere Entwicklung der Freimaurerei ging nach Anderson von England und Frankreich aus und hing eng mit der Missionierung der heidnischen Einwohner zusammen, die den gotischen Baustil entwikkelten, der zwar nicht dem »Augustischen« Ideal entsprach, aber dennoch »die Gebäude ehrwürdig machet«.[144] So holten die englischen Könige im Mittelalter französische Maurer ins Land, die als Oberaufseher über die entstehenden Bauten wachten. Anderson beschreibt diese Verdienste der englischen Könige um die Baukunst ausführlich. Wenngleich man in Italien schon früher von der »Verwirrung und Ungleichheit der Gothischen Gebäude« erkannt habe, betont Anderson, daß die englischen Leistungen in der Baukunst den italienischen ebenbürtig waren: »... die Augustische Art und Weise wurde in dem funffzehnden und sechzehnden Seculo in Italien durch Bramante, Barbaro, Sansovino, Sangallo, Michel Angelo, Raphael Urbin, Julio Romano, Serglio, Labaco, Scamozi, Vignola und vielen anderen Baumeister wiederhergestellet: Insbesonderheit hatte in diesem Stück der große Palladio seinesgleichen nicht in Italien; Jedennoch aber hat ihn Engelland unter Mäurer-Obermeister Inigo Jones vortrefflich nachgeahmet«.[145]

In den Fußnoten erwähnt Anderson auch seinen Zeitgenossen, den Earl of Burlington, »welcher vor den besten Baumeister in gantz Groß-Britannien gehalten wird« und der Inigo Jones nachgeeifert habe.[146] Andersons Darstellung schließt mit der Feststellung, daß Großbritannien damals dabei gewesen sei, »eine Meisterin des gantzen Erdbodens in der Zeichnung und in der Mahler-Kunst [zu werden], und fähig [zu] werden, alle anderen Völckern in alle dem, was die Königliche Kunst betrifft zu unterrichten«.[147]

Gerade die äußere Form der Chronik eignet sich nach Ohly[148] zur typologisierenden Darstellung. So ist das Motiv der Steigerung[149] der

Vergleiche auch bei Anderson zu erkennen, denn er gliedert seine Sicht der Baugeschichte der Welt in eine Abfolge von Welten und Weltreichen, die Großbritannien einerseits als Endpunkt dieser Entwicklung, andererseits als Ausgangspunkt der neuen Architektur betrachtet: die Zeit vor und nach der Sintflut, Ägypten, Assur, Israel, Babylon, Griechenland, Rom, Schottland, England und das Großbritannien des 18. Jahrhunderts. Anderson geht es in seiner Schilderung weniger um die Gegenüberstellung alt- und neutestamentlicher Bauten. Vielmehr konzentriert er sich auf eine typologische Gegenüberstellung von Altem Testament und römischer Antike einerseits bzw. englischer Baugeschichte andererseits. Letztere stellt ihm zufolge durch den Rückgriff auf die italienischen Renaissancearchitekten eine Steigerung der antiken Baugeschichte dar.

Im Sinne der theologischen Typologie sind Arche Noah, Stiftshütte und Salomonischer Tempel Präfigurationen der christlichen Kirche und damit auch des Kirchenbaus.[150] Bei Anderson, von Haus aus Theologe[151], verändert sich diese Position: Nicht der Kirchenbau oder die Kirche als Institution, sondern das freimaurerische Gedankengebäude wird präfiguriert. Arche und Stiftshütte, der Turm zu Babel und andere bei Anderson aufgezählte Bauwerke sind als Gebäude in Form und Ordnung Präfigurationen in malum et bonum partem des Salomonischen Tempels. Dessen Musterbild wird erst mit dem berühmten, unter Augustus tätigen Baumeister Vitruv annähernd wieder erreicht, um dann, gemäß Andersons apokalyptischer Weltsicht, erst nach dem Einbruch der Vandalen, Mohammedaner und Goten in der italienischen Renaissance erneut zu erstehen, vollends zur Blüte gebracht in der Baukunst Palladios und seiner englischen Rezipienten Inigo Jones, Christopher Wren, dem Earl of Burlington und allen ihnen folgenden Freimaurern.

Mit Vitruv,»dem Vater aller wahren Baumeister unserer Zeiten«[152], findet erstmals ein bestimmter, maßgeblicher »Stil« in die Baugeschichte Andersons Eingang, welcher von ihm als»Augustischer Stil« bezeichnet wird und für die klassischen Säulenordnungen steht.[153] Als Zeitgenosse Christi wird Vitruv von Anderson christianisiert. Er ist Antitypus, wie Christus, zu den vorhergehenden Baumeistern, wodurch sich sein »Stil« für »seine Nachfolger« Palladio[154], Jones, Wren und Burlington eignet, die ihrerseits zu Mitgliedern des mythischen Stammbaumes der modernen Freimaurer werden. Als Vorläufer von Palladio, Jones, Wren und Burlington wird Vitruv zum Typus seiner antitypischen Nachfolger.[155] Er präfiguriert, neben Palladio und Inigo Jones, die Reihe von tatsächlichen Freimaurer-Meistern, nämlich die Freimaurer des 18. Jahrhunderts, die an einer neuen Gesellschaft bauen.

Das Denken in Exempla von Bauten und Bauherren äußert sich auch in den von den Freimaurern im Ritual, etwa bei der Aufnahme oder Weiterbeförderung eines Mitgliedes benutzten graphischen Darstellungen, den sogenannten Arbeitstafeln oder -teppichen, die auf den Boden der Loge gelegt wurden. Etliche Logen benutzten zur Initiation von Lehrling, Geselle und Meister Arbeitstafeln nach dem Vorbild der Andersonschen Baugeschichte der Welt. So wurden beispielsweise in einer französischen Loge bei der Verleihung des Meistergrades zwei Arbeitsteppiche verwendet. Dem zukünftigen Meister legte man nach Feddersen[156] zunächst einen Logenteppich (Abb. 164) vor, der die Stiftshütte des Moses abbildet und in welchem mittig die Bundeslade mit den Gesetzestafeln, darunter der Schaubrottisch sowie der siebenarmige Leuchter dargestellt sind. Bezeleel und Eliah sind namentlich als Erbauer der Stiftshütte genannt. Im oberen Drittel der Tafel übergibt Moses dem Aaron ein Räucherfaß. Der zweite Meisterteppich (Abb. 165) zeigt den Salomonischen Tempel. Vor ihm stehen die Bundeslade mit dem Schaubrottisch und Leuchter, ergänzt durch Altar und Tor.[157]

164 Logenteppich für den Meistergrad; Kupferstich aus ›Le Parfait Maçon ou les veritables secrets des quatre Grades d'Aprentis, Compagnons, Maitres ordinaires & Ecoffois de la Franche-Maçonnerie‹, Paris 1744

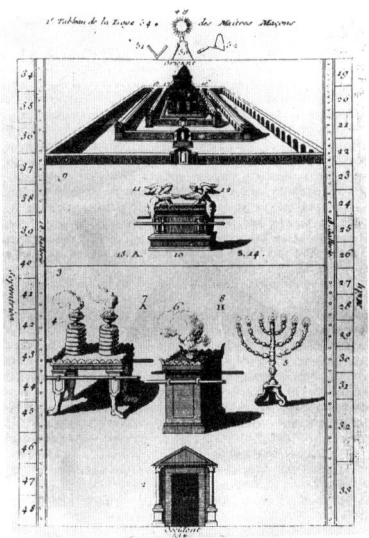

165   Logenteppich für den Meistergrad;
Kupferstich aus ›Le Parfait Maçon ou
les veritables secrets des quatre Grades
d'Aprentis, Compagnons, Maitres
ordinaires & Ecoffois de la Franche-
Maçonnerie‹, Paris 1744

Aus der bei Anderson geschilderten Vielfalt der Völker, die Vorläuferfunktion oder den Charakter von Vorbildern für die Freimaurer des 18. Jahrhunderts haben, werden in der Freimaurerliteratur im deutschen Raum schon frühzeitig jene Völker und Sekten behandelt, deren Religionen vermeintliche Analogien zur freimaurerischen Philosophie aufweisen. Dem an seiner mythischen Herkunft interessierten Freimaurer des 18. Jahrhunderts geht es dabei nicht nur um den einfachen Vergleich, sondern um den Nachweis von Ähnlichkeiten und darüber hinaus um die als legitimierend aufgefaßte Vorausdeutung der Inhalte des eigenen Bundes.[158] Deshalb befaßt sich die zweite der Entstehungstheorien mit der von der Antike abgeleiteten Herkunft der Freimaurer, der Parallelisierung von freimaurerischem und ›ägyptischem Mysterium‹.

Das gesamte 18. Jahrhundert hindurch beschäftigten sich Freimaurer verschiedener Systeme mit dem Geheimnis der »tiefgründigen Sinnbilder« der ägyptischen Hieroglyphen und dem Problem ihrer Auslegung. Sie griffen damit auf eine um 1500 entstandene, geistesgeschichtlich bis weit in das 18. Jahrhundert wirksame Deutungsweise von allegorischen Bildern zurück: die Emblematik.[159] Das in der Hieroglyphe verschleierte Wissen war ein Geheimnis, das nur dann enträtselt werden konnte, wenn man im Besitz des richtigen Schlüssels war, also wenn man ›eingeweiht‹ war. So jedenfalls sieht es noch der Freimaurer Lenning 1822, wenn er den ägyptischen Hieroglyphen einen zweifachen Schriftsinn unterlegt: »den gewöhnlichen, ... und den mystischen Sinn, den nur der Eingeweihte zu erklären wußte«.[160] Nach Lenning war die »Claviculae Salomonis der Schlüssel zur höchsten Wahrheit«.[161]

Die Freimaurer des 18. Jahrhunderts entdeckten aus ihrem Interesse an der Geheimhaltung ihres Bundes, seiner Regeln und Sinnbilder die Barockemblematik und ihre hieroglyphische Verklausulierung von Bildern und deuteten sie für ihre Zwecke um.[162] Freimaurerische Verschwiegenheit, resultierend aus ihrer Tendenz zur Verschleierung ihres Bundes, bedeutete bisweilen auch die Umbenennung von Mitgliedern[163], den Gebrauch von Paßwörtern und Erkennungszeichen untereinander sowie die Verwendung von Geheimschrift und eigener Jahreszählung.

In den ägyptischen »Sekten und Partheyen«[164] und deren Sinnbildern sahen die Freimaurer nicht nur Parallelen, sondern auch Vorausdeutungen ihres eigenen Bundes. Dies war eine Sichtweise, die ursprünglich im Zuge theologischer Exegese entwickelt worden war und beweisen sollte, daß heidnische Religionen, Mysterienkulte, das Christentum vorausgedeutet hätten. Nach Korshin[165] wandelte sich dieses typologische Verhältnis von antikem Mythos versus Christentum unter dem Einfluß von Deismus und Empirismus zu der »Erforschung des heidnischen Mythos qua Mythos als zu einem ... vom Christentum gesonderten Glaubens- und Erzählsystem«. Deshalb konnten die Freimaurer »in den dem Frey-Mäurer-Orden beygelegte[n] Zunfft-Regeln und Satzungen den Kern aus den alten Schulen der Weisheit«[166] erkennen: alte Weisheit versus neue Weisheit.

Neben der Darstellungsweise, die nach Parallelen in antiken Mysterienkulten sucht, gibt es eine zweite, die – alte Quellen simulierend – freimaurerische Rituale so schildert, als hätten sie im alten Ägypten stattgefunden. Dem freimaurerischen Leser mußte das Buch ›Crata Repoa oder Einweihungen in der alten geheimen Gesellschaft der Egyptischen Priester‹, das 1778 in Berlin erschien[167], wie eine Offenbarung von Ähnlichkeiten erschienen sein. Die historisierende Quasiquelle ist maurerischen Ursprungs. Durch die darin geschilderten Rituale, die denen der Freimaurer ähneln, konnte sich der Freimaurer des 18. Jahrhunderts in einer Traditionskette mit anderen Mysterienreligionen wähnen.

Autor dieses erstmals 1770 anonym publizierten Buches war der preußische Kriegsrat Karl Friedrich Köppen[168], seit 1749 Angehöriger der Berliner Loge ›Zu den drei Weltkugeln‹ und Gründer eines neuen, kurzlebigen, freimaurerischen Systems der sogenannten Afrikanischen Bauherren. Nach Lennhoff/Posner[169] berief sich diese – besonders im Berliner Raum arbeitende – Lehrart auf Ham, den Sohn

Noahs, als ersten Großmeister: Diesen habe es nach Ägypten verschlagen, wo er zum König gewählt worden sei und die Statuten seines Ordens in dem Buch ›Crata Repoa‹ festgehalten habe. Die Statuten der ›Afrikanischen Bauherren‹ hätten sich über christianisierte jüdische Essener und frühe Christen erhalten, bis sie von italienischen Freimaurern für eine neue Form des Ordens wiederentdeckt worden seien.

Inhaltlich strukturiert sich diese Lehrart in sieben aufsteigende Grade, die sich im Ritual vermeintlich am ägyptischen Isis- und Osiriskult orientieren; tatsächlich aber weist das Ritual explizit freimaurerische Elemente auf.[170] Andernorts[171] wird dies ausführlich begründet. Bereits ein Vergleich des dritten Grades des ägyptischen Ritus mit dem einer freimaurerischen Aufnahme zum Meister zeigt deutlich die im 18. Jahrhundert geglaubte Analogie. Der ›ägyptische‹ Prüfling wird vor den Sarg des Osiris geführt, nachdem er die sogenannte Pforte des Todes durchschritten hat. Das darauffolgende ›Spiel‹ mit dem Prüfling, der den Tod des Osiris nachvollziehen muß, um dann »als vermeynter Todter« durch ein »Heiligtum der Geister« mit Blitzen und Donnerschlägen durch Charon zu den »unterirdischen Richtern« gebracht zu werden, ähnelt dem freimaurerischen Nachspielen der Hiramlegende. Hiram, der Baumeister des Salomonischen Tempels, wurde von drei Gesellen, die an der Ausführung des Baus mitwirkten, erschlagen, da er nicht bereit gewesen war, ihrem Wunsch zu entsprechen, sie vor dem Ende ihrer Lehrzeit zu Meistern zu ernennen. Die drei Gesellen verscharrten den Leichnam Hirams. Nach langer Suche wurde sein Grab schließlich von den anderen Meistern und Salomo gefunden und mit einem Akazienzweig gekennzeichnet. Salomo ließ den Leichnam Hirams ausgraben und im Allerheiligsten des Tempels erneut bestatten.[172]

Bedenkt man, daß in vielen Lehrarten der Freimaurerei die Hiramlegende, zum Teil in drastisch ausgeschmückter Weise, bei der Meistererhebung eine Rolle spielte und daß sich Freimaurer des 18. Jahrhunderts häufig in verschiedene Lehrarten aufnehmen ließen, auf Erweiterung ihrer Kenntnisse hoffend, so kann man eine weitverbreitete Bekanntheit und auch die Verknüpfung beider Legenden, der Osiris- und der Hiramlegende, für die zweite Hälfte des 18. Jahrhunderts annehmen.[173]

Stentz beschreibt die Version des Rituals, welches in der Frühphase der Freimaurerei zur Meistererhebung benutzt wurde[174]: »... nach welchem ein lautes Weinen und Wehklagen über den ermordeten ersten Baumeister die Meisterarbeit eröffnet. Der Tempel Salomo's ist als zerstört gezeichnet, Sonne, Mond und Sterne sind verfinstert, nur der Berg Sinai mit einem grünenden Zweige darauf ist erhalten. Ein mit Thränen umgebener Sarg steht in der Loge, auf welchen sich der jüngste Meister legt, den man mit einem blutigen Tuche bedeckt. Unter Heulen und Wehklagen wird der zu befördernde Meister vor den Sarg gebracht, der Meister vom Stuhle faßt den Zeigefinger des Liegenden und sagt: er ist todt, und dann nimmt er den Mittelfinger und ruft: er ist umgebracht, dann aber hebt er ihn auf und die Meister alle rufen: Unser erster Baumeister ist auferstanden, er lebe!« (Abb. 166 und 167).

Osiris und Hiram verbindet das Schicksal eines gewaltsamen Todes mit darauffolgender Auffindung und Auferstehung, und beide präfigurieren den zu befördernden Meister. Gleichzeitig sind sie Typen zu Christus und mit diesem in einer Dreieckstypologie[175] verbunden. Christus und Hiram haben auch für den Freimaurer Stentz eine vergleichbare Bedeutung. »Der große Meister Christus ward getödtet, da er den Tempel der Menschheit zu Jerusalem gründen wollte, von welchem der Babylonische Thurmbau und Salomos Tempel geheimnißvolle prophetische Urbilder waren. Aber der große Meister ist wieder auferstanden, er lebt, wird ewig triumphiren, und treue Arbeiten an seinem Bau wird er einst vergelten. Christus und Hiram haben in der Freimaurerei einerlei Bedeutung.«[176] Der zum Meister erhobene Freimaurer des 18. Jahrhunderts war nach vollzogenem Ritual ein neuer Mensch. Er sah sich der Reihe ihm vorausgegangener Meister mit großer Heilserwartung für sich selbst verbunden. In Analogie zu Christus wird in ›Crata Repoa‹ der Adept des siebten Grades »Prophet« genannt.

Die dritte Version freimaurerischer Mythogenese bezog sich auf das Mittelalter und auf die eingangs erwähnte Steinmetz- und die sogenannte Templerlegende. Bei der Templerlegende handelt es sich um ein auf die zweite Hälfte des 18. Jahrhunderts begrenztes Phänomen.[177] Hierbei glaubte man an die im Freimaurertum vermeinte Tradierung des untergegangenen Ordens der Tempelritter. Ab Mitte des Jahrhunderts kam es auf dem Kontinent wie auch in England einerseits zu einer »Weiterentwicklung im Ritual und System«[178], die in eine Zersplitterung der freimaurerischen Bewegung in viele unterschiedlich arbeitende, gegenseitig konkurrierende Lehrarten[179] mün-

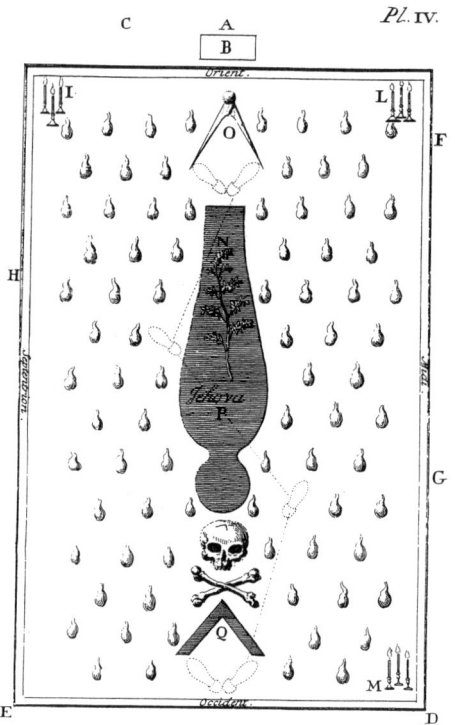

166   Logenteppich einer Meisterloge;
       Kupferstich, Amsterdam 1745

dete. Andererseits stand der Einteilung in die drei Grade von Lehrling, Geselle und Meister der Wunsch nach weiterer hierarchischer
Differenzierung der drei Stufen gegenüber, so daß im Laufe der zweiten Hälfte des 18. Jahrhunderts verschiedenste Hochgrade entwickelt
wurden.[180] Im deutschen Raum kam es zu einer esoterisch-alchimi-
stisch überhöhten Version dieser Vorstellungen: der sogenannten
Strikten Observanz, die sich über die Identifikation mit den mittelalterlichen Tempelrittern in ihren Hochgraden gleich zweimal auf den
Tempel Salomos bezog.

    Die vor Mitte des 18. Jahrhunderts in Paris entstandene Strikte
Observanz wurde von dem Reichsfreiherrn von Hund im deutschen
Raum verbreitet.[181] Bis zu ihrer Abschaffung 1782 arbeiteten die mei-
sten deutschen Logen nach diesem System. Die Strikte Observanz

war ein freimaurerisch aufgebautes Ritualsystem, welches die englische Drei-Grade-Maurerei integrierte, zusätzlich aber noch vier Hochgrade kannte. Inhaltlich basierte sie auf der Legende, derzufolge einige Mitglieder des Templerordens die Pariser Todesurteile von 1314 überlebt hatten. Die versprengten Templer hätten sich nach Schottland zurückgezogen und dort »im geheimen weitergewirkt und ihre Lehre kommenden Geschlechtern erhalten. So soll in Schottland ein templerisches Kapitel … bestanden haben, wobei die Templer, um sich vor Vernichtung zu schützen, ihre Organisation in die der Freimaurerei hüllten«.[182]

Arbeiteten die ersten drei Grade auf der Basis der Bauhüttensymbolik mit all ihren typologischen, um den Salomonischen Tempel kreisenden Implikationen, so lehnten sich die vier folgenden Hochgrade an die vermeintliche Struktur des Templerordens an. Diese Hochgrade nannten sich: Schottischer Meister, Novize und Tempelritter und, 1770 hinzugekommen, der »Eques professus«, der Ritter des großen Gelübdes.[183] Die Neuaufgenommenen verpflichteten sich zur Einhaltung der Regeln (Strikte Observanz) und erklärten durch das Unterschreiben der Obödienzakte ihren unbedingten Gehorsam. Diese Verpflichtungen hatten sie nicht nur ihren Logenvorgesetzten

167 Aufnahme eines Meisters, 1785; Kupferstich

gegenüber, sondern auch gegenüber den sogenannten Unbekannten Oberen, den obersten Großmeistern, durch die angeblich seinerzeit Karl-Gotthelf von Hund eingeweiht wurde und die bis dahin keiner – außer ihm – zu Gesicht bekommen hatte. Das Kopieren des Templerordens ging so weit, daß eine am Templerorden sich orientierende Kleiderordnung entworfen wurde, wie auch die Versammlungen »Kapitel« genannt wurden. Die Regionen Europas, die sich der Strikten Observanz anschlossen, wurden in Ordensprovinzen gegliedert.[184]

In den sechziger und siebziger Jahren des 18. Jahrhunderts spaltete sich die Strikte Observanz in unterschiedliche Zweige auf, die verstärkt religiöse Komponenten aufwiesen[185] oder alchimistischen Vorstellungen folgten oder auch die Anlehnung an andere Ordenssysteme wie Illuminaten oder Gold- und Rosenkreuzer suchten.[186]

In zweifacher Hinsicht bezogen sich die Strikte Observanz und die daraus entstandenen anderen Systeme auf den templum Salomonis. In dieser Lehrart sind die typologischen Bezüge in den Hochgraden auf das mittelalterliche Bild des Tempels in Jerusalem gerichtet, der durch die Templer wiederzuerobern sei. Damit verbunden ist ein Nachspielen des Glanzes und ein Streben nach ökonomischer Macht, in der Hoffnung auf Restituierung dieses goldenen Mittelalters in der eigenen Erlebniswelt. Die unteren Grade nehmen Bezug auf den wiederzuerrichtenden Tempel Salomos. Diesen biblischen und mittelalterlichen Architektur-Präfigurationen stehen in den drei unteren Graden die meisterliche Bezugsfigur Hiram, der Tempelbauer, und in den Hochgraden Molay, der letzte Großmeister der Tempelritter, gegenüber. Großmeister Molay war ebenfalls ein Opfer und Märtyrer wie Hiram. Beide haben typologischen Bezug zu dem in die verschiedenen Grade der Strikten Observanz Aufgenommenen. Man kann dies auch den späten alchimistisch-rosenkreuzerisch orientierten Schriften des preußischen Staatsrates Johann Christoph von Wöllner ›Der Signatsstern oder die enthüllten sämtlichen sieben Grade und Geheimnisse der mystischen Freimaurerei‹[187] entnehmen. In dem hier geschilderten – wie auch in anderen Lehrarten üblichen – Frage-und-Antwort-Katechismus, in diesem Fall für den Grad des Schottischen Altmeisters, heißt es[188]:

»Frage: Wie viele Großmeister waren in unserer Königlichen Kunst? Antwort: Sieben, als Adam, Seth, Enoch, Noah, Moses, Salomon und Christus.

Frage: Wie viele Großmeister zählen wir nach Christo?
Antwort: Sieben, als Johannes Evangelista, Petrus, Paulus, Yarimund, Jacob, Molay und Aumont.«

Sieben vorchristliche und sieben nachchristliche, auch mittelalterliche Großmeister stehen einander als Typen und Antitypen gegenüber. Sie präfigurierten damit auch die Hochgrad-Meister der Nachfolge-Organisationen der Strikten Observanz. Hier zeigt sich gleichfalls eine typologische Sequenz, die bereits Inhalt der Strikten Observanz war, denn die genannten Personen stehen für eine an der Geburt Christi ausgerichtete Chronologie von der Erschaffung der Welt bis ins Mittelalter.

Jeder Ordensangehörige in den Hochgraden der Strikten Observanz sieht sich in einer Kette von Großmeistern. Der Templer Molay (Abb. 168) erhält besonderes Gewicht, da er – wie Hiram – »drei Gesellen«, in diesem Fall Papst Clemens VII., Philipp dem Schönen und dessen Kanzler, zum Opfer gefallen ist.[189] In den Ordensangehörigen ersteht er wieder auf. Die Analogie des Schicksals von gewaltsamem

168 Der brennende Sarkophag des Großmeisters Molay; eine Darstellung zu den Hochgraden der Strikten Observanz, 1812; Aquarell

Tod und Auferstehung parallelisiert Molay und Hiram auch mit Osiris.[190] Auch wenn in der Strikten Observanz keine Anklänge an Ägypten zu finden sind, wird durch die analoge Schilderung der Bezugspersonen Hiram, Molay und Osiris klar, daß trotz der Zersplitterung der freimaurerischen Bewegung gleiche Denkmuster vorhanden waren.[191]

In der freimaurerischen Legendenbildung figuriert der Tempel Salomos vielgestaltig. Er ist einerseits Modell einer an der Bibel orientierten Bau-Welt-Geschichte und damit Maßstab antiker Stile und Ordnungen. Andererseits wird der Tempel durch die Parallelisierung von ›alter Weisheit‹ (Mysterienkulte) und ›neuer Weisheit‹ (Freimaurerei) zu einem verinnerlichten, individuellen Mysterium, welches ihn im übertragenen Sinn als erfahrbare Initiations- und Lebensroute erscheinen läßt. Diese Lebensroute erhält in der Anlehnung an die Tempelritter einerseits ein mittelalterliches Tugendbild und andererseits im Hinblick auf die Nachfolgesysteme der Strikten Observanz, z. B. das Schwedische System mit seiner dominanten Vorstellung der »ewigen Loge« als dem Himmlischen Jerusalem, eine eschatologische Dimension. Neben dem Tempel als ›gebauter‹ Metapher freimaurerischen Erkenntnisstrebens verwenden alle drei Legendenvarianten freimaurerischer Mythogenese das Muster einer personalisierten Typologie, die jeden Freimaurer, je nach Lehrart, in figurativen Bezug zu Adam, Salomo, Hiram, Vitruv, Osiris, Molay und Palladio setzt.

Die Realisierung freimaurerischer Vorstellungen vollzog sich im 18. Jahrhundert in der Malerei, in der Graphik, im Kunstgewerbe und auch in der Gartenkunst, und zwar einerseits als Hilfsmittel zur Veranschaulichung ritueller Vorgänge, andererseits zur Realisierung privater Wunschwelten. Für die Veranschaulichung des im Ritual imaginären Tempels griffen die Freimaurer des 18. Jahrhunderts auf Vorlagen bzw. Rekonstruktionsversuche des Salomonischen Tempels[192] früherer Jahrhunderte zurück, die ursprünglich nichts mit Okkultismus oder angeblichen freimaurerischen Vorläufern zu tun hatten.[193] Sie partizipierten an der alten Diskussion der Gelehrten um die wahre Rekonstruktion des biblischen Tempels, die in eine Vielfalt von Versuchen mündete. So bezieht sich etwa James Anderson in seiner Konstitution auf die Tempelrekonstruktion Villalpandos.[194]

Ein um die Mitte des 18. Jahrhunderts entstandenes Gemälde aus dem Besitz der Großloge von Österreich (Abb. 131) zeigt den Tempel im Sinne Villalpandos (Abb. 127): Als Vorlage kommen dessen eigene

169 Tafel einer Lehrlings- und Gesellenloge mit dem inneren Vorhof des
Salomonischen Tempels und den »Sagesse« und »Force« benannten Säulen Jachin
und Boas; Kupferstich aus Leonard Gabanon: ›La Desolation des Entrepreneurs
modernes du Temple de Jerusalem ou Nouveau Catechisme des Francs-Maçons‹, 1747

Tempelrekonstruktion oder weitere von Villalpando abhängige Darstellungen gleichermaßen in Betracht.[195] Auch andere Vorlagen wurden verwendet. Ein französischer Logenteppich von 1744 (Abb. 165),
der – wie sonst selten – die Tempelanlage komplett abbildet, orientiert
sich sehr genau an der ›Icones Biblicae‹ (Abb. 140) von Matthäus
Merian d. Ä.[196]

Oft sind auf Arbeitstafeln, die in der Loge zur Aufnahme der Kandi-
daten verwendet wurden, Ansichten der Tempelfassade zu sehen. Die
Tafel einer Lehrlings- wie auch Gesellenloge von 1747[197] zeigt den
inneren Vorhof des Salomonischen Tempels, für den Betrachter
gerahmt von den Säulen Jachin und Boas, die zusätzlich als Force und
Sagesse benannt sind (Abb. 169). Sieben Stufen führen zu der Tempelfassade, die als eine – qualitativ mäßige – Abbreviatur der von Vos und
Basnage 1703[198] publizierten erscheint.

Oberhalb des Giebels befinden sich, gleichsam schwebend, freimaurerische Emblemata, eingefaßt durch das sogenannte Vereini-
gungsband, welches das Blatt nach oben hin abschließt. »Fidelitas
moribus unita«[199] erscheint als moralisierendes Motto und faßt die
drei genannten Eigenschaften Beauté, Force und Sagesse in Anspielung auf die drei Säulen der Freimaurerei zusammen. Der behauene
und der unfertige Stein stehen für die Arbeit eines jeden Freimaurers,
die letztlich zum neuen Tempelbau führen soll. Der flammende Stern,
das Siegel Salomos, wird von den drei Fenstern umgeben, die die Bauhütte des Salomonischen Tempels verbildlichen. Ein viertes Fenster
fehlt, dasjenige nach Norden, da die salomonische Bauhütte seinerzeit kein Fenster nach Norden besaß.[200] Das Senkblei steht für die
Suche nach Wahrheit, die Setzwaage für das Gleichheitsprinzip und
das Winkelmaß für das rechte Handeln des Freimaurers.

Neben den bildlichen Umsetzungen des Salomonischen Tempels,
die sich an den verschiedensten Bibelausgaben und Architekturtraktaten orientieren, zeigen besonders Logenzertifikate und zur ›Arbeit‹
getragene Schurze freiere Interpretationen des Vorbilds. Auf einem
aus Braunschweig stammenden Schurz aus der zweiten Hälfte des
18. Jahrhunderts umgeben Landschaftshinweise den Salomonischen
Tempel (Abb. 170), der hier an die Gestalt des römischen Pantheons
erinnert.[201] Der Tempel ist über sieben Stufen zu erreichen, die nach
Oberheide[202] die Freimaurer mit den sieben Künsten und Wissen-

170 Freimaurerschurz
aus Braunschweig, 2. Hälfte
18. Jh.; Braunschweig,
Landesmuseum

schaften in Verbindung brachten. Rechts und links der Treppe stehen die beiden Säulen Jachin und Boas, an deren Säulenschäften Freimaurerutensilien hängen. Der auf die Treppe folgende, schachbrettartig gemusterte Boden ist das vom Freimaurer so genannte »musivische Pflaster«, das auch im Tempel zu finden war und emblemhaft für die Welt steht, in der das Gute und das Böse miteinander verzahnt sind.[203] Die Pyramide links im Bild ist im Zusammenhang mit dem Pantheon-Tempel zu sehen. Assoziativ-typologisierend verband der Freimaurer des 18. Jahrhunderts damit Ägypten und Rom, Geometrie und Vitruv – Begriffe also, deren Rückverweis ihm verheißungsvoll im Hinblick auf sein eigenes ›Bauen am Tempel‹ erscheinen mußte. So werden jene Embleme zu Schlüsseln

171 Aufnahme eines Lehrlings in den Tempel der Tugend; französischer Kupferstich, 1787

der – von den Freimaurern geheimgehaltenen – Erkenntnis.

Aus den Frage-und-Antwort-Katalogen der Drei-Grade-Maurerei wird deutlich, daß sich mit dem Bild ›des Tempels‹ gerade innere Werte verbanden, die sich durch den Werdegang des jeweiligen Freimaurers vermehrten. Der aufzunehmende Kandidat wurde gefragt: »Woher kommen Sie und wohin wollen Sie?« Die Antwort lautete: »Ich komme von Westen und will nach Osten.« Den Westen habe er verlassen, »um Licht zu suchen«[204], wobei Licht hier gleichbedeutend ist mit Erkenntnissuche und Erfahrungsgewinn. Ein kleinformatiger französischer Kupferstich von 1787[205] zeigt die Aufnahme eines Lehrlings in den Tempel der Tugend (Abb. 171), der deutlich als Salomonischer Tempel ausgewiesen ist. Ein dem Verkündigungsengel vergleichbares Wesen begrüßt den Suchenden, der mit verbundenen Augen von einem Logenbeamten herangeführt wird.

Das Ritual beinhaltet die Motive des Voranschreitens und Aufsteigens für den Neuaufzunehmenden wie für den in höhere Grade Aufsteigenden. Damit ist die Erkenntnis bestimmter, letztlich auch christlicher Tugenden wie Treue, Nächstenliebe, Verschwiegenheit, Gerechtigkeit etc. verbunden, auf die jeder Freimaurer eingeschworen wird.

Der Nachvollzug der mit dem Tempel verbundenen Ereignisse besitzt zentrale Bedeutung für seine Restitution als imaginäres Gebäude der Weisheit. Es gibt nun eine Reihe von Logenteppichen des 18. Jahrhunderts, die sich einem Schema angleichen, welches in besonderem Maße die Motive des Voranschreitens und Aufsteigens berücksichtigt: Zu finden ist es in den als Vorlagen benutzten Rekonstruktionen des Salomonischen Tempels von Arias Montanus und seinem Verleger Christophe Plantin, die in den siebziger Jahren des 16. Jahrhunderts ediert wurden.[206] Montanus und Plantin tragen der historischen Hanglage des Tempels Rechnung, weshalb sie eine treppenartige Staffelung der Vorhöfe wählen (Abb. 120). Die Höfe sind durch Hangmauern begrenzt, in denen Tor- und Treppenanlagen das Weiterschreiten zu den sich erhöhenden Ebenen ermöglichen.

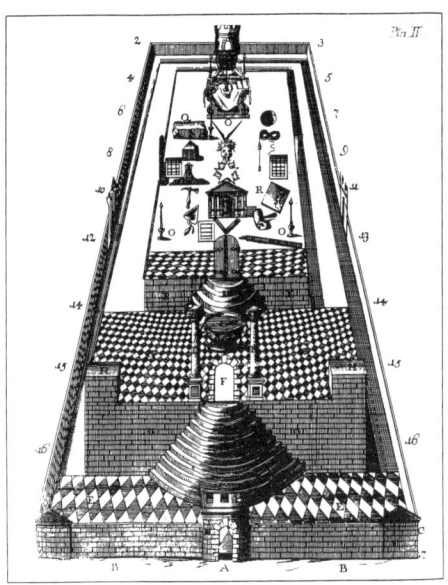

172 Arbeitstafel für Lehrlinge; Kupferstich aus: ›Die zerschmetterten Freymäurer oder Fortsetzung des verrathenen Ordens der Freymäurer‹, Frankfurt/Leipzig 1747, Taf. II

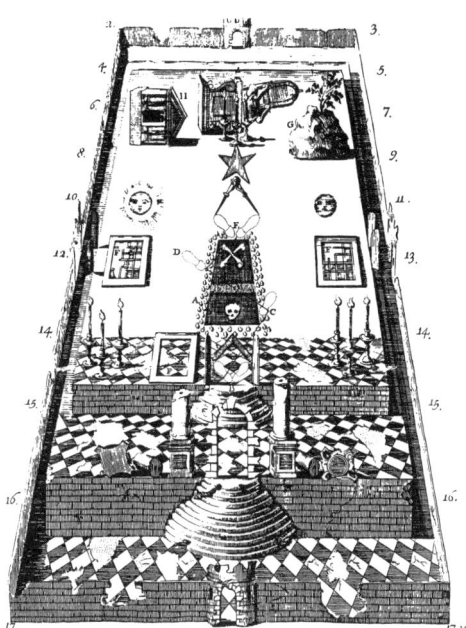

173 Arbeitstafel für
Meister; Kupferstich aus:
›Die zerschmetterten
Freymäurer...‹,
Frankfurt/Leipzig 1747,
Taf. IV

Am Beispiel einer 1747 in einer Verräterschrift abgebildeten Arbeitstafel für Lehrlinge[207] ist der Rückgriff auf die Rekonstruktionen von
Montanus und Plantin zu erkennen (Abb. 172). Drei mit Mauern voneinander abgegrenzte, sich zugleich durch Tore und Treppenanlagen
öffnende Höfe in Hanglage weisen den Weg zum Tempel, der unpro-
portional klein ist, sowie zu dem – als im Tempel stehend zu denkenden – Meisterstuhl. Im innersten Hof liegen um den Tempel herum
einige im freimaurerischen Ritual genutzte ›Werkzeuge‹.

In der gleichen Schrift[208] findet sich ein Logenteppich für die Aufnahme von Meistern, der auf derselben Vorlage beruht (Abb. 173). In
diesem Fall ist die Tempelanlage ruinös wiedergegeben zum Zeichen
der Zerstörung des Tempels. Diese ist auch Gegenstand der im Mei-
sterritual nachzuspielenden Hiramlegende, aus der letztlich die Ver-
pflichtung zur Wiedererrichtung des Tempels hervorgeht.[209]

Die sich staffelnden, über verschiedene Niveaus sich erhöhenden
Tempel einer weiteren, 1717, 1747 und 1766 abgebildeten Arbeitstafel[210]
erinnern an Architekturen, Gartenkioske, wie sie auch in Landschafts-
gärten zu finden sind (Abb. 174). Die unterschiedliche Gestaltung die-

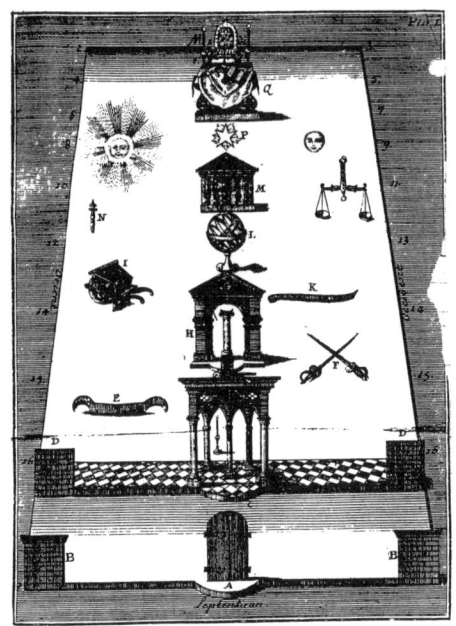

174 Logenteppich zur
Aufnahme von Lehrlingen,
Kupferstich aus: ›Die zer-
schmetterten Freymäurer...‹,
Frankfurt/Leipzig 1747, Taf. I

ser drei kleinen Tempel, die wie ›durchschritten‹ werden müssen,
damit der Freimaurer in das Innere des Tempels – zum Meisterstuhl –
gelangen kann, spielt auf die Andersonschen Vorstellungen einer frei-
maurischen Baustilabfolge an.

Vidler[211] spricht in diesem Zusammenhang von einer »route of
initiation«. Gleichzeitig weist er darauf hin, daß auch die Anordnung
von Logenräumen einen Bezug zur freimaurerischen Einweihung
haben kann.[212] In der Mitte des 18. Jahrhunderts gab es in Berlin –
gemäß der Verräterschrift von 1747 – ein Logenhaus mit konkretem
Bezug zum Salomonischen Tempel (Abb. 175). Die Anordnung der
rituell genutzten Räume dieser heute nicht mehr lokalisierbaren Loge
entsprach der dreigeteilten Raum-Hof-Folge des Plantin-Montanus-
Schemas, erweitert um einen vierten Raum für Tischgesellschaften.[213]
Im Falle dieser frühen Berliner Loge wird der Zusammenhang von
gebauter Architektur und ideal angestrebter Vervollkommnung des
neu Einzuweihenden oder des zu höheren Graden Aufsteigenden
sehr deutlich. Durch die architektonische Raumfolge und den auf
dem Boden liegenden Arbeitsteppich bietet sich die äußere Analogie

zum Salomonischen Tempel. Der Freimaurer vollzieht bei jeder seiner Handlungen räumlich und ideell die Struktur des Tempels nach. Die ihn umgebende Architektur ist gleichsam allegorisiert, in Erinnerung an das geschichtliche und biblische Heiligtum, das – nach freimaurerischer Auffassung – zum ›Tempel des eigenen Inneren‹ wird und damit Teil eines privaten und individuellen Heilsplanes ist. Die Arbeit an sich selbst ist als Weg, als Weg der Vervollkommnung, als Tugendweg zu verstehen, an dessen Ende sich der ideelle Tempel Salomos, der Tempel der Weisheit oder auch des Lichtes, befindet. Die freimaurerische Einweihung kann somit als imaginäre Wegesallegorie aufgefaßt werden. Der Weg im Tempel entspricht dem Weg zum Tempel. Dies bestätigen die sogenannten Freimaurerkatechismen, jene freimaurerischen Frage-und-Antwort-Kataloge, die zur Initiation benutzt wurden. In diesem als Prüfung zu verstehenden Teil der Aufnahme oder Beförderung zu höheren Graden unternahm der Kandidat imaginäre Reisen, die ihn einerseits die Geschichte des Salomonischen Tempels nachvollziehen ließen und ihm andererseits die Einsicht vermittelten, zukünftig den Weg der Tugend einzuschla-

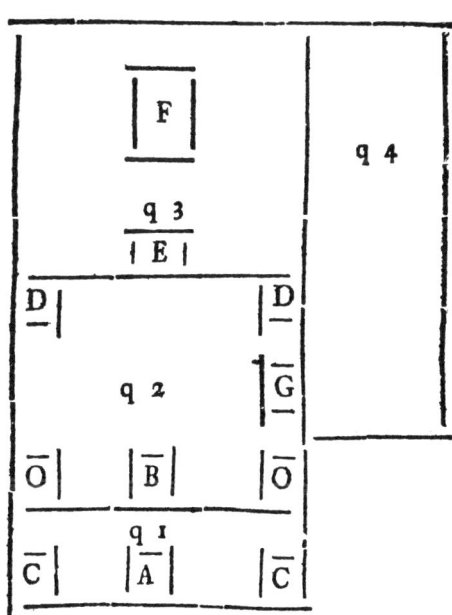

175 Grundriß eines Berliner Logenhauses; Kupferstich aus: ›Die zerschmetterten Freymäurer...‹, Frankfurt/Leipzig 1747

281

gen.[214] ›Reisen‹ bedeutet ›leben‹, und somit symbolisiert die Reise den Lebensweg des Freimaurers. Demzufolge verwundert es nicht, daß die Freimaurer des 18. Jahrhunderts sich zur bildlichen Umsetzung ihrer Lebensphilosophie eines weiteren Vorbildes aus dem Bereich der Tugend- und Wegesallegorie bedienen, welches per se nichts mit Okkultismus zu tun hatte: der ›Tabula Cebetis‹, ein berühmtes Darstellungsmuster von über 300jährigem Wirkungszeitraum (Abb. 176).[215]

176   Tabula Cebetis; Holzschnitt, Krakau 1519

Drei Ringmauern lagern konzentrisch um den Tempelhügel oder Tempelberg. Über drei hintereinanderliegende, manchmal auch versetzt dargestellte Pforten ist der Tempel erreichbar. Innerhalb der Ringe sind Tugend- und Lasterpersonifikationen zu sehen, die den Weg zum Tempel erleichtern bzw. erschweren.

Das Motiv des Weges zum Tempel über ein ansteigendes Niveau, an Mauern vorbei und durch Portale hindurch, rückt die tabula Cebetis in die Nähe sowohl der Rekonstruktionen des templum Salomonis, die dem Montanus-Plantin-Schema folgen, als auch in die Nähe der oben aufgeführten Arbeitstafeln der Freimaurer.

Wie der Salomonische Tempel basiert auch die bildliche Darstellung der tabula Cebetis auf einer literarischen Vorlage, einem in Dialogform gehaltenen Traktat aus dem 1. Jahrhundert, als dessen Verfasser Kebes von Theben, ein Schüler des Sokrates, seit dem 15. Jahrhundert galt. Für die Freimaurer ist der Salomonische Tempel der wiederzuerrichtende und wiederzuerreichende Tempel des eigenen Inneren. In der tabula Cebetis geht es um das Erreichen eines ›Tempels‹, der moralische Werte verkörpert und »Tempel des Heils« oder auch »templum felicitatis« genannt wird. In beiden Fällen ist der Tempel Endpunkt einer lebenslangen Wanderung.

Es gibt auch Variationen des tabula-Cebetis-Schemas, wie beim nächsten Beispiel zu sehen ist. Hier wurde der zu erreichende Tempel personalisiert. Ein in der Qualität mäßiges, in freimaurerischem Zusammenhang entstandenes Flugblatt (Abb. 177), das auf die liberale Gesinnung des Nicht-Freimaurers Joseph II. von Österreich anspielt, benutzt das Cebes-Schema in etwas abgewandelter Form. Es entstand um 1783[216], also vor dem Erlaß des Freimaurerpatentes Ende 1785, welches, zur großen Enttäuschung der Freimaurer, die Anzahl der Logen in Österreich beschränkte und sie unter staatliche Aufsicht stellte.[217] Das Blatt spielt auf die innenpolitischen Reformen des Kaisers an, die den Klerus und das Beamtentum betrafen. Auf einem steil ansteigenden Hügel stehen Petrus und Joseph II., von einer Aureole hinterfangen, die den Besitz der Weisheit andeutet. Den Hügel selbst umgeben drei konzentrische Dornengeflechte – vergleichbar den Mauerringen in der tabula Cebetis –, die den Aufstieg nach oben erschweren. Ein im vollen Ornat als Freimaurer Gekennzeichneter, der mit einer Lampe versehen ist, was ihn als Suchenden im Teilbesitz des Lichtes charakterisiert, ist dabei, den Hügel hinaufzusteigen. Der Lichtstrahl seiner Lampe fällt auf eine Gruppe ärmlicher Menschen,

177   Flugblatt in Anspielung auf die Reformen Kaiser Josephs II., um 1783

die am Fuß des Berges sitzen. Ihnen gegenüber sind Vertreter des höheren und niederen Klerus dargestellt, die gerade beim Geldzählen sind, was als ein Hinweis auf den enormen Geld- und Grundbesitz der Kirche verstanden werden kann.

Auch in den alchimistischen Zweigen der Freimaurer fand das tabula-Cebetis-Schema Anwendung. Je nach dem Standort des an Alchimie Interessierten konnten ›Umwandlungsprozesse‹ praktisch oder allegorisch aufgefaßt werden, da es von jeher in der Alchimie zwei widerstreitende Zweige gab: Während die eine Gruppe die Alchimie materiell auffaßte, d. h. als praktische Möglichkeit, Unedles in Edles, beispielsweise Blei in Gold, zu verwandeln, sah die andere Gruppe darin ein Mittel zu einer Wandlung zum Höheren in ethisch-religiöser Hinsicht. So verwundert es nicht, wenn das geläufige tabula-Cebetis-Schema den alchimistischen Inhalten angepaßt wurde. Kelsch[218] weist darauf hin, daß die Schriften des Arztes und Alchimisten Heinrich Kunrath wiederholt zu Zeiten der Strikten Observanz rezipiert wurden. Kunraths 1609 posthum publiziertes Buch ›Amphitheatrum sapientiae aeternae‹[219] enthält zwei mit dem tabula-Cebetis-Schema vergleichbare Abbildungen: die *Wanderung zum Berg der Weisheit* (Abb. 178) sowie die Darstellung der *Höhle der Erkenntnis als Eingang zum Tempel der Weisheit* (Abb 179).

Die Bedeutsamkeit des Weg-Motivs für den Freimaurer dokumentiert sich in den bereits erwähnten Freimaurerkatechismen. Obwohl die Aufnahmen von Freimaurern von Anfang an, also seit dem frühen 18. Jahrhundert, in geschlossenen Räumen stattfanden, entsteht in den ›Katechismen‹ der Eindruck, als hätte die Aufnahme eines neuen Mitgliedes überall, also eventuell auch unter freiem Himmel, stattfinden können. Tatsächlich wurden auch Naturvorstellungen auf das Bild der Loge projiziert: So lautete die Antwort des Lehrlings auf die Frage »Wo unsere Brüder ehemals zusammenkamen, ehe Logen errichtet waren?« »Auf den höchsten Hügeln oder in den tiefsten Tälern, um sich so besser gegen Lauscher und Feinde zu schützen.« Die Form einer Loge sei die eines Rechtecks. Auf die Frage »Wie lang und wie breit eine Loge« sei, antwortete der Adept: »Sie erstreckt sich von Norden bis Süden und erhebt sich von der Oberfläche bis zum höchsten Himmel.« Getragen werde die Loge von den drei Pfeilern oder Säulen, die ›Weisheit‹, ›Kraft‹ und ›Schönheit‹ heißen. Das Dach der Loge sei eine geschlossene Wölbung oder ein sternbedeckter Himmel, und alle Maurer hoffen, in denselben einzugehen.[220]

178 *Wanderung zum Berg der Weisheit,* aus: Heinrich Kunrath: ›Amphitheatrum sapientiae aeternae‹, 1609

Einige Beispiele freimaurerischer Graphik erwecken den Eindruck, daß auch der in der Natur, d. h. der im Garten stehende Tempel für die Freimaurer hinreichend Assoziationsmöglichkeiten als ›Tugendbau‹ bot. In der freimaurerischen Graphik der zweiten Hälfte des 18. Jahrhunderts finden sich sehr häufig Elemente des Landschaftsgartens: Tempel, Hügel, verschlungene Wege und ägyptisierende Architektur. Sie sind Zeichen einer freimaurerischen Allegorese, die auch im Landschaftsgarten ihre Bedeutung beibehalten.

1788 stellte die ›Große Loge zur Sonne‹ in Bayreuth ihrer Bayreuther Tochterloge ›Eleusis zur Verschwiegenheit‹ ein Logenzertifikat aus.[221] Das eigentliche Zertifikat steht wie ein Monument in der es umgebenden Landschaft (Abb. 180). Es ist durch drei Stufen erhöht und wird gerahmt von zwei Säulen, auf denen ein Architrav liegt. Rechts im Hintergrund führt ein Weg in eine Flußlandschaft, in der

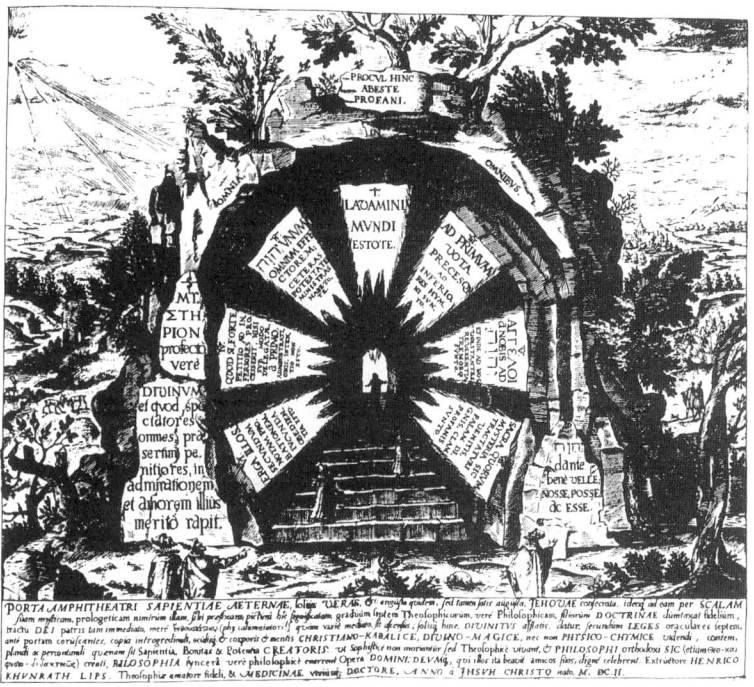

179 *Die Höhle der Erkenntnis als Eingang zum Tempel der Weisheit,* aus: Heinrich
Kunrath: ›Amphitheatrum sapientiae aeternae‹, 1609

Pyramiden stehen, links schlängelt sich ein Weg durch eine Parkland-
schaft zu einem Hügel mit Tempietto. Die Sonnenstrahlen, die jenes
Monumet streifen, heben als Zielpunkte zwei im Vordergrund stehende Putti und die drei Stufen hervor. Der rechte Putto, gestützt auf
einen kubischen Stein, hält eine Setzwaage, während der linke Putto
auf einen nur annähernd kubischen, weil unfertig behauenen Stein
hinweist.

Dieser Kupferstich faßt zentrale Elemente der freimaurerischen
Symbolik zusammen. So spiegeln die drei Stufen, die das Monument
erhöhen, die klassische Dreiheit der freimaurerischen Hierarchie von
Lehrling, Geselle und Meister wider. Der kubische Stein rechts im
Vordergrund, der räumlich den Pyramiden zugeordnet ist und damit
eine Assoziation mit Ägypten erlaubt, steht für das ideale Ziel der freimaurerischen Arbeit, die Selbsterziehung, die dem Behauen des rau-

180 Logenzertifikat der ›Großen Loge zur Sonne‹, Bayreuth, 1788

hen Steines gleicht. Die Setzwaage des rechten Puttos symbolisiert
zum einen die Gleichheit der Logenbrüder, zum anderen ist sie das
Zeichen für den ersten Aufseher einer Loge. Die im Westen unterge-
hende Sonne, eine Anspielung auf den Namen der Mutterloge, richtet
ihre Strahlen auf die ägyptisierenden Veduten – ein Hinweis auf die
Übernahme der Geometriekenntnisse von den Ägyptern. Im Osten,
dem symbolischen Zielort jeden Freimaurers, hier links im Bild, stellt
der kurvige Weg eine Verbindung her zwischen dem wenig behauenen
Stein und dem Tempietto auf dem Hügel. Der Rundtempel als End-
ziel des Weges gehört ikonographisch mit dem fertig behauenen Stein
im rechten Vordergrund zusammen, beide sind durch das Licht
›erleuchtend‹ miteinander verbunden.

Architektur (Tempel) wie auch das Wissen, das zur Architektur
führt (kubischer Stein = Geometrie), und Natur (Garten) fügen sich
hier zu einem erstrebenswerten Ganzen, und zwar im Sinne von Shaf-
tesburys Vorstellungen von einer moralischen Architektur und einer
ethischen Gartenkunst.[222]

288

Der englische Philosoph Shaftesbury[223] beeinflußte nach Buttlar und Kruft[224] nachhaltig – ohne selbst Freimaurer zu sein[225] – die moralarchitektonischen Vorstellungen der 1717 in London konstituierten Gesellschaft der Freimaurer. In seinen ›Characteristicks‹ wird ein als »FEL.TEM.« (= templum felicitatis) bezeichnetes Miniaturpantheon abgebildet (Abb. 181), welches mit dem Garten Eden und Adam in Bezug gesetzt ist. Der templum felicitatis im Paradies verweist nach Buttlar auf Urzustände von Natur und Architektur bzw. Kultur.[226] Für die Freimaurer ist er zusätzlich der typologische Prototyp, den es wieder zu erreichen gilt: als Tempel Salomos und dessen Urbild, das Haus Adams. Den Begriff des templum felicitatis entlehnte Shaftesbury Darstellungen der tabula Cebetis, die er sehr schätzte.[227] Den mit der tabula Cebetis verbundenen Sinngehalt reduzierte er dabei gleichsam auf den Tempel. Ein solcher Tugend-Tempel in Gestalt eines miniaturisierten Pantheons wurde 1719 im Garten des Freimaurers Lord Burlington errichtet.

Die Vorstellung der Freimaurer hinsichtlich einer moralischen Architektur wie auch ihr Bild vom Architekten als schaffendem Demiurgen standen in engem Zusammenhang mit dem gleichzeitig entstehenden Landschaftsgarten in England. Ursächlich entwickelte sich in England der Landschaftsgarten, wie Buttlar zeigt[228], aus einem Kreis Adliger, die in Opposition zum englischen Hof standen. Ausschlaggebend war die Idee, sich unter Verzicht auf politische Ämter auf das Land zurückzuziehen, um dort auf dem Landsitz ein gesellschaftsreformerisches Ideal zu verwirklichen; und so verwundert es nicht, daß zahlreiche Grundbesitzer Mitglieder der ersten Londoner Loge waren.[229] Der symbiotische Charakter von Freimaurerei und Landschaftsgärtnerei entspringt in England dem Wunsch, eine ideale Gesellschaft zu schaffen, eine Vorstellung, die sich im Garten räumlich verwirklichen ließ.

Durch seine Eigenart, alle Kunstgattungen in sich zu vereinen, zielt der Landschaftsgarten auf die Vielfalt der verschiedenen Sinneswahrnehmungen ab. Die über Jahrhunderte vorhandene Denkstruktur des Typologisierens wie auch die wesensverwandte – seit der Renaissance gepflegte – Emblematik erleichterten die neuen, auf ideelle Gehalte ausgerichteten Verbindungen der Kunstgattungen, wie sie im Landschaftsgarten zum Ausdruck kommen.

Nach Paulson[230] sind die literarischen und literaturgeschichtlichen Bezüge des englischen Gartens nicht nur unter dem Aspekt der dort verwirklichten Annäherung von Malerei und Dichtung zu sehen. Auch evozieren sie nicht ausschließlich Bildungslandschaften, die auf die Kenntnis antiker Literatur bauen. Vielmehr werden außerdem Beispiele literarischer Tugendallegorien umgesetzt, etwa in Bildstoffen wie *Herkules am Scheidewege*[231] oder den tabula-Cebetis-Motiven, Entscheidungs- und Lebensallegorien, die nicht nur als ›Bild‹ fungieren, sondern die in den Garten individuenbezogene, moralische Werte bringen, die den Freimaurern nicht fremd waren.

Auch die Typologie ist, als Teil der Poetik, ein Verfahren der Literatur-Exegese, mit dem Unterschied, daß sie einen auf die Zukunft verweisenden Charakter hat. Zusammen mit der Emblematik als ihrer ›kleineren Schwester‹ stellt sie Monumente im Garten für den Betrachter in Sinnzusammenhänge. »Verknüpft man die Theorie der paradigmatischen Geschichtsauffassung mit der Addison'schen Assoziationstheorie[232], dann werden die bildhaften Szenerien des Landsitzes zu Schlüsselreizen, ... Der Rundgang um den ›beltwalk‹ wird zu einer Wanderung ›durch die philosophische Welt... die lange Erstreckung der rückwärtigen Zeit‹, mit Blick auf Britanniens Zukunft«.[233]

181   *Templum Felicitatis,* aus: A. A. Cooper Earl of Shaftesbury: ›Characteristicks‹, 1714

Anmerkungen

1 Bernd Vogelsang: *Archaische Utopien,* Diss. Köln 1981, S. 138.
2 Vogelsang (zit. Anm. 1), S. 139; vgl. die umfangreiche Arbeit von Robert Jan van Pelt: *Tempel van de Wereld. De kosmische symboliek van de tempel van Salomo,* Diss. Utrecht 1984, die das bei Vogelsang gelieferte Quellenmaterial unter dem Aspekt des Templum Salomonis als Bild des Kosmos bis in das 20. Jh. erweitert.
3 Zum Begriff ›Typologie‹ siehe Peter Bloch: *Typologie,* in: Lexikon der christlichen Ikonographie (= LCI), hgg. von Engelbert Kirschbaum, Rom/Freiburg/Basel/ Wien 1974, Bd. 4, Sp. 395 ff.; zu ihrer Wirkung siehe *Typologie. Internationale Beiträge zu Poetik,* hgg. von Volker Bohn, Frankfurt/M. 1988; Cornelia Limpricht: *Platzanlage und Landschaftsgarten als »begehbare Utopien«. Ein Beitrag zur Deutung der Templum-Salomonis-Rezeption im 16. und 18. Jahrhundert,* Europäische Hochschulschriften 28, Frankfurt/M. 1994.
4 Klaus J. Heinisch: *Der utopische Staat,* Hamburg 1960, S. 175 ff.: Bacons »Haus des Wissens« auf Nova-Atlantis.
5 Myron Gilmore: *Myth and Reality in Venetian Political Theory,* in: Renaissance Venice, London 1973, S. 431–444.
6 Otto Demus: *The Church of S. Marco in Venice,* in: Dumbarton Oaks Studies, Bd. 6, 1960, S. 44; Staale Sinding-Larsen: *Christ in the Council Hall,* in: Acta ad Archaeologiam et Artium Historiam Pertinentia, Institutum Romanum Norvegiae, Bd. 5, Rom 1974, S. 180.
7 Otto Demus: *A Renaissance of early Christian Art in Thirteenth Century Venice,* in: Late Classical and Medieval Studies in Honour of A. M. Friend, Princeton 1955, S. 354; Frederic C. Lane: *Die Seerepublik Venedig,* München 1980, S. 114 f.; LCI (zit. Anm. 3), Bd. 7, Sp. 549 f.
8 Demus (zit. Anm. 6), S. 52.
9 Lane (zit. Anm. 7), S. 596 f. und Sinding-Larsen (zit. Anm. 6), S. 180.
10 Sinding-Larsen (zit. Anm. 6), S. 158.
11 Demus (zit. Anm. 6), S. 44, Anm. 164: »In a later period, the primicerius was elected by the canons of S. Marco, but proposed and confirmed by the doge«.
12 Francesco Sansovino: *Venetia. Città nobilissima et singolare, descritta già in XIII libri da M. Francesco Sansovino. Ampliata dal M.R.D. Giovanni Stringa,* Venedig 1604 (Ersterscheinung 1582), S. 180: »Cappella del Principe«.
13 Demus (zit. Anm. 6), S. 44 und S. 54.
14 David Rosand: *Venetia figurata,* in: Interpretazioni Veneziane. Studi di Storia dell'Arte in onore di Michelangelo Muraro, hgg. von David Rosand, Venedig 1984, S. 187.
15 Demus (zit. Anm. 6), S. 52; Sinding-Larsen (zit. Anm. 6), S. 158.
16 André Corboz: *L'immagine di Venezia nella cultura figurativa del 500,* in: Architettura e Utopia nella Venezia del cinquecento, hgg. von Lionello Puppi, Aust.-Kat., Venedig 1980, S. 66.
17 Demus (zit. Anm. 6), S. 52 f.
18 *1 Könige* 7,51; zur räumlichen Nähe von Palast und Tempel vgl. *1 Könige* 7,1–12.

19 *2 Chronik* 4,9.
20 Lionello Puppi: *Verso Gerusalemme*, in: Arte Veneta 23/1978, S. 73.
21 Puppi (zit. Anm. 20), S. 75 f.
22 Debra Pincus: *Christian Relicts and the Body Politic*, in: Rosand (Hrsg.) (zit. Anm. 14), S. 39–57.
23 Otto Demus: *Bemerkungen zu M. Muraros Pilastro del Miracolo*, in: Rosand (Hrsg.) (zit. Anm. 14), Abb. 1.
24 Puppi (zit. Anm. 20), Anm. 35; Sinding-Larsen (zit. Anm. 6), S. 148.
25 August Buck: *»Laus Venetiae« und Politik im 16. Jh.*, in: Archiv für Kulturgeschichte 57/1975, S. 186–194; Francesco Sansovino: *Delle Orationi recitate a principi di Venetia nella loro creatione da gli ambassadori di diverse città*, Venedig 1562.
26 Buck (zit. Anm. 25), S. 190–194; Sinding-Larsen (zit. Anm. 6), S. 146 f.; Puppi (zit. Anm. 20),76
27 Sinding-Larsen (zit. Anm. 6), S. 148: »Rhetorical monstrosities«.
28 Sinding-Larsen (zit. Anm. 6), S. 148.
29 Demus (zit. Anm. 6), S. 56.
30 Demus (zit. Anm. 7), S. 353.
31 *Corpus der Kapitelle der Kirche S. Marco zu Venedig*, hgg. von Friedrich Wilhelm Deichmann, Wiesbaden 1981, S. 5 f.: Hierbei handelt es sich z. B. um Säulen mit figurierten Kämpferkapitellen aus dem byzantinischen Palast, die im Westnarthex von S. Marco verbaut wurden, die Porphyrsäulen der Westfassade von S. Marco. Wie überhaupt die Mehrzahl der Säulenschäfte und Kapitelle am Außenbau von S. Marco aus Byzanz stammen, dort regelrecht auf Bestellung herausgebrochen und mitgenommen wurden.
32 Demus (zit. Anm. 7), S. 356: Enrico Dandolo ließ 1203/04 Münzen prägen, die auf der einen Seite den Pantokrator, auf der anderen die Belehnung des Herrschers durch den hl. Markus zeigen. In Byzanz nahm die Belehnung Maria vor.
33 Demus (zit. Anm. 7), S. 349–356.
34 Demus (zit. Anm. 23), S. 24–27.
35 Wolfgang Wolters: *Der Bilderschmuck des Dogenpalastes*, Wiesbaden 1983, S. 21 f.
36 Der für den Wiederaufbau gebildete Ausschuß, dem auch Palladio angehörte, entschied sich gegen einen modernen Neubau,vgl. Puppi (Hrsg.) (zit. Anm. 16), S. 102; siehe auch Wolters (zit. Anm. 35), S. 18: Ein Rückgriff auf venezianische Protorenaissance ist auch bei der jüngeren – um 1600 entstandenen – Seite des Arco Foscari zu beobachten.
37 Wolters (zit. Anm. 35), S. 164 f.
38 Demus (zit. Anm. 7), S. 356.
39 Wolters (zit. Anm. 35), S. 164 f. und S. 182 f.
40 Sansovino (zit. Anm. 12), S. 244–246; Hans Holländer: *».. .inwendig voller Figur«*, in: Bohn (Hrsg.) (zit. Anm. 3), S. 172: Die Idee der Translatio Imperii ist eine typologische Geschichtsdeutung.
41 *Die Ritteridee in der deutschen Literatur des Mittelalters*, hgg. von Jörg Arenzten/ Uwe Ruberg, Darmstadt 1987, S. 7.
42 Sansovino (zit. Anm. 12), S. 1: Gründungsdatum ist der 25. 3. 421 n. Chr.
43 Rosand (zit. Anm. 14), S. 179 f.
44 Sansovino (zit. Anm. 12), S. 251.
45 Siehe das Kapitel *Salomonische Säulen* in diesem Band.

46 Wolters (zit. Anm. 35), S. 286.
47 Demus (zit. Anm. 7), S. 356.
48 Gina Fasoli: *Nascita di un mito,* in: Studi storici in onore di G. Volpes, Bd. 1, Florenz 1958, S. 447–479; D. R. Law: *The venetian myth and the »De re publica veneta« of Pier Paolo Vergerio,* in: Rinascimento 15/1975, S. 3–59; Gilmore (zit. Anm. 5), S. 431–444.
49 Sinding-Larsen (zit. Anm. 6), S. 158.
50 Pincus (zit. Anm. 22), S. 44 f.
51 Friedrich Ohly: *Typologie als Denkform der Geschichtsbetrachtung,* in: Bohn (Hrsg.) (zit. Anm. 3), S. 38.
52 Olaf Hansen/Jörg Villwock: *Einleitung,* in: Bohn (Hrsg.) (zit. Anm. 3), S. 8.
53 Zum ›simile-Begriff‹ siehe Hermann Bauer: *Kunst und Utopie. Studien über das Kunst- und Staatsdenken in der Renaissance,* Berlin 1965, S. 4.
54 Wolters (zit. Anm. 35), S. 289 f. und S. 304: »Ist das Thema ›Gloria dei Beati in Paradiso‹ auch eindeutig religiöser Natur, so scheint eine Beziehung auf den venezianischen Staat nicht ausgeschlossen zu sein«.
55 Puppi (zit. Anm. 20), S. 76.
56 Rosand (zit. Anm. 14), S. 177 f.
57 Staale Sinding-Larsen: *L'immagine della Repubblica di Venetia,* in: Puppi (Hrsg.) (zit. Anm. 16), S. 43.
58 Die thronende Figur der Justitia in der Wimpergzone der Porta della Carta und die thronende Venetia in der Arkadenstellung der Fassade des Palastes sowie die Fenster der Süd- und Westfassade mit ihren bekrönenden Figuren der Venetia und Justitia.
59 Rosand (zit. Anm. 14), S. 179.
60 Manfredo Tafuri: *Jacopo Sansovino,* Padua 1969, S. 65, Anm. 84.
61 Mit Unterbrechung arbeitete der Architekt und Bildhauer Jacopo Sansovino seit 1529 an der Umgestaltung des Markusplatzes; vgl. Wolfgang Lotz: *La trasformazione sansoviniana di Piazza S. Marco,* in: Bolletino Centro Internationale di Studi di Architettura Andrea Palladio 8/1966, S. 3 f.
62 Erich Hubala: *Venedig* (= Reclams Kunstführer Italien), Bd. 2, 1, Stuttgart 1974, S. 26: Tradition der offenen Bogenhalle als Treffpunkt in ganz Oberitalien.
63 Wolters (zit. Anm. 35), S. 28.
64 Wolters (zit. Anm. 35), S. 28: Die Scala d'Oro (1556) kann in diese Achse miteinbezogen werden.
65 Wolters (zit. Anm. 35), S. 82, Abb. 54 u. 55; Wolfgang Wolters/Norbert Huse: *Venedig. Die Kunst der Renaissance,* München 1986, S. 160.
66 Venetia = Virgo: siehe Rosand (zit. Anm. 14), S. 184 f. »Venetia Vergine«.
67 Hubala (zit. Anm. 62), S. 45.
68 Wolters (zit. Anm. 35),S. 62: Neptun als Bräutigam der Venetia.
69 Wolters (zit. Anm. 35), S. 245.
70 Wolters (zit. Anm. 35), S. 244, Abb. 12 und 13: Die späteren Veränderungen betrafen nicht das ikonographische Programm.
71 Tafuri (zit. Anm. 60), S. 68.
72 Beredsamkeit und Weisheit werden attributiv auch dem Löwen zugesprochen, siehe Piero Valeriano, *Hieroglyphica,* 1556, zit. nach Puppi (zit. Anm. 16), S. 218.

73 *Der Physiologus,* hgg. von Otto Seel, Zürich/München 1983, S. 3 f.; LCI (zit. Anm. 3), Bd. 4, Sp. 395: typologischer Einbezug der Naturkunde; Sp. 398: der Markuslöwe als Sinnbild der Auferstehung.

74 Wolters (zit. Anm. 35), Abb. 52: Der Löwe figuriert auch auf Medaillen.

75 Sinding-Larsen (zit. Anm. 6), S. 146, Anm. 4.

76 J. R. Hale: *Venice and its Empire,* in: The Genius of Venice, hgg. von Jane Martineau/Charles Hope, Ausst.-Kat., London 1983, S. 15.

77 Wolters (zit. Anm. 35), S. 131. Und siehe: Veronese: *Venetia zwischen Pax und Justitia.*

78 Pincus (zit. Anm. 22), S. 50.

79 Pincus (zit. Anm. 22), Abb. 17.

80 Hale (zit. Anm. 76), S. 15 und S. 397, H8.

81 Wolters (zit. Anm. 35), S. 18.

82 Wolters (zit. Anm. 35), S. 131, Anm. 1.

83 Gustav Ludwig: *Bonifacio dei Pitati da Verona,* in: Jahrbuch der Königlich Preußischen Kunstsammlungen, 23/1902, S. 41.

84 Gertrud Schiller: *Ikonographie der christlichen Kunst,* Gütersloh 1966, Bd. 1, S. 33.

85 Rosand (zit. Anm. 14), Abb. 12; S. 182, Anm. 23.

86 Rosand (zit. Anm. 14), Abb. 2, S. 182.

87 Rosand (zit. Anm. 14), S. 180–188.

88 Wolters (zit. Anm. 35), S. 279.

89 Sansovino (zit. Anm. 12), S. 1; Sinding-Larsen (zit. Anm. 57), S. 40.

90 Rosand (zit. Anm. 14), S. 184 f.:»Venetia Vergine«; und Wolters (zit. Anm. 35), S. 82.

91 Wolters (zit. Anm. 35), S. 64, Anm. 2.

92 Giorgio Faggin: *Bonifacio ai Camerlenghi,* in: Arte Veneta 17/1963, S. 84: Bei dem »Triptychon« handelt es sich nicht um ein dreiteiliges Altarbild, deshalb die Anführungszeichen. Die Form der Bilder hängt mit der Wandgliederung des Palazzo Camerlenghi zusammen. Faggin nimmt an, daß das »Triptychon« erst später in drei Teile getrennt wurde; Rosand (zit. Anm. 14), S. 182, Abb. 11 a, b, c: Er behauptet irrtümlich, das »Triptychon« sei für den Dogenpalast gemalt worden; Wolters (zit. Anm. 35), S. 64: Magistrato degli Imprestidi dei Camerlenghi.

93 Buck (zit. Anm. 25), S. 190.

94 Vgl. die nur wenig später (1577) entstandene Verkündigung von Tizian in San Domenico Maggiore, Neapel.

95 *Exodus,* 40,34; vgl. *Exodus* 13,21.

96 *Ezechiel* 43,4 f.

97 *Jesaja* 7,14.

98 *Johannes* 1,14.

99 Hubala (zit. Anm. 62), S. 25; Wolters (zit. Anm. 35), S. 64, Anm. 3 und 21; Wolters gibt 1514 für die Aufstellung des Verkündigungsengels auf dem Campanile an.

100 Northrop Frye: *Typologie als Denkweise und rhetorische Figur,* in: Bohn (Hrsg.) (zit. Anm. 3), S. 71 und S. 89.

101 Frye (zit. Anm. 100); Frye bezieht diese Aussage nicht speziell auf Venedig, sondern auf die mit dem Kirchenkalender verbundenen Feste.

102 Herbert Dellwing: *Die Kirche S. Zaccaria in Venedig,* in: Zeitschrift für Kunstgeschichte, 38/1974, S. 229.

103 Dellwing (zit. Anm. 102), S. 224–234.

104 Der Doge trug nach Pincus (zit. Anm. 22), S. 46, während der Karwoche rote Woll-
kleidung, das »corruccio«, dessen Farbe das bei der Kreuzigung Christi vergos-
sene Blut symbolisierte.
105 Buck (zit. Anm. 25), S. 186 f.; Bianca T. Mazzarotto: *Le feste veneziane*, Florenz
1961, S. 180 f.: Bereits früher wurde dem venezianischen Machtanspruch der Herrschaft über die Adria mit Schiffsprozessionen an diesem Tag Ausdruck gegeben.
Wolters (zit. Anm. 35), S. 55.
106 Vgl. die Legende der Auffindung des Markus-Ringes durch einen Fischer, der
diesen dem Dogen Gradenigo übergab, wodurch das jährliche Fest entstanden
sein soll. LCI (zit. Anm. 3), Bd. 7, Sp. 561 f. Hierdurch wird auch Markus in das
Ereignis miteinbezogen. Zudem symbolisiert der Markuslöwe die Auferstehung
Christi.
107 Dellwing (zit. Anm. 102), S. 232 f.: »Mehr als anderswo in Italien hatte in Venedig
der Staat die Kirche absorbiert«. Die kirchlichen Feste wurden durch das Amt
›Magistrato alle pompe della Repubblica‹ ausgerichtet.
108 Wolters (zit. Anm. 35), S. 75 f.
109 Buck (zit. Anm. 25), S. 190–194.
110 Lotz (zit. Anm. 61), S. 3 ff.; vgl. Limpricht (zit. Anm. 3), *Die Baugeschichte des
Platzes.*
111 Wolters (zit. Anm. 35), S. 243: Bau der Loggetta auf Betreiben eines Proku-
rators.
112 Cornelia von der Osten-Sacken: *San Lorenzo el Real de El Escorial,* München 1979,
S. 216f.
113 *Ezechiel* 40,5–20.
114 Cunaeus = Peter van der Cun 1617. Die Abbildung ist der Amsterdamer Ausgabe
von 1705 entnommen; Vogelsang (zit. Anm. 1), S. 277.
115 Vgl. Vogelsang (zit. Anm. 1).
116 Mohammed Rassem: *Gesellschaft und bildende Kunst,* Berlin 1960, S. 24.
117 Hanno-Walter Kruft: *Geschichte der Architekturtheorie,* 2. Aufl. München 1991, S.
40: »Die gotische Bauhütte und ihr ›Geheimnis‹ haben ihre Esoterik weitgehend
eingebüßt«. Das sog. Bauhüttengeheimnis ist eine historisierende Projektion,
»die durch das Freimaurertum und die Romantik dem Mittelalter aufprojiziert
wurde«. Frances A. Yates: *Aufklärung im Zeitalter des Rosenkreuzes,* Stuttgart 1975,
S. 219: »Der Ursprung der Freimaurerei ist eines der umstrittensten und anfecht-
barsten Themen auf dem ganzen Gebiet der Geschichtsforschung.« Ludwig Hammermayer: *Zur Geschichte der Freimaurerei und der Geheimgesellschaften im 18.
Jahrhundert,* in: Beförderer der Aufklärung (= Studien zur Geschichte und Kultur-
beziehungen in Mittel- und Osteuropa), hgg. von Eva Balász, Berlin 1979, S. 10:
Auf dieses Problem läßt sich H. nicht ein, da er mit 1717 beginnt. Für die Freimaurer bedeutet noch heute das Jahr 1717 den Übergang von operativer (tatsächlicher
Werkmaurerei) zu spekulativer (d. h. moralisch-imaginärer) Freimaurerei; vgl.
auch Adrian von Buttlar: *Der englische Landsitz 1715–1760. Symbol eines liberalen
Weltentwurfs* (Diss. München 1977), Mittenwald 1982, S. 115.
118 Yates (zit. Anm. 117), S. 222, spricht von mystischer Geschichte.
119 Dieter Anton Binder: *Die diskrete Gesellschaft,* Graz 1988, S. 10: In 206 Werken
über den Ursprung der Freimaurerei finden sich 39 verschiedene Angaben zur
Herkunft. Eugen Lennhoff/Oskar Posner: *Internationales Freimaurerlexikon,*
Wien 1932 (Reprint München 1980), Sp. 598 ff.

295

120 Johann Kuenen: »*Verordnungen, Geschichte, Gesetze, Pflichten, Satzungen und Gebräuche der hochlöblichen Bruderschaft derer Angenommenen Freymäurer, aus ihren eigenen glaubwürdigen Urkunden*«, bei Michael Blochberger in Frankfurt und Leipzig 1741, S. 53–56.

121 Siehe das Kapitel *Der Tempel in der Architekturallegorese* in diesem Band.

122 Vogelsang (zit. Anm. 1) bietet hierzu den Überblick.

123 Buttlar (zit. Anm. 117), S. 118 f.

124 Joseph Rykwert: *The First Moderns. The Architects of the 18th Century*, London 1980, S. 156 f.

125 Zum Begriff ›Typologie‹ vgl. Anm. 3.

126 Binder (zit. Anm. 119), S. 10; Lennhoff/Posner (zit. Anm. 119), S. 13, und einschränkend S. 31: »Es ist eine Chronik, nicht Geschichte, was uns Anderson überliefert hat. Wer den braven Reverend ganz verwirft, tut ihm unrecht. Wer ihn vollkommen ernst nimmt, geht irre«; Buttlar (zit. Anm. 117), S. 134: »Anderson kam es in seiner Kompilation nach eigener Aussage nicht so sehr auf historische Richtigkeit, sondern auf das Philosophische in der Geschichte an«.

127 Buttlar (zit. Anm. 117), S. 115.

128 Binder (zit. Anm. 119), S. 10.

129 Hammermayer (zit. Anm. 117), S. 10; Kruft (zit. Anm. 117), S. 266.

130 August Wolfstieg: *Ursprung und Entwicklung der Freimaurerei, ihre geschichtlichen, sozialen und geistigen Wurzeln*, 3 Bde., Berlin 1920, Bd. 2, S. 210.

131 Wolfstieg (zit. Anm. 130), Bd. 2, S. 211.

132 Kuenen (zit. Anm. 120).

133 »*Neues Konstitutionenbuch der Alten Ehrwürdigen Brüderschaft der Freymaurer, worin Geschichte, Pflichten, Regeln derselben. Auf Befehl der Großen Loge aus ihren Alten Urkunden, glaubwürdigen Traditionen und Logebüchern, zum Gebrauch der Logen verfasset worden von Jakob Anderson*«, Frankfurt am Mayn 1743, Andräische Buchhandlung.

134 Kuenen (zit. Anm. 120), S. 2.

135 Kuenen (zit. Anm. 120), S. 8–13.

136 Kuenen (zit. Anm. 120), S. 14.

137 Kuenen (zit. Anm. 120), S. 16 ff.

138 Kuenen (zit. Anm. 120), S. 19.

139 Kuenen (zit. Anm. 120), S. 25 f.

140 Kuenen (zit. Anm. 120), S. 17.

141 Kuenen (zit. Anm. 120), S. 26.

142 Kuenen (zit. Anm. 120), S. 35.

143 Kuenen (zit. Anm. 120), S. 43 f.

144 Kuenen (zit. Anm. 120), S. 53.

145 Kuenen (zit. Anm. 120), S. 67.

146 Kuenen (zit. Anm. 120), S. 81; siehe Buttlar (zit. Anm. 117), S. 115 ff.; Inigo Jones: 1573–1652, Palladiorezipient.

147 Kuenen (zit. Anm. 120), S. 82.

148 Ohly (zit. Anm. 51), S. 35.

149 Ohly (zit. Anm. 51), S. 26 f.

150 LCI (zit. Anm. 3), Bd. 4, Sp. 255 f. und Sp. 395 f.

151 Lennhoff/Posner (zit. Anm. 119), Sp. 66:»Dr. phil. u. theol. James Anderson war Reverend und Prediger an der Kirche der schottischen Presbyterianer in London«. Ab 1712 ist er in London publizistisch nachweisbar. Lebensdaten: um 1680–1739.
152 Kuenen (zit. Anm. 120), S. 35.
153 Buttlar (zit. Anm. 117), S. 135; Kruft (zit. Anm. 117), S. 24 f.
154 Zur Kenntnis Palladios in den frühen englischen Logen siehe Buttlar (zit. Anm. 117), S. 136.
155 Denn Andersen erwartet,daß von Großbritannien im 18. Jh. eine neue Entwicklung der Baukunst ausgehe. Demzufolge hat er eine dreifach gestufte Vorstellung der Zeit: 1. vor Vitruv (die Zeit der Typen) und 2. nach Vitruv (die Zeit der Antitypen) und 3. die in die Zukunft gerichtete Erwartung freimaurerisch moralischen Bauens einer neuen Gesellschaft. Für diese letzte Phase, die ebenfalls eine Zeit der Antitypen ist, ist Vitruv typbildend; Hansen/Villwock (zit. Anm. 52), S. 8.
156 Klaus C. F. Feddersen: Die Arbeitstafel in der Freimaurerei, in: Quellenkundliche Arbeit No. 16 der Forschungsloge Quatuor Coronati No. 808, 2 Bde., Bayreuth 1982, Bd. 1, S. 49.
157 Feddersen (zit. Anm. 156), Bd. 1, S. 49, F 33/34/35/36.
158 Paul J. Korshin: Typologie als System, in: Bohn (Hrsg.) (zit. Anm. 3), S. 284–295: Er beschreibt ausführlich die Form der typologischen Geschichtsschau und deren Wandlung vom 16. bis 18. Jh.
159 Otto Schmidt und Zentralinstitut für Kunstgeschichte (Hrsg.): Reallexikon zur deutschen Kunstgeschichte (= RDK), 7 Bde. Stuttgart 1937 bis 1987, Stichwort Emblematik.
160 C. Lenning: Encyclopädie der Freimaurerei, nebst Nachrichten über die damit in wirklicher oder vorgeblicher Beziehung stehenden geheimen Verbindungen in alphabetischer Ordnung, 3 Bde., Leipzig 1822–1828, Stichwort Hieroglyphen.
161 Lenning (zit. Anm. 160), Stichwort Claviculae Salomonis; in nichtklassischem Latein übersetzt mit ›clavicula‹ mit Schlüssel.
162 Zum symbolischen Inhalt der Freimaurerei siehe Lennhoff-Posner (zit. Anm. 119), Sp. 1543–1546: Der Kernbestand »der Lehr- und Sinnbilder gruppiert sich um das Symbol des Salomonischen Tempels«.
163 Lennhoff/Posner (zit. Anm. 119), Sp. 718 f.
164 Der neuaufgesteckte Brennende Leuchter des Freymäurerordens oder eine sonderbare Historie dieser sonderbaren Brüderschaft, bei Michael Blochberger, Leipzig 1746, S. 159.
165 Korshin (zit. Anm. 158), S. 292.
166 Leuchter des Freymäurerordens (zit. Anm. 164), S. 165.
167 Anonym (= Karl Friedrich Köppen): Crata Repoa oder Einweihungen in der alten geheimen Gesellschaft der Egyptischen Priester, Berlin 1778 (Erstauflage 1770).
168 Lennhoff/Posner (zit. Anm. 119), Sp. 862: Lebensdaten 1734–1797.
169 Lennhoff/Posner (zit. Anm. 119), Sp. 25.
170 Crata Repoa (zit. Anm. 167), S. 4 f.; Lehrart = System. Lennhoff/Posner (zit. Anm. 119), Sp. 1546 f.: »Die besondere Art, wie der Inhalt der Freimaurerei in Form des Gebrauchtums durch Großlogen und Logen an die Mitglieder vermittelt und überliefert wird, bezeichnet man als freim. System, als Lehrart, als Ritus«.
171 Siehe Limpricht (zit. Anm. 3).
172 Binder (zit. Anm. 119), S. 200.

173 Die Verknüpfung von Hiram- und Osirislegende bei Lenning (zit. Anm. 160), S. 65, Stichwort *Osiris*.
174 Theodor Stentz: *Die Hiramsage,* Berlin 1871, S. 41.
175 Ohly (zit. Anm. 51), S. 30 f.
176 Stentz (zit. Anm. 174), S. 41.
177 Von den Freimaurern des 19. u. 20. Jh.s als Irrlehre abgetan: Lennhoff/Posner (zit. Anm. 119), Sp. 1546 f.
178 Hammermayer (zit. Anm. 117), S. 11.
179 Friedrich Kneisner: *Geschichte der deutschen Freimaurerei,* Berlin 1912, S. 58 f.: Er gibt einen Überblick über die verschiedenen Systeme, jedoch wertend aus seiner persönlichen Sicht.
180 Lennhoff/Posner (zit. Anm. 119), Sp. 351, Sp. 701 f., Sp. 1546 f.
181 Ludwig Hammermayer: *Der Wilhelmsbader Freimaurerkonvent von 1782,* in: Wolfenbüttler Studien zur Aufklärung, Bd. 5, 2, Heidelberg 1980, S. 9 f.; Kneisner (zit. Anm. 179), S. 70; Wolfstieg (zit. Anm. 130), Bd. 3, S. 108: Höhepunkt der Ausbreitung der Strikten Observanz in den 1770er Jahren in ganz Europa.
182 Lennhoff/Posner (zit. Anm. 119), Sp. 1521.
183 Lennhoff/Posner (zit. Anm. 119), Sp. 1522 und Kneisner (zit. Anm. 179), S. 71 f.
184 Lennhoff/Posner (zit. Anm. 119), Sp. 1522.
185 Das sog. Klerikat des Freiherrn Joh. August von Starck; siehe Lennhoff/Posner (zit. Anm. 119), Sp. 1501.
186 Die genaue Schilderung dieser oft nur graduell verschiedenen Systeme ist hier nicht von Belang, da es auf den Kern der Templeridee ankommt, auf den sich die Strikte Observanz und die sich von ihr aus entwickelten Systeme beriefen. Hammermayer (zit. Anm. 181) schildert akribisch die Rangeleien der verschiedenen Systeme, die wiederholt versuchten, sich in verschiedenen Treffen, Konvente genannt, einander anzunähern, um schließlich 1782 bei dem Wilhelmsbader Konvent, weil überlebt, die Auflösung zu beschließen.
187 *Aus dem Nachlaß des preußischen Staatsministers Johann Chr. von Wöllner,* Berlin 1803–1821, Nachdruck in 2 Bänden, Stuttgart 1866. Auch wenn gerade diese Quelle von heutigen Freimaurern nicht als zitierwürdig in Erwägung gezogen wird, da Wöllner wegen seiner alchimistisch-rosenkreuzerischen Umtriebe am Hof des preußischen Königs Friedrich-Wilhelm II. als Irrläufer betrachtet wird, so geben seine posthum erschienenen Schriften in zahlreichen Punkten Anschauungen der Strikten Observanz wieder, die nach 1782 noch unterschwellig eine Rolle spielte.
188 ›Der Signatsstern...‹ (zit. Anm. 187), Bd. 1, S. 178.
189 ›Der Signatsstern...‹ (zit. Anm. 187), Bd. 2, S. 90 und Abb. aus Marcel Valmy: *Die Freimaurer,* München 1988, S. 144.
190 Typologie als Ereignisanalogie, vgl. LCI (zit. Anm. 3), Bd. 4, Sp. 404.
191 Auch die ›Schwedische Lehrart‹, auf die andernorts eingegangen wird (siehe Limpricht, zit. Anm. 3), bezog sich auf den Templum Salomonis. Sie arbeitete stärker christologisch ausgerichtet: Christus als »Unbekannter Obermeister«, der einer »ewigen Loge« vorsteht.
192 Vogelsang (zit. Anm. 1); vgl. das Kapitel *Rekonstruktion und Innovation* in diesem Band.

193 Demgegenüber behauptet fälschlicherweise James Stevens Curl: *The Art and the Architecture of Freemasonry,* London 1991, S. 94 f., daß Fischer von Erlach aufgrund der vielen »salomonischen Bezüge« seines Werkes Freimaurer gewesen sei.

194 Wolfgang Kelsch: *Der Salomonische Tempel. Realität-Mythos-Utopie,* in: Quatuor Coronati Jahrbuch Nr. 19, Bayreuth 1982, S. 144.

195 Vogelsang (zit. Anm. 1) bietet dazu Abbildungsmaterial.

196 Vogelsang (zit. Anm. 1), Abb. 62: Die Bibel von Merian d. Ä. wurde mehrfach wiederaufgelegt und hatte auch einen weiten Rezipientenkreis; Feddersen (zit. Anm. 156), Bd. 1, S. 97, S. 120, S. 306, F/36

197 Feddersen (zit. Anm. 156), Bd. 1, S. 48, S. 98, S. 119, F/31

198 Vogelsang (zit. Anm. 1), Kat.-Nr. 95.5.

199 Treue mit Sitten vereint.

200 Lennhoff/Posner (zit. Anm. 119), Sp. 466.

201 *Freimaurer in Deutschland. Freimaurer in Braunschweig,* Ausst.-Kat., Landesmuseum Braunschweig, Braunschweig 1978, Titelblatt.

202 Jens Oberheide: *Logengläser,* Graz 1983, S. 70.

203 *Das Freimaurerthum in seinen sieben Graden. Nach den Archiven der Großen Loge Englands von einem Royal-Arch-Mason dargestellt,* Leipzig 1857, S. 50.

204 *Freimaurerthum* (zit. Anm. 203), S. 14.

205 Erich J. Lindner: *Die königliche Kunst im Bild,* Graz 1976, S. 8 f.

206 Vogelsang (zit. Anm. 1), S. 164, Kat.-Nr. 13; vgl. das Kapitel *Rekonstruktion und Innovation* in diesem Band.

207 Feddersen (zit. Anm. 156), Bd. 1, F/17, S. 47, S. 97, S. 285; Binder (zit. Anm. 119), S. 186.

208 Feddersen (zit. Anm. 156), Bd. 1, F/19, S. 118, S. 288; Curl (zit. Anm. 193) 1991, S. 65.

209 Stentz (zit. Anm. 174), S. 41.

210 Feddersen (zit. Anm. 156), Bd. 1, S. 47, F/16; Curl (zit. Anm. 193), S. 64.

211 Anthony Vidler: *The Writing of the Walls,* Princeton 1987, S. 91.

212 Vidler (zit. Anm. 211), S. 89; ders.: *The Architecture of the Lodges. Ritual Form and Associational Life in the Late Enlightment,* in: Oppositions 5, Princeton 1976, S. 81 f.

213 *Die zerschmetterten Freymäurer oder Fortsetzung des verrathenen Ordens der Freimäurer,* Frankfurt und Leipzig 1747, S. 115 f.

214 Lenning (zit. Anm. 160), S. 210.

215 Reinhart Schleier: *Tabula Cebetis. Studien zur Rezeption einer antiken Bildbeschreibung im 16. und 18. Jahrhundert,* Berlin 1973, S. 20 f.

216 Valmy (zit. Anm. 189), Abb. 78, meint, der Stich sei 1781 entstanden.

217 *Freimaurer und Geheimbünde im 18. Jh. in Mitteleuropa,* hgg. von Helmut Reinalter, Frankfurt/M. 1983, S. 48.

218 Wolfgang Kelsch: *Geheime Weisheiten und redende Denkbilder,* in: Quatuor Coronati Jahrbuch Nr. 17, Bayreuth 1980, S, 81 f.; Heinrich Kunraths Lebensdaten: 1560–1605.

219 Yates (zit. Anm. 117), S. 47 f.

220 *Freimaurerthum* (zit. Anm. 203), S. 47 f.

221 Lindner (zit. Anm. 205), S. 182 f.

222 Buttlar (zit. Anm. 117), S. 131.

223 Kruft (zit. Anm. 117), S. 265; 1671–1713

224 Buttlar (zit. Anm. 117), S. 133 und Kruft (zit. Anm. 117), S. 266; vgl. auch Lennhoff/Posner (zit. Anm. 119), Sp. 1457.

225 Dagegen: Géza Hajós: *Romantische Gärten der Aufklärung: Englische Landschafts-kultur des 18. Jahrhunderts in und um Wien,* Wien/Köln 1989, S. 50.
226 Buttlar (zit. Anm. 117), S. 145.
227 Schleier (zit. Anm. 215), S. 25 und zur Verbreitung in England, S. 23.
228 Buttlar (zit. Anm. 117).
229 Buttlar (zit. Anm. 117), S. 117.
230 Ronald Paulson: *Emblem und Expression. Meaning in English Art of 18th Century,* Cambridge/Mass. 1975, S. 15 f., S. 20 f., S. 23, S. 30.
231 Erwin Panofsky: *Herkules am Scheidewege und andere antike Bildstoffe in der neueren Kunst,* in: Studien der Bibliothek Warburg, Bd. 16, Leipzig-Berlin 1930, S. 37: Älteste Fassung dieser Fabel bei Xenophon.
232 Clemens Alexander Wimmer: *Geschichte der Gartentheorie,* Darmstadt 1989, S. 142 f.; Kruft (zit. Anm. 117), S. 293.
233 Buttlar (zit. Anm. 117), S. 147; eine ausführliche Analyse bei Limpricht (zit. Anm. 3).

Personenregister

(enthält die im Text und in den Anmerkungen erwähnten historischen oder mythologischen Personen sowie die Autoren der zitierten Sekundärliteratur, jedoch nicht Herausgeber, Übersetzer und Widmungsträger von Festschriften)

Aaron (Hohepriester) 265
Abaelardus, Petrus 54, 209
Abd al-Malik 10, 36, 37, 42, 205
Abraham (bibl. Gestalt) 19, 55, 59, 91, 205
Abraham ben Jacob 232
Achter, Irmingard 220
Adam (bibl. Gestalt) 19, 36, 43, 55, 59, 272, 274, 289
Adam von St. Victor 50, 208
Adam, Guillaume 215
Adolf, Helen 200
Adomnanus von Hy 56 f.; Abb. 19
al-Hakim 45, 205
al-Mamun 205
al-Maqrizi 205
al-Tabari 204
Alberti, Leon Battista 73, 176, 213, 228
Albrecht von Brandenburg Abb. 60
Alexander III. (Papst) 236, 240, 256
Alexander VII. (Papst) 98; Abb. 59
Alföldi, Andreas 216, 225
Alkuin (karol. Gelehrter) 218
Altano, Alessandro 239
Altdorfer, Albrecht 158
Altmannshausen zu Jagdberg, Achilles von 70; Abb. 25
Amor (Sarazenenfürst) 212
Anderson, James 260, 261 ff., 266, 274, 296, 297
Angelico, Fra 97
Anicia Juliana 119, 120, 220
Antiochos IV. Epiphanes 31
Antoniades, E. M. 219
Anwander, Johann 217
Aphrodite 43
Apollon Abb. 157
Archer, John 232; Abb. 135
Archimedes 262
Arias Montanus, Benito 171, 172, 191, 227, 230, 278, 279, 280; Abb. 119, 120
Arkulf (gallischer Bischof) 56 ff.
Astrea 247
Atz, Karl 217
Augustinus (Kirchenlehrer) 50, 52, 208, 209

Augustus (Kaiser) 262
Aumont 273
Avaux, Félicien des 225
Avi-Yonah, Michael 215

Bachmann, Friedrich 212, 215
Bagatti, Bellarmino 204
Baldini, Umberto 216
Balduin I. (König von Jerusalem) 41; Abb. 48
Balduin II. (König von Jerusalem) 210
Balduin V. (König von Jerusalem) 146; Abb. 100
Balduin von Steinfurt 61
Balmer-Rinck, J. J. 203
Bandmann, Günter 200, 207, 212, 216, 220, 221, 222
Bardi, Girolamo 241, 243
Basnage, Jacques 229, 275
Battisti, Eugenio 219, 220
Bauch, Andreas 213
Bauer, Hermann 293
Bazin, Germain 224
Beda Venerabilis 50, 51, 53 f., 57, 121, 124, 208, 209, 210, 225
Belting, Hans 214, 219
Bening, Simon Abb. 60
Bergmann, Rolf 216
Bernhard (frz. Mönch) 58
Bernhard von Breydenbach 63, 70, 211; Abb. 21, 50
Bernini, Dante 213
Bernini, Gian Lorenzo 143
Bernini, Grazia 213
Bernward von Hildesheim 116, 218
Betzold, Gustav v. 221
Binder, Dieter Anton 295, 296, 297, 299
Binding, Günther 218
Birchler, Linus 216
Björkman, Walther 221
Blasius, Ugolinus Abb. 117
Bloch, Ernst 200
Bloch, Peter 200, 217, 219, 221, 225, 291
Blondel, François 169, 227
Blum, Hans 142, 224
Blunt, Anthony 225
Bodt, Jean de 218
Bonannus, Philippus Abb. 99
Bonifacio dei Pitati 249, 252, 253, 254; Abb. 159, 160
Borger, Hugo 220
Borne, Gerhard von dem 200

Ortsregister

Bildnachweis

Archiv des Autors, Matrei Ft. 5 b,
Abb. 18, 23, 24, 52, 58, 66, 67, 71, 73, 87,
90, 91, 98, 106, 145, 158, 166, 167, 171,
Umschlagabb.
Archiv DuMont Buchverlag Köln Abb. 17,
26, 30, 31, 32, 33, 37, 53, 54, 55, 56, 69, 75,
77, 92
Archiv Pjotr O. Scholz, Wiesbaden Ft. 1
Bayerische Staatsbibliothek, München
Frontispiz, Abb. 21, 22, 39, 40, 41, 42, 43,
50, 65, 93, 99, 103 b, c, d, 107, 111, 112, 113,
114, 115, 116, 117, 118, 119, 121, 122, 123,
124, 125, 126, 127, 128, 129, 130, 134, 136,
140, 141, 142, 143, 147, 149, 150, 164, 165,
169, 172, 173, 174, 175, 178, 179
Berlin-Museum, Berlin (Foto: Hans-
Joachim Bartsch, Berlin) Ft. 7
Biblioteca Apostolica Vaticana Abb. 59
Bibliothèque Municipale, Arras Abb. 64
Bibliothèque Municipale, Valenciennes
(Foto: La Boîte à Images, Marly)
Abb. 45
Bibliothèque Nationale, Paris Ft. 3, 6,
Abb. 74, 120
Bischöfliches Bauamt, Würzburg Abb. 102
The British Architectural Library, RIBA,
London Abb. 148
British Library, London Abb. 38
Fratelli Alinari, Florenz Abb. 104, 105
Galleria degli Uffizi, Florenz Abb. 27, 63
Galleria Giorgio Franchetti, Venedig
Abb. 35
Gallerie dell'Accademia, Venedig
Abb. 159, 160
The J. Paul Getty Museum, Malibu
Abb. 60
Graphische Sammlung Albertina, Wien
Abb. 34, 96
Herzog August Bibliothek, Wolfen-
büttel Abb. 163
Historisches Museum, Wien Abb. 137
Kunsthistorisches Institut der Universität
Innsbruck Abb. 29, 57, 78, 80, 95, 108,
132, 138, 176, 180
Kunsthistorisches Institut der Universität
Köln Abb. 156
Landesbibliothek Stuttgart Abb. 151
Cornelia Limpricht, Köln Abb. 157
Musée des Beaux-Arts, Dijon Abb. 62
Museo del Prado, Madrid Ft. 4
Museum Plantin-Moretus, Antwerpen
Ft. 8

Muzeum Narodowe, Warschau Abb. 61
National Gallery, London Abb. 70
Österreichische Galerie, Wien Abb. 49
Österreichische Nationalbibliothek, Wien
Ft. 5 a, Abb. 19, 109
Österreichisches Freimaurermuseum,
Schloß Rosenau Abb. 131
Rheinisches Bildarchiv, Köln Abb. 44, 68,
72, 86, 89, 97
SCALA Istituto Fotografico Editoriale
S.p.A., Antella Ft. 2 a, b
Prof. Dr. W. Speyer, Salzburg Abb. 144
Staatsbibliothek Bamberg Abb. 47
Stift Göttweig, Graphische
Sammlung Abb. 133
Stift Wilten Abb. 88
Szépmüvészeti Múzeum, Budapest
Abb. 36
Universitätsbibliothek Innsbruck
Abb. 110
Vorarlberger Landesmuseum,
Bregenz Abb. 25

Daneben wurden aus Publikationen fol-
gende Abbildungen entnommen:
The Biblical Archeologist 21/1958
Abb. 46
F. Borsi: *Gian Lorenzo Bernini*, Stuttgart/
Zürich 1983 Abb. 94
Th. A. Busink: *Der Tempel von Jerusalem*,
2 Bde., Leiden 1970/80 Abb. 1, 2, 3, 6,
7, 9, 10, 11, 103 a
A. v. Buttlar: *Der englische Landsitz
1715-1760*, Mittenwald 1982 Abb. 180
V. C. Corbo: *Il Santo Sepolcro di Gerusa-
lemme*, Jerusalem 1982 Abb. 16
C. Coüasnon: *The Church of the Holy
Sepulchre in Jerusalem*, London 1974
Abb. 17
K. A. C. Creswell: *Early Muslim Architec-
ture I*, Oxford 1924 Abb. 14
K.-H. Fleckenstein/J. Müller: *Jerusalem*,
Freiburg/Basel/Wien 1988 Abb. 13
Freimaurer in Deutschland, Ausst.-Kat.,
Braunschweig 1978 Abb. 170
W. Götz: *Zentralbau und Zentralbau-
tendenz in der gotischen Architektur*,
Berlin 1968 Abb. 81, 83
Istanbuler Mitteilungen 12/1962
Abb. 76
Journal of the Society of Architectural
Historians 34/1975 Abb. 135

311

Kunst als Bedeutungsträger. Gedenkschrift
für G. Bandmann, Berlin 1976   Abb. 85
P. Lazarides: *Das Kloster Daphni*, Athen
o. J.   Abb. 51
Mitteilungen der Deutschen Orient-Gesell-
schaft zu Berlin 112/1980   Abb. 4
E. Otto: *Jerusalem - die Geschichte der
Heiligen Stadt*, Stuttgart 1980
Abb. 5, 20
W. Pehnt: *Die Architektur des Expressionis-
mus*, Stuttgart 1973   Abb. 139
Pencil Points 1925   Abb. 146
L. Puppi (Hrsg.): *Architettura e Utopia
nella Venezia del cinquecento*, Venedig
1980   Abb. 161
Quadmoniot 3-4 (19-20)/1972   Abb. 12
E. T. Richmond: *The Dome of the Rock in
Jerusalem*, Oxford 1924   Abb. 15 b

D. Rosand: *Interpretazioni Veneziane,*
Venedig 1984   Abb. 152, 153, 154, 155
E. B. Smith: *The Dome*, Princeton 1950
Abb. 48
J. Sourdel-Thomine/B. Spuler: *Die Kunst
des Islam* (Propyläen Kunstgeschichte
Bd. 4), Berlin 1973   Abb. 15 a
Speculum 11/1936   Abb. 100, 101
Le Temple, Représentations de l'architec-
ture sacrée, Ausst.-Kat., Paris 1982
Abb. 28
M. Untermann: *Der Zentralbau im Mittel-
alter*, Darmstadt 1989   Abb. 79, 82, 85
M. Valmy: *Die Freimaurer*, München 1988
Abb. 168, 177
W. Wolters: *Der Bilderschmuck des
Dogenpalastes*, Wiesbaden 1983
Abb. 162